Für Corinna

1. Auflage 2002

Copyright © Rainer Krüger und
            DoldeMedien Verlag GmbH
            Postwiesenstraße 5 A
            70327 Stuttgart
            www.dolde.de/spur-der-freiheit
            info@dolde.de

Sämtliche Arten der Verbreitung, Vervielfältigung und Speicherung
durch Dritte – auch auszugsweise – nur mit Genehmigung.

Bildnachweis: Rainer Krüger

Grafische Gestaltung: Gunild Carle

Druck: Windhueter Druck, Schorndorf

Gedruckt in Deutschland / Printed in Germany

Buchhandelsvertrieb: GeoCenter Stuttgart

ISBN 3-928803-20-4

Rainer Krüger

spur der Freiheit

Menschen
im Wohnmobil

VORWORT

„Tot werde ich sein, wenn ich nicht mehr höre, was mir einer von sich erzählt." Diese Feststellung von Elias Canetti in seinem Roman „Die Fackel im Ohr" hat mich immer bewegt. Für mich zeugt sie nicht nur von selbstverständlichem Interesse an Menschen, denen ich begegne. Sie ist ebenso ein Fingerzeig für ein Verständnis, das ich zunehmend von meiner Arbeit als Sozialwissenschaftler gewonnen habe: Nicht über sie hinweg sollen Menschen und ihre gesellschaftliche Einbindung erforscht werden, sondern im Umgang mit ihnen. Und die Ergebnisse wissenschaftlicher Arbeit sollen nicht in spröder Fachsprache an ihnen vorbei verbreitet werden, sondern sie sollen zu ihnen zurückkommen – in einer sprachlichen Vermittlung, die sie verstehen können.

Dieser Anspruch macht den ersten Baustein aus, auf dem diese Untersuchung fußt. Deshalb besteht – ungewöhnlich genug für eine sozialwissenschaftliche Studie – ein beträchtlicher Teil des Textes aus Originalwiedergaben von Gesprächen, die in Interviews geführt worden sind.

Auch der zweite Baustein zum Konzept dieser Arbeit hat mit Direktheit gegenüber dem zu untersuchenden Gegenstand zu tun.

Der Gegenstand selbst ist das Wohnmobilreisen, in einem weiteren Bogen gespannt, der Wohnmobiltourismus. Nach meinem Wissensstand gibt es, zumindest im europäischen Raum, keine Abhandlung, die das inzwischen weit verbreitete Phänomen des Wohnmobilreisens als eigene Freizeit- oder sogar Lebensstilprägung zum Thema gemacht hat.

So ist mit einer umfassenden Einkreisung aus verschiedenen Blickrichtungen in dieser Studie das Denken, Fühlen und Handeln von Menschen herausgearbeitet worden, die sich dem Wohnmobilreisen verschrieben haben. Dabei sind die wesentlichen, diese Freizeitform beeinflussenden ökonomischen, politischen, sozialen und staatlichen Rahmenbedingungen mit zu bedenken.

Die Direktheit gegenüber dem Untersuchungsgegenstand wird dadurch gefördert, dass ich als Forscher nicht außerhalb der Welt der Wohnmobilreisenden stehe, sondern zu ihnen gehöre – nicht erst jetzt, sondern seit Jahren. Insofern sind die Interviews als Grundlage der späteren Ergebnisse auf ausgedehnten Reisen mit einem Wohnmobil ab Sommer 1999 zwischen Nordkap und Südspanien entstanden – gleichsam im Strom der fahrenden Nomaden mitschwimmend.

In diesem Zusammenhang ist auch der dritte Baustein zu sehen, der die Erforschung des Wohnmobilreisens möglichst authentisch greifbar machen will: der methodische Ansatz.

Nicht im vorgefertigten Frage-Antwort-Spiel mit möglichst vielen Befragungsfällen wollte der Forscher wie auf Stippvisite seinem Untersuchungsgegenstand begegnen. Vielmehr sind es lange intensive Gespräche gewesen (im Fachjargon „qualitative Interviews"), in denen sich Forscher und Beforschte näher kommen konnten.

Sich im ausführlichen Gespräch auf Menschen einzulassen, öffnet bei ihnen ohne Nötigung die Bereitschaft, sich tiefer gehend und differenzierter zu Einstellungen und Verhaltensweisen ihres individuell geprägten Wohnmobilreisens mitzuteilen. Aus dem wertvollen Stoff ihrer Erzählungen wurde meine Erzählung „Von der Spur der Freiheit" beim Wohnmobilreisen.

Deshalb gilt mein größter Dank den siebenundsiebzig Paaren und Einzelpersonen, die sich mir zum Interview zur Verfügung gestellt haben. Sie haben mir alle bereitwillig – und schriftlich – ihr Einverständnis gegeben, dass ich den auf Band festgehaltenen Gesprächsinhalt (und in einigen Fällen auch Bilder) zur Buchveröffentlichung verwenden darf.

Der Reigen mir am Herzen liegender Danksagungen für das Zustandekommen dieser Studie ist also eröffnet:

Zunächst gilt er den Firmen Karmann Mobil und Volkswagen AG Nutzfahrzeuge, die mir zu Anfang meiner Interviewreisen, nämlich von Juni 1999 bis März 2000, ein Reisemobil Karmann Colorado S zur Verfügung gestellt hatten. Danach habe ich mein Forschungsvorhaben in einem eigenen Wohnmobil fortgesetzt.

Inhaltliche Anregungen und/oder Hilfestellungen zur Materialbeschaffung, für die ich dankbar bin, habe ich von folgenden Institutionen und Personen erhalten:

Allgemeiner Deutscher Automobilclub (ADAC):
Dipl.-Geol. Herbert Konnerth und Chefredakteur Horst Nitschke;

Bundesministerium für Wirtschaft und Technologie:
Ministerialdirigentin Gisela Hammers-Strizek;

Bundesverband der Campingwirtschaft in Deutschland (BVCD):
Jens Kowald;

DEKRA Consulting GmbH Stuttgart: Herr Jörke;

Euro Motorhome Club e.V. (EMHC): Präsident Rudolf Haber;

IHK Bildungszentrum Stralsund:
Dr. Martin Bütow, Dietrich Eder, Bruno Reibstein;

promobil: Eicke Schüürmann;

Reisemobil International:
Chefredakteur Dipl.-Ing. Frank Böttger, Mark Böttger, Heiko Paul;

Reisemobil Union (RU): Präsident Günter Diehl (verstorben),
Vizepräsidentin Helga Färber, Ulrich Hensel, Jürgen Zimmermann;

Verband der Wohnwagen- und Wohnmobilhersteller
(VDWH; jetzt Caravaning Industrie Verband – CIVD):
Christelle Beaulieu, Dipl.-Kaufmann Ralf Daelen;

aus dem Hochschulbereich: Ursula Blömer und
Prof. Dr. Dietrich Hagen (beide C.v.O. Universität Oldenburg),
Birgit Jansen-Merx (RWTH Aachen),
Prof. Dr. Christoph Becker (Universität Trier),
Dr. Klaus Kulinat (Universität Stuttgart),
Prof. Dr. Heinrich Lang (Berufsakademie Ravensburg);
Forschungsinstitut Region und Umwelt (FORUM GmbH) an der C.v.O
Universität Oldenburg

und folgende Einzelpersonen:
Manfried Gesemann (ehem. Leiter Verkehrs- und Kulturamt
Rotenburg/Fulda), Undine Niemann (Gründerin Reisemobil Single
Treffen – verstorben), Sabine Rasche (Sauerland-Camp Hennesee).

Für technische Hilfe zur Fertigstellung des Manuskripts danke ich:
Karola Gebauer, Heiko Schröder,
Bibliotheksdirektor Hans-Joachim Wätjen.

Dem Verlag DoldeMedien und Herrn Dolde persönlich danke ich für die
Buchpublikation und die anspruchsvolle und umsichtige Editionsarbeit.
Gunild Carle vielen Dank für ihre Kreativität, mit der sie eine ästhetisch
eindrucksvolle Buchgestaltung geschaffen hat. Gisela Grude sei für ihre
gründliche Korrektur gedankt.

Und überhaupt danke ich Corinna, die mich mit Verständnis und
Ermunterung bei dieser Arbeit begleitet hat.

Oktober 2002   Rainer Krüger

INHALTSVERZEICHNIS

Abbildungsverzeichnis

Statt einer Einleitung: Nomaden der Freizeitgesellschaft – auch ich gehöre dazu

Es muss nicht nur die Sonne scheinen, wenn ich mit dem Wohnmobil auf Reisen bin. Besonders gemütlich finde ich es, auch bei leichtem Regen im Sommer, zum Beispiel frei stehend an einem Seeufer oder auf einem überschaubaren Stellplatz. Dann wird drinnen im Reisemobil bisweilen ein kleiner Campingstuhl aufgeklappt – obwohl das Halbrund der bequemen Sitzbank zum Verweilen einlädt – und dieser wird genau an die offene Seitentür herangeschoben. Dort sitze ich – mit Zeitung oder gutem Buch versehen oder nur in die Regenlandschaft blickend – und fühle mich geborgen in meiner Höhle und ebenso ganz eng verbunden mit der Natur oder dem Geschehen draußen.

Woher kommt dieses Wohlbehagen und warum ist es gerade mir so lieb, mich im Häuschen auf vier Rädern heimisch zu wissen? Ist es nicht die Frage, die sich auch Wohnmobilisten stellen – können?

Wenn ich für mich darüber nachdenke, spült meine Erinnerung immer wieder ein Erlebnis meiner Kindheit hoch. Es ist die Flucht aus Schlesien im kalten Januar 1945, die mich zusammen mit meiner Mutter und den Großeltern nach einwöchiger Odyssee durch Mitteldeutschland und die damalige Tschechei in ein niederbayerisches Kuhdorf verschlug. Diese Flucht im Viehwaggon war für den fünfjährigen Jungen eine Traumreise, ganz im Gegensatz zu dem traurigen und schrecklichen Erlebnis, das es für die Erwachsenen gewesen ist:

Ich sehe ganz deutlich den Knirps vor mir, wie er stundenlang vor dem Spalt der etwas aufgeschobenen Waggontür sitzt, warm verpackt, sich mit den Händen in dicken Handschuhen am eisernen Überwurfhaken der Schiebetür festhaltend die vorbeizuckelnde Landschaft wie im Film betrachtet. Der warme Bullerofen im hinteren Eck des Waggons war Tag und Nacht gut mit Holz bestückt, das während der oft stundenlangen Pausen auf freier Strecke im Gehölz oder im Wald gesammelt wurde.

Die vielleicht fünfzehn bis zwanzig Erwachsenen und Kinder auf engem Raum in mitteilsame Gespräche, auch Gezänk oder mal Scherze verwickelt, bildeten für mich einen sicheren menschlichen Hintergrund, vor dem das Flüchtlingskind die so direkte Begegnung mit der vorbeiziehenden Winterlandschaft als spannendes Kindheitsereignis erlebte.

Wenn es denn so wäre, dass mein Faible für das Wohnmobilreisen einen so frühen Ankerpunkt in meiner Lebensgeschichte hat, gibt es aber doch einen wirklichen Anfang dieser meiner Freizeit- und Urlaubsbeschäftigung:

Es ist das Jahr 1979, als ich nach Beendigung einer längerjährigen Leitungstätigkeit das Glück hatte, ein so genanntes Sabbatical oder Freijahr zu erhalten. So war es möglich, dass wir mit unserem keine vier Monate alten Sohn im Wohnmobil auf Überwinterungsreise nach Südspanien und Marokko aufbrachen. Das Fahrzeug war robust und stabil, ein Fiat Daily Kastenwagen mit Zwillingsreifen. Er war innen mit normalen massiven Küchenmöbeln ausgebaut, besaß eine Sitzgruppe mit absenkbarem Tisch als Bettfläche, die Polster von der lieben Oma mit Stoff überzogen. Hinten rechts war ein Seitenbett, das war das Nest für unseren Spross.

Der Fiat Daily, der mir mit seinem kräftig surrenden Diesel beim Fahren das Gefühl bescherte, ich sei Truckerlenker, war vollgestopft mit Pampers, Hipp-Gläschen und Babysachen, reichlicher Vorrat wie für eine lange Wüstenexpedition.

Wir erreichten auch tatsächlich mehrmals an den Südausläufern des Atlasgebirges den Saharaarand und verschiedene Oasen. Dort erhandelte alte Berberteppiche erinnern bis heute an unsere bescheidenen Vorstöße in die Wüste. Ansonsten hielten wir uns vor allem an der südmarokkanischen Küste vor der Grenze zu Mauretanien auf einem kaum als Campingplatz anzusprechenden Gelände auf. Es war eine unglaubliche Idylle am Rande eines Naturreservates, in dem unzählige Flamingos mit ihrem zartweissen Gefieder herumstolzierten, uns die Fischer Gaumenfreuden ihrer Beute zukommen ließen und uns das Maß für Zeit und Arbeitsalltag zu Hause zerrann.

Dass kein Ort auf Erden das reine Paradies sein kann, wurde uns durch zwei Erlebnisse klar. Das weniger wichtige: Mutter und Vater des kleinen Moritz wurden tagelang von einer in südlicher Breite nicht unüblichen Magen-Darm-Infektion befallen, die unsere Kräfte raubte, während unser Baby wohlig neben uns beste Gesundheit ausstrahlte. Die schlimmere Begebenheit war, dass uns Deutschland und seine Vergangenheit in ganz negativer Weise selbst in weiter Ferne einholte:

Ein Deutscher mittleren Alters im grünen Kampfanzug und mit Barett erschien auf dem Platz und sorgte mit seinem als Kampfwagen umgebauten Unimog im wahrsten Sinne des Wortes für Ordnung und Schrecken. Er selbst lugte aus einer runden aufgeklappten Dachluke neben einem Fahrer wie der Anführer einer Terrorschwadron heraus und kommandierte im Geiste nationalsozialistischer Führerschaft. Da er irgendwie in der Gunst des örtlichen Militärs stand, war es uns und anderen Campern nicht anders möglich, den Drangsalierungen auszuweichen, als uns nach einem anderen Stellplatz umzusehen.

Auf der Heimreise mit langem Zwischenaufenthalt an der südspanischen Küste, vor allem in der damals noch ziemlich unberührten Fischerbucht von Las Negras bei Almeria, geschah es, dass unserem kleinen Jungen seine erste Meistertat zum Wohl von Eltern und Wohnmobil gelang:

Wir hatten unser Fahrzeug in Malaga auf dem riesigen Parkplatz des Kaufhauses Cortes Ingles abgestellt, um uns nach den Monaten zivilisatorischer Randlage zum ersten Mal wieder mit kulinarischen Segnungen und Getränken Spaniens einzudecken. Mit gut gefülltem Einkaufswagen kehrten wir zu unserem Fiat Daily zurück, in dem uns Klein-Moritz mit herzergreifendem Weinen empfing. Erst beim Einpacken der Waren bemerkten wir, dass es vom Fahrerhaus her tüchtig zog. Da hatten wir die Bescherung: Ein Wollte-gern-Dieb hatte das kleine Dreiecksfenster der rechten Vordertür zerschlagen, um an unsere bewegliche Habe zu gelangen. Doch der vom Geräusch der splitternden Scheibe erwachte Knabe hat durch sein erschrecktes Geschrei den Eindringling in die Flucht schlagen können, mindestens so wirkungsvoll wie ein Wachhund. So gab es schon in den seligen Zeiten des erwachenden Wohnmobiltourismus die heute bekannten Übergriffe auf Reisende und ihre Habe.

Wir kamen also im Februar 1980 wohl behalten in Oldenburg an, reich beschenkt durch eine unvergessliche Wohnmobilreise und mit einem Sohn, der auf dieser Fahrt in frühester Kindheit imprägniert worden ist mit einer Reiselust, die ihn bis heute nicht verlassen hat.

Auch danach hat die Lust zum Ausschwärmen mit dem Reisemobil nicht nachgelassen. Nur ein Wintercamper bin ich nie geworden. Dafür reichte eine Erfahrung: Mit meinem älteren Sohn Oliver und dessen Freund sind wir einmal ins Sauerland zum Skiwochenende aufgebrochen. Skifahren gut, aber der Aufenthalt im schlecht isolierten Fiat Daily eine Zumutung. Als dann nachts auch noch die Gasflasche leer war und gewechselt werden musste, waren wir so klapperkalt gefroren, dass wir das Ende der Nacht herbeisehnten. Natürlich sind heute Wohnmobile besser gegen Kälte gefeit. Aber, wie gesagt, die Motivation zu Winterreisen mit dem Motorcaravan blieb bis heute aus.

Reisemobilfahrer haben manchmal eine Untugend an sich. Sie können ihrem Wohnmobil nicht ewig treu bleiben. So ging es mir auch. Zwei Jahre diente der brave Fiat Daily noch zu Urlaubsreisen nach Spanien und Italien sowie zum Wintersport, inzwischen umgerüstet auf leichte Sperrholzmöblierung mit WC-Kämmerchen für das Portapotti.

Danach kam die leichtere Art eines gebrauchten VW Jokers mit Aufstelldach, mit dem sich geschmeidig durch Städte und Landschaften reisen ließ. Er hatte vor allem den Vorteil, dass man – wie man heute sagt – „erlebnisnah" auch in Stadtvierteln oder winkligen Orten sein Stellquartier fand, aber auch luftig nah an kleinen Wegen oder Buchten der Natur nahe sein konnte.

Mein Wohnmobilleben ist trotz aller Freude und Begeisterung von langen Pausen unterbrochen gewesen. Man kann sagen, dass die Zeiten ohne viel länger als die mit Reisemobil dauerten. Insofern bin ich nicht der nur „Wohnmobil-Freizeit-Urlaubstyp", den es auch gibt.

Im Übergang von den achtziger zu den neunziger Jahren war es allerdings wieder so weit. Nochmals wurde ein VW Joker an den Start gerollt, um mir in Deutschland und vor allem in Italien erlebnisreiche Entdeckungsreisen zu gönnen. Gemeinsam mit einer italienischen Kollegin arbeitete ich an einem Buch zum Sanften Tourismus in der Toskana. Nicht selten reisten wir zu Interviewpartnern mit dem VW Bus, manchmal fand das Interview auch im Bus statt und gelegentlich diente uns das Reise- und Büromobil zur verdienten Siesta zwischen den Gesprächen. Dies sogar mit Laptop, Akten und Interview-Aufnahmegerät beschwerte Vehikel verabschiedete sich jedoch unerwartet plötzlich von mir.

An einem schönen Aprilmorgen des Jahres 1991 rieb ich mir auf dem Balkon eines Hauses an einer innenstadtnahen Ausfallstraße von Florenz nicht nur den Schlaf aus den Augen, sondern auch meine absolute Verwunderung. Dort, wo ich dachte, dass der rote VW Joker unten auf dem Parkstreifen ebenso wie ich oben seine Nachtruhe beendet haben würde, stand zwar eine Reihe anderer Autos – er aber nicht mehr. In meine Hosen stürzend stürmte ich – im Fahrstuhl – die Treppe herunter, lief auf die gegenüberliegende Straßenseite, nur um nochmals bestätigt zu bekommen, was ich vom Balkon aus schon bemerkt hatte: mein Joker war verschwunden.

Der VW Bus blieb verschollen und ich wohnmobillos bis zum Juni 1999, dem Monat, in dem mein Vorhaben begann, die Recherchen und Interviews für dieses Buch in Angriff zu nehmen. So ging ich Mitte Juni 1999 wieder einmal auf Reisen mit einem Wohnmobil, einem Colorado, der mir von Karmann Mobil und der Volkswagen AG zur Verfügung gestellt worden war.

Diesmal war es ein gespaltenes Bewusstsein, im Wohnmobil zu reisen: Zwar fühlte ich mich auf meinen Fahrten auch ein wenig als Freizeitmensch. Doch viel stärker war ich „beruflich" unterwegs, als Spürnase gewissermaßen, die Motive und Verhalten anderer Wohnmobilisten erkunden will. Dies jedoch in einer Weise, in der ich selbst Teil des „fahrenden Völkchens" bin und mich mit vielen Äußerungen und Gefühlen meiner Gesprächspartner identifizieren kann.

Von Juni 1999 bis Herbst 2000 bin ich als Wohnmobilforscher viel herumgekommen:

Mit kleinen Erkundungen die Nordsee entlang und in den Harz hinein fing es an. Beispielsweise blieb es nicht aus, dass ich gleich beim ersten Halt auf dem meerseitigen Stellplatz in Salenburg bei Cuxhaven so unbekümmert auf die einladende Grasnarbe zufuhr, dass ich nicht bemerkte, dass unter dem aufgeweichten Rasen der seifige Schlick durchkam. Nur mit Hilfe von ungefähr zehn Kollegen – so nennen sich bisweilen die Wohnmobilfahrer untereinander – gelang es, mein Fahrzeug auf trockeneren Untergrund zu bekommen.

So könnte ich jetzt eigentlich fortfahren, meine eigene Geschichte des Wohnmobilreisens noch ausführlicher zu erzählen und mit vielen freundlichen und freudigen, aber auch einigen negativen Begebenheiten auszuschmücken. Aber ich will ja die Reiseerfahrungen und -motive der anderen Wohnmobilisten erkunden und beschreiben. Deshalb zu mir nur noch so viel:

Ich folgte den Spuren der Reisemobile 1999 in Süddeutschland, Österreich, Oberitalien, an der Adria und Riviera. Ich begleitete die Überwinterer und Sonnenanbeter in Südspanien. Im Jahr 2000 erlebte ich nach einem kurzen Winteraufenthalt im Harz den Frühling an der Mosel und in der Pfalz und beschloss die Interviewreisen im Sommer mit einer zünftigen Skandinavientour.

Nun lassen Sie sich berichten „über Reisen und Leben im Wohnmobil" – wie ich es erforschte und verstehe.

Kapitel 1

Wege zum Wohnmobil –
Camperkarrieren und Direkteinsteiger

Hinter dem sich entfaltenden Markt für Wohnmobile mit der impo-
santen Zahl von inzwischen über 1,1 Millionen Menschen, die allein in
Deutschland Freizeit und Urlaub mit einem Reisemobil unterwegs sind,
stehen ebenso viele Individuen mit ihren ganz unterschiedlichen
Lebensgeschichten. In diese Biografien der Menschen muss man eintauchen, um nachzuvollziehen, warum, wann und wie es dazu kam, ein
Wohnmobil zur Gestaltung von Freizeit und Urlaub zu nutzen. Stimmen
wir uns also ein mit einer zünftigen Geschichte über ein langes Camperleben bis hin zum Wohnmobilreisen, und dies in einem längeren
Stück Originalton aus einem Interview:

> *„Machen jetzt vierzig Jahre Camping bei uns, da läuft dat schon.*   Zur Einstimmung:
> *Wir haben ja von der Pike angefangen, ne. Wir sind noch mit dem*   eine Geschichte
> *Motorrad gefahren und so weiter, mit nem kleinen Zeltche, stabfreier*   vom langen
> *Eingang, da war sonst noch'n Stab zwischen. Da sind mer bei de Bau-*   Camperleben
> *ern, da ham wir noch Stroh geholt und inne Sacke rin und da ham wir*
> *oben gezwitschert, wir zwei. Und ich bin Matrose von Beruf – deshalb is*
> *dat. Bin gefahrn auf em Rhein …*
>
> *Und dann ham wir Motorrad abgegeben und ham wir uns 'n Leuko-*
> *plastbomber jekauft, aber der Ganzstahl, der vierhunderter, der Lloyd.*
> *Und dann sind wir nach Kochel am See gefahren und so weiter und*

dann zwischendurch wieder
gearbeitet und dann so lau-
fend hin und her. Samstag,
Sonntag sind wir in den West-
erwald, vom Westerwald aus
an die Ahr. Wir sind überall
rumgeschuckelt.   *Sonntags*
wieder eingepackt und mon-
tags wieder arbeiten jegangen.
Und dann gings laufend so
weiter:

Und dann sind wir natürlich dazu übergegangen, dann ham wir   Enkirch
uns'nen Daimler gekauft und dann ham wir das erste Mal mit ene Spri-   (Mosel):
te. Der Engländer hat das erste Mal so'n Aluminium-Wohnwage jestellt.   Geschichte
Da war jerad so zwei Mann, mit zwei Mann konnte man da so forttrek-   einer langen
ken, man sieht sie heute wie so'n Eifelland. Und dann sind mir weiter   Camper-
    karriere

immer größer, immer größer die Wohnwage. Nach dem Sprite kam ein Construkta, 'ne belgische Firma. Der hatte vorne so'ne Kugel, dann geht es so kurvenähnlich weg. Die hatten damals zwei Betten, dann hat die Frau jesagt, wir ham kein Badezimmer und nix da drinne, jetzt is aber Schluss. Ja, dann fang wer mal an mit den Größeren. Da ham wir 'ne Eiba Nova jehabt, der sechs Meter, der Doppelachser. Von dem Eiba Nova sin 'mer auf die Baronesse von Tabbert, auch 'n Doppelachser. Aber den konnt man mit 'nem Geländewagen, ich hatte damals 'nen Patrol, fahren. Dann von dem Patrol sind wir auf den Tabbert Condor mit 'nem Mercedes Automatik.

Und dann war ich mal bei Daimler Benz und dann sagt er für mich: 'Hennes, mach, dat die Kist wegkütt. Der tät, wenn er so halb rund dreht, bumm, bumm, bumm …' Da sagt er: 'Da is irjend jet, aber wat, kann ich dir nich sage.Lofe tät der noch', sät er, ‚da brauchst keine Angst habe. Aber es könnte denn bald was sein.'

Ja, und dann ham wer affejefe und dann ham wer ein sechssechziger Hymer jehabt. Dat war in de achtziger Jahre, da sin mer auf de Wohnmobile. Weil ich dat satt war, jedes Mol de Hänger do so komisch hinfahre, weil ich sowieso Lastzug fahre tät. So kann ich zwischen Fahre Tass Kaffee trinke, alles und das Ganze so, net. Und dann sind mer quasi vom Wohnwage auf das Reisemobil gekommen – weil, wir haben ein Zeltplatz jebaut, 'ne Campingplatz jebaut vom Club, in'n Eriba Club Nordrhein. Und der hat damals 'n Zuschuss von Hymer gejeen. Und nur Hymer ham mir gefahren damals, war 'ne reine Hymer Club, war das. Und wie sie das Geld im Sack hatten von dem, do wollten sie nit mehr, wie das üblich is, dat Volk, de Muff. ‚Ne, ne, wir wolle kaufe, wat wir wollen'. Und dat jeht ja net. Ich kann ja net von ene do zwanzigtausend Mark annehme und sage, ‚was hab ich mit dem zu kriege'. Da standen wir mit dem schönen Platze. ‚Tut ein jeder fünfhundert Mark in'n Sack, dann könnt Ihr mache, wat Ihr wollt'. Ja, dat wollten sie nicht, dat jing an det Fell. Ja, und dann ham wir uns jetrennt.

Und hauptsächlich ging et aber darum, vom Wohnwage wegzukomme auf das Reisemobil, weil wir drei bis vier Monate fahren wollten und dat kann ich von Ihnen net verlangen, wenn Sie mein Parzellennachbar sind, dat Se do vier Monat mir de Rasen mähen, dat jeht ja jar net. Kann man net machen. Und deshalb ham wer aufgehört und ham de Platz dranjejefe und dat Wohnmobil steht jetzt privat im abgeschlossene Jelände.

Und mir fahrn jetzt am dreissigsten Oktober über Frankreich, Spanien nach Marbella. Da bleibn mer bis zum zweiten Januar, dann gehen wir rüber nach Algeciras und Ceuta und dann über die Grenze na'

Marokko rüber... Ja, Campingreisen liegt uns im Blut, ham wir schon von früher." (I. 40)

Wohnmobil als Teil von Camperkarrieren

Man sieht, in diesem Fall ist ein ganzes Erwachsenenleben durchwirkt von der Geschichte des Campens. Die kontinuierlich praktizierte Campingfreizeit ist fester Teil und Kompensation des Arbeitslebens. Dabei sind die Phasen des Camperdaseins – Zelt und Motorrad, Zelt und Kleinwagen, kleine, mittlere und große Wohnwagen und größere Reisemobile – jeweils Ausdruck der Bedürfnisse und Möglichkeiten, eine solche Freizeitgestaltung zu realisieren: In jungen Jahren mit wenig Geld vergnüglich zu zweit im Zelt zu reisen *("da ham wir dort oben gezwitschert")*, mit der beruflichen Etablierung in mittleren Jahren etwas behäbiger im Wohnwagengespann zu kampieren und sogar über mehrere Jahre als Dauercamper in einem Campingclub Mitglied zu sein und feste soziale Kontakte zu pflegen. Schließlich wird im Seniorenalter auf das flexiblere Reisemobil umgestiegen, um im geordnet wiederkehrenden Jahresrhythmus mit langen Aufenthaltszeiten den Lebensabend zu genießen: Frühjahr in Ungarn zur Thermalkur, Herbst an der Mosel und Überwintern in Spanien und Marokko.

Man kann zu Recht von einer „durchgängigen Camperkarriere" sprechen, wobei auch ein anderes Moment mitschwingt: Das hier beschriebene Camping-Lebensmuster ist Spiegel einer „Erfolgsgeschichte", die exemplarisch den Entwicklungsweg der Nachkriegsgesellschaft vom bescheidenen Anfang über den Wiederaufbau bis zum erreichten Wohlstand der letzten Jahrzehnte nachzeichnet. Man kann sich im Verlauf des gelebten Arbeitslebens eine allmählich kostspieliger und komfortabler werdende Freizeit- und Urlaubsgestaltung leisten.

Interessant sind auch die Auslöser, die schließlich zum letzten Übergang vom Wohnwagen zum Reisemobil geführt haben: flexibler fahren und auf Plätzen rangieren zu können, sich nicht (mehr) von anderen Menschen abhängig machen zu wollen (hier zum Beispiel das Rasenmähen auf einem Dauerstellplatz durch die Nachbarn, wenn man verreist) und aus festen sozialen Beziehungen herausgehen zu wollen zugunsten zufälligerer und spontanerer Kontakte. Unter dem Strich gesehen erkennt man das Bedürfnis, freier und unabhängiger reisen zu wollen – und dies sogar oder gerade wieder im höheren Alter.

Das Muster der „durchgängigen Camperkarriere" findet sich in einer größeren Anzahl der gemachten Interviews wieder, freilich in spezifischen Abwandlungen und Akzentuierungen, die weitere Einblicke in Camperbiografien zulassen.

Camperkarriere als Spiegel erfolgreicher Lebensgeschichte

Zunächst soll noch einmal die Verbindung von „durchgängiger Camperkarriere" und erfolgreicher Biografie des Erwerbslebens angesprochen werden, die sich meistens darin dokumentiert, sich im Ruhestand ein komfortables Reisemobil leisten zu können:

„Seit 1960 sind wir am Campen. Drei Kinder, eine Familie und da lernt man Menschen kennen, unglaublich aus welchen Ländern, aber natürlich auch aus Deutschland... Wir sind jetzt beide in Rente, meine Frau und ich. Und, ob Sie es glauben oder nicht, unsere Kinder, alle drei, haben auch so viel Gefallen an dem Campen und der Freiheit des Campens gefunden, dass sie hier wieder [Campingplatz in Lido di Dante], *obwohl sie verheiratet sind und selber Kinder haben, uns hier hin und wieder verfolgt haben. Seit dem Rentenalter, seit fünf Jahren haben wir, vorher also Campen, Zelt, dann Wohnwagen, jetzt Wohnmobil.*

Und dann ist das das Schönste eigentlich jetzt, wenn man noch freier ist, die Kinder also schon selbständig sind, noch schöner, wenn man dann als Rentner ganz Europa kennen lernen kann. Nicht nur in den Urlaub fahren und fünf Wochen schön Urlaub machen, wie das der Tarifvertrag ja gegeben hat, sondern dass man heute nach Lust und Laune ein bisschen nach der Kultur der einzelnen Länder schauen kann, viel schöner als wie früher, wo man auch nachgedacht hat, aber doch ein bisschen distanzierter. Und nach Wetter geguckt hat, nach Klima und heute schaut man nach Kultur, wie es zum Beispiel jetzt in Portugal ausgesehen hat... Die Geschichte von Portugal vor Ort kennen gelernt zu haben, das war hervorragend...

Wo wir Arbeiter sind, das darf ich Ihnen noch mal ganz deutlich sagen: Arbeiter sind. Ich bin auf einer Werft groß geworden in Bremerhaven und hab dort über vierzig Jahre gearbeitet, Die Hapag Lloyd Werke. Man hat zehn, zwölf Stunden gearbeitet und hat dann Urlaub

Wohnmobil als Krönung des Arbeitslebens

gemacht und sich dann noch viel zu beschäftigen mit Kultur, das war gar nicht möglich, das ist jetzt möglich, das ist schön. Und so mit dem Wohnmobil von einer Stadt zur anderen, von einem Land zum anderen, das ist wunderbar. Das Wohnmobil ist dann wie eine Krönung des Arbeitslebens, genau." (I. 31)

Das Zitat belegt deutlich, dass das Wohnmobil das richtige Reisemittel sein kann, um sich in größerer Freiheit des Rentnerdaseins die Freizeitwünsche zu erfüllen, die im jahrelangen reglementierten Berufsalltag zu kurz gekommen sind. Bei diesem Rentnerehepaar ist es insbesondere das Bedürfnis, ehedem unerfüllte Bildungsansprüche und das Interesse an fremder Kultur jetzt nach eigenem Zeitrhythmus auf ihren Reisen nachholen zu können. Der Campingnachbar des zuletzt zu Wort gekommenen Wohnmobilisten fasst diese Chance pointiert zusammen:

... erfüllt Hunger nach Bildung und Kultur

22

„Viele Camper, die man öfters wieder trifft, haben genau dasselbe Interesse, sich die Welt anzuschauen. Was hat mal einer gesagt, der gar nicht Unrecht gehabt hat: 'Für Bildung hat man keine Zeit gehabt mit lauter Berufsleben und jetzt, wenn wir nix wissen, wollen wir was wissen.' Jetzt tun wir das wieder aufholen, was wir versäumt haben. Mit dem Wohnmobil ist das ideal.“ (I. 30)

Die Perspektive des Lebensabends erfüllt sich also in Möglichkeiten einer endlich selbstbestimmteren Form des Reisens, für die das Wohnmobil das geeignete Fortbewegungsmittel ist.

In der längeren Interviewpassage wird ein weiterer Aspekt deutlich, der den Wert eines biografisch sich weiterentwickelten Camperdaseins unterstreicht: Die Eltern haben sich und ihren Kindern trotz bescheidener Verhältnisse – anfänglich mit Zelt und Kocher – regelmäßig Urlaub ermöglichen können. Jetzt schließt sich der Kreis: Die Kinder und Enkel haben „auch so viel Gefallen an dem Campen“. Über Generationen vererbt sich die Liebe zum Campingurlaub, auch dies ein Merkmal eines erfüllten Lebens, das seine „Krönung“ im Wohnmobilreisen gefunden hat. Die billige – in der Nachkriegszeit oft einzige – Urlaubsvariante, mit Zelt und Wagen zu reisen, ist ein wesentlicher Grund, sich dem Campen zugewandt und damit eine Wunschkette in Gang gesetzt zu haben, sich im Reisemittel emporzuarbeiten.

In nicht wenigen Interviews wird der schwierige Anfang in der Nachkriegszeit ausführlich beschrieben, in der die Konsolidierung von Erwerb, Wohnen und Freizeit Denken und Handeln der Menschen bestimmte. Dass diese damals nicht einfachen Lebensverhältnisse in der Rückschau des Rentenalters humoristisch milde gesehen werden, ist aus den heute gesicherten Existenzbedingungen verständlich. Der folgende Interviewtext liefert eine solche eher heiter anmutende Story:

„Wir machen das vierzig Jahre schon, mit Zelten angefangen. Wenn Sie vier Kinder haben, dann gehen Se mal im Hotel rein. Bei uns geht's ja gar nicht. Das war damals, zu der Zeit, das war zu teuer... Mein Mann wollte nie Campen, sagt: 'Ich bin doch kein Zigeuner.' Ich sag: 'Dann bleib du schön zu Hause und ich mach das mit den Kindern.' Wir sind auf 'ne ganz komische Art daran gekommen. Uns ham se mal ein Zelt geliehen, vor, ach, vierzig Jahren, das war nur für den ersten Mai. Wie wir dann nach Hause gekommen sind, warn wir nur zwei, drei Tage und dann ham wir uns sofort ein Zelt angeschafft. Da fand er's auch erträglich, begeistert war er nicht. Und ich sag: ,Ich mach das mit den Kindern.' Er kann ja sowieso nich immer weg. Un wenn die Kinder Ferien hatten, dann ham wir unsere Sachen gepackt. Vater hat uns runtergefahren zur Nordsee, später kam die Ostsee dran. Er fuhr wieder

Familien mit Campertradition

Aus einfachen Lebens-verhältnissen bis zum Wohn-mobil

nachhause und ich hab die ganzen Ferien mit den Kindern da verbracht. Man hatte ja nicht immer zur gleichen Zeit Urlaub. Da gab's acht oder zehn Tage Urlaub, die Kinder hatten vier, fünf Wochen Ferien. Und für acht Tage wegfahren, das ham wir nie gemach., wenn, dann ham wir die Ferienzeit der Kinder voll ausgenutzt...

Wohnwagen, ja das war 1971, das war ein englischer Wagen, Sprite, der hatte keine Heizung und der hatte keinen Kühlschrank. Aber wir hatten schon mal 'n Dach überm Kopf. Was meinen Sie, was ich im Zelt manchmal nass geworden bin. Du meine Güte. Dann kam Sturm auf an der Nordsee, der Sand wirbelte

Benidorm (Spanien): Beim Überwintern vom Camperleben erzählen

weg, das Zelt, das klappte nach oben. Wir standen im Freien. Luftmatratzen, alles pitschenass. Ja, und dann hilf dir mal selbst, ne!" (I. 53)

Interessant ist auch, dass es nicht selten die Ehefrauen und Mütter waren, die den Einstieg in das Camperleben mit Zelt ermöglicht haben und erträglich sein ließen. Viele Wurzeln einer Camperkarriere, die später im stolz empfundenen Wohnmobilbesitz ihren Abschluss finden, lagen also im leichteren und selbstverständlicheren Umgang der Frauen mit dem Camperalltag. Sicher deswegen, weil sie die gewohnte Routine des Hausfrauenlebens – ohne zu murren oder sogar mit Zufriedenheit – auf Urlaub und Freizeit übertragen haben:

[Ehemann:] *„Auf der anderen Seite ist es so, wenn ein Ehepaar mit Kindern unterwegs ist und das Wetter ist schlecht, dann drückt das doch ganz schön auf die Nerven, nicht. [Ehefrau:] Ja, ich weiß nich, ich hab drei; ja, heute sind sie erwachsen. Ich bin auch mit meinen drei Kindern mit 'nem Zelt, dann wurde es 'nen Hauszelt. Ich hatte Schäferhunde, also zwei Hunde waren mit Sicherheit dabei. Ich hab das nie als schrecklich empfunden. Wir waren mal in Süddeutschland für 'nen Vierteljahr mit meinem ersten Mann und die Kleine konnte noch nicht laufen, die wurde ins Ställchen gesetzt und ich weiß nicht, ich hab das nicht als schlimm gesehen, ich hab das immer schon gern gemacht."* (I. 71)

Durchgängige Camperkarrieren finden sich nicht nur bei der damaligen Eltern- und heutigen Rentner-/Großelterngeneration. Auch Kinder und Enkel von Camperfamilien sind häufig mit dem Bazillus dieser einfach-offenen Reiseform geimpft. Dies zeigte bereits der Auszug aus Interview Nr. 31, findet sich aber auch in weiteren Gesprächsbelegen:

Jung und im Beruf mit Camperkarriere

„Ja, ich bin dadurch vorbelastet, dass ich eben mit meinen Eltern schon immer zum Campingurlaub gefahren bin. Und mein Vater hat eigentlich die Schuld daran, dass wir auch heute noch Camping machen. Also, wir sind früher immer mit der Familie, ich habe noch Schwestern, und mit denen sind wir dann immer zum Camping gefahren. Mir hat's immer gut gefallen und darum machen wir's eben auch heute weiter. Meine Frau war früher gar nicht so der Campingfan, aber inzwischen ist sie an sich auch dafür zu haben. Ich hab eigentlich mit meinen Eltern, wie gesagt, alle Stationen des Campingmachens durch. Ganz früher sind wir mit dem Zelt unterwegs gewesen, danach mit einem Wohnwagen, der hinter das Auto gehängt wurde, und als dritte Stufe kam dann eben dieser Bus [ausgebauter Setra-Reisebus]… Und irgendwann lief uns dieses Gerät über den Weg und dann haben wir das eben erworben [US-Reisemobil Triple]." (I. 26)

Es sind also nicht nur die heutigen Senioren, die eine durchgängige Camperkarriere vorweisen können, sondern auch Reisemobilisten, die im Berufsleben stehen und häufig als Familienurlauber auftreten.

Wenn an vorderer Stelle zu lesen war, dass die Erfüllungsleiter steigenden Campingkomforts häufig beim Zelten anfängt, um sich über ein Stadium der Wohnwagennutzung zum Reisemobil zu bewegen, ist es bisweilen faszinierend nachzuvollziehen, wie viele Zwischenschritte in diesem Dreiphasenablauf enthalten sein können. Manchmal gewinnt man den Eindruck, dass sich Kauf- und Verkaufsrhythmus von Fahrzeugen zu einer Sache an sich verselbständigt. Weil man immer wieder ein anderes oder neu(er)es Modell besitzen muss und dies meistens mit realistischen Argumenten zu garnieren weiß. Eine solche vielgliedrige „Aufstiegsgeschichte" inklusive zahlreicher kostspieliger Freizeit- und Bewegungsaccessoires vermittelt das folgende Interview:

„Sie haben es ja gesehen, wir haben das kleine Auto mit, wir ham noch 'n Motorroller mit, wir ham auch Fahrräder dabei, dass man, immer wieder dem Wetter entsprechend, auch 'ne Möglichkeit hat, was zu unternehmen. Auto ist mal 'n Test, Anhänger dazu haben wir neu und haben das Auto das erste Mal mitgenommen, weil wir hier maximal zwei Monate bleiben wollen. Und das Auto ist für die Strecken über fünfzig Kilometer, für die kleinen Strecken, die so zwei, drei, vier Stunden dauern, die machen wir mit dem Roller. Den Nahbereich machen wir zu Fuß und das, was so bis zwanzig Kilometer, das machen wir mit dem Fahrrad. Also, für alle Fahrzeuge haben wir unsere Entfernung… Wenn wir nach Kroatien fahren, haben wir ein Boot dran, das hat über zwei Tonnen…

1972 haben wir schon mit Camping angefangen, erste Stufe war mit Zelt, da war die Ehefrau noch nicht dabei. Mit Zelt und Motorrad ham

*wir Urlaub gemacht, dann kam ein Wohnwagen, erst ein kleiner Wohn-
wagen, dann ein großer. Wie sich das so hochschaukelt, ein größeres
Auto: ‚Ach, können wir dann einen größeren Wohnwagen haben.' Jetzt
ist der Wohnwagen so groß, jetzt brauchen wir wieder ein größeres
Auto. Und dann ging's auch mit dem ersten Wohnmobil, 1988, dem Sven
Hedin, dem kleinen. Wir hatten mit Wohnwagenfahren eigentlich nicht
mehr viel am Hut...* [Ehefrau:] *Ich war da gar nicht begeistert von.
Kleines Wohnmobil, vorher großen Wohnwagen und dann plötzlich so'n
Miniwohnmobil. Dann ham wir erst mal einen geliehen und waren in
Amerika, da hieß es, ‚könnt mir eigentlich doch gefallen'* ...

*Und dann ist das jetzt das dritte Wohnmobil und soll eigentlich
auch das letzte sein. Und dies Wohnmobil in der Größenordnung ham
wir uns gekauft, weil da hinten so'n Schuppen ist, 'ne Heckgarage. Weil
man Roller mitnehmen kann und Fahrräder ham wir auch noch mit
drinne. Und von der Motorleistung ist er stark genug, auch noch 'n
Anhänger zu ziehen. Denn Motorbootsport ist unser Hobby.*" (I. 49)

Für den Wechsel vom Wohnwagen zum Wohnmobil werden diverse
Gründe angeführt. Dies ist ein für sich spannendes Thema. Denn einerseits gibt es eine Mehrzahl von Campern, Dauercamper sowieso, aber
auch touristisch Reisende, die niemals in ihrem Leben auf ein Wohnmobil überschwenken würden. Für andere aber ist es geradezu eine
gewollte Weiterentwicklung der Reisebedürfnisse, ab einer bestimmten
Zeit ein Wohnmobil zu nutzen. Um noch einmal auf das letztzitierte
Interview zurückzukommen:

„*Wir sind siebzehn Jahre mit dem Wohnwagen durch die Lande
gezogen, mit 'nem ziemlich schweren Wohnwagen. Hatten ja auch die
entsprechenden Autos davor. Aber trotzdem, ein Wohnwagengespann
ist 'ne sehr instabile Fahrerei. Wenn man über die Berge und die Pässe
und weit gefahren ist bis nach Bulgarien und wo wir überall hin waren
mit dem Ding. Das ist 'ne sehr anstrengende Angelegenheit und ziemlich gefährlich eigentlich. Und darum ham wir gesagt: ‚Jetzt hören wir
auf mit Wohnwagen. Jetzt fangen wir mit Wohnmobil an'.*" (I. 49)

Hier wird deutlich, dass der Wechsel zum Wohnmobil vor allem
deswegen erfolgt ist, weil Wohnwagengespanne in ihrer Fahreigen-
schaft als viel unsicherer und anstrengender als Reisemobile wahrgenommen werden, eine Erfahrung, die auch in anderen Interviews zum
Ausdruck kommt. Wenn beispielsweise gesagt wird, „*das Gezuckel da
hinten dran, das wollen wir nicht*" (I. 54), ist ebenso die als unzurei-
chend empfundene Mobilität und Wendigkeit angesprochen als auch die
Tatsache, dass man damit nur „*80 km/h auf der Autobahn fahren
kann*".

Eine gute Zusammenschau dieser und weiterer Argumente, die die Vorzüge des Wohnmobils gegenüber dem Wohnwagen herausstellen, liest sich so:

Man muss nicht lange packen, man ist also so flexibel beweglich. Man kann überall halten, Gottseidank, in unserem Lande, wo es schön ist. Im Wohnwagen ist es ein anderes Fahren, man ist im Wohnmobil sicherer. Beim Wohnwagen haste immer dieses Schaukeln, nicht wahr. Man darf nicht überall stehen, man kriegt ja wegen der Länge nicht überall Parkplatz... Dann, wie die Kinder nicht mehr mitfuhren, ham wir uns das überlegt, dann ham wir gesagt: ‚Jetzt können wir uns langsam umstellen.' Weil mit dem Wohnmobil ist es irgendwie etwas schneller, man braucht nicht so lange [einpacken]. *Gucken Sie, wir drehen die Markise rein und zuck bin ich weg. Und ich fahre bequemer. Ich sitz im Wohnmobil. Ich fahr 'n Wohnmobil lieber als'n Pkw. Ich sehe schon weit voraus, wenn ein Stau sich bildet. Das Ganze ist ganz anders. Ich sehe, was ich im Pkw nicht sehe, da sitz ich so tief. Ich kann zum Beispiel, wenn ich die Autobahn fahre, rechts oder links sehen, was ich mit dem Pkw gar nicht wahrnehme, weil die Sträucher so hoch sind. Das ist auch sitzmäßig anders. Man sitzt im Pkw irgendwie so, man sitzt hier legerer. Der Tempomat wird bei mir eingestellt auf hundertzehn und mit dieser Reisegeschwindigkeit fahren wir überwiegend."* (I. 52)

Gründe für den Wechsel vom Wohnwagen zum Wohnmobil

Vorteile größerer Bequemlichkeit während der Fahrt werden auch darin gesehen, dass man im Sommer wie im Winter während der Fahrt eine angenehme Innentemperatur haben kann, die bei kurzen Kaffee- oder Esspausen ebenso anhält. Die kurze Rast im Wohnwagen kann hingegen ungemütlich sein, da *„der Wohnwagen selbst im Sommer während der Fahrt kalt ist."* (I. 51)

Bei der Frage, ob man im Wohnwagen oder Wohnmobil mobiler reisen kann, gehen die Meinungen allerdings auseinander. Vor allem wird beim Wohnwagen der Vorteil gesehen, ihn auf dem Campingplatz abstellen zu können, um *„dann mit dem Auto alles ansehen zu können"* (I. 19), zumal man mit dcm Wohnmobil nicht immer oder leicht in (Innen)Städte hereinkommt. Demgegenüber ist das Reisemobil, da das Aus- und Einpacken bei Ankunft und Abfahrt zügiger zu bewerkstelligen ist und es ein höheres Reisetempo erlaubt, *„für große Strecken und weite Ziele ideal"* (I. 19). Ein Interviewpartner (I. 49) fand hierzu eine treffende Formulierung, die auch verbandspolitisch von der „Deutschen Reisemobilunion" (RU) vertreten wird: *„Das Wohnmobil ist eigentlich ein Reisemobil, Wohnmobil ist eigentlich ein falscher Ausdruck."*

Ein letzter Interviewbeleg fasst recht griffig Vor- und Nachteile beider Reisemittel zusammen, wobei deutlich wird, dass das Pendel zugunsten des Reisemobils ausfällt: *Und die Frage Wohnmobil oder Wohnwagen haben wir uns immer wieder gestellt. Wir sind immer wieder zum Mobil zurückgekommen, bei jedem Kauf die Frage definitorisch neu beantwortet. Wir sind immer wieder bei dem gelandet. Das Reisen ist mit dem Mobil natürlich viel einfacher und viel bequemer als mit dem Gespann. Man ist beweglicher. Wir haben das mal verglichen mit Bekannten, die mit dem Wohnwagen reisen. Die fahren auch, meinetwegen, nach Frankreich, fahren an einen Punkt und fahren dann von diesem Punkt sternförmig jeden Tag oder überhaupt die Touren hin und zurück. Und wir mit dem Reisemobil haben gesagt, wir wollen diese Tour oder das machen, haben hier angefangen und sind nach ein paar Tagen weitergezogen.*

Größere Mobilität im Wohnwagen oder Wohnmobil?

Das ist eben eine Philosophie, die uns liegt. Weitere Tagestouren machen wir auch mit dem Wohnmobil, sonst mit den Rädern. Wir lassen deshalb das Vorzelt nicht aufgebaut. Das hat uns nicht gefallen. Man ist so gebunden...

Wir sehen das so: das ist die mobilste Form des Reisens, die es gibt. Es gibt viele Stimmen, die sagen, nee, nee, für uns kommt nur ein Wohnwagen in Frage. Die Leute mit dem Wohnwagen, die stehen hier in Benidorm mit dem großen Vorzelt, weil sie die Bequemlichkeit haben wollen. Da steht dann ein großer Herd drin, es wird also Kuchen gebacken und Brot, es wird Pizza gebacken. Es ist 'ne Waschmaschine da drin, ein großer Haushaltskühlschrank. Also, das mach ich nich. Die Wohnwagencamper, die bringen alles mit, um es besonders bequem für den Winter zu haben. Wir überwintern zwar, aber uns reicht das Fahrzeug, solo, Räder drauf und nicht so viel Gepäck und Vorzelt." (I. 54)

Bei vielen Argumenten, die im Verlauf von durchgängigen Camperkarrieren dazu führen, sich schließlich – meist in einem späteren Lebensabschnitt – für den Wechsel vom Wohnwagen zum Wohnmobil zu entscheiden, scheinen Motive durch, die mit größerem Mobilitäts- und Freiheitsanspruch zusammenhängen. Letztlich sind es aus gewonnener Lebenserfahrung heraus differenzierte Überlegungen, für sich selbst eine möglichst individuelle Lösung von Freizeit- und Urlaubsgestaltung zu finden. Damit wird ein grundsätzlicher Motivationshintergrund berührt, der an späterer Stelle ausführlich zu entfalten sein wird.

Die folgende Passage bringt diesen Prozess einer schrittweisen (Selbst)Findung zu dem schließlich für ideal gehaltenen Fahrzeug auf den Punkt: Es geht um ein Ehepaar kurz vor dem Rentenalter, das, angefangen mit Zelt und VW Bus, in zwanzig Jahren ein ganz individuelles Freizeitmuster entwickelt hat. Aus sportlichem Elan kam die Hinwendung zum Marathonlauf, weshalb sie jedes Jahr im In- und Aus-

Entscheidung zum richtigen Wohnmobil oft ein langer Prozess

land an entsprechenden Veranstaltungen aktiv teilnehmen. Außerdem haben sie sich in einen Freundeskreis eingelebt, mit dem sie vom Wandern bis zum Besuch von Winzern oder Weihnachtsmärkten unterwegs sind. So ist das ganze Jahr beständig von längeren oder kürzeren Wochenendreisen geprägt, wofür das Wohnmobil als einzig geeignetes Reisefahrzeug in Frage gekommen ist. Denn die Wochenendaufenthalte, vor allem zu den Marathonläufen, wäre mit notwendigen Hotelunterkünften, Essengehen und Pkw-Anreise für sie zu teuer geworden.

Wie nun deren Familien-, Alters- und Freizeitentwicklung mit der Wahl des je geeigneten Fahrzeugs Hand in Hand gegangen sind, zeigt der Textauszug:

„Und dann hat M. gesagt, wir könnten das doch mal mit so 'nem Wohnmobil probieren oder beziehungsweise angefangen mit so 'nem VW Bus. Ja, man musste ja auch immer, ich [Ehefrau] hatte ja damals grad angefangen, meine Firma neu zu gründen, gleich 'nen neuen Firmenwagen haben. Dann ham wir gleich 'n gebrauchtes Wohnmobil, also so'n VW Bus vom Händler, wo der nur einmal im Urlaub genutzt war, uns gekauft und zwei Jahr später hatten wir denn 'nen neues. Dann hat man gesagt: ‚Ach, mir wollen schon ein bisschen das drin haben und das.' Da hatten wir schon ein paar Wünsche geäußert. Und dann hat man gemerkt, ja mit den Kindern, das is doch nich so doll und da muss man zu viel bauen. Und dann hat man gesagt: ‚Ein Wohnmobil, da muss man drin stehen können.' Dann hat man nur auf die Stehsituation geachtet, weil sonst, im VW Bus hat man alles im Sitzen gemacht, ja, ja und dann die zwei Kinder da oben drin, war also schon eng, da musste jeder Handgriff sitzen. Nun ja, und dann hat man ein Auto gehabt zum Stehen. Denn hat man gemerkt, das is doch auch klein. Denn hat man wieder den Tisch umbauen müssen, denn es musste noch 'n Bett sein.

Und denn hat man gesagt: ‚Nee, wir brauchen ‚n größeres, da muss hinten und vorn 'n Bett extra sein.' Dass man also sechs Schlafplätze ham, dass man nich bauen muss, wenn man Frühstücken will und dass es also noch alles gemütlich is und so.

Und so sind immer verschiedene Situationen entstanden. Und nachher sind die Kinder nich mehr mit, ham mir gesagt: ‚Ha, was soll'n wir da hinten, das brauchen wir überhaupt nich mehr.' Dann hat man gesagt:‚ Ach, 'n festes Bett, das wär doch auch was Tolles, ja ho, wir mach'n 'n festes Bett dran'. Hatten wir 'n festes Bett da rein, hier ein festes Bett und dort, der eine konnte da schlafen oder da oder miteinander. Oder wenn mal einer gekommen ist, konnte man trotzdem noch. Und denn nachher hat man gesagt: ‚Weißte was, das brauchen wir alles nicht mehr. Da tun wir uns schöne Schränke rein, da ham wir mehr

Stauraum. Und 'ne richtig große Dusche muss rein' Die Ansprüche und die Erfahrungswerte, die man einfach während der Jahre gesammelt hat, was ist nützlich und was is unnütz.

Des is jetzt dies Auto geworden [LMC 6900]. *Das hat sich so herauskristallisiert. Des is jetzt so für uns unser Stil. Deshalb war unser Vorgänger-Wohnmobil genauso. Nur dass der acht Jahr alt war. Aber wir hatten Gepäckträger hinten mit Roller und alles oben drauf im Hymer 694, das Boot und, und, und. Das war immer 'ne Mordsarbeit und mein Mann wird älter, ich wer älter. Mir war das dann auch alles zu schwer, die festen Böden, wo man denn alles hochhieven muss, und wenn der denn mal oben runterknallt. Hab ich gesagt: 'N Auto muss her, hinten mit Garage, alles rein, alles zu. Das sind wieder die Erfahrungswerte gewesen, wo man gesagt hat: ,Ha jo, klar, nix mehr mit'm Dach da oben. So muss es.'... Und so is das immer wieder Stück um Stück größer geworden".* (I. 69)

Beim Winzer in Mussbach (Pfalz): erstes Wohnmobil in der Reihe – endlich der ideale Wagen

Gut für das baldige Jungrentnerpaar, dass sich für sie schließlich das richtige Fahrzeug „so herauskristallisiert" hat, weil sie herausgefunden haben, was für sie „unser Stil" ist.

Es gibt auch Campergeschichten von Menschen aus der ehemaligen DDR, bei denen sich eine individuelle Entwicklung hin zum Wohnmobil nachzeichnen lässt. Natürlich ist die Zahl derer, die nach der Wende den Weg vom Zelt zum Wohnmobil eingeschlagen haben, geringer als in den alten Bundesländern. Um es an dieser Stelle nur kurz anzudeuten: Die finanziell für viele Menschen der neuen Bundesländer schwierige Lebenslage hat ebenso wie die unerwartete Situation, ohne vorgegebene Planung frei und selbständig Urlaub erleben zu können, zu einem zunächst nur geringen Interesse an Erwerb und Nutzung eines Wohnmobils geführt.

Camper-
geschichten
aus der ehe-
maligen DDR

Ausgesprochen durchgängige Camperkarrieren lassen sich jedoch, wie im Fall eines jüngeren, inzwischen alleinstehenden Rentners auch finden. Bei ihm handelt es sich um einen ehemaligen Vollzeitfußballer der DDR – die Bezeichnung Profifußballer träfe die Sache – mit damals vielen sozialen Kontakten und der Möglichkeit, außer im Inland auch im befreundeten Ausland viel zu reisen, und dies ehedem mit der Familie. Aber jetzt ist ihm, dem immer noch drahtig sportlichen Mann, *„allein leben und reisen wie auf den Leib geschnitten"*. Seine Geschichte des

Campens ist gleichzeitig auch ein anschaulicher Bericht, dass, zwar unter schwierigen materiellen Bedingungen, doch schon zu DDR-Zeiten das Reisen mit Wohnwagen und – seltenst – auch mit Wohnmobil möglich war. Allerdings musste man bereit und über Beziehungen in der Lage sein, sich mit viel Erfindungsreichtum und Tüftelei einen solchen Wunsch zu erfüllen:

„Und vor zwanzig Jahren war es für mich gar nicht so einfach, denn ich bin ja aussem Osten. Damals, einfach war's schon, aber natürlich nicht mit 'nem Wohnmobil. Ich hatte zuerst 'n Zelt und dann ham wir uns selbst einen Anhänger gebaut. Da war ich schon immer mit unterwegs. Da war ich noch verheiratet. Mit der Familie waren wir immer drei Wochen in Ungarn oder Tschechei. Einmal war ich in Bulgarien mit dem Hänger, gezogen immer mit 'nem Wartburg. Wohnmobile gab's ja in der DDR nicht, überhaupt keine, nee, nie. Ich hab Kollegen, die hatten, weil ich mit Autos was zu tun hatte [als Wartburg Repräsentant nach der Fußballkarriere], die hatten aus 'nem früheren B 1000, den es bei uns gab, das war so'n Transporter wie die T4 Transporter, so was gemacht. Da gab's eine Variante, die wurden nach Ungarn gebracht und umgebaut als Abschleppwagen, als Doppelachser. Und auf diesen Doppelachser ham die damals dann privat Wohnmobile gebaut, zwei, die ich kenne. Das war aber reine Privatinitiative. Direkte Wohnmobile gab's überhaupt nicht…

Ich selbst hatte mir 'nen richtigen Wohnwagen gebaut. Robrückbasis unten, das Gestell ham wir selbst zusammengeschweißt. Das mit Blechen, das war alles nicht so einfach. Wo ham Sie die großen Alubleche hergekriegt oder 'ne Maschine, die dann Zacken reingemacht hat? Aber wir ham früher oder später alles gehabt. Ich hab früher Fußball gespielt, also, ich würde mal sagen, als Beruf. Das gab's in der DDR auch… .Und wir hatten natürlich nicht übermäßig viel Geld verdient. Aber es gab nichts, wo wir unsere Finger nicht drin hatten. Fußballfans gab's natürlich überall und bei denen haste das gekriegt, der hatte das. Sonst als Normalsterbliche hätten Se beispielsweise son'n Bau vom Hänger gar nicht anfangen brauchen. Das wär praktisch wie 'n unüberwindlicher Berg gewesen…

Und wie dann die Wende kam, da war sonnenklar, dass irgendwann ein Wohnmobil rein muss. Dann war ich Jahre lang immer mit Schwester und Schwager unterwegs. Und im vorigen Jahr Rentner geworden und in diesem Jahr 'nen eigenen gekauft. Ja, der ist ganz neu." (I. 47)

Ein hohes Maß an eigenständiger Vorstellung vom optimalen Reisefahrzeug betonen erst recht diejenigen, die statt eines vom Hersteller als Konfektionsware gefertigten Wohnmobils einen Eigenbau favorisieren oder typische Bullyfahrer (geblieben) sind. Mal sind es individuelle Wertvorstellungen vom rechten Leben, nicht selten etwas alternativ angehaucht, mal sind es aber nur Bezüge zu einem Hobby. Oder es ist einfach die Lust auf einen bestimmten Fahrzeugtyp, die diese Camper nach früherem Reisen mit dem Zelt dazu gebracht haben, sich nicht für ein Wohnmobil „von der Stange" zu entscheiden.

Selbstausbauer

Ein Grund, einen ausgebauten Kastenwagen zu wählen, ist die Preisfrage. Günstig erworbene alte oder ältere Basisfahrzeuge, die man selbst ausbaut oder auf dem Gebrauchtwagenmarkt erwirbt, sind allemal billiger zu haben als ein reguläres Wohnmobil, selbst wenn dieses ein älteres Fahrzeug ist.

... mit verliebtem Bastlerdrang

Richtig beeindruckend wird es, wenn begeisterte Bastler von ihren Eigengewächsen erzählen. Oft wird in jahrelangem Eifer immer wieder der ursprüngliche Selbstausbau verändert und verbessert. Stellvertretend für diese Gruppe von Campern soll die Schilderung eines älteren Pensionärpaares aus Österreich sein. Für den Ehemann, von Beruf Maschinenbauingenieur, ist die kontinuierliche Beschäftigung mit seinem ausgebauten MB 508 Kastenwagen, Baujahr 1982, Teil seiner Lebensgeschichte:

„Hab 'ne Stereoanlage eingebaut, also Musik mit CD Wechsler, Radio natürlich. Die Sitzecke war 'ne lange Überlegung. Durchs Auto bedingt da hinten hat ma kei Stehhöhe mehr und dadurch ist mal die Nasszelle nach vorne gerückt, weil das die Höhe ist, auch der Schrank und so weiter...

Vera Playa (Südspanien): Selbstausbau von außen ...

Das ist halt mein Sport, ich muss ausbauen... Damals sind wir noch [immer auf die Insel Hvar] mit dem VW Bus gefahren. Sechzehn Jahre lang VW Bus, das war der Vorgänger. Und dann, wie die Kinder nicht mehr mit sind, wollten wir zu zweit halt ein bequemes Auto haben. Und dann bin ich auf diese Kiste gekommen zur Freude meiner Frau. Man muss schon viel Geduld aufbringen.

Beim Selbstausbau war er noch im Berufsleben [ergänzt Ehefrau]. Hab jahrelang selbst gebastelt natürlich, im Urlaub und nebenbei samstags, sonntags. Und das alles im Hof und im Freien, zum Teil davon auf dem FKK-Gelände, wo wir sind. Und dann hab ich mir müssen ein Aggregat kaufen dazu, damit ich die Arbeit machen konnte: bohren, sägen, schleifen und, und, und. Und das hat halt jahrelang

*gedauert, eine Sache, das und immer das. 1984 hab ich begonnen aus-
zubauen. Und jetzt [1999] bin ich grad so fertig geworden. Heuer im*
*Sommer hab ich die Solaranlage
drauf montiert. Primitiv sind wir
schon im ersten Jahr gefahren. Da
ham wir eigentlich nix gehabt.*

*Das ist ein echtes Lebens-
werk. Es ist also unbezahlbar,
wenn man so meinen will. Drum
könnt ich das nie verkaufen, da
steckt so viel Herz drin und Liebe,
nein, das würd ich nie zulassen,*
*obwohl es nicht so bequem ist wie ein normales dolles Wohnmobil. Man
hat's schon schwieriger. Aber wir sind zufrieden. Mit dem Bully sind wir
so oft aufgesetzt bei den Fähren. Da kam für mich eigentlich nur 'n Lkw
in Frage mit genügend Bodenfreiheit.“* (I. 63)

*... und innen –
der ganze
Stolz im
Rentnerleben*

Was dem einen die Wertschätzung für den Selbstausbau aus verliebtem Bastlerdrang ist, ist anderen das Faible für einen besonderen
Lebensstil. Bringt man die so begründete Vorliebe von Campern für
Eigenausbau oder VW Bus auf den Punkt, ist es fast bei allen der Hang
nach dem „einfachen Leben". Stellvertretend für diese Einstellung soll
diesmal eine Familie zu Wort kommen, die aus Ostberlin stammt und
damit ein Beispiel dafür gibt, dass es auch in der früheren DDR eine
Campingkultur gab, aus der heraus eine Weiterentwicklung zum Reisen
mit dem Wohnwagen und/oder zum Wohnmobil stattgefunden hat:

*... oder als
Suche nach
originellem
Lebensstil*

*„Schon vor der Wende gehörten wir zu dem Volk, das mit Zelt unter-
wegs war, sehr einfach und schlicht.1991 haben wir dann mit gemiete-
tem Wohnmobil einmal Deutschland von oben bis unten durchgemacht.
Zwischendurch, denn war es auch mal Kommerzurlaub um zu gucken,
wie die Leute das so im Hotel machen. Doch Vorgefertigtes ist nicht
unsere Lebensauffassung, wir reisen der Einfachheit halber, einfach ist
mal wieder schön...*

*Wir hab'n Häuschen mit Garten außerhalb Berlins. Da is man auch
inner Natur, nicht direkt im Wald da drinne. Aber da hat man eben auch
die gut eingerichtete Küche, ja, die Waschmaschine und das alles mehr
oder weniger perfekt, ne. Und deswegen is das hier was anderes [Ford
Transit Eigenbau]. Nee, ein Wohnmobil direkt würd ich mir nicht halten,
is man nicht flexibel genug, denk ich. Das Wohnmobil, das bleibt ja doch
die ganze Zeit stehen, denn ja. Wir ham damals das Wohnmobil genossen, wie gesagt, es war für dreieinhalbtausend Mark Miete auch zu heftig. Aber, Hauptsache, ich hab irgend 'nen fahrbaren Untersatz, wo ich*

mich hinstellen kann. Und ich kann da halt da leben und leben lassen. Ich genieß es halt auch hier, im Freien zu kochen, ich brauch da nicht irgend 'ne Kochnische im Wohnmobil. Dass ich jetzt bewusst Anspruch auf irgendwas erhebe, nein. Ich würd mal wieder 'n Wohnmobil rein-schieben, aber ich lieb es auch so. Ich würd mir schon 'n Wohnmobil wünschen, aber jetzt eben nich so'n supermodernes, sondern so'n altes Ding hier, so'n alten Mercedes, oder so was und den selber ausbauen." (I. 35)

Ausgeprägtes Hobby spiegelt sich im Wohn-mobil

Nicht selten trifft man auf Camper, bei denen sich das Reisen mit dem Wohnmobil fest mit der Pflege bestimmter Hobbys verbindet. Und unter diesen wiederum gibt es Menschen, die ihre vom Hobby geprägte Freizeitgestaltung expressiv im Fahrzeugtyp, seiner Bemalung und dem graphischen Outfit darstellen. Ein sehr zufrieden wirkendes Ehepaar etwa, das aus früherer Campingzeit mit den inzwischen erwachsenen Kindern das alte Zelt mit Schlafkammern für die Schwiegersöhne in spe aufhebt, hat sich 1994 einen alten VW Bus gekauft. Man höre warum:

„Und es war eigentlich schon immer unser Traum, einfach mal anzufangen mit dem Ganzen, was so in unser Budget reinpasst. Und so ham wir uns den gekauft, so wie er ist. Die Farbe außen, das war unse-re Idee, ham wir drauf machen lassen. Das, was da drauf steht, is 'ne Musikrichtung, Reggae Musik is vielleicht bekannt durch Bob Marley. Und das kommt aus der Szene, so. Wir hören das gern. Aber bunt wollt'n wir ihn 'n bissel machen, irgendwie Farbe draufklatschen, nee,

Pappenheim (Altmühl): Als Reggaefans viel unterwegs

da machen wir was mit Sinn. Das is dann draus geworden, schon angebracht so aufzutreten. Wir haben's auch deshalb gekauft, aber eher für'n Urlaub. Nach München zu fahren auch, wir sind Bayernfans …

Das is uns schon oft passiert, dass wir nach Hause kommen und uns dann jemand sagt, hab euch auf der Autobahn Richtung so und so gesehen'. Den gibt's halt nur einmal, weil er so beklebt ist. Wenn dann Bekannte sagen, ‚ach gell, ihr wart dort und dort unterwegs', überlegt man kurz, ah ja, am Bus hat man's erkannt. Und auf der Autobahn sind immer wieder Freaks, die gern Reggaemusik hören und dann gibt's so'n Hupen und Winken." (I. 21)

Bei einem jüngeren Ehepaar mit Kindern ist die Verschmelzung von auffällig gestyltem Fahrzeug und Lebenspraxis noch viel deutlicher.

Denn für den Mann ist das Wohnmobil gleichzeitig Mittel, um zur Arbeit zu kommen, aber auch der fahrbare Untersatz für Auftritte mit einer Band als Schlagzeuger, wobei er sein Musikequipment gleich im VW California mitnehmen kann. Schließlich ist der VW Bus das Familienauto für gemeinsame Urlaube. Gern betonen sie beide, vor allem er: *„Mach meinen Urlaub bisschen anders als andere.“* Angefangen früher mit Schlafsack und Zelt als Tram: *„Country Aspekt Wild West“*.

Keine Frage, dass vor dem jetzigen, schon bequemeren California vierzehn Jahre lang ein urig umgebauter Ford Transit mit Alkoven das Fahrzeug war, mit dem man schrill genug in die Musik-Insiderszene passte:

„Das Auto ham wir jetzt zwei Jahre. Der Vorgänger war 'n alter Ford Transit, also kein Luxusfahrzeug. Wir hatten sehr viel Spaß damit, wie gesagt, absolutes Freak-Fahrzeug, schon zwanzig Jahre alt. Ich hab ihn in München erstanden für siebentausend Mark. Gekauft, war voll mit Schnee, ham wir ihn frei geschaufelt und ham uns gesagt nach 'nem VW Bully ‚das is unser nächstes Fahrzeug‘. Mit dem Auto war'n wir dann fast dreizehn bis vierzehn Jahre jedes Jahr unterwegs…

Wir ham uns ungern getrennt von diesem Alten, weil halt wahnsinnig viel Erinnerungen drin hängen durch die Kinder, die in dem Auto sozusagen groß geworden sind. Optisch haben wir ihn als Bonbonniere gestaltet, so'n bisschen Freiheit, 'n bisschen Abenteuer, 'n bisschen was Extravagantes, so unseren Lebensstil darzustellen nach außen. Und wo wir ankamen, war natürlich gleich immer tolle Stimmung. Also wenn wir mal auf 'nem Campingplatz waren, ham wir direkt mit diesem Auto Kontakt gehabt. Kamen Kinder, die bei uns Eis kaufen wollten, sagten ‚habt Ihr Eis da‘…

Mit dem alten Auto halt, innerhalb der Musik natürlich, das is dann mehr so insidermäßig. Das Auto war bekannt, wenn man das Auto sah, wusste man, der is hier in der Nähe… Auch dieser [VW California] *is jetzt sehr auffällig, weil er halt für'n Wohnmobil das knallige Rot hat.“* (I. 18)

Ein weiterer Grund, der Camper dazu bringt, nicht den Weg vom Zelt in Richtung fertiges Wohnmobil zu gehen, liegt in der Bevorzugung bestimmter Urlaubsaktivitäten abseits frequentierter Reiseziele und üblicher Freizeiterwartungen. Dies gilt für einen Familienvater und Freiberufler, der nach früheren Erfahrungen mit dem Zelten und *„als einer der ersten mit VW Bus und Hubdach“* [damals Anfang der siebziger Jahre] sich und seine Familie inzwischen mit einem Pickup auf Landroverbasis durch die Gegend schaukelt:

Drang zur freien Natur im Pickup

„Normalerweise stehen wir irgendwo in der Prärie, dies ist hier die Ausnahme [kommunaler Stellplatz am Gardasee]. *Was hat das für*

Campione (Gardasee): „Spürnase" stets auf der Suche nach dem einmaligen Platz

Alternativ angehaucht - einfacher Kastenausbau

Gründe? Dass ich mich nich so gern in der Masse bewege. Wir stehen meistens an den schönsten Landschaftspunkten, die man sich denken kann, mit Blick ins Land und fantastischer Aussicht. Wo man sich gern ein Haus bauen würde, da stehen wir. Ich habe da so eine Spürnase entwickelt im Laufe der Jahrzehnte. wenn das möglich ist, Bergblick und gleich am Wasser vor unserer Haustür"(I. 23).

In einem anderen Fall verschränken sich mehrere spezifische Motive zur Wahl eines Wohnmobils, das zwar vom Hersteller geliefert wurde, aber nur ein einfach und kompakt ausgebauter Peugeot Kastenwagen ist: In ökologisch alternativer Einstellung bevorzugt man Rad und ÖPNV, braucht außer dem Wohnmobil-Kastenwagen deshalb auch keinen PKW. Man will als Individualisten nicht im Massentourismus mitschwimmen und ist insbesondere gegen geballt auftretende „Rentnerware". Wenn das Ehepaar, das Campen mit den inzwischen groß gewordenen Kindern mit Zelt und VW Bus betrieben hat, jetzt unterwegs ist, so ist ihnen *„ein einfacher Kastenwagen ausreichend"*, um frei stehend oder mal auf dem Campingplatz, aber am liebsten *„am Bächle nebendran"* stehen zu können. (I. 65)

Der Überblick über unterschiedliche Motiv- und Verhaltensformen einer durchgängigen Camperkarriere soll mit zwei Biografieausschnitten beschlossen werden, die die besondere individuelle Note und Lebenslage von Menschen beleuchten. Im ersten Fall geht es um eine jüngere Frau, die als allein Reisende mit einem VW California unterwegs ist:

Junge Frau – selbstbewusst allein reisend

„Oh, ja, was soll man darüber erzählen, außer, dass es Spaß macht. Es ist halt meine Form, so zu reisen. Ich mag wo bleiben, so lange es mir gefällt. Das find ich auch 'nen Lebensgefühl, anders als 'ne Routine, die man alltäglich hat. Wenn man täglich roboten geht, dass man das, wenn man frei unterwegs ist, nicht mehr machen muss und nach seinen eigenen Bedürfnissen entscheidet...

Ich hab Camping halt immer gern gemacht, früher als Kind und Jugendliche im Zelt. Und als das Geld dann halt da war, halt eben mit 'nem Wohnmobil, ein bisschen bequemer, gell... Vor zehn Jahren fing ich an und hab das dann sechs Jahre mit meinem Mann zusammen gemacht. Und als wir uns getrennt haben, hab ich ein Jahr keins gehabt und dann hab ich mir das hier gekauft. Das mach ich jetzt drei Jahre.

Für Frau-Reisende hat es Vorteile. Bei jeder Anmeldung fragen die Leute, ,wie, alleine, nur als eine Frau?', das wundert sie immer. Hat den Vorteil, dass ich aber auch die schönsten Stellplätze zugewiesen bekomme. Es gibt

mittlerweile Campingplätze, die auch direkt Stellplätze für alleinreisende Frauen haben, sei es mit dem Zelt, dem Wohnmobil oder mit Wohnwagen. Oder ebenso, wo man auch sagt, ,wünschen Sie was Spezielles?' oder, ,hier ist 'n schöner Platz, da sind Sie sicher'.

Wenn andere mehr Angst um mich haben als ich selber, das is etwas, was mir immer wieder markant auffällt. Nachbarn, die auch sehr häufig fragen, ,wie, sind Sie alleine unterwegs?'.

Ansonsten damit zusammenhängend ist auch negativ, dass die Leute einen tierisch anstarren, auf 'ne ganz unangenehme Art und Weise, wie so'ne komische Erscheinung. Also, Singles reisen sowieso schon mal wenig allei, und dann als Frau da darunter wahrscheinlich, wenn da fünf solche am Platz sind, sowieso nur eine davon Frau. Selten, dass mal fünf Frauen da stehen als allein Reisende... Sicher, wenn ich Hilfe bräuchte, hätte ich sicher, wie ich sage, Häschenbonus, wo mir jeder sofort helfen würde.

Allein zu reisen, damit kann ich leben, hab ich keine Not mit, nee, nee. Das bin ich eigentlich schon immer gewesen, schon vom Studium her waren Frauen eigentlich unterrepräsentiert und im Beruf jetzt selber hab ich es auch, dass ich die einzige Frau auf der Arbeit bin und von daher ist das nichts Ungewöhnliches für mich. Oder sagen wir mal, nichts, dass ich jetzt sage, das sei mir unangenehm. Es hat für mich auch etwas damit zu tun, sich nicht den Regeln zu beugen. Wer macht denn die Regeln? Doch eigentlich ich selber für mich. Und andere haben eben nicht zu bestimmen, was gut oder schlecht für mich ist. Deshalb kann ich auch ganz locker damit umgehen. Nur, jeder hat sicher auch so mimosenhafte Momente, wo's einem dann nicht gefällt, wo's einem nicht Spaß macht und da lacht man darüber und sagt, ,es is halt eben so." (I. 12)

Sicherlich fällt bei der Erzählung der allein reisenden, beruflich erfolgreichen Frau auf, dass sie über eine gute Portion Selbstbewusstsein und klare eigene Lebensvorstellung verfügt, um sich als Außenseiterin des Campinglebens unbeschwert zu behaupten. Selbständiges und individuelles Agieren in Urlaub und Freizeit lassen sich für sie offensichtlich am besten mit einem Wohnmobil realisieren. Damit deutet dieses Beispiel wiederum an, dass gerade eine individuelle und ungebundene Reisestrategie und die Wahl des Wohnmobils gut zusammenpassen.

Aus Überlebenswillen weiter im Wohnmobil

Der letzte Ausschnitt aus einem Interview zur Fallgruppe „Camperentwicklung vom Zelt bis zum Wohnmobil" betrifft ein Ehepaar, das trotz eines einschneidenden Schicksalsschlages ungebrochen an der Liebe zum Reisemobil festhält. Es ist die Geschichte vom Überlebenswillen zweier durch einen Unfall stark behinderter Menschen, die nun in Auszügen im Originalton wiedergegeben wird:

„[Sie:] *An dem Tag, als er pensioniert worden ist, wollten wir für drei Tage wegfahren und sind dann gerade so acht Kilometer von zu Hause weggekommen. Und inne Baustelle knallen wir mit 'nem Lkw frontal zusammen, der bei Rot über die Ampel is und da war keine Ausweichmöglichkeit.* [Er:] *Ich bin morgens beim Landrat gewesen und pensioniert worden als Polizeibeamter und nachmittags um halb vier lagen wir dann in verschiedenen Krankenhäusern.* [Sie:] *Ich sechs Monate in Bochum.* [Er:] *Alles an einem Tag, dass wird jetzt am 27.Oktober zehn Jahre genau. Sie hat drei Jahre im Rollstuhl fest gesessen; 'ne komplizierte Querschnittslähmung.* [Sie:] *Man kann sagen, die Bewegung ist ganz gut wiedergekommen bis auf die Füße, die wollen noch nicht so richtig, die Lähmung wird auch so bleiben.*

Mayrhofen (Tirol): Trotz schwerem Unfall unverdrossen reisen im Wohnmobil und Buggy

[Er:] *Und dann taten wir natürlich wieder reisen.*

[Sie:] *Das Auto* [ein Buggy auf einem Anhänger hinter dem Wohnmobil] *haben wir halt dabei, weil ich nicht so beweglich bin. Dann hat man das Wohnmobil fest stehen und dann fahrn wir halt Alpenstrassen oder fahrn hoch, wo man sonst auch schön spazieren gehen kann.* [Er:] *Ja, und wenn wir das Buggy nicht dabei haben, dann haben wir einen Roller oder Motorrad hinten drauf...*

Der erste große, das war ein Hymer, genau ein Jahr alt auf den Tag, zehntausend Kilometer gelaufen und dann schon der große Unfall. [Sie:] *Und dann hing kein Schrank mehr an der Wand.* [Er:] *Ich hab Hymer selbst noch die Bilder gezeigt und gesagt, 'hier habt Ihr mal 'nen richti-*

gen Crashtest'. Die waren aber so überheblich, die ham gesagt, 'wir wissen, dass wir die Besten sind, ham wir nicht nötig'. Sag ich, 'den können'se haben für tausendfünfhundert Mark, ist der Restwert'. Das war'n Wohnmobil, das hat fünfundachzigtausend gekostet. Können Sie sich vorstellen, wie das aussah? [Sie:] *Ich hab hinten gesessen und ich hab Narben im Gesicht. Und die sind halt gekommen dadurch, dass die Schränke von den Wänden gefallen sind. Waren also nur getackert, die waren also nicht fest verschraubt. Wie heute Hymer ist, weiß ich nicht. Nur halt damals waren's nur Tackerklammern in der Wand...*

[Er:] *Wir haben ja nach dem Unfall keinen Integrierten mehr gehabt. Ich glaube, dass die Chance besser gewesen wäre mit dem Originalführerhaus. Da ist vorne ja nichts mehr, diese Pappe, auf Deutsch gesagt... Da hat die Frau mit ihr [einer befreundeten Frau] hinten drin in dieser Dinette quasi gesessen und Karten gespielt. Und bei dem Frontalanstoß mit dem schweren Lastzug wär der Unterkörper vom Beifahrer [dem befreundeten Mann] weg gewesen.* [Sie:] *Ich hab aber durch meinen Aufprall den Pilotensitz von ihm rumgedreht und der ist nach hinten geflogen und ich war vorne eingeklemmt.* [Er:] *Sie flog nach vorne und hat das erlitten und sie hat ihm quasi das Leben gerettet. Sie ist zwischen Tür und dem ganzen Kram eingeklemmt gewesen. Wir lagen ja auf dem Dach und obendrauf der Lkw.* [Sie:] *Ich war eineinhalb Stunden eingeklemmt und bei vollem Bewusstsein. Und wenn man dann sieht, die Kinder auf'm Fahrrad, die kommen da bis auf'n Meter ran und gucken da rein und die Leute von der Brücke schießen Fotos wie verrückt, das ist abartig.* [Er:] *Dann war natürlich von der Gasflasche der Kopf abgeschart, nicht explodiert. Aber zwei Gasflaschen waren am Ausströmen, der Diesel lief vom Lkw, lief von meinem Wohnmobil aus. Die Feuerwehr war so was von ängstlich, die sind da rumgelaufen wie...* [Sie:] *Einer wollte helfen, da sagt der andere zu dem, 'Mensch mach dich hier weg oder willst du mit in die Luft gehen, wenn 'ne Flasche explodiert. Und ich lag da.* [Er:] *Sie war ja komplett eingeklemmt. Ich hab dann die Gasflaschen mit den Händen aus dem Blech rausgerissen und auf die andere Straßenseite geschmissen, obwohl ich auch blutete wie so'ne Sau [hatte Kopfverletzungen, dreizehn Stirnhöhlenoperationen]...*

Nur, wir ham gesagt, wir ham also keine Geduld länger zu klagen. Das Schmerzensgeld war also viel zu gering, dafür was sie aufgeben musste. Wir haben früher zusammen Skilanglauf gemacht, zusammen gesurft, viel gewandert. Das ist ja alles rum. Jetzt fahrn wir halt. Wenn sie nicht so gekämpft hätt, säß sie heute noch im Rollstuhl. [Sie:] *Die Ärzte haben gesagt, ich bleib im Rollstuhl sitzen und ich wollt's nicht glauben. Es ist ein Verrenkungsbruch gewesen und die Nerven sind nicht durchtrennt, sondern gequetscht gewesen. Deswegen sind da lauter Platten drin und Schrauben. Bis zum Knie is es wieder gekommen. Nur, dass ich halt von Anfang an versucht hab, alles wieder zu machen...*

Das Wohnmobil ist halt im Grunde genommen praktischer gewesen als die Wohnung. Es ist nur'n schmaler Raum, wo man sich rechts und links festhalten kann, daher komm ich hier eigentlich besser zurecht als in der Wohnung. Man hat überall alles praktisch parat auf kleinstem Raum. Wir sind jetzt super eingerichtet. [Er:] Statt 'ner Leiter zum Einhängen in den Alkoven hab ich 'ne Raumspartreppe eingebaut. Zack, zack, zack is man oben. [Sie:] Beim Doppelboden ham wir innen 'ne Klappe eingebaut, die heben wir so hoch. Da kommen dann die ganzen Lebensmittel rein und ich muss nicht jedes Mal raus in den Regen nach hinten." (I. 16)

So bedrückend dieser Bericht ist, offenbart er doch die Chance, die selbst nach dem Unfall mit dem Wohnmobil ein solches Fahrzeug, diesmal ein großer Concorde, den beiden Menschen bieten kann: Sie können weiterhin eine für sie erfüllte Freizeit- und Urlaubsgestaltung erleben. Die zwar gekürzte, aber doch ausführlicher wiedergegebene Erinnerung an das Unfallgeschehen führt auch vor Augen, dass Reisen mit dem Wohnmobil eine Freizeitaktivität ist, die mit beträchtlichem Risiko verbunden sein kann. Das muss gesagt sein, gerade wenn Reisemobilisten so stark das Gefühl, frei und unabhängig zu sein, auf der Fahrt empfinden.

Bisher ist von Wohnmobilisten gesprochen worden, die einen größeren Teil ihrer Lebensgeschichte mit Campen verbunden haben. Sie sind von einfacheren Campingformen (vor allem dem Zelten) in das Leben und Reisen mit dem Wohnmobil hineingewachsen. Durchgängig ist bei fast allen die sehr früh einsetzende Begeisterung für Campingfreizeit und -urlaub.

Der direkte Weg zum Wohnmobil

Ein zweiter großer Bereich von Wohnmobilfahrern ist direkter auf eine Entscheidung für ein Reisemobil zugegangen, ohne vorher schon andere Campingformen erlebt zu haben. Es gibt darunter solche, die sehr lange mit dem Wohnmobil reisen und also auch eine längere Campingkarriere hinter sich haben, aber eben fast ausschließlich mit dem Wohnmobil oder einem Eigenausbau. Was in der zweiten Gruppe viel stärker hervortritt, ist die Tatsache, dass es bei vielen eines bestimmten Anlasses bedurfte, um zum Wohnmobilreisen zu kommen. Als Auslöser hierfür werden im folgenden zu unterscheiden sein: (kleine) Kinder,

Tiere, Hobbys, die beim Wohnmobil mögliche Verbindung von geschäftlicher Tätigkeit und privatem Reisen und Urlaub sowie Krankheiten, eine besondere (Über)Lebensstrategie oder Wunsch nach persönlicher Sinnsuche.

… mit und ohne festen Anlass

Neben denjenigen, die zu irgendeinem Zeitpunkt ohne festen Grund zum Wohnmobil „einfach so" gekommen sind und denjenigen, die aus plausiblem Anlass ein Reisemobil zu nutzen begannen, gibt es schließlich noch die Gruppe derjenigen, die ein solches Fahrzeug lediglich mieten.

… oder zur Miete

Die genauere Betrachtung der angesprochenen Fallgruppen soll mit der begonnen werden, deren Fahrer/Nutzer irgendwann aus Lust und Laune, allerdings mit Überlegung, ein Wohnmobil gekauft haben.

So ging es beispielsweise einem älteren Ehepaar, er schon in Rente, sie noch im Beruf, das sich auf seiner ersten Wohnmobilausfahrt im Januar 2000 in den verschneiten Harz befand und zum Interview bereit war. Die Entscheidung für ein Wohnmobil kam recht spontan für Leute, die sich selbst für eher bodenständig halten und in der Türkei seit langem ein Ferienhaus besitzen, in dem sie ihren Sommerurlaub verbringen.

Wohnmobilfahrer auf erster Reise

Das Wohnmobil, ein neuer integrierter LMC, soll ihnen dafür gut sein, dann und wann im Winter in Deutschland *rumzureisen und rumzugucken"* (I. 68). Wenn die Frau in ein bis zwei Jahren in Rente geht, wollen sie den Jahresrhythmus umkehren: im Sommer mit dem Wohnmobil in Europa reisen und im Winter in das Ferienhaus in der Türkei ziehen.

Ihr Eindruck vom ersten verlängerten Wochenende mit dem Wohnmobil ist ganz erstaunlich: *„Es gefällt uns immer noch, wir gewöhnen uns jeden Tag besser ein"* – herzlich willkommen also beim Völkchen der modernen Nomaden!

Kauf nach reichlicher Planung

Wenn den einen der Kaufentschluss ziemlich schnell von der Hand geht, gibt es andere, die einen langen Entscheidungsprozess brauchen, bevor sie als Quereinsteiger in die Campingwelt ein Wohnmobil besitzen. Auch hierfür findet sich ein besonders prägnanter Fall. Ein Unternehmerehepaar sagt von sich: *„Wir sind Leute, meinetwegen, von spontanen Entschlüssen"*. Aber dennoch:

„Wir haben das gekauft im Oktober 1998 und haben allerdings, um zu kaufen, ganz einfach annähernd drei Jahre Überlegung gebraucht. Erstens, weil's 'ne teure Großinvestition ist, es ist keine Kleinigkeit. Dann kommt hinzu, wir hatten alternativ 'ne Ferienwohnung geplant und haben uns dann doch für ein Wohnmobil ganz einfach durchgerungen, weil wir aufgrund unseres Berufsstandes ganz spontan weg wol-

len. *Wir haben versucht, sonst Wohnungen zu mieten, man telefoniert sich die Finger wund. Und dann sitzt der Zwang dahinter, das nehmen zu müssen, was man bekommt und das zu überhöhten Preisen. Und hier beim Wohnmobil ham wir die Möglichkeit zu sagen, ,wir sind immer unser eigener Herr...*

Selbst der Händler, der uns den verkauft hat, sagte, ,meine Güte, mietet mal erst'. Wir ham nicht gemietet. Wir haben uns wirklich so intensiv damit befasst und dann auch gekauft. Denn wenn wir uns ein Wohnmobil mieten, ist es doch nie so, wie wir es wirklich haben wollen. Und da fehlen auch die privaten Sachen... Das hat einfach drei Jahre gedauert, um diese Dinge [individuelle Sonderwünsche] *auszuklamüsern. Wir haben Wohnmobile beguckt ohne Ende. Was mitgeholfen hat, waren zwei Schwäger, die beide Camper sind, nur von Wohnanhängern, und die natürlich sagten, da bei der Verarbeitung drauf achten und da. Dann kommt dazu diese ADAC Broschüre und da wurde dieses angepriesen als gut verarbeitetes Fahrzeug. Dann hat man irgendwann entschieden.*" (I. 14)

Spontaner Wille, ein Wohnmobil haben zu wollen, und doch reiflicher Überlegungszeitraum bis zur Realisierung des Wunsches sind für die Unternehmerfamilie gut aufgegangen. Denn sie sagen als Resümee *„Wir haben das jetzt ein halbes Jahr, wir ham in dem halben Jahr so viel gesehen wie wir sonst... "* – und da verließ sie die Sprache, um zu sagen, wie viel mehr sie entdeckt hatten.

Menschen, die sich für das Reisen auf vier Rädern entscheiden, können bisweilen wegen ihrer eigenen Originalität zu diesem Hobby gekommen sein. Ein solches Original ist ein über vierzigjähriger Mann, der bereits mit Frau und zwei kleinen Kindern vor über zehn Jahren begann, mit einem Wohnmobil herumzureisen. Ein normales Wohnmobil würde zu ihm nie gepasst haben, dazu ist er zu sehr ein liebenswürdiger „Halodri". Es konnte demnach nur ein selbst ausgebautes Fahrzeug sein, dass zu seiner launigen Lebensart passt. Von einem damals kleinen Hanomag Kastenwagen führte bald der Weg zu einem sehr bemerkenswerten Fahruntersatz, einer alten Hanomag Pritsche (Baujahr 1974) mit aufgesetztem Wohnwagen. Doch erst Bemalung und sonderbares Interieur geben dem meist allein reisenden Fahrer und seinem Wohnmobil den nötigen Pfiff. So zieht er denn, seit zwei Jahren von seiner Frau getrennt, von Ostern bis zum Herbst vor allem an verlängerten Wochenden überall da, wo etwas los ist, seine Kreise:

„Ich muss immer auf der Rolle sein, bin eine Art Zigeuner... Ich möchte eigentlich nich so mit der Masse. Alle ham'se den gekauft [normales Wohnmobil]. *Und meiner ist halt alt und ich kenn ihn in- und*

auswenig. Und man kriegt auch eher Kontakt. es bleiben öfter Leute stehen. Und da sitzt ja vorne die Monika noch drin. Ja, die lag im Container und ich wollte schon immer was, der Platz daneben [Beifahrer-sitz] ist leer. Und dann hab ich die Schaufensterpuppe da mitgenommen, hab 'ne Perücke geholt. Und jetzt sitzt Monika neben mir. Die Leute, erst gucken'se, dann gehen se weiter, bleiben stehen, als wenn sie vor die Wand gelaufen sind und dann kommen'se wieder zurück. Oder ganze Busse, die halten, kommen wieder zurückgefahren und hängen an'ne Fenster und man kriegt schon viel Späßchen...

War auch 'n Maler. Man fährt da öfter vorbei auf der Hinfahrt, auf der Rückfahrt. Und is'n ganz kleiner Campingplatz da. Man kriegt überall Anschluss dann gleich. Ja, und dann kam irgendwann mal raus, dass die ganzen

Wohnmobil Singletreff bei Bramsche: Immer mit „Späßchen", Puppe Monika und Selbst-ausbau auf Achse

Bilder da im Ort von ihm sind. Und ich biet ihm da meine weiße Fläche an'ner Seite und dann ,los, dran, mal man'. Und dann hat er mir oben Istanbul gemalt und darunter das Panoramabild und so. Und das war dann ein'n Abend fertig. War ein Maler, ein Türke, der war da oben Bademeister. Winter über is er 'n Designer und Maler. Und auf der anderen Seite war auch 'n schönes Bild, nur mit Füllstift gemalt. Hat mir 'n Ikonenmaler draufgemalt vom fünftausend Lireschein, so'n Buddha. der is vergilbt. Das hat er jetzt so aus Späßchen gemacht, normalerweise spricht er so von zehntausend Mark für so'ne Ikone. Das war auf'm Campingplatz, so ins Gespräch gekommen. Und dann holt er seine Filzstifte raus und dann ging's los." (I. 44)

Wer mit dem vergnüglichen Spaßvogel samt Monika ins Gespräch kommen will, muss nur auf freien Stellplätzen, vielleicht an Baggerseen im Ruhrpott oder im Emsland, aber auch auf Wochenendvergnügen wie in Dorf Münsterland, Sauerlandstern oder Südseecamp Wietzendorf auf ihn warten. Er und sein Eigenausbau sind nicht zu übersehen.

Ist für den einen der Selbstausbau nur skurriles Mittel, um seine Persönlichkeit besser ins Licht zu setzen, ist es für andere das eigentliche Hobby. Das gilt für ein älteres Rentnerpaar, das ohne Umweg über Zelt oder Wohnwagen den Weg zum Wohnmobil-Eigenausbau angesteuert hat. Bereits 1974 wurde ein Ford Transit von ihm als Tischler zum Wohnmobil ausgebaut. Das Fahrzeug war ihm von seinem Chef als ausgemusterter Geschäftswagen überlassen worden. 1980 wiederum begann der Ausbau eines Mercedes 508 Kastenwagens, Baujahr 1978, der vorher als Blumenfahrzeug gedient hatte. Wie gut, diesen zu bekommen, weil die Frau früher Floristin war. Eigenausbauten sind sein Hobby: *„Es war immer mein Wunsch (I. 39)."* Es hatte aber auch materielle Gründe, da man sich ein Fabrikwohnmobil nicht hätte leisten können.

Enkirch (Mosel): Im Selbstausbau ...

... mit „gemütlichem Wohnzimmer"

Besonders die Frau ist sehr gesellig. Sie gehen deshalb gerne auf freie Stellplätze, die sie schon kennen, weil man da Bekannte wiedersieht. Dann ist in ihrem Selbstausbau *„im großen Wohnzimmer Treffen"*, um gemütlich zu plauschen oder Karten zu spielen. Und dieses Wohnzimmer ist Teil eines Innenausbaues über sieben Meter Länge. Handwerklich sehr solide und detailverliebt mit viel Holzverkleidung verarbeitet, betritt man eine gute Stube mit gerafften Gardinchen, Veilchentöpfen und Orientteppichen, allerdings keinen echten. Mit ihrem Eigengewächs ist das Rentnerpaar den ganzen Sommer über in Deutschland unterwegs – *„Deutschland ist schön in der Welt"* – und *„dann machen wir Winterschlaf." (I. 39)*

Nicht alle Wohnmobilinteressenten sind gleich bereit, sich ein Mobil anzuschaffen. Manche gehen vorsichtig an die Sache ran. Sie mieten sich erst mal ein Reisemobil. Wie bedächtig und umsichtig das Sich-Herantasten an den Kauf des Wohnmobils sein kann, erfährt man aus der folgenden Geschichte. Ein Rentnerehepaar, beide mit einundsechzig Jahren zum zweiten Mal verheiratet, haben erst nach dem Beginn ihres gemeinsamen Lebensabschnittes zum Wohnmobil gefunden. Zunächst bevorzugten sie für ihre Urlaube Flugreisen. Da die Frau aber auf einer verlängerten Reise mit einer Freundin zur Textilmesse im VW Joker auf den Geschmack gekommen war, entschlossen sie sich, in einem gemieteten Wohnmobil Urlaubsreisen zu versuchen:

„Wir haben verschiedene gemietet erst mal, um zu sehen, ob wir das überhaupt mögen. Das geht genau seit 1988. Wir sind früher mit gemieteten kleineren angefangen. Und wir sind also viel durch die Gegend gefahren… [Er:] *Einmal hab ich mir das Fahren mit dem VW Joker [der Freundin] angeguckt. Dann wollt ich mit und wir ham uns den James Cook gemietet. Ich fuhr 'n Volvo Automatik und da hab ich gesagt, wenn ich schon 'n größeren Wagen fahre, dann bitte 'n Automatik und nich so einen mit 'nem Rührknüppel. Und das war dann der James Cook. Und dann wurden 'se immer größer.*

Erst mieten, dann kaufen

Da hat ich noch 'ne Kundin, da war der Mann verstorben und die hatten einen Eco. Das war'n Alkoven und nur sechstausend Kilometer gelaufen. Und den ham wir zur Miete für'n Appel und 'n Ei jekriegt zum Fahren. Ham schöne Touren damit gemacht, selbst nach Ungarn zur Urlaubszeit. Aber kaufen mochten wir den nicht. War nicht unser Wagen. Aber da sind wir so selber drauf gekommen und ham uns dann selber einen ausgeguckt, nur so für zwei Personen, fertiges Bett hinten. Und das war schön [ihr jetziger Euroliner]…

Früher war'n wir vier Wochen runtergeflogen. Aber aus Zeitgründen, ham wir gesagt, fliegen wir. Dann hatten wir uns gesagt, wir wolln uns nichts kaufen [Wohnmobil], nur mieten. Sollte etwas schief gehen mit dem Wetter oder so, dann müssen wir 'ne Bleibe haben. Und da ham wir uns ein Motel angeguckt. Dann wären wir also ins Motel gegangen, wenn es schlecht gegangen wäre. War aber nicht nötig, war zwar verregnet, aber nötig tat's nicht. Ham wir uns erst mal die angeguckt, die Camper, die mit dem Hänger da waren. Die konnten sich zwar mit ihren Wagen bewegen, aber zu dieser Zeltaufbauerei, da hab ich beim besten Willen keine Lust. War Dekorateur Zeit meines Lebens so ungefähr und hatte von diesem ganzen Plunder die Nase voll. Und dann gibt's noch die größeren Wohnmobile, die Hymer, die Clou und so weiter. Aber selbst die fingen erst alle an, vorne etwas vorzutüteln. Und diese Wagengröße [ihr Euroliner], das waren die Faulsten. Die kamen an, er stieg noch nicht mal aus, holte sich seine Bild-Zeitung raus. Also, Madam kochte drinnen das Essen, da wurde nichts vorgebaut. Und das war dann das Entscheidende, weshalb wir uns für diese Wagengröße entschieden haben.“ (I. 48)

Wenn man sich (noch) nicht entschließen kann oder will, ein eigenes Wohnmobil zu kaufen, aber auch nicht stets Mietfahrzeuge nutzen will, bietet sich eine Zwischenlösung an, das Car-sharing. So gibt es Beispiele, bei denen sich die „Großfamilie" mit verheirateten Kindern, Sohn und Tochter, das vom Vater angeschaffte Reisemobil teilen oder eine andere Familie, bei der der Bruder eine kleine Yacht und die Schwester ein Wohnmobil besitzt und sie beides mehrmals im Jahr tauschen. Im letzteren Beispiel ist es die Optimierung der Freizeitgestaltung in der Kombination von zwei artverwandten offenen Reiseformen.

Wohnmobil-
reisen als
Car-sharing

Ein Ehepaar mittleren Alters mit zwei Kindern, er Kulturmanager und sie Kneipenwirtin, haben zu dieser Variante gefunden. Früher haben sie häufiger mit ihrem ersten Kind Urlaub im Ferienhaus eines Bekannten auf La Palma gemacht und gemerkt, *„da kommt 'ne Stange Geld zusammen"*. Auch ist man bei einem festen Ferienaufenthalt nicht so flexibel, um herumzureisen. Sie sind zwar bis heute *„nicht unbedingt die Camper"* und können sich vorstellen, später ohne Kinder wieder mit Pkw und Hotelaufenthalt zu reisen. Zur Zeit aber ist es für sie eine günstige Lösung, sich mit Freunden ein Wohnmobil zu teilen:

„Das is ja gar nicht unser Wohnmobil, das gehört also 'nem alten Ehepaar, die sind mittlerweile über achtzig und sind damit immer in'n Urlaub gefahren. Und mittlerweile sind sie zu alt. Mittlerweile ist das so, dass die Kinder das übernommen haben. Und ich bin mit dem einen... , das is quasi mein bester Freund, der stellt uns das öfters zur Verfügung.. Und wir kümmern uns also gemeinschaftlich darum, weil er 'n bissel älteres Baujahr ist, dass er wieder fit is hinterher. Also muss immer mal wieder was repariert werden. Auspuff muss demnächst gemacht werden Es is so, wir zahlen ihm da 'ne kleine Miete für, die aber, wenn man sich normalerweise 'n Wohnmobil für hundertsiebzig bis zweihundert Mark am Tag mietet, wenig ist. Und es ist so wesentlich billiger. Und ich helf ihm dann, quasi Reparaturarbeiten zu machen.

Wir überlegen uns jetzt, weil wir das jetzt im zweiten Jahr machen, ob wir uns nicht mit mehreren Leuten ein etwas größeres kaufen und das dann untereinander rotieren lassen. Also, für uns allein ein Wohnmobil, das wäre mir zu mächtig, glaub ich." (I. 36)

Beim letzten Interview deutete es sich bereits an, dass es bestimmte Gründe geben kann, die dafür verantwortlich sind, sich für ein Reisemobil zu entscheiden. In einer Reihe von Fällen spitzt sich die Entscheidung für ein Wohnmobil geradezu auf einen wesentlichen Auslöser zu. Das kann die Familiensituation sein, vor allem wegen Kindern oder Haustieren, ebenso aber wegen Hobbys, geschäftlichen Anlässen, Krankheit, materiellen Engpässen oder zur Selbstverwirklichung.

Bei einer Handwerkerfamilie sind es die ersten Gründe gewesen, die zum Wohnmobilreisen geführt haben:

„1988 ham wir angefangen. Die Tochter war zwei, und da hatten Besonderer Anlass: Kinder *wir den katastrophalsten Urlaub seit langem, weil wir in einer Pension waren und mit dem Kind, dat klappte vorne und hinten nich. Die schlief nicht, die aß nicht, immer alles dann, wenn die anderen es nicht wollten, und es war uns zu stressig. Und dann ham wir das Jahr drauf, wie unser Sohn geboren wurde, war ein halbes Jahr alt, ham wir 'nen Wohnmobil geliehen. Und sind nach Süditalien gefahren. Und es war so schön, dass wir uns im Jahr darauf 'n Wohnmobil gekauft haben, 'n Gebrauchtes. Das ist jetzt der zweite Gebrauchte.“* (I. 42)

Die kurze Textstelle bringt deutlich auf den Punkt, dass es gerade für Familien mit Kindern, vom Kleinkind bis zum Jugendlichen, besonders vorteilhaft sein kann, die Urlaube mit einem Wohnmobil zu verbringen. Insofern steht das zitierte Beispiel für viele andere, für die ebenfalls die Kinder allein- oder mit entschei-

Enkirch (Mosel): Zufriedenes Familienleben im gebrauchten Wohnmobil

dend für die Anschaffung eines Wohnmobils gewesen sind. Etwas spezieller, bisweilen auch kurios anmutend kann es sein , wenn der Erwerb eines doch nicht billigen Reisegefährtes vor allem der Haltung eines Tieres geschuldet ist. Natürlich sind es vor allem Hunde und Katzen, unsere Lieblingshaustiere, die am Campingleben teilnehmen sollen und in Gesprächsauszügen hier präsentiert werden. Es kann aber auch ein Vogel sein, den man mit nimmt, sei es ein zugeflogener Kanarienvogel oder einer, der sowieso *„alles mitmacht“* (I. 72). Ganz eindrucksvoll hört sich die Katzengeschichte an:

Besonderer Anlass: Tiere

„Wir ham nie an'n Wohnmobil oder so was gedacht... Ich bin seit Jahren schon ein Katzennarr, schon als Kind, auch Edelkatzen. Und durch meinen Bruder und Schwägerin hab ich das erfahren. Und die ham auch Katzen gehabt, Perser. Und die riefen mich eines Tages an, wir können euch da Katzen besorgen und die ham wir uns dann angeschafft. Hatten dann seinerzeit noch 'nen PKW, ham die immer mitgenommen, sind damit in'n Garten gefahren.

Und dann, eines Tages, als es so weit war, wir wolln in'n Urlaub fahren, da mussten wir nun sehen, wo du die Tiere lässt. Und dann hab ich in Lübeck annonciert, versucht, die Tiere irgendwie unterzukriegen. Denn die Schwägerin hatte gesagt, sie nimmt die Tiere. Und das hat sie

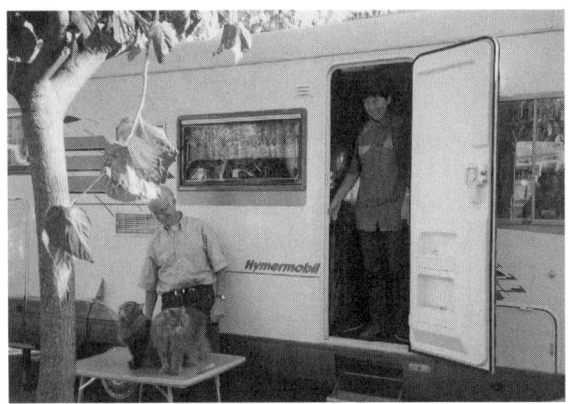

Peniscola (Spanien): Als Katzennarr zum Wohnmobil

nicht getan. Und dann kommt meine Frau eines Tages nach Hause und sagt: 'Mensch, ich hab heute bei der Massage nebenan in 'ne Nachbarkabine, da hat ein Herr sich mit dem Masseur über'n Wohnmobil unterhalten, das er gemietet hat über'n ADAC. Wolln wir das nich mal versuchen? So können wir die Tiere mitnehmen.'

Und so ist das Ganze entstanden vor fünf Jahren. Und da waren die Tiere noch also verhältnismäßig klein, die waren da anderthalb Jahre alt. Und das ging vom ersten Tag an wunderbar. Wir hatten damals das Wohnmobil drei Wochen gemietet. Die Katzen sind nur im Mobil und dürfen nicht raus...

Hier ist noch 'n Mobilist auf'n Platz, der auch 'ne Katze mit an Bord hat und Vögel. Wir sind mit den Katzen zum Wohnmobil gekommen, kann man so sagen, gefällt uns super [sind inzwischen Besitzer eines großen Hymer]." (I. 50)

Noch häufiger als die Katze ist es das treueste Haustier, der Hund, der Auslöser des Wohnmobilreisens sein kann:

„Angefangen haben wir damals, da haben wir uns 'nen Hund gekauft. Und dann Paris gebucht. Und dann haute das nicht hin. Und dann hat 'n Freund uns 'n Reisemobil geliehen, so'n ganz kleinen Weinsberg. Zehn Jahre ist das jetzt schon her. Und dann sind wir mit dem Ding nach Paris gefahren. Das war das erste Mal. So sind wir auf das Wohnmobilfahren gekommen, mit so'm acht Wochen alten Schäferhund warn wir denn da. Das hat uns so sehr gut gefallen. Dann ham wir erst mal immer noch gemietet am Anfang. Dann ham wir die Firma eröffnet [Autohaus] *und dann ham wir uns mal 'nen Gebrauchten gekauft, 'n Eura .Damit waren wir viel unterwegs, immer, immer."* (I. 66)

Das gleiche Interview zeigt aber auch, dass es in einigen Fällen einen weiteren Weg gibt, der zum Wohnmobil führt: die Mitnutzung des Fahrzeugs zu beruflichen oder geschäftlichen Zwecken. Eine ideale Kombination ist die, bei der ein Reisemobilhändler die von ihm vertretenen Wohnmobile nimmt, um selbst damit Freizeit und Urlaub zu bestreiten. Die individuelle Biografie der bereits vorgestellten Händlerfamilie zeigt eine harmonische Übereinstimmung von Geschäfts- und Privatinteresse, als sie, seit zehn Jahren dem Wohnmobilreisen zugetan, über dieses Hobby zur Vertretung einer Reisemobilmarke gekommen sind:

„*Und dann ham wir gesagt, wir erkundigen uns einfach mal. Was muss man machen, nur aus der Laune und aus der Liebe heraus zu dieser ganzen Geschichte. Und dafür, dass wir mit diesem alten Frankia so unheimlich viel Geld verdient haben. Als Alten ham wir's gekriegt vom Kunden* [Inzahlungnahme des Wohnmobils für den Kauf eines Pkws] *und wieder verkauft. Er sagte: 'Ich will fünfunddreißigtausend Mark dafür haben.' Und dann sind wir zum Händler und haben gesagt, 'den geben wir selbst in Zahlung'. Den wollten wir in Zahlung geben für unseren neuen* [Reisemobil]... *Weil wir den in Zahlung geben wollten, so sind wir immer zu den Händlern gegangen und die wollten uns Horrorpreise bieten. Dann ham wir gedacht, 'da kann man richtig Geld mit verdienen, kann doch nicht angehen. Wie funktioniert denn das?' Wir haben unserem Kunden fünfunddreißig oder siebenunddreißigtausend Mark gegeben. Und dann wollten wir den in Zahlung geben, und dann sagt der uns, 'ja, so fünfzig würd ich Euch dafür geben'. Wir ham geguckt, 'Gotteswillen, das kann's doch nicht sein, die können uns doch nicht fünfzigtausend für dieses Auto geben'. Ja, dann ham wir's zu den Konditionen verkauft.*

Das Ganze hat uns aber Spaß gemacht und das Fahren selber auch immer. Dann ham wir uns an einen Hersteller gewandt und der hat gesagt: 'Ham Sie denn eine Werkstatt?' Und wir ham gesagt: 'Wir ham 'ne richtige Werkstatt.' Und der ist zu uns nach Hause gekommen in den Betrieb und da war der völlig von den Socken und sagte: 'Sie ham ja 'nen richtigen Betrieb hier.' Das kannten die gar nicht. Die kannten so mehr die grüne Wiese und den Container drauf mit Scheiben drin und da können 'se denn ihr Auto kaufen. Ja, und so kamen wir erst über [eine Marke X]. *Und dann haben wir gesagt: 'Wir wolln was besseres haben vom Produkt her und noch schöner, noch mehr fürs Herz'. Dann kamen wir zu* [Marke Y]. *Doch bei den beiden Fabrikaten war nie das dabei, was für uns der Traum war. Und dann waren wir auf Traumsuche.*

Ja, und dann kamen wir eigentlich auf [Marke Z]. *Die wollten uns unbedingt als Händler haben. Hat er unsere Werkstatt gesehen, da passen sechs Wohnmobile rein. 'Also, ich plan Euch voll ein'. Sind wir aber zu* [jetzige Marke] *gefahren, haben wir dieses wunderschöne Werk gesehen und eine ungemein zuvorkommende Bedienung erfahren... Und jetzt, seit Juni, sind wir* [jetzige Marke] *Händler.*" (I. 66)

Häufiger kommt es vor, dass ein als Wohnmobil genutztes Fahrzeug außerhalb der Urlaubszeit als ständiger Transporter genutzt wird. So ist es im Fall eines Tischlers, der seinen neuen Fiat Ducato, einen Kastenwagen, für den Handwerksbetrieb nutzt. Seine Ansprüche an

Besonderer Anlass: Beruf und Wohnmobil passen zusammen

49

das Wohnmobilreisen sind nicht sehr hoch, was Bequemlichkeit und Komfort angeht. Da beim Sommerurlaub das *„Vorzelt das Eigentliche macht"* (I. 17), dient der Kastenwagen nur zum Schlafen und als Stauraum für mitzunehmende Utensilien. Unter eine selbst eingelassenen-Bettpritsche werden Geschirr und Lebensmittel in Klappboxen geschoben, letztere dienen auch zum Einkauf. Ein elektrischer Heizkörper sorgt im Transporter für Wärme, wenn es wie in Schweden oder im Altmühltal abends feuchtkalt wird. *„So wird eigentlich improvisiert und das Beste möglich gemacht."*

Den Verzicht auf Wohnmobilkomfort begründen sie aus gehabter Erfahrung mit einem zwischendurch gemieteten Wohnmobil: Sie schlafen nicht gern im Alkoven und wollen jederzeit spontan auf Tagestour gehen können. Das wird ihnen durch das Vorzelt leicht gemacht, in dem die Campingsachen zurückgelassen werden können.

Ganz am anderen – oberen – Ende von Komfortansprüchen rangiert ein anderer Wohnmobilist. Bei ihm, dem Besitzer eines fast dreizehn Meter langen „Dickschiffs", einem amerikanischen Monaco Dynasty Princess mit vierzehn Tonnen Gewicht, gehen Geschäft und Urlaub nahtlos ineinander über:

„Das Wohnmobil is net nur zum Reisen da, net nur zum Vergnüge, sondern auch geschäftlich. Ich mach Messebaufirma .Und wenn ich dann in die Messestätte fahr mit meine Leute, die da auf Montage sind, dann gehen die halt da ins Hotel und ich fahr mit dem Wohnmobil direkt zum Messeplatz. Und da bin ich direkt vor Ort immer und da kann ich direkt mei Leut kontrollieren. Wenn ich sag: 'Ich geh jetzt mal', wissen die net, geh ich zu den Leut in der anderen Halle oder leg ich mich hier auf die Couch.

Da hab ich alle anderen Möglichkeiten, die ich im Hotel nich hab. Und man brauch sich nich mal am Tag immer zehnmal umzuziehen. Deshalb hab ich das Große eigentlich, weil ich's auch geschäftlich nutz...

Singletreff bei Bramsche: Das wunderbare Dickschiff – ein Traum

Es war halt mein Traum als Wohnmobilist, einmal ein Monaco Dynasty Princess zu habe. Das is eigentlich die Krönung... Wir ham ihn bis jetzt immer im Urlaub genutzt...

Wenn ich auf die Messe fahr, da sitz ich mit'm Architekten da im Wohnmobil. Ich hab'n japanisches Architektenbüro, mit dem ich zusammenarbeit. Und der Chef, wenn der da is, wir sind gute Freunde, arbeiten schon achtzehn Jahre zusammen. Und da kommt er auch und sagt: 'Was is, gehen wir mal ins Hotel?' Und da weiß ich schon, was er meint. Und da gehen wir, fahrn wir zum Wohnmobil. Dann machen wir uns 'n Kaffee, oder er legt sich auf die Couch. Also, er fühlt sich denn auch hier heimisch. Und das fördert die Beziehung auch mehr als irgendwie anders. Vom geschäftlichen Aspekt her gesehen, hat das auch viele Vorteile." (I. 45)

Das Reisen und Leben im großen Wohnschiff hat für den Unternehmer auch privat unschätzbare Vorteile, nicht nur das großzügig spiegelverglaste Schlafzimmer, eine Waschmaschine, ein Trockner oder die zwei Bäder, sondern auch scheinbare Kleinigkeiten wie die Tatsache, dass das Bad so groß ist, dass man sich im Sitzen die Füße waschen kann. Doch alles hat seinen Preis: Sein Gefährt, zumal wenn noch der Anhänger mit BMW drauf dazu kommt, misst dann zwanzig Meter und ist auf Straßen und beim Parken nur eingeschränkt beweglich. Und auch von anderen Wohnmobilfahrern wird er *„nicht mehr so richtig als Camper angenommen"*, obwohl er ungebrochen das Gefühl hat, zu den anderen zu gehören.

Schließlich sind es aber auch Hobbys, die dafür ausschlaggebend sind, sich dafür sinnvollerweise ein Wohnmobil anzuschaffen. Ein extremes Beispiel betrifft einen wohlhabenden älteren Rentner mit seiner Frau. Er hat sich allein aus einem Grund für ein Reisemobil entschieden:

„Ist eigentlich gar nicht der Zweck gewesen des Kaufs, dass wir auf Campingfahrt gehen .Ich wollt das Fahrzeug für was ganz anderes, nämlich für Funk, für Amateurfunk. Das war der Grund. Einfach Standortwechsel zu machen, günstige Positionen einzunehmen. Und dann eben den Wettbewerb mitzumachen. Dabei das Wochenende im Campingmobil zu verbringen. Aber das kam dann anders. Es hat dann doch nich gefunkt Hat nich so geklappt in dem Maße. Es war störend und die Plätze waren dann doch nicht so geeignet vom Standort. Und so wurde das Ding also sekundär. Das Wohnmobilreisen ist geblieben." (I. 19)

War dem als Kombination mit dem Wohnmobilreisen gedachten Amateurfunken kein dauerhafter Erfolg beschieden, so sind es andere Hobbys, für die eine solche Verbindung passt. Hierbei ragt am häufigsten das Thema Wasser und Sport heraus. Ein möglichst direkter Standort am bewegten oder stillen Wasser ist zumindest an verschiedenen Stellplätzen noch möglich und wird von Wohnmobilreisenden gern genutzt.

So ist das jährliche Freizeitgeschehen eines durchaus schon wohlhabenden jungen Paares von der Leidenschaft zum Surfen bestimmt.

Besonderer Anlass: Hobbys

Die beiden Windsurfer haben das Glück, nur noch im Winter im Tourismusgeschäft eines mondänen Schweizer Alpenortes arbeiten zu müssen und *„sind halt den ganzen Sommer auf Achse, immer dahin, wo Wind und Wasser sind"*, also etwa am Gardasee oder im Gargano, Griechenland oder Holland. Nach einigen Versuchen mit einem VW Bus und dann einem gebrauchten Weinsberg haben sie sich ihres Hobbys wegen für ein Wohnmobil entschieden, das ihren speziellen Ansprüchen genügen würde. Allerdings hatte die Entscheidung für das Reisen mit dem Wohnmobil zum Windsurfen ein Vorstadium, das mit einem vom Mann zuvor ausgeübten Hobby zu tun hat:

[Sie:] *Grundsätzlich kamen wir ja zum Wohnmobil über seinen ehemaligen Sport, über den Rennsport. Er hat früher Formel 3 von Renault, besser gesagt, ist er gefahren und da ham wir uns entschieden, ein Wohnmobil zu kaufen. Dass man auf den Rennplätzen nicht jedes Mal 'nen Hotel suchen muss. Und ham dann aber den Sport glücklicherweise liegen lassen. Und sind aufs richtige Wohnmobil gekommen, das wir dann anders nutzen...*

[Er:] *Und unsere Hauptleidenschaft ist natürlich das Surfen. Wir bewegen uns eigentlich immer dorthin, wo's Wasser und Wind gibt. Campione [Gardasee] ist ein besonderer Ort. Hab hier früher mal gearbeitet und eine Surfschule gehabt.*

... Da ham wir auch extra ein Wohnmobil bauen lassen, wo wir alles reinkriegen, ohne irgendwas auf dem Dach zu haben. Es ist speziell gebaut, da gehen alle Bretter rein, alle Segel, dann das Moped auch noch hinten rein. Ja, wir möchten einfach im Sommer 'nen gewissen Lebensstandard führen, auch wenn wir nicht zu Hause sind." (I. 22)

Während für jüngere Leute die Verknüpfung des Wohnmobilreisens vorrangig mit aktiver Sportausübung wie etwa dem Surfen zu tun hat, sind ältere Camper eher geneigt, gemächlicher und ruhiger die Beziehung zum Element Wasser zu pflegen. Eine Symbiose von Segeln und Wohnmobilfahren ist dabei eine willkommene Konstellation. Denn einerseits sind Segelboot oder Yacht und Reisemobil jeweils wie Schneckenhäuser ähnliche Formen, die Wohnen in Fortbewegung zu Wasser beziehungsweise zu Land ermöglichen. Andrerseits erlauben beide offene Reisestrategien, ein Sich-treiben-lassen ohne einengenden Planungs- und Organisationsrahmen. Kein Wunder, dass ein älteres Ehepaar meint, ihre Art des Reisens mit dem Wohnmobil sei *„vom Segeln geprägt"*:

Wir haben also bis vor acht Jahren gesegelt. Vor sechs Jahren hab ich noch einen großen Segeltörn gemacht bis nach Aparanda am Ende der Ostsee. Bedingt durch Alter und so weiter können wir die Segelei nicht mehr machen und sind jetzt aufs Wohnmobil gestiegen...

Und wir lieben einfach die nordischen Länder... und das machen wir jetzt seit neun Jahren. Und wir lieben die Einsamkeit. Gern stehen wir allein irgendwo... Wir sind Segler, wir sind immer allein gewesen. Das prägt die ganze Sache schon...

Ich bin sehr krank gewesen, ich hatte Krebs. Bin operiert worden und war physisch und psychisch am Ende. Ich wurde also langsam depressiv... Da hab ich gesagt: 'Wir müssen was unternehmen.' Ich bin immer aktiv gewesen und ich muss was machen. Ich konnte mich aufm Segelschiff nicht mehr bewegen. Ich hatte Rückenprobleme. Das war der Ursprung des Dings. Und dann ham wir uns gesagt, wenn es mir wieder gut geht, wird das Wohnmobil sofort verkauft, weil ich mag das nicht, das Reisen, weil ich halt Segeln gewohnt war... [Sie:] *Ich bin schneller umgestiegen und hab gesagt: 'Machen wir jetzt was Neues.' Aber es hat ihm gut getan.* [Er:] *Hat mich meine Frau doch überredet, Ruhe zu behalten. Und ich bin froh, dass sie das so gesagt hat. Ich geb es* [das Wohnmobil] *heute nicht mehr auf."* (I. 73)

In dieser Textpassage wird ein weiterer einzelne Lebensgeschichten eingreifend berührender Aspekt genannt, nämlich Krankheiten, die ebenfalls ein – zumindest zusätzlicher – Grund sein können, das Wohnmobil auf Reisen besonders zu schätzen. So gibt es Fälle, in denen Freizeit und Urlaub nur unter Einhaltung eines eigenen Tagesrhythmus möglich sind oder bleiben.

Besonderer Anlass: Wohnmobilreisen macht Kranksein erträglicher

Dies gilt beispielsweise für Menschen, die eine auf sie abgestimmte Ernährung einhalten müssen. Mit einer solchen Situation muss ein Rentnerehepaar zurechtkommen, das seit 1992 lange, sich spontan entwickelnde Reisen lieben gelernt hat, so dass sie nach eigenen Worten „Zigeunermenschen" geworden sind:

Wir haben auch das Wohnmobil aus gesundheitlichen Gründen. Meine Frau hat Diabetes und dies sehr stark. Und wir können uns das einteilen, wie wir wollen. Da gib es bestimmte Essenszeiten. Aber hat man morgens das große Frühstück, ich bezahl dann fünfundzwanzig Mark, und dann ess ich für 'ne Mark zwanzig. Da kann ich ja drauf verzichten. Da ham wir gesagt: 'Wir machen unser Dinner so, wie wir's brauchen.' Setzen uns ins Auto und essen. Die Zeitfrage is ja beim Diabetiker wichtig, der es genau nimmt. Die Zeiteinteilung können wir selber bestimmen... Und das ist das Schöne." (I. 7)

Für nicht wenige ältere, aber nicht nur ältere Menschen ist somit das Wohnmobil ein Stück Lebenshilfe, um auch mit schwereren Krankheiten so umgehen zu können, dass möglichst viel an Alltagsroutine erhalten und auch das Reisen mit Freude erlebbar bleibt. In diesem Zusammenhang sei an die an früherer Stelle erwähnte Lebensgeschichte eines Paares erinnert, das trotz eines schweren Unfalls mit dauerhaften Folgen dem Wohnmobilreisen treu geblieben ist und daraus neue Lebenskraft schöpft.

Die Biografie eines anderen Menschen knüpft zwar auch an diesen Gedanken an. Doch gibt es in dem jetzt zu berichtenden Fall kein gutes Ende: Gemeint ist eine Frau mittleren Alters. Sie ist in einer *„Kfz-Familie aufgewachsen"*, ihr Vater hatte eine Tankstelle und hat ihr die Freude am Autofahren und der Technik nahe gebracht. Noch während ihrer Ehe hat sie ab 1992 mit Mann und Sohn das Wohnmobilreisen kennen gelernt und als Abwechslung in ihrem harten Berufsalltag als Unternehmerpaar genossen. Ihren Wahlspruch zur eigenen Hinfindung zum Reisemobil gab sie gern weiter: *„Das erste Wohnmobil zum Üben und für Beulen, das zweite mit Verstand."* (I. 43) Nach der einschneidenden Trennung von ihrem Mann wurde sie von einer heimtückischen Krankheit überfallen. Sie geriet *„lange in ein psychologisches Loch"*. Gerade deshalb aber behielt sie in Phasen gesundheitlicher Besserung das Wohnmobilfahren bei.

Und sie machte sich voller Enthusiasmus daran, in dieser Zeit den Single Club der allein Reisenden aufzubauen. So verband sich ihr Schicksal mit dem anderer allein stehender Frauen und Männer, von denen nicht wenige durch Trennungsgeschichten, Tod des Partners oder eigene Krankheit gezeichnet Trost und Aufmunterung nötig hatten. Sie half mit unermüdlichem *„Betreuungsdienst am Telefon"*. Auch ist sie einem größeren Kreis von Wohnmobilfahrern als Begründerin der vom Single Club halbjährlich veranstalteten Wochenendtreffen bekannt geworden, die regelmäßig in den Reisemobilzeitschriften angekündigt werden.

Sie war *„immer auf der Flucht vor der Kälte"*, sei es in ihrem Drang, mit dem eigenen Reisemobil der Sonne des Südens entgegenzufahren, sei es, Kontakt zu anderen zu brauchen und viel an Anbahnung sozialer Nähe für andere getan zu haben. Sie selbst ist sehr allein und schmerzvoll gestorben. Aber Wohnmobile mit dem Aufkleber „S" (Single) sind immer auf Fahrt.

Besonderer Anlass: Rückzug auf das Wohnmobil bei geringem Lebensunterhalt

Es muss nicht ein Schicksalsschlag dieser Art sein, der Menschen mit dem Wohnmobil in Zusammenhang bringt. Denn es gibt Fälle, in denen das Reisemobil der Rückzugsort wird, wenn die materiellen Bedingungen zu einengend sind oder geworden sind, um sich ein normales Leben in Deutschland leisten zu können oder zu wollen. Der Spieß dreht sich um: Hieß es in verschiedenen Interviews, man könne sich ein Wohnmobil kaum, gar nicht oder nur als gebrauchtes Fahrzeug leisten, kann man sich bei den jetzt zu diskutierenden Fällen nichts anderes als ein Wohnmobil leisten, um über die Runden zu kommen. Damit ist klar, dass Menschen, die aus materieller Not auf ein Wohnmobil ausweichen, eher alte gebrauchte Fahrzeuge nutzen, die man billig erwirbt.

Beim ersten Beispiel hierfür geht es um einen fünfundfünfzig- bis sechzigjährigen Mann. Da er – aus zu respektierendem Grund – nicht wollte, dass das Gespräch wörtlich aufgezeichnet wird, sind die folgenden Passagen aus einem Gedächtnisprotokoll wiedergegeben und inhaltlich so angelegt, dass nicht auf den Gesprächspartner persönlich zurückgeschlossen werden kann. (I. 60)

Der Mann lebt in einem einfach eingerichteten alten MB Kastenwagen und wird von seinem Hund begleitet. Das Fahrzeug steht an wechselnden freien Stellen an der spanischen Mittelmeerküste, jedes Jahr zum Überwintern von September/Oktober bis April/Mai. Den Sommer über lebt er in einer kleinen Wohnung in Westfalen. Sinn des sich wiederholenden Unterfangens ist: *„Sparen und auch wegen dem Wetter."*

Vera Playa (Südspanien): Überwintern und sparen

Beide Aspekte ergänzen sich im sonnigen Südspanien, um ihm eine angenehmere Überlebensmöglichkeit zu bieten als im winterlich kalten Deutschland. Denn der Camper bezieht als Frühinvalide lediglich um die tausendachthundert Mark brutto im Monat. Deshalb lässt er im Winterhalbjahr seine Wohnung in Deutschland im Winterschlaf zurück, Heizung fast abgedreht und Strom und andere Nebenkosten sparend. In seinem sehr billig erworbenen Kastenwagen lebt er für fünfzig bis sechzig Mark unter freiem Himmel in Spanien und gibt oft nicht mehr als zweihundert Mark im Monat aus. Dadurch spart er Geld für den teureren Sommer in Deutschland. Denn dann will er nicht nur in seiner Wohnung hocken, sondern auch ehemalige Arbeitskollegen und die Verwandtschaft besuchen, was ihn allein schon leicht achtzig Mark an Fahrtkosten in der Woche kostet.

Das Leben in Spanien ist für ihn absolut billig. Man kann ja wie Robinson leben, bisweilen nackt am Strand bei entsprechendem Wetter. Damit ihm nicht doch mal die Decke auf den Kopf zu fallen droht, stellt er sich ab und zu neben touristisch belebteren Küstenorten auf. Dort kennt er ein, zwei Tanzlokale, in denen je nach Nationalität Schlager- oder Volksmusik aufgelegt wird. Mit frischem Hemd kann man mal ein Tänzchen wagen. Ein Kaffee, Bier oder Wasser ist auch noch drin.

Es ist sicher nicht sein Traum, allein in Spanien zu überleben, zumal er in Deutschland eine noch jüngere Freundin zurücklässt, die wegen der Arbeit und ihren beiden Kindern (noch) nicht mit ihm in den Süden ziehen kann. Was ist es nun, diese spezielle Lebensform? Sicherlich eine Mischung aus materieller Zweckmäßigkeit und eigenbestimmtem Wunsch nach ungebundenem Leben in der Fremde, verbunden mit einer Nabelschnur, die ihn immer wieder in die Heimat zurückzieht.

Im zweiten Fall, der auch das Überwintern in Spanien zum Ziel hat, geht es um ein Ehepaar, das sich vor einigen Jahren entschlossen hatte, auf eine Wohnung in Deutschland zu verzichten. Sie leben also ganzjährig in ihrem Wohnmobil, immerhin einem größeren Alkovenmobil von Eura, das aber auch gebraucht gekauft worden war. Der Rückzug allein auf das Reisemobil als mobilen Wohnsitz hat bei ihnen auch eine praktische materielle Seite. Sie sind im Sommer als fahrende Händler für Putztücher und anderes auf Märkten und Stadtfesten vor allem in den neuen Bundesländern und stehen beispielsweise längere Zeit mit ihrem Wohnmobil in Magdeburg. So wird das Reisemobil gleichzeitig zur Voraussetzung, um diesen Beruf ausüben zu können, der ihnen wenigstens auf das Jahr umgelegt ein monatliches Nettoeinkommen bis zu zweitausend Mark im Monat sichert, wenn man im Winter in Spanien überwintert und fast immer nur wild, das heißt kostenlos, in der Küstenlandschaft steht:

„Wir überwintern auch. Wir arbeiten eben hart im Sommer. Dafür arbeiten wir viel im Sommer und überwintern hier unten... Halbes Jahr so, halbes Jahr so. Wir machen das schon ziemlich lange und wir kriegen das hier unten alles so mit... Und wenn ich jetzt 'nen halbes Jahr auf 'nen Campingplatz hier gehen müsste, dann könnt ich nur drei Monate hier bleiben, vom Geld her jetzt. Wir fahren jetzt vierzehn Jahre. Wir sind erst mal vier Wochen weggefahren, dann sechs Wochen, dann acht Wochen. Immer 'n bisschen länger, immer so. Immer gearbeitet und jetzt könn wir so und so lange." (I. 57)

Beim letzten hier anzusprechenden Fall handelt es sich um einen alleinreisenden Mann Mitte vierzig, der meint, in diesem Alter müsse man schon die Berufstätigkeit reduzieren, um freizügiger den Rest des Lebens genießen zu können. Dafür nimmt er in Kauf, sich mit monatlich um tausend Mark zu begnügen, die er als Kurierfahrer auf Abruf in Teilzeitarbeit im Sommerhalbjahr in Deutschland verdienen kann. Er legt Wert darauf, dass er in Deutschland niemand finanziell zur Last fällt, weil er für sich selber sorgt. Wie die Entwicklung zum heiteren Überlebenskünstler mit seinem gebrauchten Dethleffs Alkovenmobil aussieht und welche Lebensphilosophie dahinter steht, kann man jetzt etwas ausführlicher aus seinem Mund erfahren:

„Du weißt ja net, so'n Wohnmobil, kaufst'n Wohnmobil, dann machst 'ne Anschaffung und nachher gefällt dir das Leben nich oder du musst wieder verkaufe oder kommst nicht klar, oder wie auch immer. Und da war die erste Reise dreieinhalb Wochen. Dann hat's mich packt. Hat mir so gestunken, wo ich nach Hause gefahren bin, das war ja Ende Oktober bis Mitte November. Da hab ich's geschmeckt und da hab ich gesagt: 'Des isses!'. Hab ich's Jahr drauf, da waren's zwei Monate und Jahr drauf warn es drei. Jetzt machen wir's vier, also bis März, dann muss ich wieder arbeiten. Ich bin jetzt freigestellt von November bis Ende Februar. Erste oder zweite Märzwoche fang ich wieder an... Da hab ich gefrag: 'Im Winter und so weiter, da bin ich weg', ob das so o.k. ist. Und hat's keine Probleme gegeben. Und hat mein Chef gesagt, ‚ja', er akzeptiert es. Und jetzt mach ich das eben so, dass ich bis Ende Oktober arbeite und ab November hab ich Urlaub und frei, bezahlte Überstunden. Ich bin also versichert jetzt die ganzen vier Monate. Dies wird alles vom Betrieb gemacht. Hab dann auch'n Verdienst jeden Monat.

Ich hab meine Wohnung aufgegeben. Ich leb jetzt offiziell im Wohnmobil. Ich hab keine Kosten mehr, Mietkosten und et cetera, was also zusammenhängt, Strom, Haushaltversicherung. Das fällt amal weg. Das, was ich da einspare, das is dann schon einiges und da arbeit ich auch dementsprechend weniger. Bin also, wie gesagt, auf Abruf, also 'Teilzeitjob... Dann leg ich also so jeden Monat fünfhundert Mark auf die Seite. Es geht in dem Fall, ich brauch nich viel für mich. Und dafür finanzier ich mir die Monate hier. Ich bin mit wenig zufrieden. Man brauch nich viel, um zufrieden zu sein.

Schöne Bucht in Südspanien: Überwinternder „Lebenskünstler" macht Wohnmobil zur Wohnung

Die schlechte Zeit, das is so im März, wenn Regenzeit is so oder im Herbst, wenn's kalt is, bin ich bei meiner Freundin. Bin ich ein paar Wochen dort. Die hat a Wohnung. Sie will's halt, gut, o.k., ich muss es net.. Ich hab a Grundstück bei uns am See draußen, da bin ich offiziell. Da zahl ich a Pacht fürs ganze Jahr und was minimal is, denn ich kenn den Bauern gut und da hab ich 'n Stellplatz direkt am Wasser. Da tu ich fischen, da tu ich surfen. Wie gesagt keine Kosten, und dann klappt es eigentlich. Man muss eben 'n bisserl zurückstecken. Ich geh nich mehr so weg, Diskotheken, Lokale et cetera. Also, ich brauch das nimmer, das is vorbei...

Ich bin jetzt schon sechsundvierzig und ich hab mir gesagt: 'Ich fang jetzt an'. Denn bis sechzig oder fünfundsechzig warte, ich weiss nich, wie's gesundheitlich dann ausschaut bis dorthin. Lieber jetzt, das kann mir keiner mehr nehmen, die Freizeit. Denn das is für mich das Wichtigste." (I. 59)

Besonderer Anlass: mit dem Wohnmobil auf Selbstfindung

Ging es in der gerade geschilderten Situation darum aufzuzeigen, wie ein Mann mittleren Alters sich über das ausschließliche Leben im Wohnmobil ein neues anhaltendes Existenzmuster aufgebaut hat, soll die folgende Schilderung den Versuch nachzeichnen, wie eine junge Frau nach soeben abgeschlossenem Kunststudium den Weg eigener Selbstfindung mithilfe des Reisens in einem umgebauten ehemaligen Postbus begonnen hat. Sie ist mit dem einfachen Dasein im VW Bus glücklich, in dem ein alter Petroleumkocher, eine Bettpritsche mit Ablage und ein paar große Hängefächer aus Plastikstoff die einzigen Hilfsmittel sind, um sich über die Tage zu bringen. Mit ihren Malutensilien ausgerüstet hat sie sich so für eine unbestimmte Zeit nach Norwegen begeben, wo sie sich den Reisespuren ihres früh verstorbenen Vaters nahe fühlt. Das Land liebt sie besonders. Ihre Stimmungen sind eingehängt in den Kontrast der felsigen Berge, die sie schnell erdrückend findet, und immer wieder entgegentretende Fluss- und Wasserlandschaften. Zu diesem Landschaftstyp empfindet sie Zuneigung. Der weite Blick stimuliert das Gefühl von Freiheit und Bewegung. Das Rauschen des Wasserfalles, selbst wenn man ihn nur spürt, *„spült den Kopf frei"*. In dieses Milieu eingetaucht mit ihrem gelben Postbus fängt die Suche nach sich selbst an:

Bei Holmvassdalen (Norwegen): Im Postbus „sich erfahren"

„Es war eigentlich schon ein ganz langer Traum, um alleine irgendwo hinzufahren, zu verreisen. Und alleine, weil man sich mehr sich selbst aussetzt, so... Ich habe gerade das Gefühl, jetzt bin ich dabei, langsam Stück für Stück anzukommen. Oder weil es sich jetzt für mich auch anders anfühlt, weil ich weiß, ich bin länger unterwegs. Und dieses, dass alles so offen vor mir liegt, sich anders anfühlt, als wenn ich sag: 'Ich fahr drei Wochen oder'n Monat.' Und ich weiß, ich fahr danach wieder zurück.

Ich weiß, ich hab mich die ersten zwei Wochen jetzt oder auch zweieinhalb Wochen oft einsam gefühlt. Aber eigentlich war das das, was ich genau wollte, dieses Gefühl mich einsam zu fühlen und dann zu

sehen, was dann n‿ ‿nen mit Dingen,
was 'ne St‿

Ich ‿ ‿e wenig Ruhe
ich hab. ‿ ‿ allein sein,
was ich eig‿ ‿imme höre,
wie gut das ‿ ‿s gut ist.
Obwohl mich ‿ ich weg-
bringen will, u‿ ‿ndwas
ist, man muss a‿ ‿f den
man's abschieben ‿ ‿h zu
teilen. Und das wa‿ ‿ein
sein wollte und mus‿ ‿ht
mehr so." (I. 73)

In diesen ehrliche‿
schaft Norwegens zwis‿
Wunsch nach Öffnung zu‿
neuer Selbstsicherheit zu‿
Hause gefahren sein wird, k‿
den sein oder die Lust auf neu‿

Eine letzte Kategorie von W‿ ‿ mit fünfundzwan-
zig bis dreißig Prozent am Reise‿ ‿beteiligt sein dürften (nach
Schätzung des VDWH; briefliche ‿itteilung vom 22.03.02), soll nicht
unerwähnt bleiben: die Mieter von Reisemobilen. In einzelnen der bisher geschilderten Camperbiografien war zu sehen, dass das Mieten
eines Wohnmobils eine Anfangs- oder Zwischenstation sein kann, bis
danach der Kauf eines eigenen Fahrzeugs eintritt. Bei der jetzt zu
behandelnden Gruppe sind jedoch Camper gemeint, die bewusst nur ein
oder mehrere Male ein Reisemobil für den Urlaub mieten und – bis jetzt
– keine Absicht haben, es als dauerhafte oder einzige Reiseform weiter-
zuführen. Oft steht hinter dem Entschluss, nur ein Fahrzeug zu mieten
und nicht zu kaufen, die Einsicht, dass man sich den Erwerb nicht
leisten kann.

In einem ersten Fall ist von einer jüngeren Familie aus Ostdeutschland zu berichten, die in einem großen gemieteten Alkoven, einem
Knauss Traveller, an der italienischen Riviera zwei Wochen Urlaub
machte. Die Mietzeit wurde randvoll ausgenutzt: Abholen und Abgabe
des Fahrzeugs inklusive Reinigung ist ganz knapp bemessen gewesen,
Hin- und Rückreise in Nachtfahrt, um möglichst viele Stunden Urlaub-
saufenthalt herauszuholen. Von ihren fünf Kindern sind vier mitgereist,
davon zwei Pflegekinder. Für das Ehepaar, er als Fernfahrer das ganze
Jahr auf Achse und sie mit periodisch wechselnden Pflegekindern eben-

Reisemobil
zur Miete

*Lido di Dante
(Adria): Mit
großer Familie
im Mietwohn-
mobil*

so im Stress, ist der kurze Sommerurlaub ein Ventil, um dem Alltag zu entfliehen.

Für sie ist es logisch, schon
den sechsten oder siebten Urlaub
mit einem Mietmobil zu verleben:
Es ist ein Rechenexempel, nämlich, dass nur diese Urlaubsform
für die ganze Familie so preiswert
ist, dass man sich überhaupt
einen Urlaub leisten kann.

Im Interview (I. 33) vergleicht der Ehemann die Kosten einer
Urlaubsreise mit Flug und Hotel mit den viel niedrigeren Kosten der
Wohnmobilreise: 14 x 200,– DM Miete pro Tag, in der etliche Freikilometer enthalten sind, fast ausschließlich Selbstverpflegung (wegen der
Kleinkinder sowieso praktischer) und bevorzugtes frei Stehen, was aus
ihrer Sicht viel entspannender ist und natürlich billig, denn *„italieni-
sche Campingplätze kosten Kohle ohne Ende"*.

Zwar ist der Urlaub mit vier Kindern selbst in einem größeren
Wohnmobil anstrengend, *„aber immer wieder schön, macht süchtig"*. Auf
längere Zeit werden sie sich mit der Mietlösung begnügen müssen, denn
„ein eigenes Wohnmobil ist zu teuer". Dennoch bleibt es ihr Traum,
später gern ein eigenes gebrauchtes Wohnmobil zu besitzen und es
selber zu vermieten: *„So finanziert es sich dann fast von selbst."* (I. 33)

Hier ist aus ökonomischem Kalkül einsichtig, dass für eine größere
Familie das Mietwohnmobil eine der wenigen Lösungen ist, sich einen
Urlaub leisten zu können. Man kann davon ausgehen und beobachten,
dass eine Mehrzahl von Wohnmobilen aus diesem Grund gemietet wird,
das gilt insbesondere für die Sommersaison und überdurchschnittlich
für Familien aus den neuen Bundesländern.

In einem nächsten Fall kommt die in Norwegen urlaubende Familie
auch aus Ostdeutschland. Diesmal ist es eine Lehrerfamilie mit zwei
größeren Söhnen, ihre finanzielle Basis des Reisens ist also besser.
Eigentlich ist es die Familie gewohnt, ruhige Ferien in nicht vom Tourismus gebeutelten Regionen zu verleben, zum Beispiel unter Einheimischen im polnischen Galizien – *„ohne Schöller Eiskörbe"*(I. 75). Damit ist
auch klar, dass sie eher Privatunterkünfte oder abgelegene Ferienhäus-
chen bevorzugen.

Diesmal aber wollte der Familienvater einmal *„durch Norwegen mit
bewegter Hütte"* reisen, weil man so nach seiner Vorstellung der Natur
besonders nahe sein könne. So kam es zur Anmietung eines Alkoven-

fahrzeuges. Die Begeisterung der vierköpfigen Familie hielt sich jedoch in engen Grenzen:

[Fühlen sich im Wohnmobil]… *„mittelmäßig. Es ist für vier Leute doch 'bissel beengt und man muss sich halt auch umgewöhnen, weil man sonst ja anders lebt. Man muss alles ganz anders aufräumen. Dann weiß man nicht so recht, wohin mit dem Zeug. Sagen wir mal anders so rum, wenn's also schlechtes Wetter wär, könnt ich es mir echt nicht vorstellen, die ganze Zeit da drinne sitzen. In unserer Familiensituation kommt hinzu, dass die Kinder halt teilweise andere Interessen haben und das trifft sich in dem engen Raum halt noch straffer wie das sonst wär… Wenn wir den noch kleiner gemietet hätten, dann wär das noch anstrengender…*

Ich könnt mir vorstellen, dass ich das sicherlich noch mal mache, aber das vielleicht nur zu zweit oder allein. Je mehr Leute man da für diesen Wanderzirkus unter einen Hut kriegen muss, umso mehr muss jeder zurückstecken. Wanderzirkus ja, wenn man jeden Tag weiterzieht." (I. 75)

Dieser ernüchternde Befund zum Ende der Darstellung über Camperkarrieren und Quereinsteiger gehört auch zum Gesamtbild der Entscheidungsgründe für oder gegen das Wohnmobil. Warum sollte es nicht so sein, dass selbst bei immer noch steigendem Marktvolumen der Reisemobilbranche deutlich wird, dass es auch Grenzen einer Ausweitung dieses Freizeitsegments gibt? Jedem das seine, nicht alle mögen mit dem Wohnmobil verreisen.

Wichtiger aber war zu erkennen, dass es eine breite Palette von Aspekten und Auslösern gibt, die den Zug zum Wohnmobil erklären hilft: die aufsteigende Entwicklungskette von Camperkarrieren bis zum Wohnmobil – die Wechsler vom Wohnwagen zum Wohnmobil – die überzeugten Selbstausbauer – die unterschiedlichen Formen des Einstiegs direkt ins Wohnmobilreisen: „nur so" oder über Auslöser wie Kinder, Beruf, Hobbys, Krankheiten oder besondere beziehungsweise materiell eingeengte Lebenslage oder Selbstverwirklichung oder Selbstfindung und schließlich das Wohnmobilmieten.

So plausibel diese konkret und individuell nachvollziehbaren Begründungen für den Weg zum Reisemobil auch sind. Es stellt sich die Frage, ob sich Reisen und Leben im Wohnmobil nicht noch auf einem ganz spezifischen, besonderen Motivationshintergrund abspielt, der gleichsam das von vielen geteilte Elixier der Freude an dieser Freizeit- und Urlaubsform sein könnte. Darüber wird im nächsten Kapitel zu sprechen sein.

Kapitel 2

Das Schlüsselmotiv:
Wie frei macht Wohnmobilreisen?

Es ist überaus erstaunlich: In systematischen Befragungen mit vor-gegebenem Frage-Antwort-Muster erscheint jeweils ein ganzes Bündel von Motiven, das für Wohnmobilreisen verantwortlich gemacht wird.

Solche Befragungsergebnisse, die beispielsweise jährlich von der Forschungsgemeinschaft Urlaub und Reisen e. V. (F.U.R.) erhoben wer-den, sehen für das Segment des Wohnmobiltourismus für 1998 und 1999 so aus:

Übliche Befragungen ergeben wechselnde Motivbündel

Urlaubsmotive der Motorcaravaner 1998	in %
Frei sein, Zeit haben	64
Abstand zum Alltag gewinnen	62
Zeit füreinander haben (Partner, Familie, Kinder, Freunde)	57
Unterwegs sein, herumkommen	39
Andere Länder erleben	35
Sich was gönnen	35
Ausruhen, faulenzen	28
Sich unterhalten lassen	13

N.I.T. 1998, Quelle: F.U.R., RA 98 in VDWH Mitteilung

Abb. 1 Urlaubsmotive der Motor-caravaner (Auswahl) 1998

Urlaubsmotive der Motorcaravaner 1999	in %
Neues sehen und erleben	69
Abwechslung, Spaß	68
Gesundheit, Natur, Umwelt	65
Zeit für Familie und Kinder	57
Ruhe finden	46

N.I.T. 1999, Quelle: F.U.R., RA 99 in VDWH Mitteilung

Abb. 2 Urlaubsmotive der Motor-caravaner 1999

Interessant ist, dass sich Reihenfolge und Gewichtung der einzelnen Motive bereits von Jahr zu Jahr zu verschieben scheinen. So befinden sich in der VDWH Mitteilung über die Reisemotive 1998 Motivaspekte an vorderer Stelle, die zum Motto Freiheit passen. Andere, stärker zielorientierte oder dem Erholen oder Genießen dienende Motive sind dahinter abgeschlagen.

Ein anderes Bild zeigt die Aufstellung der Motive für 1999. Das Freiheitsthema ist offensichtlich ganz verschwunden, entweder in den Ergebnissen der Reiseanalyse oder in der Auswahl der vom VDWH dargestellten Motive. Motivbezüge, die sich eher an die in der vorangegangenen Befragung letztgenannten anschließen, sind jetzt an vorderster Stelle zu finden.

Der Autor dieser Studie will sich mit diesen Unklarheiten einer quantitativen Befragung nach festgelegtem Frageraster und Ergebnisinteresse seitens des Auftraggebers (jährliche Sonderauswertungen für den Herstellerverband von Reisemobilen, dem VDWH) nicht zufrieden geben. Denn im eigenen Untersuchungsansatz können die Befragten ihre Meinung zu den von ihnen für wichtig gehaltenen Motiven des Wohnmobilreisens in freier Rede, offen und ausführlich, nach ihrem Geschmack darlegen.

Eigene qualitative Interviews erbringen: Schlüsselmotiv „Freiheit"

Aus diesen vielen freien Gesprächen mit Reisemobilisten, die den Stoff zu dieser Untersuchung ergeben, ergibt sich ein ganz anderes Bild: Fast ausnahmslos schlägt in den Interviews eine Grundmelodie durch: Freiheit und Unabhängigkeit! Die ganz besondere Empfindung, die sich beim Reisen und Leben im Wohnmobil einstellt, ist, sich frei zu fühlen.

So einhellig der Chor der Motorcamper das Motto „Freiheit" im Munde führt, so vielfältig sind die unterschiedlichen Assoziationen, die die Menschen mit diesem Begriff verbinden. Die folgende Übersicht (Abb.3) vermittelt einen Eindruck, in welche Richtungen die Gedanken und Gefühle vom Sich-frei-fühlen im Reisemobil laufen.

... in unterschiedlichen Facetten

Ordnet man diese vielfältigen Facetten zu größeren Hauptströmungen, so sind es in der Reihenfolge der Bedeutung die folgenden Vorstellungen vom Frei-sein im Wohnmobil: „Total anders leben", „Man ist sein freier Herr", „Es ist immer was los", „Frei stehen können" und „Die Freiheit". Aufgabe dieses Kapitels ist es, allen Bausteinen nachzuspüren, die zum Gesamtbild von Freiheit im Wohnmobil beitragen.

Bevor dies geschieht, sei auf eine interessante Studie der CC-Bank aus dem Jahr 2001 verwiesen, in der 1000 Besitzer eines Caravans bzw. Motorcaravans befragt worden sind. Hierbei sind unter der Fragestellung „Die besonderen Vorteile des Caravaning" die Motivaspekte besonders beachtenswert, die in der Rangordnung bei den Wohnmobilisten ganz oben stehen (CC-Bank, 2001, S.38). Denn man sieht, dass es Prioritäten sind, die große Ähnlichkeit mit denen der eigenen Untersuchung haben.

Frei sein, unabhängig sein

"Es ist immer etwas los" 13%
- Neues und anderes sehen +++
- Leute kennen lernen +++
- < ohne Kinder anders reisen >

"Total anders leben" 39%
- "Dies Ungezwungene" +++
- "Man hat alles an Bord" ++
- "Lotterleben – Zigeunerleben" +
- "Keinen Stress machen" +
- "Weg von Alltag und Beruf" +
- "Sich treiben lassen" +
- < Es gibt Einschränkungen >

"Die Freiheit" 8%
- "Freiheitsdrang" ++
- "Unabhängigkeit ist Nr. 1" +
- "Die Freiheit als solche" +
- "Geld ist gemünzte Freiheit" +
- "Mehr Zeit für sich" +
- "Bisschen Freiheit, bisschen Abenteuer, extravagant" +
- < Freiheit ist schön, aber man muss sie auch pflegen >
- < Nicht wirklich frei >

"Man ist sein freier Herr" 32%
- Überall anhalten und abfahren +++
- Bei Nichtgefallen weiterreisen +++
- Spontan hinfahren und stehen bleiben ++
- Flexibel ++
- Mobil auf Wetter reagieren ++
- Nicht vorplanen und organisieren ++
- Kann Nachbarn ausweichen +
- Frei packen und losfahren +
- Kann sich frei bewegen +
- Bleiben, wo es gefällt +
- Routen/Rundreise fahren +
- < Frei trotz Reglement >
- < Auf Campingplatz nicht so frei >
- < Großes WM nicht so mobil >
- < Stressige Reisevorbereitung >
- < Mit Hund eingeschränkt >
- < Sich erst informieren >

"Frei stehen können" 8%
- "Überall bequem und frei stehen können" ++
- Sich irgendwo hinsetzen +
- Alles draußen aufstellen +
- 1 Nacht = 24 Stunden stehen können +
- Direkt am Ort stehen +
- Naturverbunden ++
- Am Strand stehen +
- An Fluss und Wasser stehen +
- Freier Landschaftsblick +
- In Ruhe allein stehen +
- < Freies Stehen eingeschränkt >

Im Reisemobil freier als
- Hotel +++
- Buchung +++
- Wohnwagen ++
- Ferienwohnung mieten ++
- Flugreise +
- Bahnreise +
- Ferienhaus besitzen +
- Haus +
- Busreise +
- Schiffsreise +

Zeichenerklärung
- % Gewichtung
- → weitere Facetten
- +++, ++, + Bedeutungsgewichtung
- < > kritische Einschätzung

Abb. 3 Schema "Frei sein, unabhängig sein"

Abb. 4
Besondere
Vorteile des
Caravaning
aus der Sicht
der Motor-
caravaner

Besondere Vorteile aus der Sicht der Motorcaravaner	in %
Unabhängigkeit	66
Flexibilität	58
Individualität	30
Kostenvorteil	20
Convenience (Bequemlichkeit)	19
Familieneignung	11
Besondere Atmosphäre	8
Naturnähe	8

Quelle: CC-Bank, 2001, S.38

„Die Freiheit"

Freiheit
als allgemeines
Gefühl

Wenn man mit dem Wohnmobil unterwegs ist, spürt man einfach *„die Freiheit als solche"* (I. 33). Man lässt alles hinter sich, womit das Leben zu Hause verankert ist und hat doch alles bei sich wie zu Hause, nur eben mobil mit der Möglichkeit, beliebig hin- und herfahren zu können. Das *„ist eben die Freiheit, die man hat"* (I. 34). Nicht wenige euphorische Bekundungen, im Reisemobil die Freiheit zu erleben, kreisen um den Gedanken der Ungebundenheit von Ort und Zeit. Dies ist auch gemeint, wenn zum Ausdruck gebracht wird, das *„Wohnmobil ist noch die große Freiheit"* (I. 31).

Einzelne Wohnmobilreisende neigen also zum großen Wort von „der Freiheit", aber diese Feststellung bleibt ohne konkrete Begründung für sich im Raum stehen. Es ist stärker ein grundlegendes Gefühl denn eine bewusste Einsicht in Bedingungen und Erfahrungen eines solchen Reisens gemeint. Gleichzeitig ist man sich nicht in jedem Fall sicher, ob der Eindruck der großen Freiheit der Realität des Wohn-

... mit Ein-
schränkungen

mobilreisens standhält: *„Im Wohnmobil ist man wirklich frei, ein bisschen eingeschränkt ist man natürlich auch"* (I. 46). Es tut sich also ein Spannungsverhältnis auf zwischen der Wahrnehmung von Freiheit und den Tatsachen von Einschränkung, über die an späterer Stelle ausführlicher zu sprechen sein wird.

Bleibt man bei der stärker gefühlsbeladenen Ansprache von Freiheit, so muss man auf ein Bündel von Assoziationen eingehen, die sich um den Begriff „Freiheitsdrang" ranken. So sagt ein Wohnmobilfahrer *„Ja, was ist mir wichtig, ich sag mal, in Anführungsstrichen, ist ‚der Freiheitsdrang'. Irgendwo hinfahren, irgendwo stehen bleiben oder Natur genießen, Land und Leute"* (I. 3).

Das Thema „Freiheitsdrang" wird von anderen interviewten Motorcampern in verschiedene Richtungen ausgesponnen. So heißt es beispielsweise *„die Freiheit lockt immer wieder"* (I. 61), selbst dann wenn

Freiheitsdrang –
unterschiedlich
gesehen

nach dieser Feststellung eines älteren Reisemobilpioniers ein freies Reisen durch äußere Bedingungen (immer mehr Wohnmobile) und zunehmende Reglementierung nicht mehr unbegrenzt möglich ist.

In anderen Aussagen wird das Bewusstsein vom Freiheitsdrang
weiter vertieft: *„Ich geh davon aus, dass es eigentlich die Eigenschaft
eines Menschen ist, die heute noch gar nicht von jedem begriffen und
verstanden wird."* (I. 31) Oder, wie es ein Lehrerehepaar ausdrückt:
*„Ja, da ist diese andere Art zu reisen, dieses Gefühl. Es scheint irgend-
was im Menschen zu geben ganz tief drin, diese Unabhängigkeit zu
sagen ‚ich muss nicht buchen, nicht vorweg anzahlen.' Alle diese Dinge
nicht, nein, ich kann entscheiden. Vielleicht ist also irgendwo da Psyche
mit drin. Müsst' man ja auch mal untersuchen, ne, das wär interessant."* (I. 11)

Es ist nun wirklich interessant, der ‚Frage nachzugehen, ob und
inwieweit im Menschen ein (An)Trieb ruht, der ihn zum Reisen stimuliert, weil er sich dann besonders frei fühlt. Wenn sich auch der Drang
nach Freiheit im Wohnmobilreisen besonders wirkungsvoll entfalten
kann, sind dennoch generell Freiheit und Reisen zwei Seiten einer
Medaille, die zusammengehören und deshalb mit langer Tradition von
unterschiedlichen Wissenschaften durchdacht werden.

Exkurs (I)

Freiheit im Reisen

In seiner Skizze „Auf der Suche nach dem Homo Viator" [= dem Rei-
senden] beschreibt Jean-Didier URBAIN (1997, S. 26 f.) die Reise an
erster Stelle als eine „eigenständige Haltung; ein Bild und ein Geisteszustand. Sie kann sich ohne konkrete Aufgabe und ohne ein klar
bestimmtes Ziel selbst genügen". Menschen können gerade das Reisen
als Herausforderung immer wieder selbst für sich erfinden. Und sie
haben heutzutage stärker als in vergangenen Zeiten die Möglichkeit,
diesem Drang zu folgen und ihn beispielsweise im Wohnmobilreisen
besonders offen und mit unerwartetem Ausgang zu entfalten. Vielleicht
durchdringt das Reisen heute mehr denn je „unser tägliches Leben und
auch unsere Freizeit – um bis ins Herz unserer Gesellschaft vorzudrin-
gen, nämlich in das Innere dieser sitzenden Lebensweise, die noch
immer, was man auch davon halten mag, unsere vorherrschende Exi-

stenzweise darstellt". Damit war und ist für Urbain „die Reise eine anthropologische Struktur, das heißt, zugleich ein Geisteszustand und ein gemeinsamer Bezugsrahmen des Denkens. ... Sie verleiht allem einen Sinn: unseren Träumen, Gewohnheiten, Sitten, Geschichten, Lieben, Zielen, gesellschaftlichen oder persönlichen Erfahrungen."

Die Reise erfinden bedeutet deshalb vor allem: dieser Idee unbedingt folgen.

Wenn Urbains Gedanken auch nicht direkt das Bild der Freiheit und des Freiheitsdranges aussprechen, belegen sie doch deutlich, dass uns Menschen eine Sehn-Sucht nach Reisen und Freiheit innewohnt.

Andere Autoren gehen konkreter dem Phänomen nach, was denn an Freiheit in der Erfahrung des Reisens liegt:

So ist die Ansicht weit verbreitet, dass der Drang nach Freiheit im Reisen auf sogenanntem „weg von Motiven" beruht. Damit ist gemeint, dass die Menschen immer wieder eine vorübergehende Flucht aus dem reglementierten Alltag versuchen, der ihnen durch den Rhythmus des Arbeitslebens vorgegeben ist. Es ist dies ein klassischer Motivansatz, der für das Zeitalter der Industriegesellschaft aufzeigen soll, dass Freiheit und Urlaub eine Ersatzform darstellen, in der man das Gefühl von Freiheit verspüren kann. Selbst der Psychoanalytiker Siegmund FREUD hat bereits um 1900 diesen Zusammenhang in seiner „Traumdeutung" zu interpretieren versucht, als er auf eigene Träume einging, die um seine Sehnsucht kreisen nach Rom zu kommen: „Die Sehnsucht des Reisens war gewiss auch ein Ausdruck des Wunsches, jenem Druck zu entkommen [dem der Enge und der Armseligkeit seiner Lebensverhältnisse in der Jugend], verwandt dem Drang, der so viele halbwüchsige Kinder dazu antreibt, von zu Hause durchzugehen. Es war mir längst klar geworden, dass ein großes Stück der Lust am Reisen in der Erfüllung dieser frühen Wünsche besteht, also in der Unzufriedenheit mit Haus und Familie wurzelt" (zitiert nach MARAGKOS; M./B. SCHMIDT 1993, S. 593).

Auf die heutige Zeit übertragen, klingt es liebevoll ironisch, wenn Horst Martin MÜLLENMEISTER (1998, S. 106) des Durchschnittsbürgers „Lust auf Reisen" so kommentiert:

„Er setzt die Verbote und Gebote vorübergehend außer Kraft; er entzieht sich den Gewohnheiten und Sitten der Umgebung, die er längst auswendig gelernt hat. Er wählt die Freiheit. Nicht die große, überwältigende, tödliche Freiheit, sondern eine maßvolle, überschaubare Freiheit; eine Freiheit in niedlichen Dimensionen; eine bekömmliche, gefahrlose, therapeutische Freiheit; eine endliche, messbare, befristete Freiheit; eine Freiheit auf Widerruf."

Nun steht es auf der Kippe: Bringt das Reisen den Menschen wirklich eine Befreiung aus ihren Alltagszwängen, die auch nach dem Urlaub als Gewinn besteht, oder geht es nur um ein kurzfristiges Scheinglück, nach dessen Genuss der Einzelne genauso angespannt wie ehedem der Routine von Arbeit und Zuhause unterliegt?

Die gängige Meinung hierzu tendierte eher zu letzterer Auffassung: Reisen ist nur eine scheinbare Befreiung aus negativen Seiten des Alltags, eine Kompensation, um danach umso besser im Alltagslegen zu funktionieren.

In diese Kerbe schlägt schon sehr früh in der Anfangszeit des Massentourismus Erich FRIED (1955, S. 101), wenn er diesen in folgender Weise beschreibt: „Er braucht Menschen, die sich für frei und unabhängig halten ... und dennoch bereit sind, sich befehlen zu lassen zu tun, was erwartet wird, sich reibungslos in die gesellschaftliche Maschine einzufügen. ... zu keinem anderen Zweck, als immer in Bewegung zu sein, zu funktionieren, vorwärts zu kommen."

Nun ist zu fragen, ob diese barsche Kritik am modernen Tourismus auch auf die Wahrnehmungen der heutigen Reisemobilisten passt, sich frei und unabhängig zu fühlen. Es gibt sicher Aspekte von FRIEDs Kritik, von der sich der Wohnmobiltourismus nicht ausnehmen kann: Die äußeren Formen – zunehmender – Reglementierung des freien Reisens und Stehens ebenso wie die Beeinflussung eines ziemlich kostspieligen Konsumverhaltens durch Marketing und Werbung der Wohnmobilbranche, die diesen Markt zum Boomen gebracht hat. Dazu kommt als wichtigerer Kritikpunkt die hier bereits diskutierte Annahme, dass für die Menschen in der spätkapitalistischen Gesellschaft Freizeit und Urlaub vor allem die Ergänzungsfunktion haben, seine Arbeitskraft stabil zu erhalten, es also mitnichten um ein selbstbestimmtes freies Freizeit- und Reiseverhalten gehe.

In jüngster Zeit öffnet sich jedoch der bislang eng gesehene Kreislauf von beherrschendem Arbeitsleben und nur ergänzender Freizeit- und Urlaubsbestimmung. So sei beispielsweise nach Ansicht des Politikwissenschaftlers Claus OFFE „die Arbeit immer weniger relevant für die Selbstbeschreibung und Fremdwahrnehmung, für die auf Freiheit und Freizeit ausgerichteten Interessen, für politische Einstellungen, für soziale Werte oder Entscheidungen, die den Lebensstil und die Lebensgestaltung betreffen. Arbeit spiele bei der Organisation des individuellen Lebensentwurfs nur eine marginale Rolle" (PONGS, A. 1999, S. 201).

Sicher darf man diese Aussagen nicht so wörtlich nehmen, dass nicht doch für immer noch viele Menschen das Arbeitsleben eine zen-

EXKURS 1

trale Rolle spielt. Aber die Dominanz der Arbeit als lebensbestimmende Kraft lässt in zweifacher Weise nach: einmal an den Rändern der Gesellschaft, wo viele – oft auch jüngere Menschen – weder Wunsch noch Möglichkeit haben, von einem festgelegten lebenslangen Berufsweg auszugehen, zum anderen, dass auch in normaler Erwerbsarbeit stehende Menschen Freizeit, Reisen und Urlaub einen immer größeren Stellenwert einräumen. Und dadurch bekommt auch das Verhältnis von Freizeit und Reisen eine andere Bedeutung. Um mit einem Gedanken von Jost KRIPPENDORF (1984, S. 23), dem bekannten Freizeit- und Tourismusforscher, zu beginnen: War in der Zeit der von dominierendem Arbeitsethos geprägten Industriegesellschaft das Reisen nur eine im Massentourismus organisierte kurzfristige Zerstreuung und der Hauch eines Scheinglücks, gewinnt der Mensch jetzt (in den sogenannten postmodernen Zeiten) ein höheres Maß an Souveränität. In Krippendorfs anspruchsvoller Sicht wäre das Reisen nicht mehr der vergebliche Ausbruch aus dem Alltag, sondern eine Bereicherung des Alltags: „Reisen wird zum Lern- und Experimentierfeld für den Alltag, nicht um den Alltag zu vergessen, sondern um was dazu zu gewinnen: Freiheit, gegenseitiges Verständnis und Solidarität."

Ohne bereits an dieser Stelle den Schwenk zur speziellen Attraktivität des ungebundenen Wohnmobilreisens zu vollziehen, sei doch gefragt, ob die idealistische Beschreibung Krippendorfs vom Wert des Reisens nicht recht treffend Elemente dieser Reiseform benennt.

Will man den hohen Anspruch Krippendorfs zur Bedeutung des Reisens auf ein nüchterneres Maß herunterschrauben, um genauer zu erkennen, welcher Stellenwert dabei der Freiheit zukommt, ist ein psychologischer Erklärungsansatz hilfreich, der vom Begriff der „Selbstaktualisierung" ausgeht. Hierbei geht es um das Bedürfnis des Menschen, sich selbst in seinem Verhalten als wirksam und wertvoll zu erleben. Dieses vom Psychotherapeuten Abraham MASLOW (1954) beschriebene Grundmotiv des Menschen ist umgangssprachlich besser als Bedürfnis zur „Selbstverwirklichung" bekannt. Wendet man das Konzept des „Selbstaktualisierungsprinzips" (nach KRAUß, H./KAGELMANN, H.-J. 1993, S. 210) auf die Erfüllung von Freiheit im Reisen an, so läuft die Argumentation in zwei Richtungen.

Erstens: Menschen, die ihre Grundlagen an gesicherter Existenz erfüllt sehen, können in unserer Zeit das Bedürfnis nach einer höheren Form von Ansprüchen entwickeln. Reisen kann dabei eine besonders befreiende Wirkung zeigen, um sich selbst zu verwirklichen.

Zweitens: Es gibt verschiedenwertige Formen des Reisens und unter ihnen bieten einige eine größere Chance, der Selbstentfaltung und Selbstverwirklichung zu dienen. Im Fortschreiben dieses Kapitels zum Thema „Freiheit und Wohnmobilreisen" wird sich konkret zeigen lassen, dass und warum dies so zutrifft. Es ist wiederum KRIPPENDORF (1988, S. 24), der diese zweite Stoßrichtung des „Selbstaktualisierungsprinzips" sehr treffend auf den Punkt bringt:

„Sein Bedürfnis nach rein körperlicher Erholung (schlafen, essen, trinken) wird zugunsten des Bedürfnisses nach ‚Erholung der Gefühlswelt' durch Aktivitäten und Erlebnisse, die im Alltag nicht möglich sind, abnehmen. der Tourist wird anspruchsvoller. Er setzt die einwandfreie Befriedigung seiner elementaren Bedürfnisse, also zum Beispiel gute Verpflegung und bequeme Unterkunft, weitgehend als selbstverständlich voraus. Er versucht vielmehr seine sozialen Bedürfnisse, den Kontakt zu anderen Menschen und seine Bedürfnisse nach Selbstverwirklichung durch Erlebnisse, schöpferische Tätigkeit, Bildung und Entdekken zu befriedigen. Vom Vergnügen im Bauch zum Vergnügen im Hirn. Die Entwicklung weist in Richtung einer stetigen Verfeinerung und Kultivierung der Erholungsbedürfnisse, auch schon als ‚Geburt einer neuen Reisekultur' bezeichnet.

Und gibt es nicht auch viele Merkmale in unserer Gesellschaft, die mithelfen könnten, diesen Wandel zu beschleunigen? So das verstärkte Streben nach Unabhängigkeit und Individualität, gepaart mit einem wachsenden Verständnis für immaterielle Werte wie Gesundheit, Umwelt, Natur, Wissen und Bildung. Also: vom fremdbestimmten/manipulierten über den informierten/erfahrenen zum emanzipierten/mündigen Touristen."

In diesem Gedanken liegt sicher eine einsichtige Begründung für das Streben nach Freiheit, wie man es im Reisen und insbesondere im Wohnmobilreisen erfahren möchte. Wenn anfangs von den „weg-von"-Motiven des Reisens gesprochen wurde, also von der Flucht aus dem Alltag als oft unhinterfragte Reaktion auf Routinen und Zwänge des Arbeitslebens, geht es jetzt eher um „hin-zu"-Motive. Gemeint sind Ansprüche an ein Reiseerleben, das der Mensch selbst aktiv gestalten und genießen will. Das einleitend vorgestellte Schema „Frei sein und unabhängig sein" spiegelt in allen seinen Facetten die gewünschte Einlösung des Selbstverwirklichungsanspruchs beim Wohnmobilreisen.

Gleichwohl gibt es noch einen weiteren Aspekt, unter dem sich Freiheit und Wohnmobilreisen diskutieren lassen. Als Einstieg in den folgenden Gedanken möge das Zitat von Otto Julius BIERBAUM (1979, S. 19) dienen: „Bisher hat man das Automobil fast ausschließlich zum Rasen und so gut wie gar nicht zum Reisen benutzt. Das Wesentliche des Reisens ist aber keineswegs die Schnelligkeit, sondern die Freiheit der Bewegung." Das Zitat dürfte den Kern des ganz besonderen Verhaltens beim Wohnmobilreisen treffen und erklären, was zumindest auch zum Gefühl des Frei-seins beiträgt. Treibt man diese Argumentation noch eine Stufe weiter, so kommt man zu der nicht nur ironisch gemeinten Erkenntnis von Horst Martin MÜLLENMEISTER (1998, S. 87): Hinsichtlich des unermüdlichen Fortbewegungsdranges von Autofahrern stellt er sich nämlich die Frage, es könne sein, „dass sie also nicht reisen, um irgendwo anzukommen, dass sie sich vielmehr auf den Weg machen, um unterwegs zu sein. Dass sie fahren um des Fahrens willen. Vielleicht, weil das Fahren ihnen Genuss verschafft. Eine Erklärung, die angesichts der zwangsläufig mit dem Reisen verbundenen Strapazen zwar seltsam klingt, aus wissenschaftlicher Sicht jedoch nicht a priori ausgeschlossen werden darf".

Nun erlaubt der Schluss des Zitats die abschließende Hinwendung zu der bekannten Tatsache, dass es ebenso wenig uneingeschränkte Freiheit wie uneingeschränktes Reisen gibt. Dieser Aspekt wird bei der Beziehung von Freiheit und Wohnmobilreisen zu veranschaulichen sein. Da es aber ein grundsätzliches gesellschaftliches Problem ist, sich über Freiheit und ihre Grenzen Gedanken zu machen, ist auch hierzu aus berufenerem Mund eine Einschätzung angebracht. So verweist Harald SCHWAIGER (1993, S. 197 f.) bei der Frage, „wer ist der Tourist?" auf eine Einsicht von E. FROMM (S. 198):

Der Reisende ist zwar mobil – im Wohnmobil sehr mobil –, aber doch gesellschaftlich eingespannt. Spannend ist es allemal, die Freiräume, die der Einzelne im Reisen erleben kann, auszuloten.

Unter dem Gesichtspunkt der „Selbstaktualisierung" als wichtigem Element der jüngsten postmodernen Gesellschaftsentwicklung wurde versucht aufzuzeigen, dass es trotz äußerer Zwänge beträchtliche Spielräume im Verhältnis von Freiheit und Reisen geben kann. Vor allem ist der moderne Reisende nicht dumm. Er hat nicht den Überanspruch, die totale Freiheit erleben zu können und zu wollen. Wenn er auch um die Regeln und Zwänge in seiner Welt weiß, kann er doch offen, spielerisch und kreativ mit ihr umgehen. Dies tut er mit dem Ziel, für alles Erleben außerhalb des Alltäglichen Möglichkeiten zu erschließen oder – wie es anfangs hieß – „Reisen zu erfinden." Welche Chancen bietet ihm dabei das Reise-mobil?!

Stellenwert eines sich „Unabhängig-fühlens"

Verfolgt man die unterbrochene Darstellung zum Phänomen „Freiheit" beim Wohnmobilreisen weiter, tritt eine nächste Wahrnehmung in den Vordergrund. Es sind alle Assoziationen, die mit dem hohen Stellenwert eines sich „Unabhängig-fühlens" zu tun haben: *„Unabhängig und spontan zu sein, wenn die Zeit es erlaubt und der Sinn danach steht"*, das ist für einen in einem stressigen Medienjob tätigen Ehemann und seine Familie der entscheidende Kick, den man nur im Wohnmobil erlebt. (I. 18). Dazu reichen schon kürzere Wochenendfahrten in die Pfalz oder an die Mosel, um dieses Gefühl auszulösen. Unabhängigkeit bedeutet aber auch, spontan auf Reise gehen zu können, weil keine Vorausplanung nötig ist (I. 20) oder weil man – wie ein Wohnmobilfahrer in seinem Pick-up (I. 23) – nur seine Spürnase einsetzen muss, um in freier Natur idyllische Stellplätze entdecken zu können. Fazit aller dieser Erfahrungen könnte der Ausspruch eines älteren Rentnerpaares sein, das des Öfteren gemütlich durch Skandinavien bummelt: *„Man ist so schön unabhängig mit dem Wohnmobil – fahren, gucken, bleiben wir."* (I. 74).

… als spontaner Reiseentschluss

In einem tieferen Sinn hat das empfundene Gefühl von Unabhängigkeit allerdings nicht selten mit einem festen Wunsch und Willen nach Unabhängigkeit zu tun. Dabei können es bestimmte Phasen oder Umbrüche in Lebensgeschichten sein, die den besonderen Stellenwert des Reisens und Lebens mit dem Wohnmobil hervorheben. Als Beispiel hierfür sei die Erfahrung eines Alleinfahrers wiedergegeben, der fast das gesamte Winterhalbjahr an der spanischen Mittelmeerküste verbringt. Er hat mit dem Wechsel von einer ganzjährigen Erwerbsarbeit zu halbjähriger Teilzeitarbeit gleichsam auch sein ganzes Leben umgekrempelt und einen offenen unverbindlichen Lebensstil begonnen: Er will nur noch unabhängig sein, und das gilt auch für die Beziehung zu einer Frau: *„Beziehung und Freundin ist auch nicht so wichtig. Ich hatte vorher eine Beziehung, die hat das* [Wohnmobilreisen] *nicht akzeptiert. ‚Gut, o.k., dann müssen wir uns trennen.' Und das war die erste Zeit, wo ich dreieinhalb Wochen weg war, gleich Theater und so weiter und so fort. Und dann hab ich gesagt, das ist nichts für mich! Ich musste wählen, entweder dieses Leben oder jenes. Und ich hab mich für das entschlossen.*

… als neue Lebenshaltung

Und die jetzige Beziehung habe ich kennen gelernt, die hat das schon gewusst und darum akzeptiert. Die ist da reingewachsen – mehr oder weniger. Zwar bisserl schwer, aber es ist kein Problem. Wir texten uns jeden Tag, also wir sind in Verbindung, wir schicken uns SMS.

Und jetzt hat sie Urlaub, 15. Dezember, dann kommt sie dann her. Dann ist sie vier Wochen hier, fährt mit mir bissel rum und dann fahr ich sie wieder zum Flughafen und sie fliegt wieder zurück. Und ich komm dann Ende Februar wieder nach Hause …

Wenn's Wetter nicht so ist, bin ich dann wochenlang bei ihr. Sie will's. Und im Sommer bin ich grundsätzlich am See [im Wohnmobil als

Wohnung]. *Dann kommt sie raus, Wochenende sowieso... Also, es ist eigentlich das Leben, das ich mir vorstelle. Ich bin mit jemand zusammen und trotzdem frei.*" (I. 59)

In einem ähnlichen Sinn begreift eine junge Frau nach beendetem Studium ihre Reise im Bully durch Norwegen als Notwendigkeit, noch einmal wirklich unabhängig sein zu können, bevor ein möglicher Berufseintritt und der private Lebensweg in festere Bahn münden. Zum Zwecke einer derartigen Selbstfindung hatte sie schon früher eine Rundreise im Zug durch Norwegen unternommen, ohne sich gänzlich unabhängig zu fühlen. Deshalb jetzt das intensive Gefühl von Unabhängigkeit, das ihr das ungezwungene Reisen im VW-Bus verschafft. Dabei vermittelt sich ihr eine direkte hautnahe Erfahrung von Natur und ihrer Elemente: *„Es war schon immer ein ganz langer Traum, alleine wo hinzufahren. Alleine, weil man sich mehr sich selbst aussetzt... Wenn ein Wasser oder Fluss da ist, wo ich ausblicken kann, hab ich ein Gefühl von Freiheit und dass es in Bewegung ist, also nie Stillstand. Wie bei einem Wasserfall das Rauschen, das einfach nur im Hintergrund da ist, das muss ich nicht mal sehen, sondern nur fühlen oder spüren. Das spült den Kopf frei. Ich wollte diese Erfahrung im Bus machen und diesmal unabhängig sein.*" (I. 73)

Viele Gesprächspartner, die dem Wohnmobilreisen eine besondere Qualität des Unabhängig-seins zuschreiben, gehen zwar nicht so weit, einen Wunsch nach Selbstfindung oder innerer Einkehr an ihr Seelenleben verwirklichen zu wollen, aber einfach mehr Zeit für sich selbst genießen zu können.

Unabhängigkeit: grundsätzliche Lebensqualität oder spielerisches Vermögen in der Freizeit?

Wenn für die einen das Erleben von Freiheit eine ernste, überhaupt die zentrale Qualität von Freiheit im Wohnmobil annimmt, gibt es andere Reisende, die einen spielerischen Umgang mit Frei-sein kultivieren. Für einen aus früherer Schilderung bekannten Motorcaravaner, der sein erstes Wohnmobil, seinen alten Ford-Transit, als Bonbonniere drapiert hatte und damit einen lustig-lockeren Reisestil zeigen wollte, geht nur noch darum, *ein bisschen Freiheit, Abenteuer* [haben] *und ein bisschen extravagant sein zu wollen*" (I. 18). Ähnlich ironisch leichtfüßig kommt das Verständnis von Freiheit daher, wenn ein Motorcamper davon spricht, *„Individualität und ein bisschen – in Anführungsstrichen – Abenteuer zu suchen*" (I. 22). Eine derartige Einstellung ist nicht untypisch für Wohnmobilfahrer, die in Beruf und Leben arriviert sind und für die das periodische Reisen ein jeweils kleiner Ausbruch aus ihrer gesicherten Lebenssituation ist: Eben ein bisschen Freiheit mit allem Komfort und aller Sicherheit eines gut ausgerüsteten Wohnmobils im Hintergrund.

Was sich bei der zuletzt beschriebenen Sichtweise – dem Wechsel-spiel von Freiheit und Verankerung in einer gefestigten Lebenslage – schon andeutet, verstärkt sich in weitergehender Akzentuierung not-wendiger Bedingungen und sogar akzeptierter Einschränkung der Mög-lichkeiten des Frei-seins.

Einmal ist damit die realistische Erkenntnis angesprochen, dass Freiheit im Wohnmobilreisen ohne entsprechenden finanziellen Bak-kground nicht leicht zu haben ist. Abgesehen von Campern, die als Überlebenskünstler oder jugendliche Tramps in alten Reisegefährten das Gegenteil beweisen (Beispiele wurden im vorhergehenden Kapitel angeführt), ist für die Mehrzahl der Wohnmobilisten klar, dass ohne eine gute Portion Geld der Traum vom freien Camperleben kaum erfüll-bar ist. So versteigt sich ein sein komfortables Rentnerleben im „Dick-schiff" (also einem großen amerikanischen Wohnmobil) verlebender Gesprächspartner zu dem eindeutigen Spruch: *„Geld ist gemünzte Frei-heit"* (I. 48). Etwas nüchterner gibt ein anderer dieselbe Meinung wider: *„Die Freiheit und das Finanzielle ist sehr wichtig."* (I. 39)

Ohne Geld keine Freiheit

Der Zusammenhang von Freiheitsgewinn und notwendiger finan-zieller Ausstattung wird verständlicherweise von eher älteren Wohn-mobilisten hervorgehoben, für die der Kauf eines Reisemobils nach erfolgreichem oder abgeschlossenem Arbeitsleben erschwinglich ist: *„Wenn sie gucken auf den Ausstellungen, wer kauft, das sind alles nur die ab fünfzig bis siebzig, die sich noch fit fühlen, die jungen Leute haben das Geld ja nicht. Die können keine 100.000 DM da hinlegen. Ist bar bezahlt worden. Das müssen Sie mal jemand sagen, sagen Sie mal ,den Wagen kauf ich bar'. Das sind so die Träume, die erfüllt man sich so im Leben! Doch für uns ist das noch die große Freiheit."* (I. 52)

Grundsätzlicher gesehen kann es nicht ausbleiben, dass beim Thema Freiheit auch deren Grenzen mit bedacht werden. Und so über-rascht es nicht, dass in unterschiedlichen gedanklichen Verbindungen häufiger das Verhältnis von Freiheitserleben im Wohnmobil und den gleichzeitig erfahrbaren Einschränkungen angesprochen wird.

Zum Verhältnis von Freiheit und Einschränkung

„Das, was man sich als Freiheit hier rausnehmen kann, die ham ja alles reglementiert. Und hier gibts noch so'n Spielraum, wo ich völlig selbst entscheiden kann. Ich fahr heute, ich fahr morgen, ich gucke mir das an oder ich bleib einfach hier, weil es hier schön ist. … Im Bereich der Möglichkeiten ist das wohl die Freiheit, zumindest für mich." (I. 66)
In diesem sehr abwägenden Urteil wird recht bündig auf die Balance zwischen Freiheit und Einschränkungen verwiesen, ohne die das Wohn-mobilreisen nicht seinen besonderen Charakter besitzen würde. Eine ähnliche Einsicht teilen viele Wohnmobilfahrer, ganz gleich, ob man es

in Worte wie „*Freiheit in Anführungsstrichen*" (I. 45) kleidet, weil man vielerorts durch von Kommunen verordnete Einschränkungen gemaßregelt wird, oder ob davon gesprochen wird, „*die ganz große Freiheit* [sei] *nur vorgegaukelt*" (I. 58). In diesem Zusammenhang verweist die Gesprächspartnerin vor allem auf die enorm angestiegene Zahl von Reisemobilen, die es mit sich bringt, dass sowohl immer mehr Fahrzeuge um (möglichst freie) Stellplätze konkurrieren als auch Behörden die Freiheit des freien ungebundenen Stehens einschränken. Bei ihr klingt es schon resignativ, wenn sie das Fazit zieht: „*Was heißt ‚mobil – das große Reisen'? Es wird doch immer mehr eingeschränkt.*" Dennoch aber hat sich dieses Jungseniorenehepaar im gepflegten Flair-Wohnmobil bisher nicht davon abbringen lassen, wieder an südspanischen Küstenplätzen als wilde Camper und ab und zu von der Polizei verjagt zu überwintern.

Mehr Wohnmobile – weniger Freiheit

In anderen Interviews werden spezifischere Aspekte angeführt, die die Einschränkungen des freien Wohnmobillebens erklären sollen: Einmal ist es der Vergleich mit anderen Ländern, etwa in dem Ausspruch: „*In Deutschland ist nicht die Freiheit wie in Amerika*" (I. 38), was auf die Tatsache anspielt, dass im eng gekammerten und dichter bevölkerten Europa nicht Freiräume des Reisens wie in den Weiten des Neuen Kontinents gegeben sind. Oder aber, es ist die Erkenntnis, „*aber weg ist man nie, die Technik verfolgt einen*" (I. 19), was meinen soll, dass einen heute aus Bequemlichkeit – und Sicherheitsgründen – nicht nur das Handy, sondern der technische Komfort des Wohnmobils insgesamt begleitet.

Einschränkung, weil:
... enges Deutschland

... vollkommene Technik

Im selben Interview wird auch der interessante Gedanke angeführt, dass man in der Fremde, vor allem mit einem luxuriösen Wohnmobil, das vor den ärmlicheren Lebensverhältnissen vieler Reiseländer besonders hervorsticht, regelrecht bestaunt wird. Das löst nicht selten Gefühle des Unwohlseins oder eines schlechten Gewissens aus, was sich wiederum negativ auf das Bewusstsein eines freien Reisens auswirkt.

... verunsichert im fremden Ausland

Wenn man sich aber unvermeidlicher oder doch vermeidbarer Grenzen eines freien Reiseerlebens ausgesetzt sieht, kann auch die Erkenntnis reifen, das man selbst aktiv dazu beitragen kann und sollte, dass Freiheitsspielräume nicht weiter geschmälert, sondern erhalten werden.

Vom vernünftigen Umgang mit Freiheit

Ein selbst auf große Bequemlichkeit und Luxus bedachter Besitzer eines Dickschiffes ist sich der Gefahr bewusst, das man die im Wohnmobilreisen gegebene Freiheit überziehen oder missbrauchen kann. Es ist schlecht, „*wenn der Mensch zu viel Freiheit hat und er kann damit nicht umgehen*" (I. 45). So machen sich beispielsweise „*Leute wie Hun-*

debesitzer ihre Rechte kaputt", wenn sie ihre Tiere unbedacht im Freien überall ihr Geschäft verrichten lassen. Das ist dasselbe wie das ungenierte Zurücklassen von Müll durch nicht wenige Camper.

Einen Schritt weiter ist man, wenn einsieht, dass *„die Freiheit schön ist, aber man muss die Freiheit auch pflegen"* (I. 10). Denn manche Menschen im engen Europa deuten nach Ansicht eines Schweizer Frührentnerpaares, das fast ganzjährig mit Schäferhund Europa durchkreuzt, *„die Freizeit so, dass sie tun dürfen, was sie wollen"*. Sie hingegen lassen sich von der Maxime leiten, dass man sich behutsam in bereisten Regionen zu verhalten habe. Ihnen ist klar, dass man zum Beispiel *„in der Natur nicht alles machen kann"*, etwa in Schweden Lagerfeuer auf felsigem Untergrund, weil dadurch das Gestein platzen oder ein nicht vollständig gelöschtes Feuer Waldbrandgefahr bedeuten kann.

So wie in dem Beispiel beschrieben, ist die Mehrzahl der interviewten Motorcamper vom Bewusstsein getragen, dass der Freiheit des Reisens im Wohnmobil Grenzen gesetzt sind. Nur so können die Spielräume der Freiheit als kostbares Gut des Wohnmobilreisens erhalten bleiben.

Trotz mancher konkreter Veranschaulichung ist in der bisherigen Darlegung das Thema „frei sein, unabhängig sein" von seiner eher allgemeinen Seite aufgerollt worden – als „Die Freiheit". Es ist aber nur eine Minderzahl von Meinungen (ca. 8%), die sich hierüber in den Interviews grundsätzlich auslassen. In den meisten Gesprächen geht es konkreter um Bezüge, die um das Leitmotiv Freiheit kreisen. Alle diese Assoziationen sollen angesprochen werden. Dabei ist es angemessen, mit den Facetten zu beginnen, die am häufigsten – zu fast 40 % – Gesprächsinhalt gewesen sind und sich unter dem Motto „Total anders leben" (I. 6) einordnen lassen.

Total anders leben

Unter dieser Formel verbirgt sich ein ganzes Motivbündel, das im Wohnmobilreisen erfüllbar erscheint. Am allerhäufigsten (mit ca. 60 Nennungen) sind Assoziationen angesprochen, die dem Ausspruch *„Dies Ungezwungene"* folgen. Die Formulierung selbst wird von einem jüngeren Ehepaar benutzt, das mit fünf Kindern auf Sommerurlaub im Mietwohnmobil dankbar dafür ist, *„alles Lebensnotwendige für ihre Großfamilie auf vier Rädern bei sich zu haben – wie in einem Haus"* (I. 33). Es wird zu zeigen sein, dass es bei der Wahrnehmung des „Ungezwungen-seins" ganz stark um eigentlich gewohnte alltägliche Verhaltensmuster geht, die man aber im Urlaub anders, weil „ungezwungener" handhaben kann als zu Hause.

Dies Ungezwungene –

wie zu Hause, aber doch ganz anders

Besonders beliebt ist das Reisen und Leben im Wohnmobil, weil *„man so rumlaufen kann"*, sich nicht zu bestimmten Tageszeiten umziehen muss: *„Nicht dieses Hotel, dieses fünfmal am Tag umziehen, morgens, abends, mittags und alles, was da so drum is. Dies: man ist wirklich frei."* (I. 1)

Mit dieser Aussage wird gleich das Negativklischee mitgeliefert, das den Stellenwert der lockeren ungezwungenen Kleidung noch stärker hervorhebt: Die feste Kleiderordnung, der man im Tagesrhythmus eines Hotels ausgesetzt ist, ist vielen Campern tüchtig verleidet. Daraus erklärt sich ein nicht unerheblicher Teil der Unlust, seinen Urlaub im Hotel zu verbringen. Im Vergleich zum Hotel schwingt auch eine emotionale Note mit, die die besondere Behaglichkeit des Wohnmobillebens betont. *„Im Hotel bin ich Gast, im Wohnmobil bin ich zu Hause."* (I. 50) Eine freizügige Kleiderordnung wird aber ebenso als ersehnter Kontrast zur gewohnten beruflichen Situation empfunden: *„Campingleben ist 'ne bequeme Angelegenheit. Denn sonst An- und Ausziehen muss man schon die ganze Arbeitswoche über."* (I. 21)

*Salenburg
(bei Cuxhaven):
Locker ge-
kleidet befreit*

Insgesamt ist es so, dass in jedem vierten Interview diese Sehnsucht nach Freizeitkleidung ohne Etikette angesprochen wird.

Etwa gleichrangig wird ein weiterer Vorteil ungezwungenen Reisemobillebens hervorgehoben: *„Selbst kochen und Essenszeiten einteilen zu können"* (I.7). Die Wertschätzung dieser Möglichkeit kann wiederum mehrere Gründe haben. Für eine ältere Rentnerehefrau kommt nur die Essenszubereitung am eigenen Wohnmobilherd in Frage, denn *„ich kenne mein Porzellan, weiß, was ich mittags auf den Tisch bringe,*

*Campingplatz
La Galeta
(Las Negras):
Selbstgekochtes
im Wohnmobil
mit Lust
verspeist*

wo es herkommt." (I. 53)

Nicht ganz so grundsätzlich meinen es andere Begründungen. In einer Argumentationsrichtung wird wiederum Bezug genommen auf das Leben im Hotel, hier auf die starre Essenszeitregelung. Im Wohnmobil kann man demgegenüber unabhängiger den Tag planen, weil man gegebenenfalls Mahlzeiten ausfallen lassen oder auf andere Zeiten des Tages verlegen kann (I. 49). Ein ganz spezifisches Motiv ist dann gegeben, wenn man aus gesundheitlichen Gründen auf einen individuellen Rhythmus von Essen und Trinken angewiesen ist. Dies war für ein Rentnerpaar, bei dem die Frau Diabetikerin ist, mit entscheidend, sich für das Reisen im Wohnmobil zu entscheiden (I. 7). Ein anderer Vorteil ist, dass in der Regel die Selbstverpflegung einschließlich eigener Essenzubereitung billiger ist als der Besuch von Restaurants. Dies gilt beispielsweise für ein Rentnerehepaar, das den größeren Teil des Jahres zwischen Ungarn, Deutschland und dem Mittelmeer unterwegs ist und sich dieses Rumreisen leisten kann, weil man durch Selbstverpflegung sparsamer leben kann. Nur in Ungarn gehen sie essen, denn das ist *„dort billiger als Kochen"* (I. 40).

Billigere Verpflegung im Wohnmobil

Häufiger verbindet sich der Vorteil, im eigenen Reisemobil nach eigenen Bedürfnissen Mahlzeiten zuzubereiten und einzunehmen, mit dem Vorzug, das dies besonders dann gelegen kommt, wenn man mit Kindern unterwegs ist: *„Als die Kinder klein waren, ging's auch ums Essen. Dass man sich selbst verköstigt und nicht in feste Zeiten eingebunden ist. Um neun gibt's vielleicht im Hotel Abendbrot und wir mussten dann wieder in bester Schale antanzen. Das wollt ich eigentlich mit den Kindern nicht. Die sollten in ihrem Badehöschen rumlaufen. Die machen es auch heute nicht. Und wenn wir essen gehen, gut, dann duschen wir vorher. Aber in so einem Hotel, da muss man jeden Tag eben ordentlich angezogen sein."* (I. 34)

Eigene Essenseinteilung gut bei (Klein)Kindern

Natürlich geht es nicht nur um die ungezwungene kulinarische Versorgung, weshalb vielen Familien ihrer Kinder wegen das Wohnmobilreisen favorisieren. *„Voraussetzung ist eigentlich nur ein bisschen Wetter."* (I. 42), dann können die Kinder draußen frei spielen und rumtoben. Die Kinder orientieren sich schnell im überschaubaren Nahbereich des Campingplatzes oder beim freien Stehen an Griechenlands Stränden, sind begeistert vom abendlichen Grillen und dank mitgenommener Räder und Schlauchboot den ganzen Tag aktiv auf der Rolle.

Kinder können draußen frei spielen

Dass das Ehepaar, deren Kinder jetzt schon dem Kleinkindalter entwachsen sind, bei der Gestaltung der Urlaube gänzlich auf dem Wohnmobil steht, geht auf eine leidige Anfangserfahrung ihrer Ehe zurück: Als sie mit der zweijährigen Tochter in einer Pension die Ferien verbrachten, wollte das kleine Kind in einem eigenen Rhythmus essen und schlafen, der quer zum Tagesablauf der übrigen Gäste stand. Diese stressige Erfahrung führte dann – zunächst über ein Mietwohnmobil –

Leben nach eigenen Rhythmus

dazu, nur noch nach eigenem Gusto ungezwungen auf Reisen zu gehen.

Das Reisemobil ist besonders praktisch, wenn man sich mit Kindern auf der An- und Abreise oder überhaupt auf Fahrt befindet. Ein Familienvater, sonst nicht ausschließlich auf Campingurlaub fixiert, bringt es auf den Punkt: *„Es ist schon in erster Linie wegen der Kinder. Also gerade, weil die eben auch während der Fahrt die Möglichkeit haben zu spielen, zu malen, am Tisch zu sitzen; man sich auch mal 'n bisschen anlehnen kann und schlafen. Also ist es schon in erster Linie wegen der Kinder."* (I. 36)

Leichter Strecken fahren mit Wohnmobil

Lustig, fast verrückt klingt eine Geschichte, die ein junges Rentnerpaar auf ihrer Marokkoreise erlebt hat. Sie zeigt, wie unkompliziert und selbstverständlich ein ganz kleines Baby in die Welt der modernen Nomaden hineinwächst: *„Solche Familien* [die ihr Baby mitnehmen] *haben wir auch getroffen. Die ham die Windeln getrocknet, die Windeln hatten schon die Farbe angenommen. Na ja, jedenfalls nicht mehr weiß ... Zum Teil hab ich die Leute bewundert, zum Teil hab ich sie für verrückt erklärt. Vor allem mit dem frisch geborenen Baby. Muss 'n paar Tage alt gewesen sein, sind die losgefahren. Na, war vielleicht 'n Vierteljahr. In Deutschland sieht man das aber auch sehr oft, dass die Sportkarren oder Kinderwagen mithaben. Und die sagen dann auch, es ist ja auch so, so'n kleines Wesen kann ich baden im Wohnmobil, ich kann alles machen. Im Hotel muss ich um jede Milch, die ich warm haben will, betteln. Und so können sie sich alles machen."* (I. 49)

Nun rührt diese Geschichte den Schreiber dieser Zeilen persönlich an. War es doch auch bei ihm so, dass er mit Baby Moritz und dessen Mutter im umgebauten Kastenwagen im Winter 1979 für vier Monate (siehe Einleitung) Richtung Marokko entschwand, um endlich ganz unbeschwert sein kleines Familienglück zu genießen.

Lido di Dante (Adria): Entspanntes Familienleben

Eine ähnliche Empfindung haben auch Paare und Kinder, wenn sie sich für eine Zeit lang aus dem Alltag zu Hause ausklinken, um im Wohnmobil *„total anders zu leben"*. Offensichtlich kann dabei eine kuschelige und enge Atmosphäre entstehen, die als etwas ganz Besonderes wahrgenommen wird: *„Oder dass Spielen oder das miteinander Wohnen auf engstem Raum zu einem Genuss wird, weil das ganze Jahr über ist alles sehr gut durchorganisiert in der*

Familie und im Beruf. So dass ich diese Zeit sehr gerne nutze, um inten-
siv miteinander auf engstem Raum zu leben, auch mit der Familie. … So
wie man intensiv zusammen ist; gut, die Kinder jetzt halt noch sehr an
uns hängen und so weiter. Selbst das Spülen macht schon wieder Spaß
oder so Alltagsgeschichten machen im Wohnmobil einfach Spaß. Das
zusammen schlafen gehen, die Kinder schlafen dann oben, wir schlafen
unmittelbar darunter wie im Etagenbett. Man schläft zusammen ein
und wird zusammen wach, das is ne tolle Sache. Und der Hund schläft
dann auch noch dabei, noch eine Etage tiefer.“ (I. 18)

Im Wohnmobil ein total anderes Familienleben genießen

Das familiäre Wohlbefinden, das in diesem Fall ein ansonsten eher gestresster Medienmann artikuliert, wird um weitere Aspekte ergänzt, wenn man der Schilderung eines Paares aus Berlin folgt, das schon in der Zeit der DDR mit improvisiertem Zeltleben begonnen hat und den Charme eines „einfachen Lebens" jetzt auf das Reisen im hergerichte-ten Ford-Kastenwagen überträgt: *„Hier hängt man ja nun wirklich vier-undzwanzig Stunden zusammen am Tag. Gerade mit Kindern ist das schon was Gutes, denk ich mir mal. Gerade unser Sohn hier, der ist so'n ganz ruhiger und eigentlich so'n PC-Freak. Und jetzt redet er hier so viel mit uns, wie er's, glaube ich, das ganze Jahr nicht macht. Er erzählt uns hier Sachen, die irgendwann mal waren. Fängt er an herauszusprudeln. Und er hilft hier beim Auf- und Abräumen. Verliert Hemmungen auch, will ich mal sagen, und macht seine Vorschläge, was Freizeit betrifft, was er so denkt, wo er sich sonst eigentlich lieber lenken lässt. Das genießen wir, das war im letzten Jahr schon so intensiv.“* (I. 35)

Familien, die im ungezwungenen Leben auf vier Rädern ihre für sie wichtigen Erfahrungen von Nähe und Geborgenheit machen, gehören offensichtlich zu dem Schlag moderner Nomaden, der in der Einfach-heit des Reisens reichlich Erfüllung findet. So ist es für das gerade vor-gestellte Paar selbstverständlich, dass, wenn sie zum Wochenende *„ein paar Leute im Sachsenland besuchen"*, [sie] *„bei den Parties vollkom-men unkompliziert im Auto schlafen"*. Oder selbst unbedeutende All-tagshandlungen werden zum Symbol des Traumurlaubs: *„Uriges soll noch zu erkennen sein, Zähne putzen draußen am Bach mit Becher, das gefällt mir.“* (I. 18)

Ungezwungen reisen meint, ein einfaches Leben zu führen

Schließlich wurde bereits erwähnt, dass zum ungezwungenen Rei-sen auch die Freiheit gehört, dass man seinen Hund mitnehmen kann.

Man hat alles an Bord

Auf der einen Seite sind es verschiedene Attribute eines betont genügsamen und einfachen Urlaubs, der die Freiheit des Wohnmobil-reisens ausmachen soll. Auf der anderen Seite ist es aber nicht so, dass damit ein primitives oder gar ohne zivilisatorische Errungenschaften des Reisens auskommendes Leben gemeint ist. Ganz im Gegenteil: Der Wohnmobilist agiert auf der Basis einer gesicherten Ausstattung, die ihm erst das freie Umherstreifen im Raum ermöglicht. Diesen Zusammenhang drückt eine Camperin, die mit ihrer Familie das Wohnmobilreisen schätzen gelernt hat, so aus: *„Wir sind begeistert, von Ort zu Ort zu fahren und trotzdem immer ein Zimmerle dabei zu haben und alles, was man braucht"* (I. 37). Insgesamt kann man sagen: *„Man hat alles an Bord"* (I. 2). also, Leinen los zur Abfahrt!

Das Motto „Man hat alles an Bord", ist nach den Interviewaussagen die zweitwichtigste Voraussetzung, um „total anders leben" zu können. Auch ist nach den differenzierten Gesprächsinhalten nichts anders zu erwarten, als dass sich unter diesem Nenner eine Mehrzahl unterschiedlicher Facetten verbirgt. Eine größere Zahl von Meinungen versammelt sich jedoch um einen sich oft wiederholenden Gedanken: *„Man*

Eigenes Heim
auf vier Rädern

hat sein eigenes Heim, das man mitnimmt und hinstellt" (I. 50/66). Hat man sein eigenes Heim bei sich, hat man zugleich *„immer ein Zimmer frei"* (I. 8) oder spiegelbildlich gesagt, *„unser Hotel ist nie ausgebucht"* (I. 53). Und wenn dem so ist, schläft man natürlich *„immer im eigenen Bett"* (I. 29), was für viele als unschätzbarer Vorteil gilt. Die Vorstellung, im eigenen mitgebrachten Nest Urlaub verleben zu können, wird in immer wieder unterschiedlichen Nuancierungen thematisiert. Hierzu nur einige wenige Beispiele:

„Wie viele Leute sagen, da [ins Wohnmobil] *kriegt mich doch keiner rein. Das ist doch 'n Zigeunerleben, geht doch nichts über'n Hotel. Für mich ist das Wohnmobil 'n Hotel. Matratzen, wo hundert Leute vor mir rumgebunkert haben, da soll ich drauf schlafen. Ich sag nee. Da weiß ich, wo ich liege. ... Und jetzt sagen Sie mir noch mal, dass das 'n Hundeleben ist im Wohnmobil. Ich sag', ihr seid alle blind, ihr habt überhaupt keine Ahnung, wovon ihr redet. Selber mal ausprobieren und unter Garantie spricht man anders darüber. ... Nee, wir tauschen gegen 'n Hotel unser Wohnmobil nicht ein, nicht für ein Jahr umsonst. Und das ist auch das Letzte, was bei uns weggeht. "* (I. 53)

So überzeugend weiß eine ältere Rentnerin ihr eigenes Wohnmobil zu verteidigen und so wird sie, obwohl ziemlich herzkrank, versuchen, noch lange mit ihrem Mann im milden Benidorm dem kalten deutschen Winter auszuweichen. Ähnlich enthusiastisch empfinden andere Wohnmobilfahrer ihr kleines Reich auf Reisen und bringen dies auf die griffige Formel: *„Im Hotel bin ich Gast, im Wohnmobil zu Hause. "* (I. 50)

Was es heißt, Wohlbehagen im eigenen Reisemobil zu empfinden, weil „man alles an Bord hat", wird in anderen Interviews mit konkreterer Veranschaulichung ausgebreitet. Darunter fällt vor allem die Verfügbarkeit der eigenen sanitären Anlage. Und dabei spielt die eigene Toilette für manche eine entscheidende Rolle, während umgekehrt andere Camper lieber Toiletten und oft auch Wasch- und Duschgelegenheiten außerhalb des Wohnmobils bevorzugen. Eine feste Einstellung zur Nutzung der Wohnmobiltoilette haben diese Eltern: *„Das Wichtigste im Wohnmobil, ich sag einmal, die Toilette. Ist ein ganz wichtiger Punkt. Die Sauberkeit, die Hygiene eben. Man reist nach Griechenland zum Beispiel, da ist es nicht so sauber. Wenn man nach Paris kommt, man kommt auf den Campingplatz in der Hochsaison, da sehn die Toiletten furchtbar aus. Und wenn man dann noch weiß, man muss die Kinder dahin schicken, die waren da acht oder neuen Jahre alt, nee. Das ist ein ganz wichtiger Punkt, die Hygiene, dass man da sein eigenes Reich hat, das man sich gepflegt hält. Auch im Süden hatten wir schon Erfahrungen mit Krankheiten. Bin heilfroh, dass wir hier unser Zimmerle haben.“* (I. 37)

Eigene Dusche und Toilette wichtig

Ähnlich sieht es ein Zahnarzt mit seiner Frau, die erst im Ruhestand ihr Faible für das Wohnmobil entdeckt haben und für die die eigene Sanitäreinrichtung insgesamt ein unbedingtes Muss ist: *„Nun gut, die Sanitäreinrichtungen* [auf dem Campingplatz] *sind für uns nicht so wichtig, nicht so vorrangig. Haben wir ja alles da. Wir gehören zu denen, die unsere Einrichtungen nutzen, auch meistens die Dusche. Wasser reicht für zwei Tage mindestens für zwei Personen.“* (I. 19)

Natürlich können auch andere Ausstattungselemente einen Vorzug bedeuten, der das Wohnmobilreisen frei und unabhängig macht. Dies gilt beispielsweise dann, wenn das Mobil mit einer Solaranlage ausgerüstet ist oder wenn man sich darauf verlassen kann, es immer bei Bedarf mit Hilfe der eingebauten Heizung warm zu haben.

Also unter dem Strich finden es nicht wenige Motorcamper als wohltuend, *„allen Komfort en miniature“* (I. 71) bei sich zu haben. Was das Ehepaar, die als ehemals Selbstständige jetzt ihr freies Leben im Reisemobil genießen, darunter verstehen, klingt so: *„Wir leben wie zu Hause, wie zu Hause isses. Ist ja alles da. Die Bequemlichkeit, die Betten. Die Garage hinten, da sind die Räder drin, da kommen die Liegen rein, Tische draußen. Wir haben ja, wenn wir unterwegs sind, noch 'n Windfang.“* (I.72)

Wohnmobil: Komfort „en miniature"

Wenn man zu der Innenausstattung noch Campingmöbel, Räder oder ein Boot mit sich führt, dann hat man (wirklich) alles an Bord, um das Wohnmobilreisen *„bequem“* (I. 21) und „komfortabel“ zu machen. Beste Voraussetzungen, um „total anders leben zu können“.

Weg von Alltag und Beruf

Ein weiterer Aspekt des „Total anders leben" lässt sich mit dem Motto „weg von Alltag und Beruf" ausdrücken. Die hierunter fallenden Facetten sind der Häufigkeit ihrer Nennung nach nicht mehr so hoch einzustufen wie die bisherigen Motivbereiche.

Im Wohnmobil ab- und umschalten können

„Weg von der Firma. Ja, das ist für uns also ganz wichtig. Wir sind raus und dann, wenn ich in dem Auto sitze, bleibt alles hinter mir zurück. Das fällt unheimlich schnell ab, alles. Hier hab ich richtig frei. Also, frei sein, könnte man sagen, hat oberste Priorität. einfach frei und schnell weg." (I. 66) Diese Wirkung des Ab- und Umschalten-Könnens, sobald man in seinem Wohnmobil gestartet ist, äußern natürlich gerade die Menschen, die voll und häufig gestresst im Berufsleben stehen. So ist die Aussage eines jungen wassersportbesessenen Paares zu verstehen, das im Winter hart jobbt, um sich eine lange Sommerfreizeit zu ermöglichen. Ihr Statement dazu ist: *„Die Ferien fangen sofort beim Reinsitzen an"* (I. 22). Bei einer jungen Familie, die wegen ihres Kleinkindes zur Zeit zu kürzeren Wochenendreisen neigt, stellt sich ebenfalls ein ähnliches Gefühl ein: *„Kann man für so'n Kurztrip auch gut nutzen [das Wohnmobil]. Man muss ja letzten Endes auch nicht weit weg. Man muss komplett raus sein und hat genug um die Ohren, um dann hier auch schlagartig abgelenkt zu sein. Es ist einfach praktisch, man hat alles dabei. Das Wohnmobil ist immer so eingeräumt, dass wir einfach losfahren können" (I. 70).* Mit dieser Aussage wird noch einmal der Bezug zum „Alles an Bord"-haben hergestellt: Man kann besonders schnell vom Alltag Abstand gewinnen, weil im Wohnmobil alle Voraussetzungen für das Eintauchen in die Gegenwelt der Freizeit oder des Urlaubs gegeben sind.

Weg vom geregelten Tagesablauf

Was genauer mit dem *„spontan vom Beruf weg"* (I. 35) zu sein und *„Entspannung vom stressigen Job"* (I. 18) zu empfinden gemeint ist, wird über weitere Akzentuierungen deutlich: Man ist nicht mehr *„in einen geregelten Ablauf"* (I. 74) eingebunden, das heißt auch nicht *„in den Ablauf anderer"* (I. 63). Eine allein reisende jüngere Frau, die zu Hause im Marketing eines großen Konzerns beschäftigt ist, empfindet den Wechsel in die Freiheit mit dem Reisemobil als große Befreiung aus dem Alltag. Sie kommt gleich zu Beginn des Interviews auf diesen Vorzug zu sprechen: *„Das ist für mich auch ein Lebensgefühl, eben halt. Anders als die Routine, die man alltäglich hat und, wie sagt man so schön, wenn man täglich roboten geht. Dass man das eben, wenn man frei unterwegs ist, nicht mehr machen muss. Dass man dann nach seinen eigenen Bedürfnissen entscheiden kann."* (I. 12)

Die angesprochenen Motivbelege für „weg von Alltag und Beruf" unterstreichen noch einmal den im theoretischen Exkurs vorgestellten

Zusammenhang: in der industriegesellschaftlichen Entwicklung werden Urlaub und Freizeit als der notwendige Lebensbereich gesehen, um die Arbeitsfähigkeit der Menschen zu erhalten beziehungsweise wiederherzustellen. In klassisch-marxistischem Jargon hatte man früher von der „Reproduktion der Ware Arbeitskraft" gesprochen. Interessant ist, dass selbst bei jüngeren Reisemobilisten wie dem wassersportbegeisterten Paar oder der alleinreisenden Marketingspezialistin, die zu unkonventionellerer – postmoderner – Lebensweise neigen, dennoch dieses traditionell begründete „weg von"-Motiv vorhanden ist, das heißt ein Bedürfnis, dem Berufsalltag zu entfliehen.

„Weg von"-Motiv fördert Wiederherstellung der Arbeitskraft

Gilt dieser Wunsch für Wohnmobilreisende, die mitten im Arbeitsleben stehen, so klingt es auch bei Menschen nach, die bereits das Berufsleben hinter sich haben, sich aber aus ihrer Erinnerung heraus noch jetzt darüber freuen, diesen Zwängen entronnen zu sein. Ein rund um das Jahr reiselustiges Rentnerehepaar im Dickschiff etwa ist beglückt darüber, *„jetzt endlich keine Verpflichtungen mehr"* (I. 48) zu haben. Ein ehemals selbständiges Kleinunternehmerpaar sieht es ebenso: *„Früher haben wir den ganzen Tag über acht Stunden gearbeitet und sind dann mit dem Wohnwagen holterdiepolter in den Urlaub. Schnell irgendwohin und wieder zurück. Jetzt genießen wir unsere Freiheit"* (I. 72). Manchmal macht sich die neu gewonnene Freiheit an Kleinigkeiten fest: *„Kein Schlips mehr, hab ich fünfundzwanzig Jahre anziehen müssen"* (I. 16).

Wenn man die Möglichkeit hat, ohne Zeitdruck und Verpflichtungen ins Blaue hinein zu reisen, dann braucht man sich „keinen Stress zu machen".

„Sich keinen Stress machen"

Diesen befreienden Vorzug des Wohnmobilreisens malen eine ganze Reihe von Interviewpartnern aus. An erster Stelle ist damit *„Reisen statt rasen"* (I. 2) gemeint. *„Ich hab die Maschine mit den 75 PS und die reicht eigentlich vollkommen aus. Ich denke mal, das Sprichwort, das an der Autobahn steht, ‚Reisen statt rasen', wenn man so gemütlich vor sich hin fährt, das is kein Stress. Man hat eben Urlaub, wenn man sich reinsetzt und fährt da gemütlich los. Wenn man keine Lust mehr hat, bleibt man irgendwo stehen und übernachtet denn da"* (I. 2). Auch das vorhin genannte Sportlerpaar – er war immerhin einmal Autorennfahrer – ist der Ansicht, dass man im Wohnmobil entspannter, weil langsamer als im Pkw fahre und dennoch auf langen Strecken nur eine halbe Stunde später ankomme (I. 22).

Reisen statt rasen

„Es ist auch von Vorteil, dass man bei langsamerem Fahren besser die Landschaft wahrnehmen kann." (I.71)

Das Wohnmobil bietet sich hierfür besonders an, weil man auf erhöhter Sitzposition einen viel besseren Rundblick in die Landschaft hat als im Pkw. Das Wohnmobil regt auch dazu an, *„öfter nur wenig zu fahren"* (I. 23). Übrigens kann man im Reisemobil anhalten ohne Stress oder im Stau schlafen und lesen. Lange Strecken lassen sich leichter bewältigen, weil man auch nachts fahren kann. Entweder löst einer den anderen ab, der sich dann während der Fahrt eine Ruhepause gönnt, oder man macht eine gemeinsame Pause zum Schlafen (I. 68). Besonders ideal ist der Motorcaravan für die Anreise mit zwei, drei Kindern im Wohnmobil. Man fährt noch nachts, wenn die Kinder schlafen, fünf bis sechs Stunden. Dann legen sich die Eltern auch für ein paar Stunden hin und *„am nächsten Tag geht es locker weiter"* (I. 29).

Eine ganz andere Assoziation wird auch mit dem stressfreien Reisen und Leben im Wohnmobil verbunden: Einem Ehepaar, das gern mit seinen beiden Katzen reist, möchte Freunde oder Familienmitglieder besuchen, ohne diese zu sehr stören zu müssen: *„Ich kann Freunde besuchen, ohne zur Last zu fallen, selbst in der eigenen Familie. Denn ich hab mein Zuhause immer dabei."* (I. 50)

Eng verwandt mit dem Thema „stressfreies Reisen" ist ein weiterer Motivzusammenhang, der in etwa mit gleicher Bedeutung in den Interviews zutage tritt: *„Sich treiben lassen"* (I. 44).

Sich treiben lassen

Was damit gesagt sein soll, ist klar und bedarf keiner großen Erläuterung, weil es für sich spricht: *„Wir haben keinen Plan"* (I. 54), *„Wir sind keine großen Planer minutiös vorab"* (I. 41) oder *„Wir fahren auf blauen Dunst"* (I. 29). Andere drücken das Sich-treiben-lassen so aus: *„Kreuz und quer fahren"* (I. 3) oder *„querbeet fahren"* (I. 8) oder *„den Tag einfach nur laufen lassen"* (I. 14) oder *„immer frei Schnauze losfahren"* (I. 18). Die einen beschreiben das ungebundene Umherreisen eher allgemein, zum Beispiel als *„unterwegs sein"* (I. 48), als *„rumfahren, rumgucken"* (I. 23) und *„mal sehen, wie's wird"* (I. 68). Andere meinen damit konkretere Aktivitäten, beispielsweise *„von Strand zu Strand, von Burg zu Burg"* (I.26).

Selbst wenn man beim freien Herumvagabundieren auf unangenehme Situationen stößt, macht das nichts: *„Wir haben nichts gebucht, kein Problem, wenn es uns nicht gefällt, dann geht es weiter"* (I. 29). *„Das ist eben die Freiheit, die man hat, den Platz oder Ort nach Gefallen zu wechseln, Strecken zu fahren, die man vorher so nicht geplant hat. Bei uns heißt es, ‚wir fahren jetzt einfach'. Nicht vorher Bücher wälzen nach Zielen. Für uns, für die Frauen, zählt die Sonne."* (I. 34)

Es wäre natürlich übertrieben anzunehmen, dass alle Wohnmobil-reisenden planlos in die Gegend bzw. ihren Urlaub fahren würden. Ganz im Gegenteil wird häufiger darüber berichtet, wie gründlich sich Reisende über Informationsmaterial der gewählten Länder und Regionen auf ihre Reisen vorbereiten. Ohne gründliche Vorbereitung, aber immerhin schon mit der Festlegung der Himmelsrichtung, heißt beim Ehemann eines noch berufstätigen Paares: *„Wenn wir von zu Hause wegfahren, entscheide ich nur, fahren wir in den Süden oder Norden"* (I. 9). Dies ist schon etwas konkreter als das, was ein VW-Busfahrer sagt: *„Wie's mir gerade einfällt, wie's mir morgens einfällt, so kann ich fahren"* (I. 20).

... andere fahren nach Plan

Wie gesagt, gibt es aber auch viele Motorcamper, die klare Zielvor-stellungen ihrer Reise vorab festgelegt haben. Demgemäss verhält sich ein älteres Rentnerpaar, das gern Skandinavien bereist und gern am Wasser den Stellplatz sucht: *„Bevor wir ne Reise machen, plan ich vor-her immer ganz genau, wo ich hinfahren will, damit ich nicht umsonst fahr. Das waren die ersten vier, fünf Jahre* [in Norwegen]*. Jetzt fahrn wir trotz Reiseplanung mal hierhin, mal dorthin, dem Wetter nach fah-ren, gucken, bleiben wir."* (I. 73)

Kompromiss zwischen Vorplanung und freiem Entscheiden

Einen ähnlichen Kompromiss zwischen festerer (Vor)planung und doch freierer Reiseentscheidung vor Ort beschreibt ein jüngeres Rent-nerehepaar, das vorzugsweise durch Deutschland und dessen östliche Nachbarländer fährt. *„Ich plan die Reise zu Hause, ich mach eine Tour dahin, eine Tour dahin. Und dann wie gesagt, ham wir ne gute Gemein-schaft hier, wie hier am Platz vorgestern und gestern, dann bleiben wir 'n bisschen länger. Aber ich plane schon. Ich fahr nicht so los und sag ‚Heidewitzka, woll'n wir dahin oder dahin'. Ich hab die Promobil, wir haben viel Kartenmaterial. Ich schreib das auch auf. ... Ich hab zwei dicke Ordner, da hab ich alles alphabetisch, dann weiß ich auch Bescheid darüber. ...'In Walsrode beim Vogelpark, da können Se gut stehen', das sind so Campertipps. Das ist eigentlich mehr wert als alles andere."* (I. 7)

So mag es eine Reihe von Wohnmobilisten geben, die tatsächlich ohne jegliche Vorplanung ins Blaue hinein fahren. Ebenso berichten Wohnmobilreisende von anderen, dass diese *„auf Punkt, Komma und Strich"* (I. 49) ihre geplante Route abfahren. Mehrheitlich ist es so, dass die Wahrheit in der Mitte liegt: Information und Orientierung sowie Rahmenplanung der Reise vorab und sich dennoch genügend Spiel-raum lassen, um unterwegs nach Neigung, Zufall oder nur so vom vor-gedachten Reiseschema abweichen zu können. Dann bleibt für den Freiheit verspüren wollenden Wohnmobilfahrer auch ausreichend Gefühl, „sich treiben zu lassen".

Ein letztes Bündel an Empfindungen und Erfahrungen eines „Total anders leben" schließt sich gut an letztgenanntes Motiv an: „Lotterleben – Zigeunerleben".

Lotterleben – Zigeunerleben

Abseits der Interviews sagte einmal ein Reisemobilist zum Autor dieser Zeilen: „Wir sind die modernen Nomaden, wir sind in die Fußstapfen der Nomaden getreten." Diese Feststellung hat durchaus etwas mit dem Gefühl des „Lotterlebens" oder „Zigeunerlebens" zu tun, dessen unterschiedliche Assoziationen jetzt zu entfalten sein werden. Es gibt Interviews, in denen das Wohnmobilreisen ausdrücklich als Lotter- oder Zigeunerleben bezeichnet wird: *„Das ist eigentlich die Grundvoraussetzung für ein Ehepaar, dass beide an diesem Lotterleben Spaß haben. Das is ja nich wie in der geschlossenen Wohnung, ist doch ein bisschen primitiver da eingestellt, sagen wir's mal in Anführungsstrichen."* (I. 3)

Die Aussage verweist also auf das Bild des einfachen Lebens, das dem Reisen im Wohnmobil eigen ist. Eine andere Akzentuierung verbindet sich mit der Meinung, es sei ein *„Zigeunerleben so unter sich"* (I. 18), gemeint ist der enge familiäre Zusammenhang beim Campen.

Am häufigsten wird der Gedanke des Lotterlebens im Reisemobil mit der freizügigen Gestaltung des Tagesablaufs verbunden: *„Sie können also aufstehen, zu Bett gehen, tun und lassen, was Sie wollen"* (I. 19). Ebenso sieht es ein Rentner aus Sachsen, der über eine lange Campererfahrung verfügt: *„Das ist sonnenklar, dass man zu jeder Zeit, zu jeder Stunde machen kann, was man will"* (I. 47).

„Wenn man in den Tag hinein leben kann" (I. 7), dann ist das *„eine andere Art zu reisen"*, als man es bei einem Normalurlaub (Pauschalreise) von zwei bis drei Wochen niemals erleben würde. Konsequenz dieser offenen Form des Reisens stellt sich auf der emotionalen Ebene als Zugewinn ein: *„Es ist eine unheimliche Ruhe und Erholung"* (I. 66), *„drei Tage Wohnmobil sind wie eine Woche Urlaub"* (I. 67), *„man fühlt sich einfach pudelwohl"* (I. 14). Die besondere Intensität der Entspannung, die durch das Reisen im Wohnmobil angeregt wird, besteht für eine nach ihrer Trennung vom Ehemann allein reisenden Frau darin, *„zu stehen und einfach mit seinen Gedanken zu spielen"* (I. 43). In diesen letzten Äußerungen wird das Lotterleben im Wohnmobil mit einer – im Fachjargon ausgedrückt – kontemplativen Freizeit- und Urlaubshaltung verbunden. Es ist Raum und Zeit gegeben, um über sich und die Welt in Ruhe nachzudenken.

Um noch einmal das Bild vom einfachen Leben zu bemühen: Andere Interviewpassagen wollen ausdrücken, dass es vor allem die unkom-

Zigeunerleben ist einfaches Leben

... freizügige Tagesgestaltung

... in den Tag hinein leben

... ist besonders entspannend

... Gedanken spielen lassen

pliziete Weiterführung alltäglicher Verrichtungen in einer sich schlicht darstellenden Umwelt ist, die man schätzt: Das Zähneputzen am Bach beispielsweise, in dessen plätscherndem Wasser man im Sommerurlaub Butter und Bier kühl halten kann (I. 18). Es sind dies Attribute von Improvisation und genau das ist das Stichwort, unter dem ein Tischler, der seinen Werkstattwagen geschickt zum Campingfahrzeug umrüstet, seine Vorstellung vom idealen Urlaub präsentiert: *„Das is halt die Improvisation. Als Beispiel kann man diese Spannleinen nennen, die kann man überall für benutzen. Ich hab da genug von mit und wir ham da auch unsere Handtücher drauf aufgehängt. Ich guck nur jeden Camper an, wie ham die die Bettwäsche zum Lüften draußen befestigt. Und so geht's schon mal los mit Improvisation. Wir ham keine eingebaute Küche wirklich, unser Geschirr steht in so 'ner Klappkiste, 'ne Klappbox. Wir ham beispielsweise für den Tischwasserbereich, ham wir ein, zwei Boxen als Unterstellmöglichkeit, damit der Hahn* [vom Tischwasserbehälter] *frei ist zum Zapfen. Die Box kann man überall für benutzen, kann man mit einkaufen fahren. Hinterher stellt man wieder den Wasserträger darauf. Das meine ich so mit Improvisation. Was ich aber eigentlich auch ganz schön find an der ganzen Sache, wenn nich alles so ist wie zu Hause. Zu Hause ist für mich dann eigentlich kein Campen mehr. Man verzichtet zwar auf den Luxus ein bisschen, is auch schön so. Man weiß ganz genau einfach, man is Campen. Ich verbinde das Campen eigentlich auch so'n bisschen mit Improvisieren.: Das, was man nicht hat, doch zu machen. Und da is eigentlich ein* (fabrikmäßig voll installiertes) *Wohnmobil zu perfekt.“* (I. 17)

Was die absichtlich länger wiedergebende Passage widerspiegelt, ist die Reduzierung gewohnter Handlungsabläufe zu Hause auf wenige ganz elementare Ausrüstungsgegenstände, mit denen man sich beim Campen im Kastenwagen behelfen kann. Behelfen können ist nicht das

Unkomplizierte Weiterführung des Alltags zu Hause

… mit Improvisation

richtige Wort, denn das Wohnmobilpaar empfindet das Urlaubsleben in ihrer vereinfachten Campingwelt nicht als Einschränkung ihres Wohlbefindens, sondern als den besonderen Kick, den sie als Abwechslung von der Alltagsroutine zu Hause haben wollen. Nun wollen nicht alle Wohnmobilisten in ihren gut ausgestatteten Reisemobilen ein ebenso extremes Empfinden von Improvisation erleben und genießen. Dennoch aber ist die Vorstellung vom einfachen Leben, das eben auch als „Zigeunerleben" bezeichnet wird, sicher ein Grundzug zahlreicher Wahrnehmungen von Campern, wenn sie auf der Fahrt mit dem Reisemobil „total anders leben".

Exkurs (II)

Die Campingwelt – das Bild vom einfachen Leben

Sinn der Darlegung dieses Kapitels ist es, der Frage auf den Grund zu gehen, warum sich so viele Menschen nach Reisen und Leben im Wohnmobil sehnen und was den Kern ihres Empfindens von Freiheit, Unabhängigkeit und „anders leben" ausmacht. Zuletzt wurde hierzu anhand von Interviewäußerungen das Bild des „einfachen Lebens" entwickelt, das möglicherweise einen Zugang zur Antwort auf die hier gestellte Frage anbietet. Zu diesem Thema hat sich der Kulturwissenschaftler CH. HENNIG ausführlicher ausgelassen. In seinem Buch „Reiselust – Touristen, Tourismus und Urlaubskultur" (1999, S. 33-37) nimmt er sich in einem eigenen Kapitel „Camping: Die selbst gemachte Welt" der Frage an, die hier zur Diskussion steht. Nichts ist deshalb treffender, als ihn selbst in einer längeren Passage zu Wort kommen zu lassen:

„Campingplätze erscheinen vielen Betrachtern als Hort biederer Feriengemütlichkeit. Gleichen sie nicht bis ins Detail dem vertrauten häuslichen Milieu? Wohnwagen, Reisemobile und Zelte werden mit allem erdenklichen Komfort ausgestattet. Die bevorzugten Tätigkeiten sind ähnlich wie zu Hause. Man hört Radio und liest die Zeitung, spielt Karten und Federball oder kümmert sich um Einkauf und Abwasch.

Doch der Eindruck täuscht. Das Campen wirkt wie eine bloße Kopie der Häuslichkeit – und gewinnt doch wesentliche eigene Qualitäten. Bei aller äußeren Nähe bildet es einen radikalen Gegenentwurf zum Normalleben. Gerade in der spiegelbildlichen Ähnlichkeit zum Alltag kommen entscheidende Differenzen zum Ausdruck. Das Zelt (und der Wohnwagen) sind die Behausungen der Zigeuner – jener Gestalten, die zur bürgerlichen Ordnung in stärkstem Kontrast stehen und aus ihr gewöhnlich ausgeschlossen werden. In den Ferien scheint gerade das

Provisorische, nirgendwo fest Verortete einer Lebensweise, die normalerweise Ablehnung hervorruft, besondere Anziehungskraft auszuüben.
Auf dem Campingplatz – wie am Strand – entsteht eine flüchtige Welt
außerhalb der Alltagszwänge.

Sie bildet einen vereinfachten Gegenentwurf zum Normalleben. Ins
Zelt und den Wohnwagen kann nicht der gesamte Besitz eingehen.
Unter den Gegenständen wird eine Auswahl getroffen. Die physische
Umgebung ist daher weniger komplex als zu Hause. Zum Kochen dient
ein Gasbrenner, Wasser muss von der Wasserstelle herbeigeholt wer-
den. Pierre Sansot hat darauf hingewiesen, dass die Vereinfachung der
Werkzeuge beim Campen in ältere Sozialformen zurückführe, ‚als man
sich arrangieren musste, um zu überleben und nach und nach die
Errungenschaften der elementaren Kultur erfand'.

Welchen Sinn aber hat es, im Zelt oder Wohnwagen die häusliche
Umgebung in vereinfachter Form neu aufleben zu lassen? Es geht
offenbar nicht primär um ein Maximum an Komfort – der wäre im Hotel
oder in der Ferienwohnung leichter zu haben. Wesentlich sind vielmehr
die Handlungen, in denen diese Urlaubswelt entsteht. Sie wird von den
Campern nach eigenen Vorstellungen konstruiert: Das Zelt muss aufge-
schlagen, der Wohnwagen eingerichtet werden. So entsteht ein neues
Heim, das zusammengebastelt wird wie die Puppenstuben, Kaufläden
und Baumhütten der Kinder. Die Ähnlichkeit zur häuslichen Umgebung,
die von Kritikern immer nur als Ausdruck des Sicherheitsstrebens gesehen wird, täuscht über den eigentlich bedeutsamen Aspekt hinweg: Die
Camper konstruieren ihre Welt aus eigenem Antrieb und nach subjektiven Vorstellungen. Damit eröffnet sich eine Dimension der selbständi-
gen Gestaltung, die im normalen Alltag verschlossen bleibt – und die
sich ebenso verschließt, wenn man ein fertig eingerichtetes Hotelzimmer bezieht.

Objekte und Handlungen wandeln in der Campingwelt ihre Bedeutung. Es macht einen Unterschied, ob ich zu Hause am gewohnten
Waschbecken und mit den üblichen Handgriffen das Geschirr spüle –
oder in der provisorischen Situation des Zeltplatzes, wo das Wasser
herangeschafft und mühselig erwärmt werden muss, wo der Wind an
die Zeltwand schlägt und aus dem Nachbarzelt die Geräusche anderer
Camper herübertönen. Nur von außen gesehen wirkt diese Situation als
simple Wiederholung des Gewohnten. In der subjektiven Erfahrung
kann gerade die Kontextverschiebung bekannte Verhaltensweisen in
einem anderen Licht erscheinen lassen. Die ‚veränderten Bedingungen'
schreibt William R. Burch, ‚durchsetzen das Gewöhnliche mit Spiel-Ele-
menten; sie machen es außergewöhnlich'.

Das Spiel aber hat offenbar einen ernsten Hintergrund. Ein Neu- und Nachschaffen des Alltags, wie es sich beim Camping vollzieht, ist nicht nur für das Kinderspiel charakteristisch. Es kennzeichnet auch religiöse Rituale. Im rituellen Fest, schreibt Mircea Eliade, werden Schöpfungsakte dargestellt, ‚um die Zeit des Ursprungs wiederzufinden'.

In kulturanthropologischer Perspektive scheint das Campen ähnliche Funktionen zu übernehmen wie diese Feste. Die Normalwelt wird unter neuen Bedingungen und in einem eigens definierten Zeitabschnitt (den Ferien) nachgeschaffen: Engagement und psychische Spannung sind größer, die Lebensintensität stärker als bei den normalen Alltagsverrichtungen. Im Camping, wie in den Ritualen, wird die Welt erneuert: Das Ziel ist, regeneriert nach Hause zurückzukommen.

Zelt und Wohnwagen geben zudem Unabhängigkeit oder zumindest die Illusion der Unabhängigkeit. Auf Hotels oder Restaurants ist man nicht angewiesen. Wie die Schnecke, aber mit größerer Reichweite der Bewegung, trägt man sein Haus bei sich – und fährt, wohin man will. Der Kontakt zu anderen Menschen kann auf ein Minimum reduziert werden; man braucht sie nicht. In seinem Wohnwagen lebt der Reisende autark, gleichsam ein Robinson auf einer schwimmenden Insel.

Das schließt soziale Kontakte nicht aus. Doch sie werden aus einer Position der Selbstgenügsamkeit heraus angeknüpft.

Die Feriengäste bringen Objekte und Behausungen mit, sie wählen und strukturieren die Sozialkontakte, bestimmen den Tagesrhythmus. Elemente des Alltags werden in einer neuen Kombination angeordnet. Ein ungewöhnlicher sozialer Kosmos entsteht. Er ist weniger komplex und differenziert als der Alltag. In manchem ähnelt er der Spiel-Welt der Kinder und trägt – in der Rekonstruktion des Alltags unter „außergewöhnlichen" Umständen – Züge von Fest und Ritual. Er stellt in der subjektiven Wahrnehmung der Camper ein Reich der Freiheit dar."

Nun ist die Welt des Reisemobiltourismus ein eigenwilliger Teilbereich der Campingbewegung und gleichzeitig in sich differenziert. Es gibt bei den Campern Dauercamper, die auf dem Campingplatz ihre eigene Schrebergartenidylle führen. Hierzu dürften kaum Reisemobile gehören. Es gibt als anderes Extrem Wohnmobilisten, die nur frei stehen und Campingplätze meiden (siehe Kap. 3). Dazwischen stehen Motorcamper, die sich locker zwischen einer Mischung aus Campingplatzaufenthalt und freiem Stehen auf offenen Stellplätzen oder ganz frei entscheiden. Ferner ist die Palette der Fahrzeuge, mit denen Wohnmobiltourismus betrieben wird, breit. Sie reicht von selbstgebauten Fahrzeugen, Kleinmobilen und Bussen bis zu luxuriös konfektionierten Reisemobilen und den großen Dickschiffen. Kann man über dieses ganze Spektrum des

Campens auf vier Rädern das „Bild des einfachen Lebens", wie es HENNIG skizziert hat, legen und wie steht diese mobile Campingform zum Zelten und Wohnwagenleben auf den Campingplätzen?

Bei allen Unterschieden zwischen diesen Camperlebensformen, den unterschiedlichen Komfort- und Perfektionsansprüchen, der unterschiedlichen Mobilitätslust oder gewollten Stelldauer bleibt für alle – und damit auch für den Reisemobiltourismus – ein gemeinsamer Kern: die Andersartigkeit der Campingwelt als einfachere Konstruktion des Alltags in Freizeit und Urlaub, ein „eigenes Reich der Freiheit", ein „Total anders leben". Dabei soll die Wurzel dieser Sehnsucht nach dem improvisierten, anderen, einfachen Leben darin liegen, „dass eine so ʼbanaleʻ Urlaubsform wie das Campen Beziehungen zu archaischen Vorstellungen der virtuellen Neuschaffung der Welt aufweist." (HENNIG 1999, S. 84)

Das Wohlbehagen in der einfachen Gegenwelt des Berufsalltags hängt mit einem noch weiteren Aspekt zusammen, der in Begriffen wie „Lotterleben" – „Zigeunerleben" mitschwingt. Es ist das andere Zeiterleben, das in Freizeit und Reisen möglich wird, insbesondere beim Wohnmobilreisen. In Anlehnung an den Tourismuspsychologen Rudolf MILLER (1993, S. 230 f.) kann man feststellen, dass in unserer heutigen modernen Arbeitswelt eindeutig der instrumentale Charakter der Zeit – die Uhrzeit – im Vordergrund steht. Das war nicht immer so. In vormoderner Zeit lebten die Menschen nach periodisch sich wiederholenden Rhythmen wie Jahreszeiten oder Tag und Nacht. Dabei wurden unterschiedlich lange Zeitabschnitte durch unterschiedliche Tätigkeiten definiert wie etwa in der bäuerlichen Landwirtschaft. Diese aufgabenbezogene Zeiteinteilung war für die Menschen greifbarer und noch nicht durch die Trennung von Arbeit und Leben geprägt.

Ein solches zyklisches Verständnis von Zeit ist im Aufkommen der Industrialisierung durch ein lineares Konzept von Zeit abgelöst worden: Vor allem geht es jetzt um die Koordination verschiedener Tätigkeiten auf einer für alle verbindlichen Zeitachse. „Zeit ist damit nicht mehr die Folge von Ereignissen, sondern eine lineare Abfolge von Zeitpunkten und damit neutral gegenüber Ereignissen" (R. MILLER, S. 230). In der arbeitsteiligen industriellen Gesellschaft wird eine größere „Synchronisierung der Arbeit" verlangt. „Zeit-Planen" und „Zeit-Sparen" spiegeln ein Zeitverständnis, das inhaltsleer gegenüber konkreten Ereignissen wirkt und dadurch seine sinnstiftende Funktion einbüßt.

Holt nicht gerade die einfach konstruierte Welt des Campinglebens wenigstens auf Zeit wieder ein sinnerfülltes Zeiterleben zurück? Gerade dadurch, dass die Elemente und Aktivitäten der Lebenswelt im Cam-

EXKURS 2

93

ping so improvisiert und einfach und fast spielerisch gewollt erfahren werden, erschaffen sich die Menschen wieder ein dichteres und emotional reicheres Maß der Zeit. Es dürfte so sein, dass dieses qualitativ anspruchsvollere Zeiterleben nicht nur typisch für das Campingleben auf gemeinsam geteilten Plätzen ist. Insbesondere gilt es auch für das Wohnmobil-Reisen selbst. Viele Interviews signalisieren das von den Reisenden selbst gesetzte Maß des Reisens: Wann man sich treiben lässt, wie weit und schnell man fährt, wann man – spontan oder gewollt – anhält und weiterfährt. Alles ist in die Eigenregie der Reisenden selbst gestellt und dieses Vermögen vermittelt den Wohnmobilisten das Gefühl der Freiheit!

Um jetzt weiter mit der Analyse des Themas „frei und unabhängig sein" fortzufahren: Der letzte Gedanke des Ausflugs in einen theoretischen Diskurs, nämlich die Möglichkeit der selbstbestimmten Zeitgestaltung im Reisemobiltourismus, führt direkt zu einem weiteren Motiv- und Verhaltensbündel, das sich unter das Motto „Man ist sein freier Herr" stellen lässt.

Man ist sein eigener Herr

Eigene Entscheidungs-freiheit

„Das ist das ungezwungene Leben. Was man heute sagt, kann man morgen über Bord schmeißen. Und man hat ja nichts gebucht, man ist ja „sein freier Herr", will man's, macht man's oder kann man nicht oder hat man keine Lust, lässt man's sein. Das ist das Schöne an der Sache." (I. 7) Wahrlich, das ist das Schöne an der Sache, dass man sich beim Wohnmobilfahren weitgehend als sein „freier Herr" fühlen kann. In diesem Interviewauszug verbindet sich diese Wahrnehmung vor allem mit dem Wissen um die eigene Entscheidungsfreiheit, wenn man auf Reisen ist. Das Moment der Entscheidungsfreiheit ist also – neben der Vorstellung vom „total anders leben" – eine zweite Säule, die zum Gesamtbild von Freiheit und Unabhängigkeit gehört. Es ist ein Motivbereich, der am zweithäufigsten in den Interviews angesprochen wird.

Wenn auch das Vermögen eigener Entscheidungsfindung die Grundmelodie des Mottos „mein freier Herr" ist, gibt es doch gleichzeitig Überlappungen zu der Motivgruppe „total anders leben", wie das jetzt eingeschobene Zitat zeigt: *Unabhängigkeit, weil ich bin ja mein*

Sein freier Herr, da „alles an Bord"

eigener Herr, mit allem, was lebensnotwendig ist. Ich hab' mein eigenes Wasser dabei, ich hab' meine Toilette dabei, ich hab' mein Haus dabei. Ich hab' ja alles. Diese Unabhängigkeit, die Freiheit als solches und dass ich mir halt aussuchen kann, wo ich hinfahr'." (I. 33)

Das Statement des jüngeren Familienvaters, der mit Frau und mehreren Kindern im Sommerurlaub per Mietmobil unterwegs ist, bringt das Label „Man ist sein freier Herr" in einen Begründungszusammenhang zum bereits präsentierten Motivfeld „Man hat alles an Bord."

Das Interviewbeispiel zeigt, dass Motiv- und Verhaltensbereiche, die zum Zweck einer klaren Analyse nach Fallgruppen auseinander gezogen abgehandelt werden, in der tatsächlichen Wahrnehmung zusammenklingen können. Dennoch ist es ebenso eine Erkenntnis der gesamten Interviewauswertung, dass einzelne befragte Wohnmobilisten einzelne Motive als für sie besonders wichtig in den Vordergrund rücken.

Kehrt man zum Bedeutungsgehalt „Entscheidungsfreiheit" zurück, ist es eine Assoziation, die am häufigsten angesprochen wird: „Überall anhalten und abfahren können." Diese Zuschreibung hat einen eher allgemeinen Aussagegehalt, der häufig nicht weiter konkretisiert wird. In manchen Fällen aber liegt dahinter eine speziellere Situation: In einem Beispiel wird der Vorteil darin gesehen, dass man, sofern man einen schönen Parkplatz oder eine Bucht entdeckt, dort auch anhalten kann. Die interviewte Familie hebt auch hervor, dass es bei der Mitnahme von Kleinkindern günstig ist, je nach Erfordernis anhalten zu können (I. 26). In einem anderen Interview wird vor allem die Möglichkeit geschätzt, sich je nach Zeit und Gefallen Sehenswürdigkeiten anschauen und dann weiterfahren zu können.

> Überall anhalten und abfahren können

In einem verwandten Zusammenhang mit dem diskutierten Verhaltensmuster steht die ebenfalls hoch gewichtete Aussage „spontan hinfahren und stehen bleiben." Das Gewicht liegt hierbei auf dem Attribut „spontan", was sich bei einigen Gesprächspartnern auf die spontane Zielentscheidung vor oder vor allem während einer Fahrt bezieht: Statt einer *„geplanten Marokkoreise spontan nach Sardinien"* oder: *„Wie's mir morgens einfällt, so fahr' ich da hin"* (I. 20); *„spontan nach Gefallen reisen"* (I. 37) oder *„Wenn es uns in den Sinn kommt, fahren wir morgen weiter runter* [die spanische Mittelmeerküste südlich Benidorm], *ganz spontan"* (I. 54).

> Spontan hinfahren und stehen bleiben

An das „spontan hinfahren und stehen bleiben" schließt sich die Bedeutung, von *„bleiben, wo es gefällt"* (I. 35) an. Diese Verhaltenbekundung wird aber in keinem Fall weiter begründet.

> Bleiben, wo es gefällt

Haben die bisher genannten Motiv- und Verhaltensmuster unterhalb des Mottos „Man ist sein freier Herr" einen eher aktiv-selbstbestimmenden Charakter, so sind die Entscheidungshintergründe von „bei Nichtgefallen weiterreisen" und „Nachbarn ausweichen können" stärker reaktiver Natur. Gründe des Weiterreisens können unterschiedlich sein: Wenn sich Umgebung und Landschaft so verändern, dass es einem

> Bei Nichtgefallen weiterreisen

nicht mehr gefällt oder es zu laut ist (I. 42), wenn die Kinder sich am Aufenthaltsort nicht zufrieden stellen lassen (I. 36). Die Möglichkeit des beliebigen Weiterfahrens wird auch als Vorzug gegenüber Flug- und Busreisen gesehen, bei denen man nicht einfach aus dem Reiseprogramm aussteigen und woanders hin fahren kann (I. 46). Ebenso hat man jederzeit die Chance, einen Campingplatz, der einem nicht gefällt, wieder zu verlassen (I. 71).

Auf Stell- und Campingplätzen kann eine spezielle Unannehmlichkeit auftauchen: Die Camper um einen herum gehen einem auf die Nerven. Ganz nach der Einsicht, dass der Klügere nachgibt, kann man *„dem Nachbarn ausweichen"* (I. 64). *„Ich mein, es gibt Leute, die kommen hier her und kauen einem 'n Ohr ab. Die kommen hier angefahren und setzen sich gleich hierhin und morgens, wenn ich jetzt rausgehe und mach Fenster oben auf, sitzen die schon draußen auf'm Stuhl. … Irgendwie 'n Eigenleben möcht' man ja auch haben. Es kommt vielleicht aufs Geld gar nicht so drauf an, dass man nich auf Campingplätzen steht. Aber es sind die Campingplätze, die sind so eng, dass man jetzt den Nachbarn schnarchen hört und nächsten Morgen der Nachbar beim Aufstehen sagt: ‚Kannste früh Fernsehen gucken heut morgen.' Das sagt der, aber das will man ja nicht. Morgens um sechs munter und will 'n Fernsehen anmachen, kann ich jetzt doch nich, schläfste doch noch. … Also, wenn einer so dicht nebenan steht, dann musste woanders hinfahren."* (I. 58).

„Im Wohnmobil ist man halt besonders „flexibel" (I. 36). Ein Wohnwagen beispielsweise ist zu stationär, das Wohnmobil ist beweglicher. Das Reisen im Wohnwagengespann ist zu unbequem und erlaubt nur punktförmige Sternfahrten mit dem PKW ab Campingplatz. Deshalb ist für ein individuell forsches und selbstbewusstes Jungrentnerpaar, das gegen *„Campingtrott"* ist, das Wohnmobil *„die für uns persönlich mobilste Reiseform, die Philosophie, die uns liegt."* (I. 54)

Es gibt einen Grund, bei dem der Vorzug des flexiblen Wohnmobilreisens besonders zur Geltung kommt: „Man kann mobil auf das Wetter reagieren." Dieser Vorteil ist offensichtlich für viele Motorcamper von ganz entscheidender Bedeutung: Ob ein Ehepaar wegen schlechten Wetters in Pappenheim im Altmühltal schnell mal auf die Insel Usedom ausgewichen ist (I. 21) oder ob man wegen unerwarteten Regens *„schnell mal hundert Kilometer weiter fährt"* (I. 46) oder nur allgemein je nach Wetter bleiben oder weiterfahren kann (I. 37, 41), man ist dafür besonders flexibel und mobil. Eine solche Ausweichmöglichkeit hat man zum Beispiel bei einer Flugpauschalreise nicht (I. 50).

Was die geschilderte Flexibilität besonders unterstützt, ist der Umstand, *„einfach packen und losfahren"* zu können (I. 20). Sei es nun

Dem Nachbarn
ausweichen
können

Mobil auf
das Wetter
reagieren
können

die spontane Weiterfahrt unterwegs oder der Entschluss, überhaupt noch mal schnell loszufahren: *„In einer halben Stunde ist gepackt, die Räder drauf. Nach der Ankunft schnell auspacken, Dach hoch, dann ist man da.“* (I. 21) ist das Resümee eines Paares, das mit seinem VW-Bully das ganze Jahr über zahlreiche Kurzreisen unternimmt. Selbst ein etwas betulich wirkendes Rentnerpaar schätzt es, dass man *„spontan weg kann, Nötiges ist schnell eingepackt, 'n Satz Wäsche ist immer schon im Wohnmobil und dann gehts gleich ab.“* (I. 52)

Einfach einpacken und losfahren

Was auch zum befreienden Lebensgefühl „Man ist sein freier Herr" gehört, ist der Vorteil, beim Wohnmobilreisen unabhängig zu sein, *„weil man nicht planen muss“* (I. 20). Hier geht es um die Art der Reisestrategie, die sich für viele ganz unkompliziert darstellt.

Man muss es nicht planen

„Schön is halt, dass man so unabhängig is, man muss nicht schon 'n halbes Jahr vorher seinen Urlaub ins Genaueste plane“, sagt die Ehefrau einer Familie mit zwei Kindern, die sich kurzfristig, anstatt nach Sylt zu fahren, für das Altmühltal entschieden hat. *„Jetzt in der Hauptsaison en Quartier zu finde, das war ja sowieso, hätte man also vergesse könne. Hätte man daheim bleibe müsse. Und so könn mer halt doch unser Auto packe und mer gehn halt einfach noch e' paar Tag. … Ja, dass ma wirklich net ewig vorplane und buche muss. … Wenn man's gebucht hat und gemacht hat, dann konnt ma halt nie mehr sage, nee, mer gefällt's doch net, i fahr jetzt woanders no… Selbst das so, was ma sich in Gedanke vorplant hat und wenn man no einfach sagt, 'jo, mer gefällt's hier ganz gut oder toll, dann bleb i einfach'. Selbst was i im Reiseführer lese und alles, dem eine gefällt halt das eine besser als des andere, hört sich vielleicht ganz gut an und denkt man, 'ho, könn mer dre Tag einplane und dann sage mer, eigentlich reichts scho', mer kann halt wirklich weiterfore.“* (I. 20)

In dieser Argumentation sind die häufigst genannten Aspekte von Wohnmobilreisen zum Thema *„Freiheit, wir brauchen nicht planen“* (I. 53) benannt: Nicht buchen müssen, *„ohne Vorankündigung zwanglos alles besuchen können“*, wozu man keine Unterkunft braucht (I. 46), nicht wie bei einer Hotelroute feste Punkte abklappern müssen (I. 19). Wie aber schon an früherer Stelle betont, wäre die Vorstellung eines planlosen Umherreisens vielen Wohnmobilisten nicht recht. So sagt ein Paar: *„Wir haben keinen festen Plan, aber diesen HB-Atlas, wir wählen aus Informationen aus.“* Allerdings reisen sie nicht wie ein befreundetes Paar: *„Die arbeiten stur nach Plan, haben den Urlaub bis zum letzten Grabstein ausgearbeitet.“* (I. 54)

Also ist es für viele Motorcamper die richtige Mischung zwischen Orientierung und Rahmenplanung, aber doch flexibler Wahlentscheidung, während der Reise, die eine angenehme, wahrnehmungsgerechte Form des *„Sightseeing"* möglich (I. 17). Man kann nach eigenem Geschmack *„Routen oder Rundreisen fahren"* (I. 25) oder *„von Ort zu Ort fahren"* und dann je nach Belieben die Räder dazu nutzen (I. 54). Und selbst die ganz wenigen Reisemobilisten, die eine feste Unterkunft gebucht haben, nutzen bisweilen für die Hin- und Rückfahrt ihr Fahrzeug. Denn so kann man sich, wenn man ein zwei Tage früher von zu Hause aufbricht, *„unterwegs Beiläufiges ansehen"* (I. 19).

Wenn unter dem breit gefächerten Vorstellungsbild „Man ist sein freier Herr" der Eindruck entstanden sein sollte, das Wohnmobilreisen sei der Inbegriff total freier Verhaltensmöglichkeiten, so ist Vorsicht geboten. Es gibt nicht wenige Interviews, die trotz aller Betonung des freien und unabhängigen Reisens auf Einschränkungen und Grenzen verweisen.

Man ist sein
freier Herr –
aber in Grenzen

In einer Richtung zielt diese Kritik auf das Leben auf Campingplätzen. So wird darauf verwiesen, dass man hier die *„Regeln des Zusammenlebens beachten muss"* (I. 26) oder dass es auf Campingplätzen doch *„so geordnet"* zugeht (I. 23). Während man außerhalb von Campingplätzen *„wirklich vogelfrei"* (I. 50) leben kann, so nicht auf diesen. Auf die häufiger anzutreffenden engen Stellplätze wurde schon in einer plastischen Schilderung der ungeliebten Nähe der Nachbarn eingegangen (I. 64). Manchmal werden auch die hygienischen Verhältnisse auf Campingplätzen als einschränkend angesehen, so zum Beispiel schlecht gewartete Toilettenanlagen (I. 42).

Ein anderer Bereich von Einschränkungen betrifft die Möglichkeit, sich mit Wohnmobilen auf Straßen in und außerhalb von Ortschaften bewegen zu können. Oft passen große Reisemobile nicht auf Parkplätze in Städten (I. 54) oder die Straßen sind zu eng, um mit dem Fahrzeug durchzukommen (I. 71). Es ist dieser letzte Aspekt eine der Quellen, aus denen Wohnmobilisten unermüdlich Geschichten erzählen, die sie nicht mehr vergessen können:

„Ja, in Lyon ham wir uns verfahren und das war wohl das Schlimmste. Und dann war das abends schon zehn, elf Uhr und wir suchten die Autobahn nach Paris. Und dann ham wir sie endgültig gefunden, aber auf einmal stand nichts mehr. Dann war dann so 'ne Brücke und dann stand da, du meintest sechs Tonnen. Ich meinte neun. Stand da auf'm Schild dran. Und dann mussten wir ja rüber über diese Brücke. Ich hab Wasser und Blut geschwitzt. Die Brücke war so schmal, man durfte nich mal 'n Schlenker machen. Dann hab ich gedacht, steigste jetzt aus, nee, is dunkel. Weißt ja gar nicht, wo de hinkommst. Augen zu und dann hab ich gebetet, ,Vater unser, der du', aber wirklich. Und denn darüber. ,Ein

Glück', hab ich gesagt. Jetzt will ich nach Hause. So was kann man nicht erzählen." (I. 1)

Keine Geschichte ist so aufregend – vor allem in der Rückerinnerung der Betroffenen –, dass sie nicht noch von der nächsten übertroffen werden könnte: *„Also, das war eigentlich für uns das Aufregendste, wenn ich so sagen darf. Meine Frau hatte gerade auf starken Druck von mir den Führerschein gemacht. Acht Tage später sind wir nach Norwegen gefahren. Aber noch mit dem VW-Bus damals. Und wir suchen uns ja grundsätzlich Straßen aus, die neben den Hauptlinien liegen, also Klein- und Kleinststraßen. Und zu dem Zeitpunkt damals, da ham wir mit dem VW-Bus Schotterstraßen gefahren und Sandstraßen. Da kommen diese Autos relativ schwer durch, die großen. Und wir sind also sehr viele schöne Serpentinenstrecken gefahren und das hat sie alles toll gemeistert, für dass sie gerade acht Tage ihren Führerschein hatte. Und ich weiß auch nicht wieso: Es war 'ne ganz schmale Passstraße und keine Ausweichbuchten. Und es kamen uns drei Pkws und 'n paar Motorräder entgegen. Und ich sag zu ihr: ,Vor der Steinkante musst du aber rechts halten, damit die erst mal durch können.' Weiß der Teufel warum, ich weiß nicht, wieso. Sie hat überhaupt kein Gas gegeben und gar nicht und immer weiter. Und das war eigentlich so gewesen, dass das halbe Auto wegrasiert worden wäre, so schmal war das. Da musst ich im letzten Augenblick dann die Handbremse reißen und die Notbremsung mit ihr vollziehen. Es hat gerappelt und geklappert. Und sie hatte also den Mut verloren und gesagt, ,jetzt fahr ich nich mehr'. Und dann hab ich ihr das noch mal so erklärt: ,Gucke mal, da sind die Steine, du kommst doch da mit dem Auto gar nicht durch.' Ja es ging ja noch einigermaßen gut."* (I. 3)

Als dieser Wohnmobilfahrer, der seit einem Jahr einen chicen LAIKA Ecovip 100 besitzt, mit seiner Geschichte geendet hatte, wollte der in Bremervörde auf dem kommunalen Stellplatz in einem älteren Dethleffs neben ihm stehende Schwager nicht nachstehen. Auch er hatte über ein Erlebnis zu berichten, bei dem sein Reisemobil eigentlich eine Nummer zu groß für die Straßensituation war:

„Er [das Wohnmobil] ist ja nun nicht gerade sehr klein von der Höhe. Hab ich mal in Celle letztes Jahr ganz böse Blut und Wasser geschwitzt. Alle Autos fuhren da durch, nur kein größerer. Und ich hab da einige Passanten gefragt vorne beim Einsteigen. 'Ich will drüben auf die andere Seite nach Hankesbüttel. Kann man da unter die Brücke durchfahren? Denn da stand nur maximal 3 m. Und dann ham wir 'nen Augenblick gewartet und gesagt: ,Wird wohl besser sein, wir drehen!' Und dann auf einmal kam 'n Bus durchgefahren und der kam auch

durchgefahren, als die Ampel auf Rot war. Und konnte somit in der Mitte fahren und den größten Teil des Brückenbogens ausfüllen. Da hab ich gedacht, das machste auch. Da bin ich dann losgefahren und als ich mit dem Führerhaus drin war, da kamen aber wieder große Bedenken. Ich hab so am Lenker gesessen, meine Frau daneben. Ich hab aufs kratzende Geräusch gewartet, sie auch. Und wir sind durchgekommen. Drüben auf der anderen Seite ham sie denn gewartet, bis wir raus kamen. Inzwischen hatte die Ampel umgeschaltet, weil ich langsam gefahren bin, im Schritttempo. Also, das war schon einigermaßen." (I. 4)

Genug von Geschichten, die zeigen, dass im Straßenverkehr die Mobilität solch großer Fahrzeuge, wie es Reisemobile sind, eingeschränkt ist und man auf einmal in bestimmten Situationen nicht mehr so recht „sein freier Herr ist". Zu Recht wird in anderen Interviews darauf hingewiesen, dass es nicht nur das Verkehrsnetz, die Straßenverkehrsordnung oder sonstige Reglementierungen sein müssen, die die Beweglichkeit des Wohnmobilreisens begrenzen können. Grundsätzlich sind es auch die Eigentumsverhältnisse, das Privateigentum also, das freies Stehen und Fahren einschränkt. Das ist eine Erfahrung, die wahrscheinlich jeder Motorcamper erlebt hat. Und selbst im diesbezüglich großzügigen Schweden, wo man an vielen Stellen bei Erlaubnis des Grundeigentümers frei stehen, leben und in der Natur feiern kann (I. 41), hat man Rücksicht auf die Eigentumsverhältnisse zu nehmen.

Privateigentum – freies Stehen eingeschränkt

Bevor sich die Betrachtung wieder der positiven Seite der Freiheit im Wohnmobil zuwendet, werden die Aspekte ihrer Einschränkung nicht abzuschließen sein, ohne die Situation unserer Vierbeiner zu würdigen. Nicht wenige Wohnmobilreisende sind mit ihrem Hund auf Fahrt und erleben ihre Reisegenossen als Gewinn. Aber: *„Mit dem Hund hat man immer ein paar Einschränkungen, vor allem in Deutschland"* (I. 69). Das sagt nicht nur die junge Familie, die es gewohnt ist, unterwegs mit Kleinkind und dem Hund spazieren zu gehen und Fahrrad zu fahren. Konkreter hierzu äußert sich eine andere Hundefamilie: *„Man hat oft Schwierigkeiten, den Hund „Gassi laufen" zu lassen, muss ihn auf Camping- und Stellplätzen meistens anleinen und darauf achten, dass er nicht bellt"* (I. 46). Wer aber wird wegen solcher Probleme seinen Hund zu Hause lassen?

Frei stehen können

Das Thema der Einschränkungen beim Wohnmobilreisen berührt eine Motiv- und Verhaltensrichtung in ganz besonderem Maße: „frei stehen können". Denn dieser Anspruch ist insofern die weitestgehende Wunschvorstellung, als sie den Mythos des Reisens als Pionier, Abenteurer, Naturromantiker, Individualist oder sogar Zivilisationsverweigerer nährt. So denkt man – oder dachte der Autor – bis zur Auswertung der Interviews. Die Ergebnisse zu diesem Motivbereich sind nämlich ernüchternd. Nur acht Prozent der interviewten Wohnmobilreisenden sprechen den Wunsch oder die gehabte Erfahrung des „Frei-stehen-könnens" an, so dass dieser Topos die letzte Stelle der Rangliste von „frei und unabhängig sein" einnimmt.

Wohnmobilreisen ist also in der Regel doch eine zivilisierte Freizeit- und Urlaubsform. Der „wilde", in Landschaft und Fremde umher-schweifende Reisemobilpionier bleibt die Ausnahme. Und selbst einzel-ne Facetten von Wünschen und Verhalten reduzieren die Vorstellung vom frei nomadisierenden Wohnmobiltramp auf ein Maß bescheidene-rer Ansprüche. So wird beispielsweise am häufigsten auf ein *„überall bequem und frei stehen können"* (I. 8) Bezug genommen. Damit sind ganz unterschiedliche Stellsituationen gemeint, die aber häufig eine Gemeinsamkeit haben: Man steht irgendwo unerwartet und improvi-siert: Zwei Schüler auf ihrer Italienreise im VW-Bully übernachten per Zufall auf einem Feldweg (I. 27) oder eine in Wohnmobiltouren versier-te Camperfamilie nächtigt während der Hin- und Rückfahrt auf PKW-Parkbuchten von Fernstraßen (I. 37). Ein Familienvater erinnert sich an die Zeit, in der er noch ohne Frau und Kinder mit seinen Kumpels auf einer Rundreise durch Großbritannien war, wo sie mal auf Parkplätzen, mal am Strand campierten, *„auf jedem Platz war man zu Hause"* (I. 26). Ein kontaktfreudiges Jungrentnerpaar aus Ostberlin als ehemalige Bewohner der DDR schätzt die neue Freiheit, die man über das Reise-mobil erlebt, besonders dann, wenn man beispielsweise in Schweden *„frei stehen, leben und feiern"* kann (I. 41). Faszinierend ist für eine

Überall bequem und frei stehen können

Improvisiert stehen

Peloponnes (Griechenland): Richtig „wild frei stehen"

jüngere Familie Griechenland mit seinen vielen idyllischen Stränden. Dort kann man auch *„richtig wild frei stehen"* (I. 42), obwohl es offiziell verboten ist – nicht weitersagen!

Schließlich verweisen manche Wohnmobilisten auf den Vorzug, dass man anders als mit dem Wohnwagen auf nicht ausdrücklich für Reisemobile verbotenen Parkplätzen, Plätzen oder Straßen zur Übernachtung stehen bleiben kann. Hierbei wird die nach der Straßenverkehrsordnung gültige Regel herangezogen, nach der man seine Fahrtüchtigkeit durch eine bis zu 24 Stunden dauernde Ruhepause wiederherstellen darf.

Sich mit Zubehör draußen ausbreiten können

Andere Assoziationen von „frei stehen können" nehmen Bezug auf den angenehmen Umstand, dass man *„sich irgendwo hinsetzen"* (I. 38) kann mit dem Wohnmobil. Eine Ehefrau findet es von Vorteil, dort, wo man ungezwungen irgendwo steht, auch *„alles draußen aufstellen"* (I. 1) kann. Das ist nicht nur erstrebenswert, weil es schön ist, in guter Luft und Sonnenschein zu sitzen, sondern auch, weil es als Hausfrau praktisch ist, das Camperleben mit allem Zubehör fürs Kochen, Essen und Nickerchen machen aus dem Reisemobil rausnehmen zu können. Dann lässt sich das Wohnmobil auch besser sauber halten und putzen.

Ein weiterer wichtiger Aspekt des „frei stehen können" ist die Möglichkeit, *„direkt am Ort zu stehen"* (I. 15). Bei der hier zitierten Aussage ist gemeint, dass man mit dem Reisemobil direkt zum Strand fahren kann und nicht wie bei vielen Hotelstandorten nur zu Fuß oder mit dem Nahverkehr zum Wasser gelangt.

Mittendrin im Geschehen stehen

Häufiger geht es um etwas anderes: Das Reisemobil erlaubt es an vielen Stellen, sich mitten in das Leben und Treiben einer Stadt zu begeben. Man erlebt so – auf kommunalen Stellplätzen oder frei auf einem Marktplatz, bei einer Kirche, einem Park, sogar Friedhof oder einfach am Straßenrand – auf ganz direkte Art Fluidum und pulsierende Lebendigkeit städtischer Milieus: Man ist mitten mang!

Triest in Hafennähe: Mittendrin stehen im städtischen Getriebe (auf bewachtem Parkplatz)

Es ist ein Verdienst mancher Gemeinden und Städte, aber auch der Deutschen Reisemobil Union (dem Zusammenschluss regionaler Reisemobilclubs), auch in Deutschland diese populäre Form des Städtetourismus gefördert zu

Erlebnisnahe Stellplätze

haben, bei der man auf „erlebnis- bzw. ereignisnahen" Stellplätzen stehen kann. (Hierauf wird im Kapitel 3 genauer eingegangen).

Wenn man frei in Städten und Gemeinden steht, kann man häufiger mit überraschenden Situationen konfrontiert sein. Viele wollen gerade das und viele erleben dann auch etwas, meistens positiver Natur oder spannend, manchmal aber auch skurril bis beängstigend. Davon kann ein Schweizer Ehepaar, beide als Frührentner das Jahr herum mit Wohnmobil und Schäferhund unterwegs, ein Lied singen: *„Italien. Da sind wir gestanden, so am Wasser. Da sagt einer: ‚Da kannst du nicht stehen, die haben extra Wohnmobilparkplätze oben an der Tankstelle, ‘n wunderbaren Wohnmobilparkplatz!' Gut, dann stellten wir uns dann dorthin. Dann gingen wir erst Pizza essen und am Abend, da bin ich nach hinten gefahren. Das war so eine Straße. Und dann vier, fünf Wohnmobile und auch Wohnwagen auf dem Platz. Hab ich mich zuhinterst hingestellt. Dahinter war noch so'n Trimm-dich-Parcour. Und dann gingen wir vielleicht um elf Uhr schlafen.*

... auch mal mit unerwarteter Überraschung

Und so morgens ein, zwei Uhr ging es los. Da sind immer Personenautos gekommen und genau immer hinter mir. Immer hinter mir haben sie gekehrt. Und sie [die Ehefrau] wurde hässig und ich auch. Da hat sie dann rausgeguckt und gesagt: ‚Ja, da stehen Mädchen!' Die Huren, wie man sagt, Freudenmädchen, ha. Und da hab ich gesehen, da ist einer schon das dritte Mal gekommen. Immer drei miteinander, haben sie immer gekehrt. Hab ich gesagt: ‚Ja, jetzt geh ich raus.' Und da hat sie gesagt: ‚Ja, bist verrückt.' Mit dem Trainer [Fitnessgerät] bin ich raus. Nicht zu meinem Wohnmobil, sondern ich bin dann zwanzig, dreißig Meter nach vorn marschiert und der Hund bei mir. Und da sind sie wieder gekommen und da hab ich, wie sie kamen, die Nummer aufgeschrieben. ‚Weißt, wie schnell das die angehalten haben.' Da ist einer gekommen, ob ich Probleme hab. Hab ich gesagt: ‚Ich hab kein Problem.' Da sei er nicht ganz normal in seinem Kopp. Komme er schon das dritte, vierte Mal und kehre. Und hier ist ein Wohnmobilparkplatz und da will ich meine Ruhe.'

Ja, dann hat er ins Portmonee hinten raus den Ausweis gezeigt, Polizei in Zivil. Dann wollte er von mir den Ausweis sehen. Sag ich, ihm zeig ich keinen Ausweis. Was er da mache, das sei nicht Kontrolle. Doch, er müsse Kontrolle machen. Hab ihm den Ausweis nicht gezeigt. Ich hatte auch gar nichts, keine Waffe, nichts bei mir. Und dann kam er näher, wollte er den Ausweis vom Hund. Sag ich: ‚Den zeig ich Ihnen auch nicht.' Und so gab ein Wort das andere. Die anderen zwei haben auch gehalten. Zu dritt.

Da hab ich gesagt, ich werde morgen zur Polizei kommen zu ihm! Ich hab seine Nummer. Das wollte er auch nicht, dass ich dann komme.

Dann hab ich gesagt: ‚Gut, dann gehe ich telefonieren.' Da vorn war eine Telefonkabine. Dann kommen sie immer näher. Dann hab ich gesagt: ‚Pass auf, der Hund beißt.' Da haben sie Angst gehabt. Dann hab ich gesagt: ‚Dann gehe ich jetzt telefonieren.' Da waren zwei Zellen. Da sind zwei losgerannt und so in die Zelle gestanden, damit ich nicht telefonieren kann. Ich hab aber nicht mal eine Telefonkarte und Geld bei mir gehabt. Da hab ich gesagt, ich geb ihm jetzt eine Minute Zeit, dass er verschwindet. Dann geh ich morgen nicht zur Polizei. Die sind abgehauen. Nachher war's ruhig. Das war auch so eine Story." (I. 6)

Neben dem freien Stehen im städtischen Getriebe ist es umgekehrt ein für viele Wohnmobilisten begehrtes Anliegen, „naturverbunden" stehen zu können. Wenn es gelingt, eine diesbezüglich optimale Stellmöglichkeit zu entdecken, kann sogar der eher unterkühlte Norddeutsche ins Schwärmen kommen:

„Auf der Quiberon standen wir doch einmal. Das war 'ne besonders schöne Begebenheit. Als wir auf den Klippen standen, das war schön. Ja, die Halbinsel Quiberon in der Bretagne. Sehr schön da. Das war ein besonders schöner Abend mal. Da standen wir auch frei. Frei auf einem Platz und fühlten uns sicher. Da waren auch noch andere. Und da ham wir mit den Nachbarleuten bis in die Nacht draußen gesessen. Sonne ging unter, es war schön warm. Es war schön." (I. 54)

Nun gibt es in den Interviews unterschiedliche Vorlieben, weshalb man der Natur nahe sein möchte. Ein rein botanisches oder ökologisches Interesse als Grund des freien Stehens ist dabei in keinem Gespräch vorrangig gewesen. Vielmehr geht es um das Erleben von Natur und Landschaft als emotional ästhetische Beziehung (ausführlicher Kapitel 6).

So kann es die Ruhe sein, die man inmitten der Natur empfindet (I. 70) oder die gute Luft (I. 21) oder, dass man im Süden die Landschaft förmlich *„riechen kann"* (I. 43). Besonders faszinierend in der Naturwahrnehmung sind Wasser und Sonne: *„Am Strand stehen"* (I. 14), an *„Fluss und Wasser stehen"* (I. 55), *„morgens das Meer vor der Haustür haben"* (I. 18) oder *„für uns Frauen zählt die Sonne"* (I. 43).

Das alles sind Bekundungen, die das Gefühl von Behaglichkeit und Wohlsein in der Natur widerspiegeln. Fast eins werden kann man mit der Natur, wenn man sie auch körperlich spüren kann: *„Baden gehen, in die Natur wie ich will, ohne Badeanzug. Das is nur in Schweden möglich. Wenn wir morgens dann aufstehen, gleich erst mal rein, wenn's Wasser schön kalt ist. Aber man ist für den ganzen Tag frisch. Das Schwimmen, das ist herrlich.“* (I. 10) Es können auch weniger prosaische Aktivitäten sein, die dennoch in freier Natur besonders schön sind, zum Beispiel: *„Ich koche in der Natur, es rauscht um mich.“* (I. 35)

Eine sehr empfindsame Beschreibung ihrer Naturwahrnehmung vermittelt eine gerade examinierte Kunststudentin, die sich für ihren Streifzug durch Norwegen einen umgebauten gelben Postbully gekauft hatte: *„Norwegen, weil als Land ist es für mich toll, sind nicht so viele Menschen drin. Wogegen es viel Natur hat. Viele Seen und das Meer. Ich fühl mich an Seen und am Meer zu Hause. … Wenn da ein Fluss ist, wo ich ausblicken kann, das mag ich. Wenn ich nur Felsen an beiden Seiten hab, dann fühl ich, dass mich das ganz schnell erdrückt. Es ist irgendwie zu viel zu. Für mich sind Fluss und Wasser einmal, dass ich weit blicken kann, ich ein Gefühl von Freiheit hab. Das ist, als wenn man in Bewegung ist, eigentlich also nie Stillstand. So wie an dem Wasserfall das Rauschen, das einfach nur im Hintergrund da ist, ich muss noch nich mal gehen. Ich kann mich dann nur wohlfühlen und es spüren. Es spült den Kopf frei.“* (I. 72)

Diese eher verklärte Impression soll die Darstellung der unterschiedlichen Facetten von „frei stehen können“ schließen. Aber auch für dieses Motiv- und Verhaltensbündel gilt der bekannte Wermutstropfen. Es gibt auch Einschränkungen des freien Stehens mit dem Wohnmobil: Darüber wurde im letzten Teilkapitel ausführlicher berichtet.

Am anderen Ende der Skala von Motiven des „frei und unabhängig“ sein wollen steht im Kontrast zur eher ruhigen und beschaulichen Naturbegegnung das Motto: *„Es ist immer was los“* (I. 6).

Es ist immer etwas los

Unter diesem Motto sind zwei wesentliche Motiv- und Verhaltensbezüge anzusprechen, die sich ihrerseits wiederum in unterschiedliche Facetten teilen. Es geht um: *„Neues und Anderes sehen“* (I. 44) und *„Leute kennen lernen“* (I. 56).

Neues und Anderes sehen

Das mobile Fortbewegungsmittel, das man besitzt, ist die beste Voraussetzung, um *„was zu erleben“* (I. 27). Dieser Ansicht sind zwei Schüler, von denen einer den alten VW-Bus der Eltern übernehmen durfte, und die es „ungemein praktisch“ finden, auf diese Weise durch Nordita-

Natur „spült den Kopf frei“

lien zu streifen. Dabei treffen sie oft genug auf Situationen, die ihnen neue Erlebnisse bescheren. Die Reisezeit im Wohnmobil wird so zur Gegenwelt des Zu-Hause-seins. Gleiches gilt für ein gerade pensioniertes Studienratsehepaar, denen das Mittel des Sich-frei-bewegen-könnens die Möglichkeit bietet, *„Neues sehen zu wollen und zu können"* (I. 56).

Bei den beiden Schülern ist der Reisedrang eher als ungezügeltes Umherstreifen gemeint, um möglichst viel Spaß zu haben.

Bei älteren Leuten, vor allem solchen, die ihr Berufsleben bereits hinter sich haben, ist der Wunsch, „Neues und Anderes" kennen zu lernen, oft einem tieferen Bedürfnis geschuldet: Was im Alltag am Arbeitsplatz und in der Familie zu kurz gekommen ist, soll jetzt nachgeholt werden: das Streben nach Bildung und Kultur. So hatte sich (siehe Kapitel 1) beispielsweise ein Rentner geäußert, der das Wohnmobil zu weiten Erkundungen immer neuer Sehenswürdigkeiten nutzt.

In zwei anderen Passagen wird der Zusammenhang von neuem Erfahrungsgewinn durch das Wohnmobilreisen und dem Nachholbedarf an Bildung im Alter anschaulich wiedergegeben:

„Wir können ja auch selbst unsere Geographie auch noch dementsprechend erweitern. Denn allein durch meinen Beruf, ich bin fünfunddreißig Jahre auf Montage gewesen, war mein Arbeitsplatz ja eigentlich von Flensburg bis München und von Aachen bis Braunschweig. Aber das war meistens die Autobahn. Und jetzt kann man all das Zwischenliegende so'n bisschen mit und auch weiter in Erfahrung bringen. Ich bin im Weserbergland geboren. Und aus der Zeit ist mir vieles bekannt. Aber in den Jahren hat sich natürlich auch vieles geändert. Und dadurch [das Wohnmobil] *können wir uns jetzt dies alles ein bisschen noch mal neu und aus der heutigen Zeit anschauen."* (I. 3)

„Also, ich hab vieles kennen gelernt, was ich wahrscheinlich sonst nicht kennen gelernt hätte. Das führ ich natürlich auch darauf zurück, dass es einen Aufforderungscharakter hat, dieses Gerät. Ham wir uns schon so oft gesagt, Wohnmobilfahren bildet geographisch. Gibt ganz viele Orte und Gegenden, die ich vorher, wenn mir die einer, auch selbst hier in Deutschland, genannt hätte, die ich gar nicht so hätte genauer einordnen können, wo die sind. Da kriegt man 'nen ganz guten Überblick.“ (I. 11)

Wenn „immer etwas los ist“, weil man ständig „Neues und Anderes sehen kann“, dann ist Wohnmobilreisen auch eine interessante Reiseform, um mit Kindern Urlaub zu machen. In diesem Sinne äußern sich deshalb Eltern, denen es willkommen ist, ihren Sprösslingen *„was bieten zu können“* (I. 17). Es ist aber nicht nur die Abwechslung an sich, die Eltern ihrer Kinder wegen am Urlaub mit dem Reisemobil schätzen, sondern tiefer greifend die Erfahrung, dass die Kinder dann *„aus sich herausgehen“* (I. 67). Denn auch die Kinder fühlen sich freier, wenn sie Erfahrungsräumen jenseits ihrer gewohnten Umwelt begegnen, und nutzen diese unerwarteten Spielräume. Hierüber berichtet eine Mutter mit zwei Kindern aus Thüringen: *„Hier ist es so, wir kommen hier an, setz die Kinder raus und die sind sofort gut aufgehoben. Wir fahren immer mit Bekannten, die Kinder verstehen sich auch gut. Das machen wir vier Jahre lang so. Wir fragen auch die Kinder, wollt ihr lieber in die Berge oder ans Wasser. Klar, das Wasser dominiert. ... Die Kinder sind so begeistert, dass mich das immer wieder überzeugt.“* (I. 15)

Für Kinder neue Erfahrungsangebote

Es müssen aber nicht immer die feste Absicht einer Bildungsreise oder Vorteile für einen Urlaub mit Kindern sein, die das Thema Freiheit als Wahrnehmung des Neuen und Anderen in den Vordergrund rücken. Das Andere als Erfahrungsmöglichkeit des Reisens wirkt überhaupt anziehend, weil es die Gegenwelt zum eigenen Heim und Alltag darstellt. Denn der Alltag zu Hause wird in manchen Gesprächen als langweilig gesehen. *„Selbst wenn man zu Hause Haus und Garten hat, mit Mühe und Entbehrung angeschafft, und man sich daheim wohl fühlt, muss man mal was anderes sehen“* (I. 67), so jedenfalls die Meinung eines jungen Paares mit zwei Kindern.

Wohnmobilreisen als Gegenwelt des Alltags zu Hause

Wohnmobilreisen ist im doppelten Sinnen das Gegenteil von langweilig: weil das in Freizeit und Urlaub Erlebbare etwas Anderes und Fremdes ist und weil die Reiseform selbst besonders mobil und flexibel ist. Letzteres will heißen: *„Wenn Sie zwanzig Kilometer weiterfahren, haben Sie ein völlig neues Bild. Man kann wieder bei Null anfangen, wenn es zu langweilig wird.“* (I. 66)

Abwechslung beim Wohnmobilreisen

Das immer wieder Abwechslung bereitende Herumreisen im Wohnmobil ist attraktiver, wenn man es mit dem Besitz einer Ferienwohnung im sonnigen Süden vergleicht. Ein Frührentner, der sich an der südspanischen Mittelmeerküste gut auskennt, weil er mit seiner Frau dort immer überwintert, berichtet von Deutschen, die dort Grundbesitz erworben haben: *„In La Manga, da hab ich 'ne Stelle [für das Wohnmobil], da sind lauter Deutsche, ham alle Häuser dort, kenn ich*

... ist Gegenteil von Langeweile

alle. Da kann ich jedes Jahr wieder hingehen. Mit dene, da unterhalt ich mich, mit denen geh ich Tennis spielen. Da merk ich aber manchmal, die sind auch 'n bisschen neidisch. Sie möchten auch gerne weg, weil es wird ihnen langweilig. Und die sind jetzt alle weg, sind nur noch zwei da. Die fahr'n täglich die Runde und gucken, ob jemand da ist. Die langweilen sich zu Tode.“ (I. 61)

Wohnmobilreisen ist also das Gegenteil von Langeweile. Und es passiert häufig etwas Überraschendes, Unerwartetes. Mit einer solchen Begebenheit, die einem Jungrentnerpaar auf ihrer Frankreichtour widerfahren ist, sollen die Gedanken hierüber abgeschlossen sein: *„Wir sind rausgefahren zum Leuchtturm und haben uns schon gewundert. Da kamen uns schon immer Trecker entgegen mit großen Anhängern mit Kartoffeln drauf und dann ham wir gesagt: ‚Was haben die denn vor?‘ Das ging in einer Tour, kamen die uns entgegen. Und dann ham wir am Leuchtturm uns da alles angeguckt und sind wieder zurückgefahren nach Brest. Da kamen wir in den ersten Kreisel. Da lagen die Kartoffeln auf der Straße. ‚Was hat das zu bedeuten? Hat da jemand die Kartoffeln verloren?‘ Und dann sind wir weiter gefahren, über die Kartoffeln rüber. Das war denn alles Matsch, nee. Und andere Autos auch. Und dann standen wir in einem Kreisel, durch den wir durch mussten. War alles fest. War alles blockiert. Sämtliche Bauern hatten Kartoffeln ausgeschüttet. Trecker, kreuz und quer gestellt. Man kam nicht durch. Und dann ham die Leute geschimpft zum Teil.*

Vor uns stand eine Frau mit 'nem Pkw. Die ist ausgestiegen und hat sich also bei den Bauern furchtbar beschwert und wie der da mit seinem Trecker stand. Und da hat vorher diese Frau einen Kofferraum vollgepackt mit Kartoffeln. Hat sie erst mal geerntet. Dann hat sie sich also beschwert. Denn kam der Bauer und hat die Kartoffeln genommen und hat sie ihr in den Auspuff rein gesteckt. Hat ihren Kofferraum auch wieder leer gemacht. Die hat's 'n bisschen übertrieben.

Das war 'ne Demonstration. Die stand auch in allen Zeitungen. Da waren wir mitten drin. Wir hätten noch neunzig Grad gebraucht, dann wären wir aus dem Kreisel gewesen.“ (I. 54)

Leute kennen lernen

Auf Reisen kann man Leute kennen lernen. Diese Binsenweisheit trifft natürlich auch auf das Wohnmobilreisen zu und wird als weiteres Element von Freiheit gedeutet: *„Beim Wohnmobilfahren ist das Leben viel freier. Reisen macht Spaß, weil man Leute kennen lernt und viel sieht."* (I. 67)

Mussbach (Pfalz): Stellplatz beim Winzer – Leute kennen lernen

Dieser Meinung schließen sich Wohnmobilisten ganz unterschiedlicher Art an: Ein Yuppiepärchen (I. 74), das im luxuriös aufgewerteten VW-Bus auf Erkundung in den Lofoten Norwegens unterwegs ist, ebenso wie das Studienratsehepaar, das davon spricht, dass man *„geeignete Leute besser über das Wohnmobil kennen lernen kann"* (I. 55). In gleiche Richtung zieht auch die Bemerkung eines ehemals selbständig arbeitenden Rentnerpaares, die in den Jahren beruflicher Beanspruchung kaum zum Reisen gekommen waren: *„Wir wollen Sonne und Leute kennen lernen. Früher waren wir immer alleine. Jetzt lassen wir uns überraschen, wie die* [Wohnmobil-]*Nachbarn sind. Man findet sich oder findet sich nicht. Meistens sind welche dabei."* (I. 72).

Aus dem Munde eines reggaebegeisterten Ehepaares mittleren Alters, das gern Musikfestivals oder Fußballspiele des FC Bayern im roten VW-Bully besucht, hört sich die Einschätzung, wie stark Wohnmobilreisen Kontakte zu Mitcampern fördert, etwas anders an als bei dem Studienratsehepaar: *„Leute kennen lernen. Ach ja, gestern Abend war ja hier das Fest* [auf dem Campingplatz in Pappenheim im Altmühltal]. *Wussten wir ja auch net. Und dann saßen wir da mit 'nem Ehepaar zusammen aus Potsdam. Mit denen ham wir vier Stunden zusammengesessen und uns ausgetauscht. War schön.*

Auf jeden Fall bekommt man gut Kontakt. Das hat aber eigentlich mit dem Wohnmobil nichts zu tun. Geht mit dem Zelt auch. Durchs Camping halt. Da sind die Leute halt eben offener. Man hat nich so'n Gefühl, die wolln nur ihre Ruhe haben. Obwohl wir es auch schon so erlebt hatten. Irgendwo sitzt man ja in einem Boot, ja. Man sitzt auf'm Campingplatz. In Kiel letztes Jahr, da ham wir auch 'n Campingplatz erlebt, da hatte jeder seine zwei Meter Zaun – obwohl nur als Windschutz, wie es hieß." (I. 21)

Fördert Wohnmobilreisen Kontakte?

... mehr

... oder weniger

... oder unabhängig vom Wohnmobilreisen?

In dieser Interviewpassage stecken verschiedene Aspekte, auf die unter dem Thema zwischenmenschliche Kommunikation sowie Verhalten auf dem Campingplatz oder beim frei Stehen (Kapitel 3) ausführlicher eingegangen wird. Das gilt auch für den Hinweis, alle säßen „ja in einem Boot". In jedem Fall bleibt es offen, ob denn gerade das Wohnmobilreisen besonders kontaktfördernd ist (ausführlich Kapitel 4). Selbstverständlich gibt es Unterschiede je nach Alter und anderen Statusmerkmalen der Motorcamper. So wie es den beiden Schülern in ihrem Campingbus ergeht – man lernt schnell jemand kennen und stellt sich auf dem Campingplatz einfach neben ihn (I. 27) –, so locker knüpfen andere Menschen nicht Kontakte. Auch nicht so leicht, wie der abenteuerlustige geschiedene Single (I. 44), der es sich mit seiner skurril ausgebauten und bemalten Hanomagpritsche mit Aufsatz geradezu zum Programm gemacht hat, andere Leute zur Unterhaltung aufzugabeln.

Es gibt nämlich umgekehrt im Reisemobil Menschen, die, um vom Berufsalltag abzuschalten, darauf erpicht sind, nicht von beliebigen Leuten angesprochen zu werden. Das gilt beispielsweise für einen Unternehmer: *„Ich erwarte, dass man mich in Ruhe lässt in meiner Freizeit, ich lasse auch alle in Ruhe. Ich lade mir Leute ein, wenn ich reden will, anders als zu Hause wo mich jeder anspricht."* (I. 66)

Wenn es um die Kontakte beim Wohnmobilreisen geht, wird ein Aspekt häufiger hervorgehoben, der schon in der Bemerkung „man sitzt in einem Boot" angeklungen ist. Es ist das von Reisemobilisten bisweilen wahrgenommene Gefühl, dass man sich untereinander irgendwie näher als anderen Menschen ist:

„Ich hab letztes Jahr den Jupp kennen gelernt. War auch so'n schönes Erlebnis. Der war ein Akademiker, ein Chemiker war der bei der BASF. War in der ganzen Welt tätig. Und hat zu mir gesagt, ,glaubst du' – mit dem war ich gleich per du –, ,dass ich auch Rentner bin. ... Dreißig Jahr bin ich in der ganzen Welt für BASF rumgereist. Sag nich, dass mich noch ein Mensch in so ein Hotelzimmer kriegt. Ich mache gern, was ich will!' Hat sich ,n Bi-mobil gekauft mit achteinhalb Meter, so'n Schiff da. Seine Frau hat er dabei und so'n Roller. Der reist. Hat mir gesagt, ,Wolfgang, so wie wir reisen und fahren, irgendwann sehen wir uns wieder!' Ja, solche Typen sind wir. ... Und dann kommste halt wieder zusammen mit so jemand." (I. 30)

Der Rentner erzählt diese Geschichte mit etwas Stolz, weil er besagten Akademiker vom sozialen Rang her höher als sich selbst einstuft. Um so bemerkenswerter ist es dann, dass unter Wohnmobilisten soziale Unterschiede kaum eine Rolle spielen, man sich in Ausübung dieses Hobbys automatisch vertrauter zueinander fühlt. Von Anfang an *„hat* *halt die Chemie gestimmt".* Der Eindruck scheint für viele zu gelten, beispielsweise für einen Malermeister mit seiner Familie: *„Man kommt immer wieder mit Leuten zusammen, die auch Wohnmobile haben. Irgendwie treffen sich Wohnmobilisten überall an jeden Ecken, an den unmöglichsten Stellen."* (I. 29)

Bei vielen Reisemobilisten „stimmt die Chemie"

Vielleicht zieht es Reisemobilfahrer zusammen: *„Dann wenn ich meinem Freiheitsdrang folge, um Land und Leute kennen zu lernen, fühle ich mich dort zu Hause, wo auch andere sind."* (I. 3) Der dies sagt, hat als Rentner sein Haus verkauft, um sich und seiner Frau ein chices Wohnmobil zu leisten, mit dem sie vor allem durch Deutschland touren. Nachdem sie ihr festes Zuhause, zumindest als Eigentum, aufgegeben haben, haben sie unter den Menschen, die sie beim Wohnmobilreisen treffen, ihr neues Zuhause gefunden.

„Frei sein, unabhängig sein" – ein facettenreiches Grundmotiv des Wohnmobilreisens

Die Gedanken und Gefühle, die in den Interviewäußerungen ständig und sich immer wiederholend um das Thema „frei und unabhängig sein" kreisen, bedurften einer ausführlichen Beschreibung, um sie in allen Facetten verständlich zu machen. Wenn man das Kapitel Revue passieren lässt, wird rückblickend deutlich, dass sich in den mosaikartigen Erfahrungsschatz des „freien" Reisens durchaus eine Ordnung bringen lässt: Es sind deutliche Schwerpunkte dessen auszumachen, was Wohnmobilreisende unter „frei und unabhängig sein" verstehen. Und diese Hauptstränge des Wahrnehmens von Freiheit sind in ihrer Bedeutung von unterschiedlichem Gewicht. Allerdings verzweigen sich diese Bedeutungskerne der Wahrnehmung von Freiheit in ein sehr konkret beschreibbares Geflecht unterschiedlicher Aspekte. Jeder Wohnmobilreisende konstruiert aus diesem breiten Spektrum die für ihn gültige und richtige Perspektive des „Frei-und-unabhängig-seins", seine individuelle Mischung entsprechender Einstellungen und Gefühle.

In einem sind sich jedoch alle befragten Gesprächspartner einig: Das Thema Freiheit ist das alles überlagernde Grundmotiv für die besonderen Vorzüge des Wohnmobilreisens. Es zieht sich in allen seinen Verästelungen durch alle Wünsche, Sehnsüchte, Wahrnehmungen, Erfahrungen und Erlebnisse, mit denen Reisende im Wohnmobil zu tun haben. Es ist das Elixier, das dem Wohnmobilreisenden Ausstrahlung, Attraktivität und vor allem die erlebbare Qualität einer ganz besonderen Reiseform verleiht. Dennoch aber ist der Kosmos von Reisen und Leben im Wohnmobil durch weitere Elemente geprägt, die bei einer ganzheitlichen Beschreibung nicht fehlen dürfen.

Kapitel 3

Campingplatz oder frei stehen –
zwei Welten und ein umkämpfter Markt

Das letzte Kapitel hat gezeigt, dass der Wohnmobilreisende an erster Stelle ein Individualist ist, der selbst entscheiden möchte, wie er reist. Das trifft auch und gerade auf die Frage zu, wo er am liebsten mit seinem Häuschen auf vier Rädern stehen möchte. Hier gibt es unterschiedliche Verhaltensmöglichkeiten: Ich stehe entweder mit meinem Reisemobil auf einem Campingplatz oder ich nutze einen Stellplatz, den Kommunen oder private Betreiber anbieten, oder ich stehe ganz frei. Ein Teil der Wohnmobilisten praktiziert die eine wie die andere Stellvariante. Für andere aber ist die Wahl des Stellplatzes geradezu eine Glaubensfrage: Die einen würden nie auf einen Campingplatz gehen wollen, die anderen können nicht verstehen, dass man sich außerhalb des Campingplatzes wohl fühlen kann.

Entscheidung für Campingplatz oder frei Stehen: eine lockere Sache oder eine Glaubensfrage

In einer Befragung, in deren Auswertung 13.877 Übernachtungen in Deutschland und 20.134 im Ausland eingegangen sind, entsteht ein realistisches Bild vom Verhältnis der Freisteher zu Campingplatznutzern: So halten sich in Deutschland bei Wochenreisen 27,1% auf einem Campingplatz auf, im Ausland sind es 44% (R. SCHULZ 1998, S. 64, 137). Demnach überwiegt der Anteil derjenigen, die außerhalb von Campingplätzen auf Stellplätzen kampieren, und dies insbesondere in Deutschland.

Befragung zeigt: Weniger Wohnmobilreisende auf Campingplätzen, mehr frei stehend

Zu diesem Kapitel ist eine Vorbemerkung notwendig. In den folgenden Ausführungen wird man bemerken, dass die Frontstellung zwischen Campingplatzbefürwortern und Freistehern teilweise schroff und polarisierend ausfällt. Vor allem Freisteher „lästern" manchmal geradezu über das Campingplatzleben. Dem Autor ist es wichtig zu betonen, dass aufgrund der Darstellung dieser Gegensätze und des sich Überlegengebens mancher Freisteher der Eindruck entsteht, er selber würde Partei gegen Campingplatznutzer ergreifen. Das ist nicht so. Es geht einzig und allein um eine ehrliche Wiedergabe beider Positionen. Diese werden so nachvollziehbar gemacht, wie sie nun einmal geäußert worden sind.

Erstaunlich ist, für wie wichtig viele Reisemobilfahrer diese Frage halten. Wie konkret und bestimmend sich Verhalten des Wohnmobilreisens und die dahinterliegenden Einstellungen an der Stellplatzwahl festmachen, haben die Interviews gezeigt. Es ist deshalb logisch, im Folgenden diesen wichtigen Aspekt von Reisen und Leben im Wohnmobil ausführlicher darzustellen.

Campingplatz-
nutzung ja oder
nein hat auch
wichtige wirt-
schaftliche
Bedeutung

Nun ist aber das Pro und Contra zum Thema Campingplatznutzung nicht nur eine Frage, die den einzelnen Reisenden in seiner Entscheidungsfreiheit betrifft, sondern auch ein Streitpunkt um wirtschaftliche Interessen. Auch hier stehen sich zumindest in Deutschland zwei Lager in bislang inniger Kontroverse gegenüber: die Campingplatzbesitzer und -betreiber gegen Kommunen oder Privatunternehmer, die offenere Stellplatzmöglichkeiten anbieten. Hinter dem vermeintlich ganz beliebigen Entscheidungsverhalten der Wohnmobilisten steht also eine handfest agierende Kulisse von Akteuren, die um den wirtschaftlichen Nutzen rangeln, den sie aus dieser Freizeit- und Urlaubsform ziehen können. Damit ist das Gesamtfeld umrissen, das Gegenstand dieses Kapitels wird.

Meine Welt – deine Welt: Campingplatz- und Freisteher

Bevor die Vertreter beider Einstellungs- und Verhaltensorientierungen mit ihren Standpunkten gegenüber gestellt werden, ist eine nüchterne Vorbemerkung angebracht: Es gibt objektive Gründe, warum es

Reisemobilisten gibt, die anders als Wohnwagen- und Zeltcamper, nicht oder nicht ausschließlich Campingplätze aufsuchen. Hierüber wird später noch genauer zu berichten sein. Damit ist aber der Punkt erreicht, sich die Welt der Campingplatznutzer und der Freisteher genauer anzusehen.

*Campingplatz
El Raco (Beni-
dorm): Zivili-
siert gepflegtes
Campingplatz-
leben*

„Den Standard, den gönn ich mir, ich möchte dann doch noch 'n bisschen zivilisiert leben." (I. 28) So bündig erklärt ein Familienvater, der mit Frau und Tochter unterwegs ist, seinen Standpunkt: Für sie kommen nur Campingplätze in Frage. Das Leben auf Campingplätzen hat in dieser Familie Tradition, denn *„Camping machen wir, seitdem ich laufen kann"*. Der Vater ist Dauercamper und nach der Verrentung Platzwart auf einem Campingplatz. Die Frau verstärkt die Neigung zum Wohnmobilaufenthalt auf Campingplätzen. Für sie ist es vor allem wichtig, die sanitären Einrichtungen der Campingplätze nutzen zu können. Selbst bei der Hin- und Rückkreise von Kiel nach Italien werden beim Zwischenstopp Campingplätze aufgesucht. Die im Wohnmobil vorhandene Toilette und Dusche werden gemieden.

Die konsequente Ablehnung des frei Stehens gründet sich bei dieser Familie auf zwei Motive: den Wunsch, einen gesicherten Standard der

114

hygienischen Versorgung auf Campingplätzen vorzufinden und sich in der für Campingplätze typischen Freizeitgemeinschaft wohlzufühlen. Damit klingt bereits an, dass die Themen Hygiene und Geselligkeit, neben dem Thema Sicherheit, die ausschlaggebenden Gründe sind, weshalb Wohnmobilreisende Campingplätze bevorzugen. Die Argumentation von Campingplatzbefürwortern unter den genannten Stichworten wurde in den meisten Interviews sachlich konkret begründet. Höchstens beim Thema Geselligkeit schwingt schon mal eine Spur Euphorie mit: *„Das menschliche Zusammensein ist nirgends schöner als auf dem Campingplatz. Die Kommunikation zu anderen Völkern ist am besten auf dem Campingplatz.* (I. 31), sagt ein Rentner, der vom vielen Herumreisen im Wohnmobil nach langem Erwerbsleben schwärmt.

... weil hygienisch gut versorgt

... und gesellig

Ganz anders ist die Stimmungslage von Reisemobilisten, die meistens oder ausschließlich auf freien Stellplätzen oder „wild" kampieren. Manche dieser Vertreter, die in der Regel ruhige Individualisten sind, treibt der Gedanke an das Leben auf einem Campingplatz in höhere Wallung. In einzelnen Interviews kommt eine regelrechte Fundamentalkritik an Campingplatznutzern zum Vorschein. Es ist also eine schiefe Schlachtordnung beider Lager: die Campingplatzbefürworter in normal vorgetragener Argumentation ihres Standpunktes, die Campingplatzgegner in bisweilen emotional offensiver und grundsätzlicher Ablehnungshaltung gegenüber Menschen, die Campingplätze aufsuchen.

Einige Freisteher mit Fundamentalkritik am Campingplatzleben

Was Freisteher so negativ und störend am Campingplatzleben finden, mache eine Collage von Meinungen aus den Interviews deutlich: *„Wenn die Campingplätze voll stehen mit deutschen Wohnmobilen, da schrei ich Hilfe, lass mich wieder fort. Sie sitzen rum. Morgens rennen alle mit ihrem Klo und ihren Wasserdingern umher und gucken wieder. Es ist eine Mordsgeschäftigkeit. Da passen wir nicht hin."* (I. 65) Die forsche Beschreibung kommt von einem etwas alternativ eingestimmten Ehepaar, das im ausgebauten Kastenwagen reisend die noch natürlich wirkende Fremde in der Natur oder im Alltagsleben der Einheimischen aufspüren möchte. Für sie ist demnach das Leben auf dem Campingplatz eine Form des geschäftigen Massentourismus, das Gegenteil vom selbstbestimmten Individualurlaub. Insbesondere im Verhalten deutscher Urlauber auf Campingplätzen sehen sie eine Form oberflächlicher Geselligkeit, die ihnen widerstrebt.

Campingplatzleben Ausdruck des Massentourismus

Einen etwas anderen Akzent betonen zwei andere Gesprächsbelege: *„Dicht mit Vorzelt und häuslich eingerichtet, so kann ich nicht stehen, da kann ich zu Hause bleiben"* (I. 61), eine Meinung, die von einem als langjährigem Marokkofahrer ausgewiesenen Freisteher stammt, sowie das Zitat eines jüngeren Mannes aus Thüringen, der seinen ersten Eindruck von einem der riesigen Sommercampingplätze südlich Venedig so wiedergibt:

Campingplätze als uniforme Ferienkolonien

„Und dann sind wir an diesen Leinwandvillen vorbeigefahren. Noch dichter als die hier zusammengestanden, und die stehen da vierzehn Tage lang. Das ist doch grausam." (I. 33)

In diesen beiden Äußerungen richtet sich die Kritik vor allem gegen den als eintönig empfundenen Charakter von Campingplätzen: relativ uniforme Ferienkolonien ohne individuelles Gesicht. Hinzu kommt das Gefühl der Enge, das ein Reisemobilfahrer in die Worte fasst: *„Wie die Heringe in der Tonne, ich hasse das."* (I. 52)

Am stärksten als Fundamentalkritik gefasst liest sich der verbale Rundumschlag eines Studienrates in Pension, den es im Winter nicht zu seiner Begeisterung für wenige Tage auf einen Campingplatz verschlagen hat, um sich mit Freunden zu treffen: *„Auf Campingplätzen sind Leute, die sich hier einigeln und voll mopsen. Ihr könnt euch doch hier nicht mehr bewegen, das ist das Gegenteil von Freiheit... Sie nageln sich hier fest, sind fest gerammt in die Erde und schaffen sich noch 'nen PKW an, damit sie wieder beweglich sind. Die ticken nicht sauber. Viele Leute wollen so auf Campingplätzen stehen. Die Leute sind gewohnt, in Zwängen zu leben und machen hier weiter"* (I. 57). An seiner Argumentation wird klar, warum sich in so scharfer Form Kritik am Campingplatzleben festmachen lässt: Für frei stehende Reisemobilisten ist es „das Gegenteil von Freiheit", die sie doch gerade mit ihrem Wohnmobil er-fahren wollen. Sie meinen, man käme nur vom Regen in die Traufe, wenn man vorübergehend Heim oder Wohnung zu Hause mit dem Campingplatz tauscht. Denn „die Leute sind gewohnt, in Zwängen zu leben und machen hier weiter".

In dieser Zuspitzung der Argumentation schält sich die Erkenntnis heraus, dass es sich bei den Befürwortern und Gegnern von Campingplätzen um zwei unterschiedliche Lebensstilmuster des Wohnmobilreisens handelt. Dabei ist es kein Zeichen

Campingplatz Altafossa (Gardasee): Reihung von „Leinwandvillen"

Campingplätze als Gegenteil von Freiheit

Campingplatz Slatina (Insel Cres/Kroatien): Österreichische Camper schotten sich ab

von ungleicher Beschreibung beider Orientierungen, wenn im vorangegangenen Abschnitt die Position der Freisteher ausführlicher und trennschärfer wiedergegeben worden ist. Bei den Campingplatzbefürwortern unter den Reisemobilisten ist eine solch grundsätzliche Standortbestimmung kaum auszumachen. Sie scheinen selbstverständlich genügsamer ihr Urlaubsleben auf dem Campingplatz zu genießen.

Der angedeutete Hintergrund zweier unterschiedlicher Lebensstilmuster soll aber zum besseren Verständnis der „Zwei-Lager-Theorie" in einem kurzen theoretischen Exkurs vertieft werden.

Exkurs (III)

Lebenswelten von Wohnmobilreisenden
im Spiegel des Stellverhaltens

*Abb. 5
Lebenswelten
von Wohn-
mobilreisen-
den und Stell-
verhalten*

Entlang des folgenden Schemas (Abb. 5) soll der Exkurs entwickelt werden.

Vorform (Zelt, Schlafsack)	Auf dem Campingplatz	Andere Stellplätze	Freies „wildes" Stehen
Kein Wohnwagen und Reisemobil			
Naturverbundenheit Zivilisationsferne Ungebundenheit Unvorhersagbarkeit (kultur- und gesellschaftskritisch)	Verhäuslichung In der Fremde Ausgleich von Vertrautem und Fremdartigem	Viel unterwegs Wenig Festlegung Offenhalten neuer Optionen	Siehe **Vorform** Zum Teil Aussteiger, freiwillige oder zwangsweise Überlebensstrategie

Leben durch Arbeit zentriert   Leben als ständige Verschränkung
Freizeit als Kompensation   von Arbeit und Freizeit
➤ Zunehmende Individualisierung und Selbstverwirklichung ➤

Identität in der Moderne   Postmoderne Leitvorstellung

„Tourist" ⬅ ➤ **„Vagabund"**

Priorität:	Priorität:	
– Sicherheit	– Möglichkeit spontaner Ortswechsel	
– Sanitäre Infrastruktur	– ruhiges, individuelles Stehen	
– Geselligkeit	– Erlebnisnah stehen	
– Service und Freizeitangebot	– Ver- und Entsorgung	
	– episodisch Geselligkeit	
	– Mindestmaß Sicherheit	

Zu Beginn der Campingbewegung Anfang des letzten Jahrhunderts war sie ein Ausbruch aus dem industriellen Zivilisationsalltag mit Zelt und Schlafsack. Es war eine Bewegung der Naturfreunde und Wandervögel. Diese Form ungebundenen und unvorhersagbaren Freizeiterlebens wurde mit dem Aufkommen des Massentourismus vor allem nach dem Zweiten Weltkrieg abgelöst durch das, was man heute Campingurlaub nennt. Zelt und Wohnwagen wurden zu dominierenden Reiseinstrumenten. SCHWAIGER (1993) beschreibt diesen Wandel so: „Indem gleichsam ein Stück von zu Hause in Form von Wohnwagen, Zelt oder Gebrauchsgegenständen mitgenommen wird, stellt Camping eine Art autarker Mobilität dar, die wahlweise das Fremdartige oder das Vertraute betont." Der Campingplatz ist der beste Ort solchen Urlaubserlebens.

Diese Entwicklung fällt in eine Zeit, die man als die „Moderne" der Industriegesellschaft bezeichnet. Der Lebenssinn kreiste vor allem um die (Erwerbs)arbeit der Menschen – mehr gezwungen als freiwillig. Doch seit den achtziger Jahren, und dies ist nicht zufällig die Zeit der beginnenden Ausbreitung des Reisemobils, ändern sich die Wertvorstellungen nicht weniger Menschen. Man spricht vom Aufkommen einer Freizeit- oder Erlebnisgesellschaft. Gemeint ist, dass Arbeit und Freizeit in ein ausgeglicheneres und gleichberechtigteres Verhältnis zueinander treten. Immer mehr Menschen wollen sich nicht durch den Arbeitsprozess einseitig festlegen lassen, sondern eigene Vorstellungen der Lebensgestaltung finden und selbst verwirklichen. Freizeit und Urlaub sind dabei eigenständig wichtige Lebensbereiche, die in unterschiedlichsten Aktivitäten ausgelebt werden.

Die Wohnmobilreisenden sind nun ebenso wie andere Freizeitmenschen und Urlauber eingebettet in diesen Werte- und Verhaltenswandel. Ein Teil von ihnen ist noch stärker vom überkommenen Arbeitslebensmuster geprägt. Dieser Teil frequentiert eher Campingplätze. Ein anderer Teil ist schon mehr von der Rastlosigkeit immer neuen Erleben-wollens getragen. Diese Wohnmobilreisenden sind deshalb häufiger unterwegs an wechselnden Orten. Sie vermeiden, zu stark mit dem jeweiligen Ort zu verwachsen, auch wenn sie ihn in der Kürze intensiv erleben können. Sie bevorzugen deshalb häufiger freiere Stellplatzsituationen.

ZYGMUNT BAUMANN (1994) hat eine solche Spannbreite des Reiseverhaltens mit den Begriffspolen: „Tourist" und „Vagabund" zu erklären versucht: „Im Gegensatz zum Vagabunden ... hat der Tourist ein Zuhause... Das Heim ist der Ort, wo ... nichts bewiesen und verteidigt werden muss, weil alles am richtigen Platz ist, selbstverständlich und vertraut. Die Friedfertigkeit des Häuslichen lässt den Touristen nach neuen Abenteuern suchen, aber genau diese Friedfertigkeit macht die Suche nach ihnen zu einer ungetrübten Freizeitbeschäftigung" (S. 402). Anders ist es mit den Vagabunden: „Ihre Bewegungen sind unvorhersehbar... Niemand weiß, wohin er als nächstes gehen wird, weil er es selber nicht weiß und es ihn auch wenig kümmert... Es ist besser, sich nicht an den jeweiligen Ort zu gewöhnen. Schließlich winken andere, noch unerprobte Orte, die vielleicht gastfreundlicher sind... Die eigene ‚Ortslosigkeit' zu lieben, ist daher eine vernünftige Strategie. Das gibt allen Entscheidungen den Geschmack des Vorläufigen und erlaubt es, die Optionen offenzuhalten" (S. 400). Soweit Baumann.

Nun einmal ehrlich gefragt: Passen Wohnmobilreisende des Typs „Vagabund" auf einen Campingplatz oder ist der Typus „Tourist" nicht der bessere Kunde auf dem Campingplatz? In der Realität des Reisemobiltourismus muss man aber von beiden Einstellungs- und Verhaltensrichtungen ausgehen. Dabei gibt es viele Mischformen zwischen beiden Extremen und zwar in doppelter Weise: Nicht alle Wohnmobilisten sind reiner Touristen- oder Vagabundentyp, wie auch viele zwischen einem Stellplatz auf einem Campingplatz oder außerhalb wechseln.

Doch konkret bewirkt die nicht zu leugnende Unterschiedlichkeit zweier Lebenswelten von Wohnmobilreisenden auch unterschiedliche Prioritäten, was Stellplatzansprüche angeht. Wer lieber auf dem Campingplatz steht, will in erster Linie Sicherheit empfinden, eine ordentliche sanitäre Ausstattung vorfinden, hat es häufig gern gesellig und setzt auf funktionierenden Service und interessante Freizeitangebote auf und um den Platz.

Wer aber lieber nicht auf dem Campingplatz steht, ist mit weniger an Ausstattung einverstanden, wenn wenigstens Ver- und Entsorgungsmöglichkeiten vorhanden sind. Dafür will er spontan ankommen und aufbrechen können, möglichst erlebnisnah am gewünschten Milicuziel sein oder nur ruhig und für sich stehen und ab und zu mal mit anderen kommunizieren. Ein Mindestmaß an Sicherheit ist vielen auch wichtig, man stellt sich zumindest neben einen Wohnmobilnachbarn.

Wie in der Übersicht angedeutet, gibt es auch Wohnmobilreisende, die gern frei oder „wild" stehen. Diese Spezies könnte im engen Europa aber immer mehr zur aussterbenden Rasse werden. Als Einstellungs- und Verhaltenstyp schließt sich bei ihm der Kreis zum Anfang der Campingbewegung, als es noch besonders naturverbunden und zivilisationsfern zugehen sollte.

EXKURS 3

Viele Reisemobilsten sind nach beiden Seiten offen

Beide Stellmöglichkeiten mit Vor- und Nachteilen

Vorzüge des frei Stehens:
einfach, ruhig, billig und der „besondere" Ort

Bisher ist die Position der Freisteher stark als Kritik am und Absetzbewegung vom Leben auf dem Campingplatz skizziert worden. Das offenere Stehen auf Stellplätzen oder an sonstigen selbst gewählten Aufenthaltsorten hat aber für die Reisemobilisten einen positiven Eigenwert. Zu erinnern ist an die unterschiedlichen Aspekte von „frei stehen", die im Kapitel „Frei und unabhängig sein" (Kap. 2) dargestellt wurden.

In der folgenden Zusammenschau der Facetten, die das Einstellungs- und Verhaltensmuster von Reisemobilisten beleuchtet, die nicht auf Campingplätzen stehen mögen, bekommt das Phänomen des „frei Stehens" eine zusätzliche Akzentuierung: Es gibt eine Reihe von Gesprächsbelegen, die eine gemeinsame Aussage in der Weise offenbaren, dass es sich beim frei Stehen um einen Aufenthalt am je besonderen Ort handelt. Man hat für sich eine einmalig exklusive Stellsituation

gefunden: *„Wir sind alte Freisteher und haben den Blick für das Schöne"* (I. 39) oder: *„Ich hab da so'ne Spürnase, normalerweise stehen wir irgendwo in der Prärie"* (I. 23) oder: *„Am liebsten Wildnis, mitten in die*

Pampa rein" (I. 33) oder: *„Wir suchen einsame oder ortsnahe Plätze"* (I. 61).

Will man es etwas konkreter ausgedrückt haben, so eignet sich dafür die Interviewpassage des Medienberuflers, der mit Familie, Hund und VW-California unvoreingenommen und entdeckungsfreudig durch die Lande reist:

„Und dann ham wir uns so vorgenommen, so ab fünf Uhr, ham den ganzen Tag halt Kultur gemacht und Baden oder so was, dass man dann so ab siebzehn Uhr dann 'nen neuen Platz sucht. Das wird langsam auch schon zur Routine. Dass wir dann sagen können, ‚wo stehn wir heut, stehn wir am Wasser, stehn wir auf Bergeshöh, stehn wir irgendwo am Bach?' Ganz spontan gesucht, da kriegt man auch 'n Gespür dafür. Wenn man gar nicht weiß, ja so Richtung Badeanstalt oder Sportplatz … In der Bretragne waren wir überrascht, direkt an der Küste die dollsten Plätze, extra ausgeschildert auch. Es gibt auch so'ne Reihe, ‚Mit dem Wohnmobil durch die Bretagne, durch die Provence'. Und das ham wir einmal probiert in der Toskana und sind wirklich diesem Buch nachgefahren und da ham wir irgendwo im Olivenhain gestanden oder

irgendwo am alten Kloster oder an heißen Quellen. Das war toll. Aber sonst immer frei Schnauze losgefahren." (I. 18)

In diesem Gespräch kommt einerseits gut zum Ausdruck, dass die Suche nach dem besten freien Stehplatz immer den Touch des Besonderen, ja Einmaligen und Exklusiven haben soll. Andererseits ist man nicht so weitreichend ein völlig unabhängiger Pionier, dass man nicht seiner eigenen Spürnase mit zusätzlichen Informationen zur Hilfe kommt. Hier wurden Reiseführer erwähnt oder die ausdrückliche Beschilderung der Anfahrt zu freien Stellplätzen am vorbildlichsten in Frankreich. Andere Wohnmobilfahrer lassen sich Anregungen von den Zeitschriften „Promobil" und „Reisemobil International" geben (I. 7, I. 53).

Exklusiv selbst suchen wollen – aber auch hingeführt werden

Bei der breiten Informationsstreuung durch Reisezeitschriften, -führer oder Ausschilderung läuft der das einzigartige Stellambiente suchende Reisemobilist allerdings Gefahr, dass er diesen Genuss mit anderen Campern teilen muss. Deshalb ist es anderen Wohnmobilfahrern wichtig, das Wissen um besonders schöne Stellplätze für sich zu behalten. Spanienüberwinterer verraten beispielsweise: *„Wir haben uns das Beste an Plätzen herausgepult, das is unser Geheimplatz, den findet nicht jeder."* (I. 59)

Entweder besondere Plätze mit anderen teilen

... oder Geheimplätze verschweigen

Wenn man das besonders Schöne und Individuelle im Auge hat, kann es dem Wohnmobilisten vor lauter Glücksempfinden passieren, dass er einen Stellplatz gesucht hat, der sich im Nachhinein als hartnäckig nachteilig herausstellt: *„Dann ham wir schon mal festgesessen. Konnten wir nicht raus in Salenburg* [freier Stellplatz am Strand südlich Cuxhaven]. *Das Wasser bis hier die Stufen hoch. Und wir kamen nicht mehr weg. Alles war überflutet und wir saßen denn fest. Und Gott sei Dank konnten wir bleiben, weil er am Krankfeiern war. Sonst hätten wir nicht gewusst, was machen. Drei Wochen haben wir so festgesessen. Da warste im Schlick drinnen und saßest fest. Das musste erst abtrocknen. Ham wir nah am Zaun gestanden und im Hochsommer Bretter gelegt, Stiefel und dann sind wir durch... Ja, war 'ne Sturmflut im August. Ich saß unter der Liege und er war einkaufen. Kommt er zurück, sag ich: ‚Hast du nichts gemerkt?' Der kleine Graben, wo die Enten sind, war voll. Aber fragen Sie nicht, wie das Wasser ankam. Da mussten wir bleiben, drei Wochen. War nix zu machen. Wir kamen nicht raus mit unserem Wagen. Kein Trecker, nix mehr. Aber nicht wir nur alleine. Die Traktoren, die zogen das da nicht mehr raus. Ein Pkw war ganz überflutet. Die junge Frau konnten se nich erreichen, Pkw Schrott, war vollgelaufen bis unters Dach. Das kann passieren. Da hab ich aber 'n bisschen Angst gekriegt."* (I. 39)

Das Besondere hat manchmal einen Pferdefuß

Neben der Individualität des bevorzugten Stellplatzes ist es ein zweiter Aspekt, in dem sich die Qualität des frei Stehens äußert: die Stellsituation soll einfach und ruhig sein.

Ein älteres Rentnerpaar sucht auf langen Norwegenreisen Ruhe in der Einsamkeit der Fjordlandschaft. Dafür begnügen sie sich bei längeren Zeiträumen in freiem Gefilde gern zum Waschen *„mit Waschbecke und Kesselchen"*, um sich etwas Wasser zu erwärmen. Haben sie Glück, treffen sie in kleinen Häfen auf eine Dusche (I. 73).

*See bei Holm-
vassdalen
(Norwegen):
Einfache Stell-
situation
naturnah*

Das einfache Leben auf freiem Stellplatz ist selbst im Winter möglich, um Ski zu fahren: *„Und Weihnachten fahr'n wir wieder mit dem Reisemobil Ski fahren. Heiligabend noch den Tannenbaum für unsere Tochter und nach'm Tannenbaum fahr'n wir irgendwo nach Österreich. Ham dieses Jahr auch wieder ganz tolle Erfahrungen gemacht. Sind dahin gefahren und da hat der Mann gesagt: ‚Ich möchte gerne einmalig zweihundertvierzig Schilling!' Dann durften Sie bleiben, solange sie wollten. Wir hatten 'nen Traumplatz. Wir hatten jede Nacht ungefähr 5 bis 10 Grad minus, also optimal, fast jeden Tag Sonnenschein. Wir hatten unendlich viel Schnee. Es war ein ganz bemerkenswerter Ort. Skischule war auch gleich da... Es war toll. Morgens is er rausgegangen, die Kleine zur Skischule gebracht, fünfzig Meter. Und wir hatten noch nie so'nen schönen Platz gehabt, direkt bei der Liftstation.*

Und wir brauchten einmal Gas, zweihundert Meter hin war 'n Hotel. Der hatte 'nen eigenen Taxidienst. Dann ham wir uns für hundert Schilling fahren lassen hin und zurück und ham 'ne neue Gasflasche beim Raiffeisenmarkt gekauft. Im Carthago ham se ‚n großen Vorteil. Machen Sie zwei Gasflaschenhalter rein, ham Sie vier Flaschen. Da kommen Sie schon weit. Aber auch nach zehn Tagen waren die dann alle.

Da am Platz, da stehn Sie völlig frei. Wir ham so'n kleinen Generator mitgehabt. Abends ham wir den angeschmissen. Dann hat der alles wieder aufgeladen. Gut, es is früh dunkel, um fünf, Solar bringt dann nicht so viel." (I. 66)

Im selben Interview wird auch hervorgehoben, dass die Unternehmerfamilie nicht nur die einfache und unkomplizierte Stellsituation schätzt, sondern dabei auch Ruhe haben möchte: *„Wir verhalten uns immer bescheiden im Urlaub und wollen, dass man uns in Ruhe lässt."*

Dieses sind beides die Motive, weshalb sie sich freie Stellplätze suchen.

Das Aufspüren freier Stellmöglichkeiten funktioniert in der Regel. Wenn man ausnahmsweise einmal Pech hat, kann einem das passieren, was die gerade zu Wort gekommene Familie in der Lüneburger Heide erlebt hat: *„Einmal ham se uns weggejagt, in der Heide, bei uns vor der Tür* [nahe ihrem Wohnort]. *Dann hab ich dem gesagt: ,Wer sind Sie denn?' ,Ich bin der Besitzer.' Hab ich gedacht, ich wollte nicht wegfahren. Was machste da? ,Das kann ja jeder sagen', hab ich dann gesagt. ,Ich will, dass Sie hier verschwinden', sagte er unfreundlich und hupte dann auch. Und dann habe ich ihm gesagt: ,Dann müssen Sie mir das beweisen und dann fahr ich sofort weg.' ,Ja, sagen Sie mir, wie ich das beweisen soll?' ,Am einfachsten ist, Sie bringen mir 'n Grundbuchauszug'. Das hat ja kein Mensch, 'n Grundbuchauszug. Er fuhr dann also wutschnaubend von dannen. Wir haben den Platz dann am nächsten Morgen verlassen."* (I. 66)

... wenn man nicht Pech hat

Es klingt oft idealistisch, manchmal fast romantisch, wenn Wohnmobilreisende vom freien Stehen schwärmen. Allerdings gibt es auch einen handfesten und nüchternen Grund, weshalb viele immer wieder das freie Stehen bevorzugen: Es ist einfach viel billiger als auf einem Campingplatz zu gehen. Das Preisgefälle ist ein Argument, das von sehr vielen Interviewpartnern angesprochen wird, sowohl als Kritik an zu teuren Gebühren von Campingplätzen als auch als einladender Vorzug von freien Stellplätzen. Stellvertretend für viele der geäußerten Meinungen seien die folgenden wiedergegeben:

Frei stehen ist billiger

So meint ein bekümmerter Familienvater, der mit Frau sowie vier Kindern und Pflegekindern auf Sommerurlaub in Italien ist:

„Freies Stehen, dieses nicht Gezwungene, was hier unten [in Italien] *nicht so gut geht. Du bist ja fast nur gezwungen, auf'n Campingplatz zu fahren. Die woll'n doch wahrscheinlich gar nicht, dass man frei steht. Es ist unser erster Urlaub jetzt in Italien und wie gesagt, die Erfahrung hab ich gemacht: Kohle ohne Ende woll'n sie haben. Zwischen vierzig und fünfundsiebzig Mark hab ich die Erfahrung gemacht mit Mobil und Familie. Und das wäre Nonsens. Warum soll ich dann noch mal so'n Haufen Geld ausgeben? Ich bezahl' lieber zweihundert Mark für das Teil* [Mietreisemobil] *am Tag. Deshalb, wir haben gestern 'n ganz geilen freien Platz gefunden, der war super."* (I. 33)

Campingplätze für manche (Familien) zu teuer

Vor allem Familien, die in der Hauptsaison eine preiswerte Urlaubsmöglichkeit suchen, pflichten dieser Einschätzung bei, so eine Familie im Italienurlaub, die lieber auf preiswerte Stellplätze oder Campingplätze in Griechenland ausweicht: *„Es gibt teure Campingplätze im Sommer für achtzig bis hundert Mark. Das fällt flach."* (I. 42)

... und für einige Rentner auch

Aber auch Rentner und Pensionäre, die wegen ihres oft mehrmonatigen Reisevolumens pro Jahr sparsam wirtschaften müssen, sagen beispielsweise: *„Auf deutschen Stellplätzen ist man sicher. Und es ist eine Preisfrage, acht Mark pro Nacht, wenn man Solar und Aggregat hat. Da stehen wir frei, was sollen wir dann auf dem Campingplatz"* (I. 38) Ins gleiche Horn stößt ein Jungrentnerpaar aus den neuen Bundesländern: *„Campingplatzübernachtung können wir uns nicht leisten. Hier an der Mosel hat man* [frei stehend auf kommunalen Plätzen] *für zehn Mark Dienstleistungen: Wasser, Abfall, Entsorgung."* (I. 41)

Und selbst ein beruflich arriviertes kinderloses Paar, das außer den Haupturlauben wegen ihres Sporthobbys oder mit Bekannten viel an Wochenenden unterwegs ist, meint: *„Der Trend geht immer mehr auf Stellplätze hin, denn Campingplätze sind einfach zu teuer."* (I. 69)

Freies Stehen ohne sanitären Service kann Umwelt belasten und verärgern

Die Palette der Ansprüche, was die Ausstattung freier Stellplätze angeht, ist natürlich breit. Auf der einen Seite finden sich Wohnmobilreisende, die pur frei stehen wollen, ohne jegliche sanitäre Vorhaltung. Aussagen, wie *„wir stehen nur ganz frei, haben das WC im Gebüsch"* (I. 6), sind nicht nur sympathisch, sondern haben auch eine bedenkliche Seite, auf die noch eingegangen wird (Kapitel 7): Sie leisten der Umweltverschmutzung Vorschub und können das freie Stehen von Reisemobilen in Misskredit bringen. Ein ähnliches Verhalten beobachtet resignierend ein älterer Fahrensmann immer wieder im Ausland, zum Beispiel in Marokko: *„Die Leute stehen zum Beispiel in Agadir außerhalb vom Campingplatz, klettern nachts über'n Zaun und waschen Wäsche drinnen und duschen. Das freie Camping ist heute nichts mehr."* (I. 40).

Auf der anderen Seite sind sich genügend andere Wohnmobilreisende dessen bewusst, dass es ohne wenigstens einfache sanitäre Ausstattung sowie Ver- und Entsorgungsmöglichkeit in besiedelten Ferienregionen kein vernünftiges frei Stehen geben kann und man dafür auch einen angemessenen Preis entrichten möchte. So wird immer wieder betont, dass eine Preisspanne zwischen acht und fünfzehn Mark für angemessen gilt, bei guter Ausstattung und exzellenter Lage des Stellplatzes kann es auch mehr sein:

Viele wollen für Sanitäreinrichtung, Ver- und Entsorgung zahlen

Ein beruflich gefordertes älteres Ehepaar aus Hamburg unternimmt gern verlängerte Wochenendreisen an Nord- und Ostsee in Deutschland und Dänemark: *„Campingplätze, aber auch Stellplätze. Wenn sie gut bestückt sind mit sanitären Anlagen zum Beispiel und Stromanschluss und so. Zum Beispiel nach Fehmarn, das is'n Privatstellplatz, der Preis entsprechend ist nicht teuer, zwanzig D-Mark. Da kann man nichts sagen und direkt an 'ner Ostsee."* (I. 13).

Hinter der Diskussion für oder gegen Campingplätze und umgekehrt freies Stehen steht allerdings ein gewaltiges Gerangel um den
Kunden „Reisemobilist". Auf diese Auseinandersetzung, die vor allem
von den Campingplatzbetreibern mit Elan geführt wird, soll am Ende
des Kapitels eingegangen werden.

Vorzüge des Campingplatzes:
Sauber und sicher

Als einleitend die Kontroverse zwischen Befürwortern und Ableh-
nern einer Campingplatznutzung angesprochen wurde, wurde das sanitäre Angebot als ein großer Vorzug dieser Plätze bezeichnet. Es ist
sogar der wichtigste Pluspunkt, der Wohnmobilreisende dazu bringt,
Campingplätze aufzusuchen: *„Auf Campingplätzen sind sanitäre Anlagen am wichtigsten und Stromanschluss"* (I. 17) meint ein Tischler mit
Frau und Sohn, der im campingmäßig umgerüsteten Kastenwagen im
Altmühltal auf einem Campingplatz steht. Deutlich wird, dass es die
eher spartanische Ausstattung des Reisegefährtes – keine Dusche und
WC – ist, die einen Campingplatzaufenthalt erforderlich macht. Ebenso
geht es einer Studentin mit ihrem Freund, denen in ihrem Transit
Kastenwagen jegliche sanitäre Ausstattung fehlt und die deshalb auf
dem Campingplatz duschen und kochen, auch wenn ihnen dieser zu
teuer erscheint (I. 32). Meistens sind es VW-Bus- oder Kastenwagenfah-
rer, denen der Campingplatz die mangelnde eigene sanitäre Ausstattung ersetzt.

Häufiger trifft man auf die Konstellation, dass Reisemobilfahrer
durchaus ein normal eingerichtetes Wohnmobil mit Dusche und WC
benutzen, aber doch lieber beide oder eine dieser Einrichtungen auf
dem Campingplatz nutzen. Ein an kultureller Bildung interessierter
Rentner hält sich mit seiner Frau häufig in den Mittelmeerländern auf
und meint: *„Ich bin siebentausend Kilometer in Italien unterwegs. Da
wird dann die Toilette genutzt, aber die Dusche net. Die Dusche, muss
man sage, wenn man auf Campingplätze fährt, is so überflüssig wie ein
Kropf. Wenn ich die Clouliner oder solche Wohnmobile hab für sehr viel
teureres Geld, die haben denn aber auch den Platz dafür. Und doch,
auch die ham 'ne begrenzte Wasseraufnahme und der Wasserverbrauch
is dann so enorm, da muss ich dann jeden Tag wieder Wasser ablasse
und auftanke. Maximal hundertzwanzig, hundertvierzig Liter, da kann
ich auf die Dusche auch verzichte."* (I. 30)

Wird in diesem Fall die technische Begrenztheit der Wassermitnah-
me als Argument angeführt, weshalb Campingplätze bevorzugt werden,
haben andere Wohnmobilreisende eine grundsätzliche Abneigung, im

Sanitärkomfort
am wichtigsten

... vor allem
bei Bully- und
Kastenwagen-
fahrern

Manche nutzen
auf Camping-
platz nur
Dusche oder
nur WC

Die einen:
Grundsätzlich
gegen Dusch-
und WC-Nut-
zung im Wohn-
mobil

eigenen Fahrzeug zu duschen oder auf die Toilette zu gehen: *„Die ande-re Seite ist, dass ich jeden Tag gerne sanitäre Anlagen haben möchte. Eine vernünftige Toilette, Dusche. Und das hab ich natürlich hier drin nicht. Ich nutz die ungern, ich nutz die Toilette ungern, muss ich mal offen sagen, um da meine großen Geschäfte zu machen. Und das ham wir auch noch nie gemacht. Ham auch noch nie darin geduscht."* (I. 11). Bei diesem Ehepaar hätte der Reisemobilhersteller, in diesem Fall Kar-mann, den Raum für Dusche und WC anders nutzen können.

Die anderen:
trotz Camping-
platz nur
eigene Sanitär-
ausstattung
nutzen

Wie sollte es anders sein, es gibt auch die total umgekehrt Einstel-lung. Ein im Ruhestand lebender Zahnarzt und seine Frau stellen sich zwar ausschließlich auf Campingplätze, aber: *„... die Sanitäreinrich-tungen sind für uns nicht so wichtig. Ham wir ja alles drin [im Reisemo-bil]. Wir gehören zu denen, die unsere Einrichtungen nützen. Mit der Dusche verbrauch ich fünfzig Liter Wasser am Tag. Das reicht für zwei Tag mindestens."* (I. 19) Die Abneigung gegen sanitäre Einrichtungen der Campingplätze hat manchmal den Grund, dass man sich in diesen öffentlichen Räumen nicht mehr die gewohnte Intimität bewahren kann. Es wird aber bisweilen auch auf ungenügende hygienische Sau-berkeit verwiesen, besonders drastisch bei dem in diesem Kapitel bereits zitierten Studienrat, der über einen Campingplatz an der süd-spanischen Küste berichtet: *„Zu übervoll und zu groß. Wirklich Abwas-sermiefe und säuische Umweltverhältnisse auf diesem Campingplatz."* (I. 56).

Campingplätze bieten außer der sanitären Ausstattung weitere Angebotsmerkmale, die man unter dem Stichwort „Service" zusam-menfassen kann. Der ADAC-Reiseführer gibt am gründlichsten Aus-kunft über die mögliche Angebotspalette. Es ist erstaunlich, dass in den Interviews mit den Reisemobilisten nur ganz wenig auf den Service-reich von Campingplätzen eingegangen wird. Es ist die Ausnahme, wenn ein älteres Rentnerpaar beim Überwintern in Benidorm als ange-nehm herausstreicht, dass ihr Campingplatz über ein Hallenbad verfügt (I. 53) oder dass ein Familienvater sich gern mal von der Beschäftigung mit den Kindern zurückzieht, weil Campingplätze an der Adria oder am Gardasee Kinderbetreuung und Animationsprogramme anbieten (I. 29).

Ein Thema bewegt die Gemüter sehr: die Sicherheit beim Reisen und Stehen mit dem Wohnmobil. Kein anderes Problem wird in den Interviews mit einer solchen Ausführlichkeit diskutiert wie dieses und mit der Schilderung von eigenen oder durch Dritte gehörten Erlebnis-sen ausgemalt.

In dem hier diskutierten Zusammenhang ist das Thema Sicherheit insofern von Bedeutung, weil es eindeutig dem Aufenthalt auf dem

Campingplatz einen Pluspunkt zuschreibt, während beim frei Stehen häufig ein Risiko gesehen wird.

Sicherheit – Vorzug von Campingplätzen

Eine ganze Reihe von Motorcaravanern geht grundsätzlich deshalb auf Campingplätze, weil ihnen nur diese als sichere Aufenthaltsorte erscheinen: *„Eine Nacht mal so zu stehen, machen wir nicht. Wir haben das früher in Frankreich gemacht und sind auch mal in Frankreich stehen geblieben. Wir hatten einmal fast Pech gehabt, da ham wir's rechtzeitig gemerkt und sind dann auf 'nen Campingplatz gefahren. Man wollte uns ein bisschen näher kommen. Wir haben es ganz stark vermutet. Die Leute haben sich immer näher geschoben und wir waren ein bisschen alleine. Viele, die wir hier gesprochen haben, die unterwegs so auf Parkplätzen übernachtet haben. Es sind einige überfallen worden mit Gas. Die wachen am nächsten Morgen mit 'nem dicken Kopf auf und sind ausgeraubt worden. Deswegen vermeiden wir das grundsätzlich, jetzt frei zu übernachten, weil wir eben kein Risiko eingehen wollen. Wir wollen ruhig schlafen. Und da spielt's keine Rolle, wenn wir auf den Campingplatz gehen. Aber Sicherheit geht zuerst."* (I. 54). Das junge Rentnerpaar, das sich in diesem Sinne äußert, ist noch sehr unternehmenslustig und entdeckungsfreudig, hat also eigentlich keine Lust auf ruhiges (Dauer)Camping. Dennoch geht eben „Sicherheit zuerst" und dies aufgrund eigener oder berichteter Erfahrungen von Gefahren des frei Stehens.

... und Nachteil des frei Stehens?

„Wir gehen generell auf Campingplätze" (I. 19), dieses Motto wird von vielen Reisemobilisten mitgetragen. Die Feststellung dieses Wohnmobilfahrers ist allerdings wesentlich mitbestimmt durch die stärkere Ängstlichkeit der Ehefrau, während der Mann ab und zu auch das frei Stehen

wagen würde. Ebenso verhält es sich bei den Besitzern eines supergroßen Dickschiffes (I. 45) oder einer Familie mit VW-Bus, wo es der Frau *„auf freien Stellplätzen nicht ganz geheuer ist"* (I. 20).

Campingplatz Garaoa/Bolnuevo (bei Murcia): Gesichertes Campingplatzleben

Besonders verständlich ist die ausschließliche Wahl von Campingplätzen bei einer jungen allein reisenden Frau, die zwar einerseits für sich ungebunden *„und nicht in Horde"* mit ihrem VW-California unterwegs sein möchte, die aber stets auf Campingplätzen übernachtet, denn *„wild allein ist mir nicht geheuer"* (I. 12). Und selbst auf dem Campingplatz kann sie sich nicht ganz von der Furcht befreien, bestohlen zu werden, während sie gerade die sanitären Anlagen aufsucht.

Allein stehende Frau: ungebunden reisen, aber auf Campingplatz übernachten

Teilweise sehen Wohnmobilreisende die Notwendigkeit, Campingplätze aufzusuchen, differenzierter. So bevorzugt ein reiselustiges
berufstätiges Ehepaar nur in den neuen Bundesländern Campingplätze.
Sie fahren besonders gern nach Ostdeutschland zwischen Ostseeküste
und Sächsischer Schweiz, fühlen sich dort aber erst auf Campingplätzen sicher (I. 13) Häufiger wird auch die Ansicht vertreten, dass man es
wagen könne, in Deutschland frei zu stehen, auch weil hier die Campingplätze zu teuer seien. Im Ausland aber geht beispielsweise ein junges Paar mit Kleinkind aus Sicherheitsgründen – *„da könnte ich nachts
nicht richtig schlafen"* – auf Campingplätze (I. 70). Ebensolches gilt für
einen sportlichen Malermeister mit Familie auf Auslandsreise: *„aus reiner Sicherheit wegen der Kinder"* (I. 29).

Bei R. SCHULZ (1998, S.139-150) wird bei Auslandsaufenthalten
von Reisemobilisten nach „Camping" und „frei" unterschieden. Danach
gibt es ein nach Ländern unterschiedliches Übernachtungsverhalten,
also auch unterschiedliche Anteile von Wohnmobilreisenden auf Campingplätzen (siehe ausführlich Abb. 12 in Kapitel 5).

Wie schon die Befürchtungen der allein reisenden jungen Frau
zeigte, halten manche selbst Campingplätze nicht für absolut sicher.

Beispielsweise baut das Ehepaar mit ihrem auffällig rot gestrichenen
und beklebten VW-Bus – die bereits in Kapitel 1 vorgestellten Reggaefans – auf Campingplätzen stets das Vorzelt vor das Fahrzeug. Denn
sonst könnte die Begehrlichkeit auf die frei herumstehenden Campingu-
tensilien geweckt werden und zum Diebstahl ermuntern (I. 21).

Grundsätzlich steht aber fest: Wohnmobilreisen mit Campingplatznutzung wird für wesentlich sicherer gehalten. Wie gehen aber Freisteher mit diesem und anderen Risiken um?

Frei stehen trotz Risiko

In den Interviews gibt es ausführliche Schilderungen über die
Gefahr von Diebstählen oder Überfällen. Es ist aber schwer, eine realistische Einschätzung über den Grad und Umfang solcher Gefährdungen
zu gewinnen, da es hierüber kein gesichertes Material gibt. R. SCHULZ
(1998, S. 65 f.) hat sich in seiner Befragung an dieses Thema herange-
wagt und kommt zu einem eher harmlosen Schluss: Man hat vor allem
Angst, sich in freie Natur zu stellen. Von den Wohnmobilisten, die
außerhalb von Campingplätzen blieben, haben deshalb 76% einen Platz
in bewohnten Siedlungen gesucht und sich nur 24% in die Idylle der
Natur gewagt. Die Angst ist aber nach Schulz eigentlich unbegründet.
Denn von „den 10.116 Übernachtungen außerhalb der Campingplätze
sind immerhin 10.027 ungestört geblieben!".

Es ist und bleibt ein (Rest)Risiko, sich frei und ungebunden stehend mit dem Wohnmobil zu bewegen. Das Risiko wird von vielen in Kauf genommen. Es wird nur von wenigen geleugnet, bewusst vernachlässigt oder verdrängt. Also sind Strategien gefragt, die das Risikopotenzial mindern sollen. Hierbei denken Reisemobilisten an ganz unterschiedliche Lösungen zur Gefahrenvorbeugung.

Wie Freisteher Sicherheitsrisiko mindern

Bologna zentrumsnah: Bedürfnis nach Sicherheit in ruhiger Wohnstraße

Ein Rentner mit VW-Bus, dessen Partnerin zufällig eine noch berufstätige Polizistin ist, gibt zu seinem Sicherheitsverhalten diese Auskunft:

„Ich bin auch schon in Kühlungsborn oben an der Ostsee gewesen. Da hab ich gesehen, dass Jugendliche so skinheadmäßig ohne Haare und so Fallschirmspringerstiefel , dass die da rumgegangen sind im Ort. Und ham einfach junge Menschen angesprochen: ‚Heute Abend ist da und da ‘ne große Fete. Kommt doch auch.' Irgendwie Propaganda gemacht, zusammengezogen, um möglichst viele dort hin zu kriegen. Und das hat stattgefunden und die Resonanzen danach ham wir am nächsten Tag mitgekriegt, was die da angestellt haben.

Man muss vor Ort – und das ist ganz wichtig – man muss vor Ort entscheiden, was ist. Man muss mal durch den Ort fahren, ein bisschen die Leute angucken. Man muss vor Ort immer entscheiden, was man tut. Das kann man nicht per Annonce und das kann man nicht per Buch vorher wissen. Muss man entscheiden, geht das oder geht das nicht. Sicherheit muss man vor Ort sich selbst schaffen.

... Sicherheitslage als erstes vor Ort einschätzen

Auch dieser Platz hier zum Beispiel [Schützenwiese in Bad Sachsa], *wenn hier keiner gestanden hätte, wär ich hier wieder weggefahren. Da standen mir gestern hier zu viele junge Leute, die da alle rumlagen auf der Straße und ham Bier gesoffen. Das waren ungefähr fünfundzwanzig Mann. Wenn die Bier trinken und sind irgendwann betrunken, denn machen die sonst was. Und wenn dich dann hier oben etwas abgelegen allein sein soll. dann mach ich das nich. Dann geh ich einfach mehr in den Ort hinein, möglicherweise in Polizeinähe, sodass man auch rufen kann.*

... nicht zu abgelegen stehen

Die Warnanlage von innen betätigen, dann schreit die auch los. Die Warnanlage, die auch mit der Fernbedienung funktioniert, und wenn

... Warnanlage

ich die von innen bediene, geht die auch los. Ich hab ja auch 'ne beson-
dere Ultraschallanlage drinnen.“ (I. 9)

Man sollte also einen eigenen sensiblen Spürsinn entwickeln, um mögliche Gefahren beim frei Stehen zu erkennen. Zusätzlich kann man versuchen, sich durch Alarmanlagen vor Eindringlingen zu schützen. Nun wird in manchem Interview von solchen technischen Hilfen der Gefahrenabwendung berichtet. Eine informative Übersicht hierüber vermitteln beispielsweise Anzeigen oder auch Tipps, die man in den Reisemobilzeitschriften findet.

In R. SCHULZEs Buch wird berichtet, dass 36% der befragten Motorcaravaner ihr Fahrzeug mit einer Alarmanlage ausgestattet hätten. Bei Mobilen mit Alarmanlage seien nur noch 50% der Einbrüche erfolgreich gewesen, ohne seien es 91% gewesen.

Ab und zu sind es unkonventionelle Methoden der Selbsthilfe, die die Sicherheit im Fahrzeug erhöhen sollen. So kann es die zwischen den beiden Türen des Fahrerhaus gespannte Eisenkette sein, die das Aufbrechen der Türen von außen erschwert – eine Anregung, die der Autor dieser Zeilen von einem Kollegen erhielt und im Karmann Colorado angewandt hat.

... Nähe zu anderen Wohnmobilen suchen

In der zitierten Interviewpassage klang auch an, dass es ratsam ist, sich beim frei Stehen in die Nähe anderer Wohnmobile zu begeben. Dieses Zusammenstehen in der kleineren und größeren Wagenburg vermittelt zumindest subjektiv das Gefühl, nicht ohne Schutz zu sein:

„Wir stellen uns selbst auch frei hin, zum Beispiel bei Badeanstalten, Friedhöfen oder engen Gassen, wo man sicher steht. Wir warten aber immer auf ein, zwei andere.“ (I. 7)

Hohes Sicherheitsrisiko auf südlichen Transitrouten

Als besonders bedrohlich wird die Situation gesehen, wenn man sich auf den Transitrouten in den Süden, vor allem Richtung Spanien oder Portugal oder in Italien befindet.

Bei Ancona: Auf der Transitroute nach Griechenland beim Stehen Sicherheit durch Nähe zu Wohnmobilnachbarn?

Eine Reihe von Mittelmeerfans, die mit ihren Fahrzeugen unterwegs sind, weichen zur eigenen Sicherheit bei Zwischenstopps auf Campingplätze aus. Andere Wohnmobilisten gehen das Risiko ein, schlimmstenfalls mit einer bedrohlichen Situation konfrontiert zu sein.

130

Darunter ist beispielsweise ein älteres Rentnerpaar, das zum Über-... in Kauf genommen –
wintern nach Benidorm fährt: *„Wir gehen doch das Risiko ein. Obwohl
wir zwar den Kindern versprochen haben, auf'm Campingplatz zu übernachten. Das is uns aber zu umständlich oder man wird ja auch übers
Ohr gehauen mit den Preisen."* (I. 53) Sie machen es halt so wie ein
anderes Rentnerpaar, das ebenfalls in Spanien überwintert: *„Wir geh'n
im Ausland auf Campingplätze, außer, wenn wir jetzt übernachten bei*aber zusammen stehen
*der Durchfahrt durch Frankreich. Wenn, das wissen Sie selbst, wenn
schon irgendwo Wohnmobile stehen, stellt man sich dazu. Wir haben's
erlebt in Frankreich. Wir haben ganz alleine auf'm Rastplatz gestanden. Und morgens früh war'n wir umlagert von Wohnmobilen und
Wohnwagen. Also, der erste, der anfängt, da stellt sich relativ schnell
der nächste dazu. Dann ist doch so'n bisschen Zugehörigkeitsgefühl.
Gerade in Frankreich hört man ja immer wieder von Überfällen."* (I. 52).

Und wenn es nicht das eigene Völkchen der Wohnmobilfahrer ist,
*„schläft man bei Zwischenstopps auf Autobahnraststätten südlich Rom
und Neapel zwischen den Lkws."* (I. 37)

Das gerade angeführte ältere Rentnerehepaar schützt sich nichtSchutzgefühl durch Hund und Handy
nur durch die Nachbarschaft der Brummis, sondern meint auch: *„Hund
und Handy muss sein"* (I. 53). Weil die Tochter findet, dass die betagten
Eltern mit einem Hund sicherer unterwegs sind, haben sie ihrem
Wunsch nachgegeben. Die beiden sind nicht die einzigen, die einen
Hund auf der Reise dabei haben. Und das Handy hat sich ohnehin als
flexibles Kommunikationsmittel beim Wohnmobilreisen durchgesetzt.
In einigen Ländern, so zum Beispiel in Budapest, hat man die Möglich-... oder bewach-te Parkplätze aufsuchen
keit, sich auf besonders bewachte Parkplätze zu stellen. Hier kann man
sich sicher fühlen, wenn man die Stadt erkunden will oder zu einem
längeren Aufenthalt in den Thermalbädern weilt (I. 13).

R. SCHULZE (1998, S.67) gibt einige Tipps für Vorsichtsmaßnahmen:Tipps für Vorsichts-maßnahmen

- Übernachtungsplatz immer bei Tageslicht anfahren.
- Rollos ganz herunterziehen.
- Fahrzeug immer in freier Abfahrtsrichtung parken.
- Keine Nivellierstützen herabkurbeln.
- Fahrersitz und Durchgang zum Führerhaus frei halten.
- Zündschlüssel stecken lassen, ersten Gang einlegen.
- Brillenetui am Kopf des Bettes befestigen.
- Die größte Sicherheit aber bieten Freunde mit einem zweiten
  Wohnmobil nebenan.

Weitere Vorsichtsmaßnahmen kommen für andere Reisemobilisten
in Betracht: Bei Gasthöfen übernachten (I. 73) oder sich gezielt unter
den Schutz der Polizei stellen. Letzteres wird häufiger im Ausland prak-

tiziert, zum Beispiel in Marokko: *„Auf dem Land passt die Polizei sogar auf die Wohnmobile auf"* (I. 61), so das Lob eines erfahrenen Motorcampers auf Überwinterungstour.

Es dräut dem Reisemobilisten aber umgekehrt auch Gefahr just aus dieser Ecke: Die, die einen beschützt, die Polizei nämlich, kann ebenso Anlass von Bedrängnis und Zwang sein. Dann nämlich, wenn sie einen höflich oder mit Nachdruck auffordert, den so schön oder zweckmäßig empfundenen Stellplatz wieder zu verlassen. Gerade in den südlichen Ländern, in erster Linie Spanien, sind die goldenen Zeiten vorbei, in denen man mit dem Wohnmobil an jedem Strand, in jeder Bucht oder an jeder Promenade einfach kampieren durfte. Ein österreichisches Rentnerpaar im Eigenausbau weiß ein Lied zu singen von den zunehmenden Einschränkungen des freien Stehens und wie die Polizei damit umgeht: *„Also, das erste Mal stehen wir wieder frei. Aber mit viel Weh und Ach. ...Man hat erstens einmal viel Ungutes gehört, die Polizei, dass die sofort kommt oder einen natürlich wegschickt. Hier kommt die Polizei auch einmal, zweimal täglich. Aber die kommen nur schauen, kontrollieren. Nichts weiter.*

Während auf anderen Plätzen wird man sofort weggejagt. Wir war'n einmal in Garrucha auf der Promenade. Ham da einmal beim Durchfahren geschlafen. Jetzt ist nichts mehr, ist Parkverbot für Wohnmobile überall. Für Durchreisende war das schön, so wunderschön. Aber die Leute übertreiben, parken den ganzen Ort voll. War 'ne wunderschöne lange Promenade, eingeteilt mit Parkplätzen, mit allem. Aber 'ne Tafel und die Polizei kommt da gleich.

Beim Rauffahren ham wir uns einmal hingestellt am Abend. Polizei war schon da. Kein Camping und nichts. Sag ich: ,Da is aber eine Uhr mit Zeichen für einen Wohnwagen.' Hat er gelacht. Hab ich gesagt: ,Könn wir wenigstens fertig essen?' ,Ja' hat er gesagt. Dann sind wir halt weitergefahren." (I. 69)

In der Interviewpassage klang an, was mitverantwortlich für die zunehmenden Einschränkungen des frei Stehens und das konsequente Durchgreifen der Polizei ist: die Camper, die durch ihr geballtes Auftreten und damit einhergehende Umweltverschmutzungen den Bogen des Erträglichen überspannt haben. Eine mit den südlichen Küstenzonen seit Jahren gut vertraute Familie hat diese Verschlechterung der Stellplatzsituation und ihre Ursachen des längeren beobachtet:

„Die letzten Jahre waren wir in Torre del Mar, zwanzig Kilometer vor Malaga. Da ist direkt am Meer ein großer Parkplatz und hinten dran sind aber zwei kleine Campingplätze. Und auf dem großen Parkplatz hat sich das so eingebürgert mit den Jahren, dass halt die Wohn-

Margin notes:

- Polizei als Beschützer –
- und manchmal als Plagegeist
- ... vertreibt Freisteher
- Einschränkung von frei Stehen wegen Umweltverschmutzung

mobile da immer stoppen. Und das hat sich dann irgendwann mal rum-
gesprochen, weil da überall die Strandduschen in Betrieb sind. Da
konnt man also am Strand direkt parken und hatte das Meer vor der
Nase. Einkaufsmöglichkeiten dahinter im Städtele. Zwei Meter zum
Bäckerstand und also alles zentral. Wasser konnt man nehmen, so viel
man wollt. Dusche brauchte man gar nicht im Auto. Das ham wir jetzt
drei Jahr genosse.

Dieses Jahr sind wir wieder runter gefahren und da war das neue
Schild: Wohnmobile und Campingfahrzeuge verboten. Die sind also
auch schlau geworden. aber es gibt halt auch Camper, die richten sich
nich nach den normalen Vorbehalten und die versauen alles. Das ken-
nen wir ja. Und aufgrund dessen haben die das verboten." (I. 46)

Die Klagen von Reisemobilisten, dass das frei Stehen vor allem in
südlichen Ländern immer weiter zurückgedrängt wird, ließe sich fortsetzen. Doch genug davon: Fest steht, dass das Umherreisen „frei nach
Schnauze" für die Wohnmobilfahrer zu einem immer offeneren und
nicht immer erfolgreichen Abenteuer wird. Doch trotz solcher Risiken
bleiben viele Motorcaravaner weiter auf der Spur des freien und unabhängigen Reisens.

Die Debatte um freies Stehen oder Campingplatzbenutzung ist bisher, um die unterschiedlichen Positionen herauszuarbeiten, durchaus
kontrastreich fast im Sinne einer „Zwei-Lager-Theorie" dargestellt worden. Es gibt zwar diese Polarisierung in zahlreichen Fällen, doch dazwischen liegt eine beträchtliche Mitte, das heißt Wohnmobilreisende, die
je nach Zweckmäßigkeit und/oder Finanzen sowohl Campingplätze aufsuchen als auch frei stehen. Diese Gruppe sieht, wie auch in einzelnen
Interviewpassagen bereits angedeutet, ihre Stellplatzentscheidungen
praktisch und rational.

Campingplatz oder frei Stehen: Stures Pro und Contra oder „sowohl als auch"

Ein verbreitetes Verhaltensmuster ist in Deutschland, weil billiger
und gleichzeitig sicher, schön gelegen und sanitär zufriedenstellend,
Stellplätze aufzusuchen, dafür aber im Ausland vor allem aus Sicherheitsgründen Campingplätze zu nutzen (z. B. I. 29). Andere machen es
von der Länge des Aufenthaltes abhängig: bei kürzerem Tripp auf freie
Plätze, bei längerem Urlaub ab drei Tagen auf einen Campingplatz
(I. 35). Ein schönes Beispiel für das „Sowohl als auch" gibt eine Familie
mit zwei Kindern für ihren Sommerurlaub in Griechenland: „... *Sowohl*
als auch. Aber bei 'nem langen Urlaub wollen wir auch 'ne Zeitlang an
einem Ort mal bleiben im Sommer. Deshalb fahrn wir erst die ersten
zwei Wochen meistens rund, sehn uns was an und dann sind wir fest
an 'nem Platz, Campingplatz. Die ersten Wochen wild am Strand.
Das geht fast überall, offiziell nicht, aber es macht jeder. Die Tavernen

... In Deutsch-land frei – im Ausland auf Campingplätzen

... oder ganz gemischt: mal frei, mal Cam-pingplatz

am Strand, die freu'n sich dafür, wenn man abends essen kommt." (I. 42)

Ein Ehepaar ohne Kinder, das außer den vielen Wochenendtripps im Sommerurlaub Skandinavienreisen bevorzugt, gehört fast ausnahmslos zu den Freistehern. Aber: *„Je nachdem, wenn wir nur 'nen Angelurlaub jetzt planen, dann gehn wir auf 'nen feststehenden Campingplatz in Norwegen... Das war also ganz toll und lustig. Das war, als wir in Norwegen auf dem Platz standen. Und die sind also für vier Tage von Schweden nach Norwegen rübergekommen. Haben gemeint, sie müssten also jetzt in vier Tagen fünfzig Liter Gefriertruhe voll machen mit Filet. Und da ham wir gesagt: ,Das schafft ihr net, das passt net.' Aber ein Paar, wir sind schon über fünfzehn Jahre befreundet, die ham ein Boot, mir ham ein Boot, die ham sich ein Boot gemietet. Wir haben also alle drei Paare geangelt, vier Tage wie die Weltmeister und ham da, wo die Fische sauber gemacht werden, ich hab also Filet gemacht, die andere hat gewaschen und die andere hat getrocknet. Und das is also tatsächlich innerhalb vier Tag so gewese, dass die ihren Gefrierschrank voll mit Filet hatte und die letzten morgens, die sind also gegen sieben gefahren, weil dann die Fähre geht. Mir haben also morgens um zwei noch bei der im Wohnmobil gestanden und haben die letzten Fische noch getrocknet und filetiert. Und schnell auf und schnell zu, dass sie ja noch des alles voll gekriegt haben, und wie es funktionieren soll, dass ja die Fische auch nicht auftauen. Das war lustig, weil des trotzdem noch geklappt hat."* (I. 68)

Der Campingplatz also als Standort einer zeitweiligen Fischfabrik. Lustig, ja vielleicht auch nur für die Gäste und nicht das Gastland, dass gratis etwas von seinem Fischreichtum opfern musste.

Das Kapitel hat bisher die Frage nach Campingplatzbenutzern contra Freistehern und die dahinter liegenden Motive aus der Perspektive der einzelnen Wohnmobilisten behandelt. Einleitend klang jedoch an, dass hinter den subjektiven Einstellungen und Verhaltensweisen der Reisemobilfahrer eine ökonomische Ebene liegt: der Kampf um den Umsatz und Profit versprechenden Kunden, der zwischen den Betreibern der Campingplätze auf der einen Seite und den der kommunalen oder privaten Stellplätze auf der anderen Seite ausgetragen wird. Das Feld der Auseinandersetzung, über die berichtet werden soll, ist Deutschland. Denn hier schlägt dieser Streit die höchsten Wellen.

Wirtschaftliche Attraktivität des Wohnmobilreisens für Campingwirtschaft und sonstige Betreiber

Da in diesem Kapitel zum ersten Mal – auch in Zahlen – vom Geld die Rede ist, eine Vorbemerkung: Die Interviews und auch der größere

Teil der Statistikbearbeitung sind noch zu Zeiten der Gültigkeit der Deutschen Mark erfolgt. Dies und auch die Tatsache, dass auch nach einem halben Jahr nach Einführung des Euro die DM im Bewusstsein der Menschen noch stark verankert ist, sind Anlass, im Text die alte Währungssprache „DM" zu belassen. An einigen Stellen, wo neue materielle Sachverhalte aus jüngster Zeit angesprochen werden, wird parallel auch der Euro – € – als Bezeichnung verwendet.

Die folgende Abbildung zeigt, dass Wohnmobilreisende mehr ausgeben als andere Caravaner. So wird beispielsweise für 1998 festgestellt, dass sie bei ihrer Haupturlaubsreise mehr als doppelt so viel ausgeben, nämlich 2.087 DM zu 1.030 DM, die Wohnwagenreisende pro Person verbrauchen (VDHW 1999). Zudem steigt der Anteil der Reisemobilisten, je höher der Betrag der Urlaubsausgaben ist. Nun sollte die Kombination der beiden Faktoren, dass es nämlich in Deutschland besonders viele Reisemobilisten gibt und diese im Urlaub mehr Geld ausgeben als andere Caravaner, den Schluss zulassen, dass diese Freizeit- und Urlaubszielgruppe der Campingwirtschaft im Besonderen und der Tourismuswirtschaft allgemein als Wertschöpfungsmotor willkommen ist.

Es ist keine Frage, der Boom des Wohnmobilreisens hat einen ordentlichen Umsatzzuwachs für die Herstellerbranche und die Anbieter von Stellplätzen sowie deren Orte und Regionen gebracht. Wie teilen sich Campingplatzbesitzer oder -betreiber auf der einen Seite und auf der anderen Seite die Anbieter von Stellplätzen außerhalb von Campingplätzen – letztere oft in kommunaler Hand – den Ausgabenfluss der Reisemobilisten? Diese Frage ist deshalb so spannend, ja brisant, weil bekanntermaßen zwischen beiden Lagern keine ausgesprochene Liebesbeziehung besteht.

Ausgaben pro Person bei Caravaning-Urlaubsreisen 1998

	alle (48,5 Mio.)	mit Caravan* (1,41 Mio.)	mit Motorcaravan (0,93 Mio.)
bis 499 DM	9,5	17,6	7,3
500 – 999 DM	24,9	40,6	27,1
1.000 – 1.499 DM	22,7	24,2	15,0
1.500 – 1.999 DM	15,4	7,6	17,3
2.000 – 2.999 DM	16,6	5,3	16,0
über 3.000 DM	10,9	4,7	17,4
Durchschnitt	1.574,88 DM	1.030,36 DM	2.086,76 DM

*Angaben in % vertikal * als Urlaubsunterkunft*

Abb. 6 Ausgaben pro Person bei Caravaning-Urlaubsreisen 1998

Basis: Haupturlaubsreisen 1998 n = 6030 N.I.T., 1999 Quelle: F.U.R., RA99

Zur Frage des wirtschaftlichen Stellenwertes des Wohnmobiltourismus für beide Gruppen von Stellplatzanbietern werden zwei Tabellen vorgestellt, die auf der Grundlage statistischer Informationen (v.a. des VDHW) und verschiedener Untersuchungen zum Caravaning (ADAC Freizeit Mobil 2/96; DFV 1997; promobil caravaning 1998) durch eigene Berechnungen entwickelt worden sind. So wenig wie keine der genannten Quellen für sich die gestellte Frage beantworten kann, soll nicht verhehlt werden, dass nur eine Annäherung an die wirkliche Nutzungs- und Umsatzverteilung erreicht werden kann, weil einige eigentlich notwendige Ausgangswerte nicht als harte statistische Vergleichszahlen zur Verfügung stehen.

Die folgende Tabellenübersicht zeigt den 1997 erzielten Bruttoumsatz im Freizeitmobilbereich ohne die Gruppe der Dauercamper. Wenn von Bruttoumsatz gesprochen wird, sind die der DFV Studie von 1997 zugrunde liegenden Tagesausgaben pro Person und Tag gemeint, die bei Campingplatznutzung bei 35,– DM, bei freien Stellplätzen bei 60,– DM liegen sollen. Sie beinhalten nicht nur die Platzgebühren und Serviceleistungen am Platz, sondern auch Ausgaben am Aufenthaltsort oder in der Urlaubsregion.

Eine interessante Detailinformation hierzu kommt von der Vizepräsidentin der Reisemobil Union, Frau Färber: Nach Erhebungen in einigen Clubs rechnet man damit, dass eine Reisemobilbesatzung an einem Wochenende im Schnitt 120 Euro ausgibt. Bei einer durchschnittlichen Besetzung mit zwei Personen ergibt die auf zwei Tage verteilte Summe eine ähnliche Größe wie die Angabe der DFV Studie. Man müsste allerdings einschränkend hinzufügen, dass es sich bei diesen Erhebungen der Reisemobil Union sicher meistens um Kurz- oder Wochenendreisen handelt. Bei diesen werden durch intensiveres Shopping und Gastronomiebesuche die Ausgaben pro Tag etwas höher liegen als bei länger andauernden Urlaubsreisen.

Aufschlussreich ist auch die in der Stadt Geldern errechnete Summe von 400.000 Euro, die als Umsatz auf das Konto von Reisemobilbesuchern gehen sollen.

Was die Campingplätze angeht, kann die Aufteilung nach Stellplatznutzern auf Wohnwagen und Wohnmobile – die anderen Studien sagen hierüber nicht – nur indirekt über die vom VDHW ermittelten Fahrzeugbestandzahlen erschlossen werden, wobei bei einem Dauercamperanteil von circa 60 % 400.000 Wohnwagen für die Touristiknutzung übrig bleiben dürften. Da in der Literatur relativ übereinstimmend berichtet wird, dass bis zur Hälfte der Wohnmobile vorrangig auf Campingplätzen steht, wird von 220.000 Fahrzeugen ausgegangen. Danach kann der Bruttoumsatz für Wohnwagen und Reisemobile auf Camping-plätzen errechnet werden. Er liegt für Wohnwagen fast um ein Drittel höher als für Wohnmobile.

Abb. 7
Touristik-
camping –
Bruttoumsatz
in Deutschland

Touristikcamping – Bruttoumsatz in Deutschland

			in Mio. DM	Anteil nur WM
Campingplätze				
Wohnwagen (ohne Dauer-camper)	400.000 Stück (64,5 %)	x 35 DM Tages-ausgaben pro Person	1.290	
Wohnmobile	220.000 Stück (35,5 %)		710	< 67 %
außerhalb von Campingplätzen				
Wohnwagen (1,5 Mio. Über-nachtungen im Jahr)		x 60 DM Tages-ausgaben pro Person	90	
Wohnmobile (5,5 Mio. Über-nachtungen)			330	< 31 %
Bauernhöfe				
50 % Touristik-plätze von 620 Plätzen			15	< 2 %

Quelle:
DFV 1997;
VDWH 2000

Die Bruttoumsätze außerhalb von Campingplätzen sind in der DFV-Studie direkt berechnet und übernommen worden. Hier zeigt sich selbstverständlich ein starkes Übergewicht der Reisemobile gegenüber Wohnwagen. Man kann jetzt die Bruttoumsatzanteile der Wohnmobile – um Einsichten zur Entwicklung dieses Teilsegmentes geht es hier – in Beziehung zueinander setzen. Hierbei wird auch der Anteil von Reise-mobilen auf Bauernhöfen berücksichtigt.

Fazit ist, dass über zwei Drittel des Bruttoumsatzes der Reisemobi-le über Campingplatzübernachtungen erwirtschaftet werden und dies, obwohl höchstens die Hälfte von ihnen Campingplätze benutzt.

Bei dieser Schlussfolgerung ist, wie schon erwähnt, zu berücksichti-gen, dass es sich um die Gesamtausgaben vor Ort pro Tag handelt. Des-halb würde sich die Bruttoumsatzrelation eher noch weiter zugunsten

Abb. 8
Angebots-
potenzial an
Touristik-
stellplätzen
und Wirtschaft-
lichkeit

der Campingplätze verschieben, da diese höhere Gebühren haben, während die Wohnmobilfahrer auf anderen Stellplätzen wesentlich mehr Geld in Urlaubsort und -region ausgeben und nicht für den Stellplatz.

Angebotspotenzial an Touristikstellplätzen und Wirtschaftlichkeit

	Campingplätze		außerhalb von Campingplätzen		Bauernhöfe	
	Plätze	Parzellen	Plätze	Parzellen	Plätze	Parzellen
insgesamt	5.800	880.000	1.700	42.500	620	10.000
Touristik absolut in %		410.000 89,6 %		42.500 9,3 %		5.000 1,1 %
Wirtschaft-lichkeitsindex		0,075		0,33		0,18

Quelle: Dunkel-
berg 2000;
DFV 1997;
Berechnung:
R. Krüger 2000

Können sich also die Campingplatzbetreiber angesichts dieser für sie optimistischen Befundlage, den weit größeren Teil des Ausgabenkuchens von Reisemobilisten für sich verbuchen zu können, beruhigt zurücklehnen? Nur bedingt, weil ein weiterer Faktor das sehr positive Bild relativiert: das tatsächliche Angebot an Stellplätzen auf bzw. außerhalb von Campingplätzen, worüber die nächste Tabelle Aufschluss gibt. Die Angaben über die Zahl der Plätze in Deutschland sind nicht aussagekräftig für das tatsächliche Stellplatzangebot. Bezieht man sich auf die Ergebnisse der DFV-Studie (1997), so kommt man zu den folgenden Parzellenzahlen, die das tatsächliche Stellplatzangebot widerspiegeln: Für die alten Bundesländer sollen es bei rund 160 Stellplätzen je Campingplatz insgesamt 800.000 Parzellen sein, wovon 330.000 der Touristiknutzung zugerechnet werden. Für die neuen Bundesländer wurde die Zahl der Campingplätze auf 800 hochgerechnet. Da die Studie annimmt, dass im Durchschnitt 100 Touristikstellplätze auf jeden Campingplatz entfallen, ergäbe dies einen Umfang von 80.000 Parzellen für Touristiknutzung. Somit wären für Deutschland insgesamt von den 880.000 Parzellen auf Campingplätzen 410.000 (330.000 + 80.000) der Touristiknutzung zuzuschreiben.

Es kommt bei der Berechnung heraus, dass das Angebot an Stellmöglichkeiten auf Campingplätzen etwa neunmal so hoch ist wie außerhalb derselben. Es reicht selbst ein Bruttoumsatzanteil von über zwei Dritteln bei den Campingplätzen nicht aus, um mit der Belegung durch Reisemobile eine annähernd so hohe Wirtschaftlichkeit als Nutzungsintensität wie andere Stellplätze zu erreichen. Ganz im Gegenteil ist es so:

Wenn man den Parzellenbestand zum Bruttoumsatzanteil in Beziehung setzt, weisen die Stellplätze außerhalb von Campingplätzen eine über viermal größere Umsatzintensität aus. Wie gut, dass die Campingplatzbetreiber die Klientel der Wohnwagennutzer (Dauer- und Touristikcamping) haben, um ein besseres wirtschaftliches Ergebnis zu erzielen.

Im Nachgang erscheint es notwendig, einen Zusatz zu der soeben beschriebenen Angebots- und Wirtschaftlichkeitsberechnung zu machen. Vom ADAC wird nämlich die in der DFV-Studie ermittelte Zahl von 880.000 Stellplätzen in Zweifel gezogen und als viel zu hoch kritisiert. Der ADAC hat in Absprache mit dem Autor eine Sonderauswertung zum Stellplatzangebot von Campingplätzen vornehmen lassen. Dies ist auf der Grundlage des Camping-Caravaning-Führers 2000 und einer weiteren Datenbank des ADAC über nicht im Führer enthaltene Campingplätze geschehen. Die dabei errechnete Stellplatzkapazität sieht folgendermaßen aus:

Campingplatzstellplätze nach ADAC

Nach ADAC-Camping-Caravaning-Führer:		
Dauercamper	142.909	Stellplätze
Touristen	129.690	Stellplätze
Bungalows / Miethütten	3.643	Einheiten
Mietcaravans	2.488	Einheiten
Mietzelte	374	Einheiten
Nicht im ADAC Führer enthaltene Stellplätze		
Dauercamper	85.251	Stellplätze
Touristen	55.295	Stellplätze

Quelle: Sonderauswertung ADAC 2001

*Abb. 9
Campingplatz-
stellplätze
nach ADAC*

Die für die Berechnung des Angebotspotenzials an Stellplätzen und der daraus folgenden Wirtschaftlichkeit von Reisemobiltourismus relevanten Werte wären demnach folgende:

Parzellenbestand insgesamt:	419.650
davon Touristiknutzung:	184.985

Im Vergleich zu den Zahlen der DFV-Studie, nämlich 880.000 und 410.000 Parzellen, liegen die ADAC Werte um mehr als die Hälfte darunter. Diese stark divergierenden Ergebnisse belegen, dass es zur Zeit letztlich für Deutschland keine gesicherten Zahlen über das Stellplatzangebot für Camping und Caravaning gibt. Nach telefonisch geäußerter Meinung des ADAC vom 07.12.2000 könne man von rund 500.000 Stellplätzen auf Campingplätzen in Deutschland sprechen.

Will man die Berechnungslogik zur Umsatzintensität von Reisemobiltourismus auf Campingplätzen und anderen Stellplätzen anhand der ADAC Zahlen fortsetzen, kommt man zu veränderten Schlussfolgerungen: Der Anteil von Stellplätzen für Reisemobile auf Campingplätzen beträgt nur noch 79,6 %, der außerhalb von Campingplätzen steigt auf 18,3 % und der auf Bauernhöfen bleibt bei 1,1 %.

Entsprechend ist die Wirtschaftlichkeitsrelation nach Umsatzintensität nicht mehr so krass unterschiedlich wie in der DFV-Studie: 0,084 für Campingplätze zu 0,17 für Stellplätze außerhalb von Campingplätzen. Dennoch verändert sich die Schlussfolgerung nur relativ. Es bleibt dabei: Das höhere Angebot an Stellplätzen auf Campingplätzen erbringt immer noch einen geringeren Wertschöpfungsgrad als freie Stellplätze. Campingplatzbetreiber können nicht mit dem Wertschöpfungsanteil durch Reisemobile zufrieden sein. Wie kann man deren Lage verbessern?

Normalerweise wäre es das oberste Gebot, vorrangig auf eine qualitative Verbesserung des Angebots für die speziellen Stellbedürfnisse von Reisemobilen einzugehen. Und es gibt auch Ansätze, über die noch kurz zu berichten sein wird.

Die Campingplatzwirtschaft hat aber auch einen anderen Weg eingeschlagen: Sie geht öffentlich und juristisch gegen das vermeintlich zu Unrecht preiswertere Angebot privater und kommunaler Stellplatzbetreiber vor. Hierfür steht ein Paradebeispiel:

Der Fall Überlingen

Im schönen Überlingen am Bodensee liegen in nur zwei Kilometer Entfernung ein Campingplatz mit etwa 200 Stellplätzen – wovon 160 der Touristiknutzung offen stehen – und ein freier Reisemobilhafen der Stadt Überlingen auf einem Park- und Rideparkplatz mit 24 geplanten Stellplätzen und 12 Stromanschlüssen. Tatsächlich werden aber dort bis zu 60 Stellplätze zum Tagespreis von DM 12,– pro Reisemobil inklusive Kurtaxe und ca. DM 4,– für die kostenlose Benutzung des städtischen Verkehrsbusses vermietet, allerdings ohne Gebühren für Wasser, Strom und Fäkalentsorgung. Gegenüber den vom Campingplatzbetreiber geforderten DM 30,50 für kleinere und DM 37,– für größere Stellplätze stellt der kommunale Stellplatz somit eine preiswerte Alternative dar.

Der Campingplatzbetreiber, der diesen Platz übrigens von der Stadt angepachtet hat, sieht im günstigeren städtischen Stellangebot eine Wettbewerbsverzerrung und hat deshalb mit Unterstützung des Campingunternehmerverbandes Baden-Württemberg im Jahr 2000 eine Klage gegen die Stadt angestrengt: Er forderte die Unterlassung des Weiterbetriebes des städtischen Reisemobilhafens und anderer oder weiterer Reisemobilhäfen an anderer Stelle der Stadt. Auch machte er Schadensersatz für ihm entgangene Reisemobilkunden geltend. Das Landgericht Konstanz schaltete einen Gutachter ein, Prof. Dr. Heinrich Lang von der Berufsakademie Ravensburg als von der IHK öffentlich bestellte und vereidigte Sachverständige für das Campingplatzwesen. Sein Gutachten ist insofern wichtig, weil es vom Gericht in seinem Urteil übernommen wurde. Ohne den gesamten Argumentationsgang des Gutachters hier wiederzugeben, bleibt als sein Fazit festzuhalten:

„Den Preis für die Inanspruchnahme eines Stellplatzes im Reisemobilhafen Überlingen pro Tag setze ich mit DM 22,– fest. In diesem Preis enthalten sind insbesondere die anteilige Mehrwertsteuer, Kurtaxe und Fremdenverkehrsbeitragsbestandteile und die kostenlose Benutzung der Stadtverkehrsbusse (DM 4,– netto). In diesem Preis nicht enthalten sind der Bezug von Wasser und Strom sowie die Fäkalentsorgung. Eine jährliche Nachkalkulation wird empfohlen."

Der angesetzte bzw. errechnete bzw. nachkalkulierte Übernachtungspreis erscheint zunächst sehr hoch; er enthält jedoch die Kosten für die Benutzung des Stadtverkehrs in Höhe von DM 4,– netto. Würde man dann auch noch die anteiligen Kosten für Fremdenverkehrsbeitrag und Kurtaxe in Abzug bringen, da diese Abgaben in den meisten Städten und Gemeinden ja gar nicht erhoben werden, so könnte sich ein Kalkulationspreis für Reisemobilhäfen in anderen Städten und Gemeinden durchaus bei DM 12,– bis DM 15,– einpendeln. (Camping 2001, S. 26)

Die Stadt Überlingen wird zwar nicht verpflichtet, den Betrieb des Reisemobilhafens einzustellen, aber im Sinne des Gutachtens eine entsprechende Preisgestaltung vorzunehmen und dem Campingplatzbetreiber Schadensersatz zu leisten. Die Stadt Überlingen hatte gegen diese Urteil beim Oberlandesgericht Freiburg Widerspruch eingelegt.

Indem die Campingplatzwirtschaft die Auseinandersetzung mit den übrigen Stellplatzbetreibern auf eine juristische Stufe gehoben hat, ist das Verhältnis zwischen beiden Seiten erst einmal schroffer geworden.

Vor allem wären die Reisemobilisten die nachteilig Betroffenen, wenn nach diesem Urteil freie Stellplätze geschlossen oder zumindest auf ein zu hohes Preisniveau angehoben würden. So hat denn die Deutsche Reisemobilunion (RU), die sich vor allem als Interessensvertreterin des freien Stehens versteht und in zahlreichen Kommunen aktiv bei der Einrichtung von Stellplätzen geholfen hat, prompt Stellung bezogen:

GÜNTER DIEHL, jüngst verstorbener Präsident der Deutschen Reisemobilunion e. V., schreibt dazu im Editorial von Heft 4/2000 der Zeitschrift Szene Mobil aktuell: „Erschreckende Nachrichten kommen aus Überlingen vom Bodensee. Dort hat ein Campingplatz-Pächter gegen einen städtischen Reisemobil-Stellplatz geklagt und gewonnen. Das Gericht sah mit Hilfe eines nicht optimal informierten Gutachters den Stellplatz als rechtlich nicht zulässige („Dumping"-)Konkurrenz zum städtischen Campingplatz an... Trotz der besonderen Eigentumsverhältnisse – städtischer Stellplatz und städtischer Campingplatz – kann dieses beschämende Urteil Schule machen und bei gleicher Konstellation vor Ort lange Jahre der Arbeit von Clubs und RU zunichte machen. Die RU wird dagegen massiv protestieren."

Der erregte Schlagabtausch beider ist allerdings inzwischen in eine nüchterne Kompromisslinie übergegangen. So haben in einer Berufungsverhandlung vom 03.05.2001 vor dem Oberlandesgericht Karlsruhe die Stadt Überlingen und der Campingplatzbetreiber einem Vergleichsvorschlag zugestimmt. Danach verpflichtet sich die Stadt, auf dem P+R Stellplatz eine Mindestgebühr von 18 DM und ab 1. Januar 2002 von 10 Euro zu verlangen. Der Campingplatzbetreiber erhält als einmalige Schadensausgleichszahlung 10.000 DM von der Stadt. Wenngleich juristisch der Fall ausgestanden ist, hat die Auseinandersetzung doch bei Campingplatzbetreibern und Reisemobilisten – wenn auch nachlassend – Nachwehen ausgelöst.

Es ist unbestritten, dass es nach wie vor Campingplätze als auch sonstige Stellplätze geben muss. Denn das Volk der Reisemobilfahrer ist – und das ist das ausführlich belegte Ergebnis diese Kapitels – in Anhänger der Campingplatznutzung und Freisteher geteilt, wobei viele zwischen beiden Stellformen wechseln. Dieser Wunsch, selbst frei die Stellart entscheiden zu können, ist also zu respektieren. Er ist nämlich begründet in dem jeweiligen Lebensstilmuster von Wohnmobilisten, wie der theoretische Exkurs III verdeutlichte.

Das Anliegen von Campingplatzbetreibern, möglichst alle – oder doch die meisten – Wohnmobile auf ihre Plätze zu zwingen, kann also nicht funktionieren. Hierfür gibt es außer der subjektiven Einstellung vieler Reisemobilfahrer auch objektive Gründe:

Objektive Gründe für besonderes Stellverhalten von Wohnmobilreisenden

Wohnmobilfahrer haben einen flexibleren und „kurzweiligeren" Zuschnitt ihres Reisens: Sie legen zwei bis dreimal mehr Kilometer im Jahr zurück als Wohnwagenbesitzer (DFV 1997), erreichen damit mehr Standorte pro Jahr und wechseln diese häufiger. Zu einer ähnlichen

Einschätzung, was die jährliche Fahrleistung betrifft, kommt die CC-Bank Studie (2001, S. 34 f.). „Die Hälfte der Reisemobilisten legt im Jahr mindestens 12.000 km mit dem Motorcaravan zurück, 15% sind dabei sogar mehr als 20.000 km im Jahr unterwegs... Betrachtet man bei den Caravanbesitzern wiederum nur die Touringcamper [also nicht die Dauercamper] als relevante Gruppe, dann zeigt sich, dass von diesen 20% weniger als 1.000 km und weitere zwischen 1.000 und 2.000 km im Jahr mit ihrem Wohnwagen zurücklegen. Nur 10% der Touringcamper reisen mehr als 5.000 km im Jahr."

... sie fahren viel mehr als Wohnwagen im Jahr

Die Wohnmobilisten machen auch mehr Tages- und Kurzreisen: bei Reisen bis zu 4 Tagen wird beispielsweise 7,2 mal ein Wohnmobil, nur 4,4 mal ein Wohnwagen genutzt (DFV 1997). Sie dominieren bei Tagesreisen, denn mindestens jeder zweite Wohnmobilist nutzt hierfür sein Fahrzeug, aber nur jeder zehnte Caravanfahrer.

... und machen mehr Kurz- und Tagesreisen

Wenn also die Nutzer von Reisemobilen viel mobiler sind, fragt man sich, ob alle Campingplätze diesem Aktivitätsmuster gerecht werden? Möglicherweise nicht: Campingplätze haben in der Regel eine striktere Ablaufordnung des Tagesgeschehens, das ist Teil ihrer Hausordnung: Man kann nicht rund um die Uhr an- oder abreisen, häufiger sind Ver- und Entsorgung zeitlich eingegrenzt. Dazu kommt, dass Reisemobile öfter getrennt auf weniger attraktive Teile von Campingplätzen verwiesen, manchmal – wie in Interviews berichtet wird – abgeschoben werden.

Brauchen deshalb flexiblere An- und Abfahrt sowie V+E als auf Campingplätzen üblich

Umgekehrt gibt es viele Stellplätze außerhalb von Campingplätzen, die einen schnellen – oft spontanen – Ortswechsel leicht machen, den Gebühreneinzug, wenn verlangt, über einen Automaten oder eine Person, die ein- bis zweimal am Tag vorbeischaut, regeln. Ver- und Entsorgung ist meistens zu jeder Zeit möglich.

Ein weiterer Vorteil ist nicht zu unterschätzen: Gerade bezogen auf Tages-, Wochenend- und Kurzreisen liegen diese Stellplätze häufig näher und günstiger zu den jeweiligen Attraktionen und Lokalitäten, derentwegen der Trip unternommen wird. Besonders die in den Reisemobilclubs zusammengeschlossenen Befürworter einer eher nicht Campingplätze favorisierenden Klientel bevorzugen solche „erlebnisnahen Stellplätze". Man sieht also, dass nicht jeder flexibler sein wollende Reisemobilist von vornherein auf den üblichen Campingplatz passt.

Wohnmobilfahrer bevorzugen erlebnisnahe Stellplätze

Auf der anderen Seite ist aber einzusehen, dass die Campingplätze, die als Stellalternative für viele Reisemobilisten ganz wichtig sind, wirtschaftlich überleben können und vom Angebot her attraktiv sein sollen. Das kostet Geld. Und kostenlos müssen auch die freien Stellplätze nicht sein. Vernünftige Wohnmobilfahrer, die einen ordentlich geführten

Stellplatz mit Ver- und Entsorgungsmöglichkeit vorfinden, werden es nicht als unbillig ansehen, hierfür pro Tag bis zu 8 bis 10 Euro zu bezahlen.

Campingplätze für Wohnmobilisten attraktiver machen

Bleibt die Frage, wie sich Campingplätze noch attraktiver für Wohnmobile in Position bringen können. Hierfür gibt es durchaus Anregungen, die in Einzelfällen auch praktiziert werden.

... Stehen vor der Schranke

Das Modell Reisemobilhafen beim Campingplatz nach dem Motto „flexibel stehen vor der Schranke und Infrastruktur und Service hinter der Schranke nutzen können" ist eine sehr gute Variante – auch, um neue Kundschaft gewinnen zu können. Die Reisemobilisten müssen natürlich eine angemessene Stellgebühr entrichten.

Gleichberechtigte Stellplatzvergabe auch für Wohnmobilfahrer

Der Versuch, innerhalb von Campingplätzen die Zahl der Wohnmobilreisenden zu erhöhen, hängt von der Attraktivität der Stellplätze ab. „Nicht in die Ecke abgeschoben, sondern gleichberechtigt aufgehoben zu sein" wäre die Maxime.

Campingplatz Tromsö (Norwegen): Freie Stellplatzwahl – so schön kann es auf dem Campingplatz sein.

Bei entsprechend großen Campingplätzen sollten diese Stellplätze ohne große Belästigung für andere Camper erreichbar sein und flexiblere An- und Abreisezeiten bieten.

Aber auch: Einrichtung zusätzlicher Stellplätze wünschenswert

Bei aller berechtigter Sorge um das wirtschaftliche Wohlergehen der Campingplatzbetreiber, das auch im Interesse des Reisemobiltourismus liegt, wäre es aber ebenfalls zu wünschen, dass die Einrichtung weiterer offener Stellplätze Zukunft hat. Denn der Vorteil „erlebnisnahen" Stehens in Städten und der Landschaft bleibt ein besonderer Vorteil freier Stellplätze. So könnte man noch stärker in attraktiven Fremdenverkehrsorten und Städten wie auch in ländlichen Nischen (Gemeinden) oder in Verbund mit Ferien auf dem Bauernhof, Winzerbetrieben und der Gastronomie kleinere Stellplatzangebote schaffen. In Großschutzgebieten, also Räumen, die ökologisch besonders geschützt bleiben sollen, könnten noch häufiger in ökologisch weniger wertvollen Teilbereichen kleinere Campingplätze und/oder alternative Stellplatznischen angelegt werden.

In allerletzter Zeit – im September 2002 – hat es erstaunlicherweise in der Auseinandersetzung zwischen beiden Lagern eine positive

Wende gegeben. Auf Initiative des Deutschen Tourismusverbandes e.V. (DTW) haben der VDWH, der Deutsche Caravan Handels-Verband, der ADAC, aber auch der Bundesverband der Campingwirtschaft in Deutschland (BVCD) eine „Planungshilfe für Wohnmobilstellplätze" erarbeitet. Damit hat die Campingwirtschaft ersichtlich von Konfrontation auf Kooperation umgeschaltet, wenn es um die notwendige Existenz und die Weiterentwicklung von Stellplatzangeboten außerhalb von Campingplätzen geht. Im Text wird ausdrücklich von der eigenständigen Kategorie von „Wohnmobilstellplätzen" gesprochen, die als für ihre Nutzer „ausgestattete Übernachtungsplätze" seien, „deren Benutzung direkt oder indirekt entgeltpflichtig" sein. Die konkreten Ausführungen zu Ausstattungsstandards, zur Lage und baulichen Kriterien können eine wertvolle Handreichung bei der Einrichtung neuer Plätze sein.

Brandneu: Initiative für eine „Planungshilfe für Wohnmobilstellplätze" unter Beteiligung der Campingwirtschaft

Zum Ende dieses Kapitels über „Campingplatz oder frei Stehen" kann man nur einer Philosophie huldigen. Es geht immer um den Menschen, dem man in Freizeit und Urlaub die Erfüllung seiner Bedürfnisse erleichtern soll. Um diese vielen Einzelnen des Wohnmobilvolkes noch besser kennen zu lernen, wird eine weitere Seite ihrer besonderen Lebenswelt beleuchtet: der Reisemobilist zwischen Individualität und Geselligkeit.

Kapitel 4 ────────────────────────────────

Unter „Kollegen" und Einheimischen –
Wohnmobilreisen zwischen Individualität
und Geselligkeit

Wenn es beim Wohnmobilfahrer „menschelt", wenn es sein Wunsch ist, sich zu anderen zu gesellen, heißt das noch lange nicht, dass dieses Anliegen von allen Motorcaravanern ganz selbstverständlich und undistanziert in die Tat umgesetzt wird. Bei einigen Reisemobilisten freilich schon, bei anderen stößt der Sinn nach Geselligkeit oder Gemeinschaft auf einen Gegenpol, nämlich das Bedürfnis nach Individualisierung. In diesem Spannungsfeld sind Wunsch und Wirklichkeit der Kommunikationsbereitschaft beim Wohnmobilreisen durchaus unterschiedlich ausgeprägt.

Sinn des Kapitels ist es, verschiedene Fallgruppen unterscheidbar werden zu lassen, die sich im Grad ihres Interesses an anderen Menschen und auch in der Bereitschaft, sich dem Fremden („Land und Leute") zuzuwenden, unterscheiden. Diese Aufgabe ist nicht leicht einzulösen, weil in vielen – von uns – in unterschiedlicher Gewichtung sowohl Neigungen zu Nähe und Neugier am Anderen, aber auch zu Distanz und Unsicherheit vor Neuem vermischt sind. Insofern würde eine lupenreine Gegenüberstellung von zwei Extremen der tatsächlichen Bewusstseinslage und dem Verhalten von Wohnmobilisten nicht gerecht.

Gleich einem Schalenmodell äußern sich Kommunikation und Geselligkeit in verschiedenen Reichweiten: erstens im dichteren Mikrokosmos eines Campingplatzlebens, zweitens im offeneren Miteinander (und wieder Auseinander) von Wohnmobilreisenden beim freien Stehen und Herumreisen, bisweilen aber auch unter Einbeziehung von Campingplätzen. Drittens geht es um das Verhältnis zu den Einheimischen anderer Länder oder Regionen, denen die Wohnmobilfahrer begegnen. Entsprechend ist das Kapitel in drei Abschnitte unterteilt.

In den Gesprächsinhalten der Interviews fällt rein zahlenmäßig ein Unterschied auf: Wohnmobilreisende sind viel stärker in Kommunikation miteinander als zu den Einheimischen der bereisten Regionen verwoben: Ein auf den ersten Blick erstaunlicher Befund, da man meinen könnte, dass man vor allem deshalb in die Fremde reist, um dort Land und Leute kennen zu lernen.

Man ahnt, dass es spannend sein wird, sich mit dem kommunikativen Verhalten der Wohnmobilisten gründlicher auseinander zu setzen.

Unterschiedlich intensives Bedürfnis nach Kommunikation

Verschiedene Welten der Kommunikation:
... Mikrokosmos Campingplatz
... Kontakte unter Wohnmobilreisenden
... Begegnung mit Einheimischen In der Fremde

Kontakte unter Wohnmobilreisenden stärker als zu Einheimischen

147

In einem ersten Zugang wird es noch einmal um das Thema Geselligkeit auf dem Campingplatz gehen. Die Fragestellung wurde im vorausgehenden Kapitel bereits gestreift. Sie soll aber jetzt unter dem Tenor angegangen werden, welche positiven kommunikativen Bezüge auf dem Campingplatz, aber auch welche Reserven gegenüber zwischenmenschlichen Kontakten sich erschließen lassen.

Geselligkeit im Mikrokosmos Campingplatz – wie schön oder wie furchtbar

Für ein Rentnerpaar mit ganz bewusstem eigenen Freizeitstil ist es ausgemachte Sache, *„dass wir standhaft auf Campingplätze gehen"* (I. 48). Nicht nur, weil sie in einem Dickschiff durch Deutschland und Europa reisen, haben sie ihre besondere Vorliebe für Campingplätze. Sie wollen sich vor allem von denen abgrenzen, die außerhalb der Campingplätze bleiben: *„Machen Sie mal hinter den Dünen die Freisteher ausfindig, die sind ganz andere Leute."* (I. 48) Es sind Leute, mit denen sie als Campingplatzsteher keinen Umgang haben (wollen).

Einige Campingplatznutzer in Abgrenzung zu Freistehern „draußen"

Will man aber herausfinden, in welcher Weise neben Gründen der besseren sanitären Versorgung und Sicherheit (siehe letztes Kapitel) Möglichkeiten eines besonders geselligen Zusammenlebens einen maßgeblichen Vorzug bieten, Campingplätze zu bevorzugen, bleiben die Antworten unspektakulär und unterscheiden sich nicht wesentlich von positiven Erfahrungen, die Freisteher zu diesem Thema berichten.

Immerhin, was lieben Wohnmobilisten an Kommunikation und Geselligkeit auf Campingplätzen?

Ungezwungener Plausch auf Campingplatz leicht gemacht

Für ein Lehrerehepaar im Karmann Gipsy ist es das *„Campingleben"* selbst, zu dem *„man einen Draht haben muss"* (I. 11). Sie stört es nicht, in der Nähe des Abfallkübels zu sitzen und die Leute an sich vorbeilaufen zu lassen, während sie vor dem Reisemobil frühstücken. Denn das gibt Gelegenheit zum ungezwungenen Plausch. Was für das lockere Gesprächsambiente in der Sächsischen Schweiz gilt, ist auch Anlass für andere Wohnmobilisten, auf dem Campingplatz Bolnuevo an der spanischen Südküste aufzukreuzen. Man sucht die Kommunikation oder wie es ein pensionierter Studienrat sagt, den *„sozialen Austausch"* (I. 56).

Lido di Dante: Campingplatz mit freundlicher Geselligkeit

Für manche Reisemobilisten soll es aber mehr sein als die bloße Gesprächsmöglichkeit. Gut ist es,

„wenn was los ist" (I. 7). Dies bezieht sich insbesondere auf die Camper, die lange Zeit auf einem Platz stehen, so wie ältere Leute, die beispielsweise an Südspaniens Küste überwintern. Viele Motorcamper suchen gerade über Weihnachten und Neujahr gesellige Nähe, weil man sonst fern der Heimat und den Kindern und Enkeln ein wenig wehmütig werden könnte. Ein älteres österreichisches Rentnerpaar weiß davon zu berichten: *„Es kann gesellig sein mit den entsprechenden Nachbarn. Wir haben beispielsweise sehr schön schon mal Weihnachten gefeiert. Da war unser Wohnmobilnachbar, der hat 'nen großen Hymer gehabt, die ham uns eingeladen, Weihnachten feiern. Mit 'nem Riesenvorzelt natürlich dazu vor'm Wohnmobil, wie's so üblich ist. Und da ham wir Spaß gehabt. ,Mit Krawatte?' ,Ja, selbstverständlich.' Sind wir dann zu fünft, die Herren, war'n wir fünf Paare, sind wir mit Krawatte erschienen, der Hausfrau zuliebe. Die hat sich soviel Mühe gemacht, die wollte auch fotografieren."* (I. 63)

Viele, vor allem Ältere, wollen mehr: Es soll „was los sein" auf dem Campingplatz

Ein anderes Paar, das in Benidorm auf dem Campingplatz steht, bringt sich für Weihnachten eine Tanne mit, die im Topf transportiert wird und dann ordentlich geschmückt und beleuchtet den Stellplatz vor dem Mobil ziert. So ist der äußere Rahmen gegeben, um mit Wohnmobilnachbarn Weihnachten zu feiern. Gleiches findet an Silvester statt, es muss aber nicht jedes Jahr auf dem Platz sein, sondern auch mal im nahen Lokal (I. 51).

... besonders Festtage bieten Anlass zu Geselligkeit

Da die meisten Tage des Jahres keine Festtage sind, will Geselligkeit auch ohne solchen Anlass gepflegt sein. Auf den Campingplätzen entwickelt sich für die Wohnmobilreisenden, die es wollen und die länger an einem Platz bleiben, eine eher lockere bis zufällige Klön- oder Plauschkultur: *„Wir kommen hier eigentlich mit allen gut aus. Wir kennen Deutsche, die auch jedes Jahr hier sind. In der Straße stehen sechs bis sieben Deutsche, die kennen wir auch schon drei Jahre. Da spricht man zusammen, da geht man mal zusammen essen… Man könnte jeden Tag hier was zusammen unternehmen. Man geht wandern mit zwanzig und noch mehr. Aber wir machen das nicht so… Ich bin ganz froh, dass das hier so gemischt ist, auch Holländer und andere. Man spricht zusammen oder man trinkt auch mal 'n Bier zusammen. So heute Morgen war das auch wieder so, so sechs Mann so und dann wird erzählt. Der eine macht das, der andere das."* (I. 51)

Täglich zufällige Gesprächskontakte

Für viele Wohnmobilreisende ist das, was als tägliche Alltagsvertrautheit verständlich ist, nicht besonders erwähnenswert. Man kann jedoch seine eigenen Beobachtungen machen, um genauer die Stationen der Kommunikation auf einem Campingplatz zu erfassen, die im wiederkehrenden Tagesrhythmus Anlass zu zwischenmenschlichem Austausch und Geselligkeit sein können:

Morgens in den Sanitärgebäuden oder im kleinen Einkaufsmarkt (vor allem zum Brötchen holen). Danach die zweite Runde, die den Toilettengang beinhalten kann, aber auch Kontakte zu Campingnachbarn, ein Schwätzchen an der Rezeption und der Blick auf das Schwarze Brett, das über organisierte Aktivitäten (Handarbeiten, Töpfern, Ausflüge, kleine Tanzrunden, Quizveranstaltungen und mehr) Auskunft gibt. Danach können sich gemeinsame Ausflüge oder Spaziergänge ergeben.

Campingplatz Garaoa/Bolnuevo (bei Murcia): Beim Einkaufen (Laden rechts) und Bingo (Gemeinschaftshaus links) gesellig sein

Nach dem Mittagessen und Nickerchen sind entweder wieder Outdoor-Aktivitäten angesagt oder aber am späteren Nachmittag das obligate Bingospiel. Abends ziehen sich die meisten Camper in ihr Wohnmobil – oder den Wohnwagen – zurück. Ade Geselligkeit, jetzt gehört man sich wieder selbst und meistens dem Fernseher.

Campingplatz Garaoa/Bolnuevo): Nach gehabter Geselligkeit Rückzug zum Fernseher

Die Schilderung eines solchen Tagesablaufes, und zwar auf dem Campingplatz Bolnuevo südlich Murcia, will so ernst genommen werden wie er für die Menschen im Mikrokosmos Campingplatz ist. Es ist nämlich nicht nur beliebiger Spaß, in den die Camper zufällig hineingeraten. Vielmehr ist es eine bewusste Organisation des Alltags in anderer Umwelt als zu Hause. Sie ist vor allem für den Langzeiturlauber notwendig, um ihm ein erlebenswertes Maß an Spannung zwischen ihm Sicherheit bietender Verhaltensroutine und außergewöhnlichen Erfahrungen zu vermitteln.

Wie ernst es vorzugsweise älteren Wohnmobilreisenden mit einem erfüllten Alltagsschema an Unterhaltung und Geselligkeit ist, zeigt der folgende Ausspruch: *„Wir haben keine Zeit zum Spazierengehen."* (I.52) Dieser Camper und seine nachbarschaftliche Bezugsgruppe schaffen sich gemeinsam und gegenseitig ein Beschäftigungsprogramm, das sie völlig ausfüllt. Es ist ihr eigener Lebensrhythmus und Mikrokosmos auf dem Campingplatz. Wie wenig später zu zeigen sein wird, lässt und will dieser Alltagsrhythmus nicht so viel Spielraum für ein bewusstes Erleben der Außenwelt, der Welt der Einheimischen vor Ort offen halten.

Der Psychologe H. J. KAGELMANN (1993, S. 95) verweist darauf, dass vor allem ältere Menschen, die an ein geregeltes Arbeits- und Erwerbsleben gewöhnt waren, soziale und psychische Probleme mit ungewohnt langen Perioden des Urlaubmachens in der Fremde bekommen können. Insofern ist der Hang zur Ausblendung der andersartigen Einheimischenwelt und der Aufbau einer eigenen Sozialwelt innerhalb des Campingplatzes verständlich. Der gelebte Alltag von Wohnmobilreisenden, beispielsweise als Überwinterer, nähert sich so dem Habitus von Dauercampern. Im Ergebnis ist es dann in der Fremde – auf dem Campingplatz – *„fast wie zu Hause"* (I. 26). Diese Feststellung gilt natürlich nicht für alle (Langzeit)Reisenden auf Campingplätzen.

Schaffung kleiner geborgener Camperwelt

Auch aus einem weiteren Grund ist für ältere Wohnmobilurlauber der lange Aufenthalt auf einem Campingplatz willkommen: *„Es ist ein Phänomen, wenn man bedenkt, dass die Leute hier zweitausend oder zweitausendsiebenhundert Kilometer fahren und dann bleiben die das ganze Halbjahr hier. Das Grundphänomen ist hier Kommunikation. Man denkt sich: die haben zu Hause entweder ihr Häuschen oder Wohnung und wenn sie pensioniert sind, sitzen sie, läuft nichts. Und hier, dieser Eckplatz* [des Campingplatzes] *ist ein Musterbeispiel dafür, läuft alles vorbei. Die ganze Spannbreite der Berufe vom ganz schlichten Handwerker bis zum Unternehmer. Und die erzählen sich ihre Lebensgeschichte."* (I. 55)

... bietet auch Chance, sich gegenseitig von sich und seinem Leben zu erzählen

Hier war ein Beobachter am Werk, der die Campingplatzszene beleuchtet, selbst pensionierter Gymnasiallehrer. Er bringt ein wesentliches Moment der Vorliebe für Geselligkeit auf dem Campingplatz auf den Punkt: Man kann sich gegenseitig von seinem Leben mit allen Höhen und Tiefen, von Familie und Krankheiten erzählen. Man findet unter gleich gesinnten Menschen mit ihren Kriegs- und Nachkriegsbiografien eine offene Plattform des Gedankenaustausches und darüber die Chance, über das eigene Leben in einer Weise zu reflektieren, für die es zu Hause keine oder nur wenige geduldige Ansprechpartner gibt.

Campingplatz Rubicon südlich Ravenna (Adria): Quirlige Geselligkeit am platzeigenen Strand

Auch unter jüngeren Wohnmobilisten, vor allem in der Phase des Familienlebens mit Kindern, ist der Wunsch vertreten, im Urlaub ein trotz der fremden

Auch viele jüngere Familien bevorzugen Urlaub mit Gleichgesinnten

Umwelt vertrautes menschliches Beziehungsgeflecht vorzufinden: *„Wir fahren grundsätzlich in den Schulferien zu vier Personen. Wir haben zwei Kinder. Im Frühjahr fahren wir an 'nen festen Platz in Süditalien, grundsätzlich. Und da sind wir dann drei Wochen am Platz, ohne groß rumzufahren. Is für uns schön. Die Kinder haben einen Platz, wo sie immer wieder hinkommen können. Und wir treffen halt immer wieder Leute, die sind vielleicht zehn Familien, die da hinkommen, die sich schon kennen. Unter anderem der Reporter, von dem ich schon erzählt hab.*

Im Frühjahr an und für sich machen wir noch zwei Touren an Mosel und Rhein, so mit 'ner Familie. Sind fünfzehn Mann. Das ist die Zeit um Frohnleichnam oder Christi Himmelfahrt. Da sind wir so von Oma bis Kinder, wobei zwei Familien mit Wohnmobilen fahren, der Rest in Pension. Da treffen wir uns dann immer am Wohnmobil zum Grillen und machen Touren.“ (I. 42)

(Wieder)Treffen mit Bekannten/Freunden

Diese Familie sucht also, mit Ausnahme des Haupturlaubs in Griechenland, den sie für sich verleben, den geselligen Zusammenschluss mit ihnen vertrauten Menschen. Es ist hier nicht der portionsweise durchorganisierte Tagesablauf der Überwinterer, der einen erfüllenden Erlebensbereich in der Fremde schafft. Vielmehr reicht die Gewissheit, sich auf dem Platz mit bekannten Menschen (wieder)treffen zu können. Dies ist geradezu eine Formel, die in vielen Interviews vorkommt: *„Man trifft Leute“*, möglichst die, die man bereits kennt (*„… immer die gleichen“* (I. 30), *„trifft Freunde“* (I. 63) oder *„gleich Gesinnte“* (I. 19).

Kommunikation unter seinesgleichen: gleiche Wellenlänge

Bei der Formulierung „gleich Gesinnte“ schwingt ein weiterer Bedeutungsgehalt mit, der über das Sich-treffen und Miteinander-leben auf dem Campingplatz hinausreicht: Das solidarische Gefühl, das sich bei Reisemobilisten einstellt, die sich auf gleicher Wellenlänge wähnen, im weitesten Radius als das „besondere Völkchen“, das mit dem Wohnmobil Freizeit und Urlaub gestaltet. Hierzu mehr an späterer Stelle.

Chance zum Kennenlernen von Campern anderer Nationalität

Geselligkeit und Kommunikationschancen auf dem Campingplatz werden schließlich in einem noch anderen Zusammenhang gesehen: den Begegnungsmöglichkeiten mit Menschen anderer Nationalität. In euphorischer Überhöhung lässt sich ein Rentner zu folgendem Statement hinreißen: *„Seit 1960 sind wir am Campen. Und da lernt man Menschen kennen, unglaublich. Aus verschiedenen Ländern, aber natürlich auch von Deutschland. Und wenn man sich alleine die EU anschaut, das menschliche Zusammensein ist nirgendwo schöner als auf einem Campingplatz. Die Kommunikation zu anderen Völkern hat man nirgendwo so schön wie auf dem Campingplatz, nicht in einem Hotel. Im Hotel will fast jeder was Besseres sein, auf dem Campingplatz ist fast jeder gleich.“* (I. 31)

Die Meinungsäußerung stellt dabei nicht nur den Gedanken der gelingenden Völkerverständigung heraus, sondern zugleich auch den Mechanismus, der den Kontakt erleichtert: die relative Gleichheit der Camper untereinander. Inwieweit diese Aussage auch auf das breite Spektrum der Wohnmobilisten vom Bully bis zum Dickschiff zutrifft, ist bereits an anderer Stelle kritisch beleuchtet worden (Kap.2).

Es finden sich in der Tat zahlreiche Belege dafür, dass deutsche Wohnmobilisten auf Campingplätzen gute Beziehungen und Kontakte zu anderen Europäern aufgebaut haben. Stellvertretend soll ein ehemals selbständiges Unternehmerpaar zu Wort kommen, das den Lebensabend mit weiten Reisen im Wohnmobil vortrefflich genießt.

„Wir haben mit Portugiesen an der Algarve zusammen gestanden. Wir können zwar nicht Portugiesisch und die kein Deutsch, aber mit Händen und Füßen. Die ham uns verwöhnt. Das Ende war, wir gehörten mit zu dieser Familie. Die stehen jetzt auf unserem Platz, wo wir weggefahren sind. Und wenn wir wieder hinfahren im Oktober, November, dann gehn die weg nach Hause.. Denn dann beginnt für die nämlich der Winter.“ (I. 72)

Manchmal als andauernde Freundschaft

Was an Umgang mit Campingnachbarn im Süden Europas möglich ist, kann auch im hohen Norden erlebt werden. Ein sportliches Wohnmobilpaar berichtet, das heißt, die Frau erzählt: *„Wenn wir nur 'nen Angelurlaub jetzt plane, mal sag'n, wir gehn jetz nur angele, denn gehn wir auf 'n*

feststehenden Platz, 'nen Campingplatz. Man hat sich halt auch mit den Norwegern sehr gut angefreundet. Ja, ich tu also mit dem Norweger mich schreibe oder übersetze auch und spreche auch. Hab halt auch ihre Sprache 'n bisschen gelernt, dass ich mich da auch verständigen kann. Aber die sprechen überwiegend deutsch. Man kommt auch mit Hände und Füße kommt man da durch. Ich hab also nur positive Erfahrungen.“ (I. 69)

Campingplatz Ballangen bei Narvik (Norwegen): Sommernacht mit norwegischen Motorradcampern

Campingplätze taugen als Orte internationaler Verständigung. Doch in diesem Kapitel war bisher nur von der Lichtseite geselligen Umgangs die Rede. In Wahrheit – wie könnte es anders sein – sind Campingplätze auch die Bühne von Miss- und Unverständnis, von Kritik und Ablehnung, sogar von Diskriminierung und Kontaktverdrossenheit, was das Miteinander mit dem Nächsten und den Nachbarn angeht. Davon wird jetzt die Rede sein, beginnend mit dem durchaus ambivalenten, kriti-

Campingplätze aber auch Ort von Vorurteilen und Abgrenzung gegenüber anderer Nationalität

schen oder ablehnenden Verhalten, das deutsche Reisemobilisten gegenüber anderen Nationalitäten auf dem Campingplatz zeigen. Es tritt dort am ehesten und offen zu Tage, wo Camper über lange Zeit über die Nachbarschaft ihrer eng zueinander stehenden Parzellen zusammengewürfelt sind. Die folgende Passage aus einem Interview in Benidorm gibt darüber beredt Auskunft:

„'Ham 'se Fernsehen mit?' Wir hatten vorige Woche Fernsehen an und da war 'ne Musiksendung. Man muss dazu sagen, hier is 'ne Überschwemmung von Holländern auf den ganzen Plätzen, wo wir jetzt waren. Und da sagt der Conferencier im Fernsehen, da sagt er: ‚Die Holländer sind die Schotten des Festlandes.' Weil hier so viele Holländer sind. Und die geben ja nichts aus. Die bringen ja alles mit, Waschmaschine, Schleuder. Alles ham die mit. Viele sind ganz freundlich, aber manche können an einem durchgucken. Und die tun auch, was sie wollen. Die machen, was sie wollen. Die stören sich an nichts, ganz frei. Na ja, das ist halt eben die Mentalität, das soll jetzt nich...

Und gestern war'n wir am Strand und bei denen is wohl der Hauptsport Boccia. Da machten die sich um zwei Uhr breit, dann geht das los. Ob da Leute lagen oder nicht, das interessierte sie nicht. Würde unsereiner nicht tun oder?" (I. 52)

Ressentiments haben zum Teil konkreten Anlass

Die hier angestauten Ressentiments vor allem gegenüber den Holländern setzen sich in einem anderen Bericht eines eigentlich sehr toleranten jüngeren Rentnerpaares fort. *„Der Nachteil an Benidorm is, dass es hier zu viele Niederländer und Engländer gibt. Da sind wir echt im Nachteil. Wir standen zunächst auf einem anderen Platz hier, dort am anderen Eck. Waren ringsum nur Holländer. Und die bilden 'ne Clique. Ne geschlossene Clique. Die unterhalten sich in ihrer Sprache, die wir nich verstehen können: man is davon ausgeschlossen."* (I. 54)

... zum Beispiel „Cliquenwirtschaft" der Holländer

Nun kann man es den Niederländern nicht verübeln, dass sie sich in ihrer Muttersprache verständigen. Unbehagen kommt aber auf, weil nach Ansicht der deutschen Wohnmobilisten vor allem die Holländer das Gefühl einer geschlossenen Gesellschaft vermitteln. Ihre sogenannte „Cliquenwirtschaft" nutzen sie bisweilen auch clever für eigene organisatorische Vorteile, wobei die Frage offen bleibt, ob miteinander bekannte deutsche Reisemobilfahrer sich nicht ähnlich verhalten: *„Aber sonst kommt man an sich mit den Leuten klar. Es gibt solche und solche, ob das unter Deutschen ist oder unter Ausländern. Die Holländer jedenfalls halten besser zusammen als die Deutschen. Wenn Sie als Deutscher hier hinkommen, der Platz ist voll und es fährt 'n Holländer weg, dann bekommen Sie nicht den Platz. Der wird unter der Hand weitergegeben."* (I. 53)

154

Aus eigener Beobachtung ist zu bestätigen, dass das offensive Platz-belegen der Niederländer ein auf dem Campingplatz verbreitetes Reizthema ist. Selbst unter der Dusche kann man aus den angrenzenden Kabinen die Diskussion deutscher Männer verfolgen, die sich über das heimliche Stellplatz-Weitergeben beklagen, wobei einer die wohl spaßige Schlussfolgerung zog: „Wann haben denn die sogar ihr eigenes Duschquartier?"

Im geschilderten Nachvollzug des Alltags im Neben- und Miteinander von Niederländern und Deutschen auf einem spanischen Überwinterer-Campingplatz ließen sich trefflich Vorurteile oder aber berechtigte Kritik an den Vertretern unseres europäischen Nachbarn darstellen.

Es gibt objektive Gründe, warum gerade zwischen Deutschen und Holländern – neben einvernehmlicher Gemeinsamkeit – Rivalität im Campingplatzleben aufbricht. Beide Gruppen stellen, neben zahlenmäßig geringerem Anteil an Briten, die stärksten Kontingente an Langzeiturlaubern und konkurrieren somit um die begehrten Überwinterungsplätze auf attraktiv eingerichteten Campingplätzen. Auch ist festzuhalten, dass die Niederländer in Europa eine sehr weit zurückreichende Campingtradition haben. Vielleicht kann man sie neben den Briten als Pioniere des Campings bezeichnen. Insofern verfügen sie über reichlich praktische Erfahrungen, sich den Campingalltag optimal zu organisieren. Letztlich mögen es auch Mentalitätsunterschiede – vielleicht zwischen den liberaler scheinenden Niederländern und den ordnungsbewussteren Deutschen – sein, die zu Reibungen im Zusammenleben von Wohnmobilisten beitragen können.

In diesem Wechselspiel von Eigen- und Fremdwahrnehmung gibt es gottlob auch so etwas wie Selbstkritik. Das heißt in der Deutung von Reisemobilisten, dass einem bisweilen auf Campingplätzen auch Verhaltensmomente von Angehörigen der eigenen Nationalität auf- und missfallen. Einem Schweizer, der mit seiner Frau die Jahre bis zur Verrentung in sparsamer Lebensführung mit dem Reisemobil verbringt, fallen die eigenen Angehörigen gehörig auf den Wecker: *„Also, die Schlimmsten sind unsere Landsleute. Wir haben Berner getroffen letzten Sommer in Norwegen oder in Schweden. Man freut sich aufeinander und will schwatzen mit ihnen, da sagt sie: ‚Wir sind nicht so weit gefahren, um mit Schweizern zu sprechen.' Ich sag ja, unsere sind die Schlimmsten. Jetzt haben wir auf diesem Platz zwei Schweizer gehabt, einen von Zug und der andere vom Wallis. Und der Walliser war drei Wochen da. Der war nicht ein Mal hierher gekommen. Und ich war vor ihm hier und ich dachte, der kommt dann mal vorbei. Ja, durchgefahren sind sie immer hier und haben noch nicht einmal gegrüßt. Aber wie* *gesagt: Mir macht das nichts aus, ich rege mich nicht auf. Ich versteh's nicht, wie man so sein kann."* (I. 64)

Auch deutschen Motorcaravanern kann es sauer aufstoßen, wenn sie zu viele Landsleute auf dem Campingplatz aushalten sollen. Ein drastischer Stoßseufzer dazu hört sich so an:

„Aber so Campingplätze, wo vollständig deutsche Wohnmobile da sind, da schrei ich: ‚Hilfe, lass mich da wieder fort.' Da hat man Probleme. Geht nur als Notlösung. Wenn auf dem Campingplatz schon die Rentner im Trainingsanzug rumstehen und gucken, wer Neues ankommt und dann sitzen die da einer neben dem anderen. Ist eine Mordgeschäftigkeit. Das wird's nie bei uns werden." (I. 65)

Bisweilen Kritik an „Schrebergärtnerei" deutscher Camper

Man muss es nicht wie dieses etwas alternativ wirkende Wohnmobilpärchen so negativ mit den anderen Deutschen auf dem Campingplatz sehen. Aber etwas von der eigenen deutschen Lebenswelt, die an früherer Stelle bei den Überwinterern beschrieben wurde, hat den Hang zur „Schrebergärtnerei", wie es ein Mitcamper im flüchtigen Gespräch ausdrückte.

Aber es gilt: das Recht auf eigene Lebensweise auf dem Campingplatz

Damit ist ein Stichwort gefallen, mit dem man sehr vorsichtig umgehen soll, gerade, weil es von Kritikern einer Campingplatzidylle sehr häufig im Mund geführt wird. Wenn jetzt anschließend einige das Zusammenleben auf dem Campingplatz betreffende kritische Bemerkungen von Wohnmobilisten angesprochen werden, soll es nicht im Sinne des zitierten Schlagwortes darum gehen, diejenigen pauschal zu diskriminieren, die zufrieden ihre Tage und Wochen auf Campingplätzen verbringen und ein Recht darauf haben, so zu leben, wie es ihnen gefällt. Gleichwohl meinen andere Reisemobilfahrer, die Campingplatzsteher seien schon *„ein Volk für sich"* (I. 69).

Kritik am Campingplatzleben:

... weil eng, zu laut

Für manche Kritiker ist die relativ enge Gemeinschaft des Zusammenstehens belastend. Der schon zu Wort gekommene Schweizer *„hasst es, wenn es zu eng wird und nicht so viel Ruhe"* da ist (I. 64). Auch ein älteres Rentnerpaar geht nur, wenn Entsorgung not tut und sonst nicht möglich ist, auf einen Campingplatz. Die an Ruhe und Einsamkeit gewohnten Segler stört das *„Gequatsche und Gerede von den vielen Leuten"*, die *„diesen Rummel veranstalten"*, der schon morgens losgeht, *„wenn alle zu den Waschplätzen laufen"* (I. 73). Kommen noch Kinder dazu, ist konstanter Lärm garantiert (I. 40).

... zu viel „Gequatsche"

Nicht alle Campingplatzfreunde mögen Wohnmobilreisende

Die schlechte Meinung, die manche Wohnmobilreisende von den Campingplatzfreunden haben, rührt auch noch aus einer anderen Wurzel: *„Die Camper sind uns nicht wohlgesonnen, die da drüben. Leider, wir tun ihnen nichts. Die glauben, Wohnmobiler seien Neureiche."* (I. 71)

Diese Abgrenzung meint weniger das Verhältnis unter Wohnmobilreisenden, sondern stärker einen Gegensatz zwischen Reisemobil und
Wohnwagen, letztere auch in der Form des Dauercamping. Der Eindruck, hier von einem alten Rentnerpaar auf die Campingsituation in
Butjadingen [Wesermarsch] bezogen, ist verbreitet. Ein junges Wohnmobilpaar mit Kleinkind macht ebenfalls diese Erfahrung: *„Die festen
Camper, das ist auch immer so'n Volk für sich. Und ich hab auch immer
das Gefühl auf Campingplätzen, als Wohnmobilist nicht so beliebt zu
sein. Da bekommt man dann sowieso nur irgend 'nen Stellplatz in der
letzten Ecke, der nich so schön ist, ohne Blick aufs Meer zum Beispiel
und solche Sachen. Wir bezahlen aber schließlich auch das gleiche Geld
dann und das seh ich dann nicht ein."* (I. 70)

... vor allem
solche aus
Wohnwagen

Nach Ansicht anderer Wohnmobilfahrer ist ausgrenzende und
benachteiligende Behandlung ein Phänomen, auf das man vorrangig in
Deutschland stößt. Einem Lehrerehepaar ist das aufgefallen, als sie einmal in Italien auf eine durchaus beengte Stellsituation eines zu Ostern
vollen Campingplatzes stießen und dennoch freundlich akzeptiert wurden: *„Und da ist mir zum ersten Mal klar geworden, dass diese Italiener noch ein ganz anderes Volk von Wohnmobilisten sind. Die müsste
man wahrscheinlich auch mal interviewen. Die haben da noch 'n ganz
anderes Verhältnis zueinander. Da ist man noch sehr willkommen als
Wohnmobilist. Da ist das wie selbstverständlich. Während das hier in
Deutschland, wie gesagt, nicht immer der Fall ist. Auf Campingplätzen
hab ich's schon erlebt, dass im Grunde die Wohnmobilisten so'n
bisschen abgeschoben werden in bestimmte Teile hinein, weil man auch
Sorge hat um den Rasen. Die fahr'n dann drauf, die fahren wieder
runter. Und dass die vielleicht laut sind und die bleiben nicht lange."*
(I. 11).

Ist das
ein typisch
deutsches
Phänomen?

Die letzten Aussagen signalisieren, dass es unter den verschiedenen
Gruppen von Campern nicht immer gleichberechtigt zugeht. Wie aber
soll dann eine harmonische Gemeinschaft auf dem Campingplatz funk-
tionieren? Man sieht also: Das Spektrum des Wohlbefindens und der
Qualität des geselligen Umgangs pendelt in der Wahrnehmung der
Wohnmobilreisenden von ganz positiv bis ganz negativ.

In einem nächsten Schritt soll sich die Betrachtung vom Mikrokosmos Campingplatz lösen. Die Frage lautet jetzt: Wie kommen die Reisemobilisten insgesamt auf Fahrt und beim stationären Aufenthalt miteinander aus?

Kontakte unter Wohnmobilreisenden:
unverbindlich – verbindlich – solidarisch

Eine gleich gerichtete Menge von Reisenden sind sie nicht, die Menschen, die mit ihrem Wohnmobil unterwegs sind. Ganz unterschiedlich bis individuell sind die Verhaltensformen, in denen sich Reisemobilisten begegnen: Die einen belassen es bei zufälligen und oberflächlichen Kontakten, wenige wollen ausschließlich für sich allein auf Reisen sein. Schon intensiver nach Gemeinschaftssinn strebend sind diejenigen, die gern andere Menschen kennen lernen und bei denen, die sie treffen, interessante oder gleich gesinnte Züge entdecken. Eine weitere Gruppe von Wohnmobilreisenden hat, sucht und findet bewusst Bekannte oder Fremde und trifft sich gern mit ihnen (wieder). Schließlich finden sich auch solche, die sich über das gemeinsame Erleben des Wohnmobilreisenden als besondere Gruppe identifizieren, als „eigenes Völkchen", das miteinander solidarisch handelt.

In den folgenden Abschnitten wird es in dieser Abfolge von offeneren und unverbindlicheren zu gewollten und verbindlichen Gemeinschaftsformen des Wohnmobilreisens gehen. Dabei werden neben positiven Einstellungen auch kritische und distanzierende Töne zu Wort kommen: Denn es geht um das Spiel von Nähe und Distanz, das im Hang zur Individualität den besonderen Gehalt von Freiheit und Urlaub mit dem Reisemobil widerspiegelt.

„Na ja, es ist schön, wenn man irgendwo mit mehreren zusammensteht, nich. Und dann kommt man so in's Quatschen, dann holt der eine 'ne Flasche raus und der andere, und denn gibt's so schöne Erinnerungen da." (I. 5) Das schon ältere Rentnerpaar beschreibt so die zufälligen Kontakte, die sich beim Umherfahren mit dem Reisemobil ergeben und

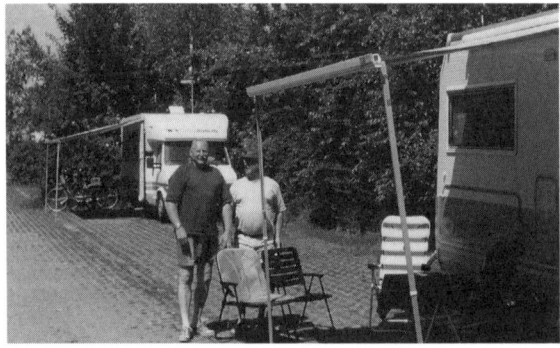

die als schönes Erlebnis ohne Anspruch auf mehr für sich stehen bleiben.

In anderen Interviews werden unverbindliche Situationen des Zusammentreffens mit anderen Wohnmobilreisenden meistens nur in kurzen Statements gewürdigt: *„Haben überall schönen Kontakt gehabt."* (I. 7) oder: *„War 'ne gesellige Runde in den Skiferien"* (I. 45) oder: *„Am Platz hat man Unterhaltung, nich so beim Hotelleben"* (I. 40)

Eine Familie mit älterer Tochter hat die Erfahrung gemacht, dass man ganz leicht in Kontakt zu Wohnmobilnachbarn kommt: *„Oder wir* *machen ein Rheinwochenende auf 'nem freien Platz bei Kolmar. Dann tun wir 'nen Campingtischle aufstellen und die Markise raus. Gespräche kriegt man dann auch gleich mit Leuten."* (I. 46)

Leichtes Kontakt-finden beim frei Stehen

Auffällig ist bei den Reisemobilisten, die die Möglichkeiten zufälliger Begegnungen betonen, dass ihnen solche unverbindlichen Kontakte reichen: *„Wir sind sechs bis sieben Deutsche in der Campingstraße. Da können wir mal sprechen und zusammen essen gehen. Das isses"* (I. 51), meint beispielsweise ein durchaus gesellig wirkendes Rentnerpaar, das in Benidorm überwintert.

Vielen Wohnmobilreisenden reichen oberflächliche Kontakte

Ein älteres Paar mit lebenslanger Campererfahrung erweitert die Frage nach Kontakten unter Wohnmobilreisenden um einen interessanten Aspekt: *„Ja, man hat Kontakte, doch. Man merkt es, ob die Leute dafür zu haben sind. Man spürt es. Es gibt welche, die sich so ganz abkapseln. Dann lässt man's eben. Und es gibt welche, die kommen auf einen zu und es is 'n Kontakt."* (I. 71).

Man trifft also auch Wohnmobilisten, die sich selbst genug und nicht auf Kontakte zu anderen Miturlaubern erpicht sind. Selten, aber immerhin auch diese Position wird offen ausgesprochen: *„Im Großen und Ganzen sind wir lieber für uns,"* (I. 76) sagt ein ostdeutscher Familienvater, der mit Frau und zwei Söhnen ab und zu einmal das Reisen mit dem Wohnmobil ausprobiert.

Einige bleiben sogar lieber unter sich

Erstaunlicherweise begegnet man aber nicht nur Motorcaravanern, die von sich aus keinen Wert auf Kontakt legen, sondern auch solchen, die meinen, dass Wohnmobilreisen selbst keine besonders gesellige und kontaktfördernde Urlaubsform sei. Diese Erfahrung äußert ein Lehrerehepaar, das viel mit dem Wohnmobil reist: *„Wohnmobilurlaub ist weniger gesellig. Ja, man hat einige Kontakte. Aber man selbst ist auch zurückhaltend."* (I. 11) Ähnlich sieht es ein junges Schweizer Paar, das in den Sommermonaten vor allem wegen seiner Surfleidenschaft im Reisemobil lebt: *„Wohnmobiler sind wenig kommunikativ, Einzelne ja. Es kommt halt auf den Ort an. Hier, da kennen sich bald alle schon wegen Surfen* [gemeint ist der kommunale Stellplatz Campione am Gardasee].*"* (I. 22)

Einige meinen, Wohnmobilreisen sei nicht sehr kontaktfördernd

Für andere hat ein besonderer Aspekt des technischen Fortschritts dazu beigetragen, dass die Geselligkeit unter Wohnmobilisten nachgelassen hat: der zunehmende Fernsehkonsum: *„Früher, da hatten wir noch nich mal 'ne Schüssel und ham nich Fernsehen geguckt. Wie viel Jahre war'n wir ohne Fernsehen. Und da is abends alles draußen gewesen, da gab's kein Fernsehen. Einige hatten 'n Videorecorder mit und ham Video geguckt. Und das hat sich also zum Nachteil verändert. Also abends, will mal sagen, acht Uhr, geh'n alle rein, alle weg. Früher um*

Zunehmender Fernsehkonsum schränkt Kontakthäufigkeit ein

*zehn ham noch alle draußen gesessen, wenn's Wetter war. Ja, es war
geselliger, besser."* (I. 59) So empfinden es sogar die sehr individualistisch geprägten Freisteher, die in irgendeiner romantischen Bucht in
Südspanien überwintern und sich abgrenzen von den Campern der
nahe gelegenen Campingplätze, auf denen sich abends in Reih und
Glied die Fernsehschüsseln in den Abendhimmel recken.

Festzuhalten bleibt also, dass nicht für alle ausgemacht ist, dass
Wohnmobilreisen besonders kommunikativ ist und es auch einige gibt,
die nichts anderes erwarten oder erwünschen. Typischer ist jedoch ein

Viele Wohn-
mobilreisenden
mit „ja, aber"
Einstellung":
etwas Kontakt,
aber nicht zu
viel

anderes Einstellungsmuster: der „ja, aber"-Mechanismus, den ein
selbstbewusst reisendes Jungrentnerpaar so auf den Punkt bringt:
*„Also auf'm Campingplatz, da sind sie ja wie im Dorf. Dann geh'n se
einmal ums Viereck und dann ist Schluss. Das mögen wir nun eigentlich
gar nich. und auch so 'ne große Cliquenwirtschaft mögen wir gar nich.
Also gut, Kontakt halten, gut nachbarschaftlich, ja. Aber miteinander
kochen und alles miteinander unternehmen, das möchten wir nich.
Dann ist man kein freier Mensch mehr."* (I. 54).

Hier wird eine sehr verbreitete Meinung zum Ausdruck gebracht,
die die Kommunikationsbereitschaft zwischen Nähe und Distanz aus-
pendeln will, vielleicht eher in Richtung Distanzierung. Konkreter wird
diese Position durch andere Interviewaussagen gestützt. So ist es die
Erfahrung einer Rentnerin, die mit ihrem Mann im luxuriösen Clouliner

Zu enger
Kontakt kann
zu Disharmonie
führen

auf freiem Stellplatz überwintert: *„Man sollte nicht ganz eine enge
Bindung machen. Das gibt Streit und Stress."* (I. 59) Und noch drastischer drückt es ein betont individualistisch reisendes Ehepaar aus: *„Es
kommt immer auf die Leut' drauf an. Also, es gibt ganz schreckliche
Leute und da sind mir dann sehr zurückhaltend, weil mir also auf kein
Fall wolle, dass die uns ständig auf der Pelle hocke. Wir sind eher
zurückhaltend. Und man merkt denn aber, wenn irgendwo so Leut'
stehen, wo man denkt, des tät eher passe. Aber so Leute, die gleich
überfallmäßig da komme, nee, nee. Und so'n Schwätzer auf'm Platz,
der uns da voll labert, nee. Da sind mir lieber vorsichtig... Also, wenn
man mit noch mehr Leute als uns ist, das is schon viel zu kompliziert,
viel zu anstrengend. Zu anstrengend einfach und wozu solle mir das?"*
(I. 65)

In dieser Positionierung wird also, auch wenn Kontakte zu anderen
Wohnmobilisten nicht ausgeschlossen sind, der Pol der Distanzierung
und Individualität betont. Der Hang zu unverbindlichen und nicht durch
Kontakte sich einengenden Reisens ist eine Einstellung, die einer
ganzen Reihe von Wohnmobilisten innewohnt. Diese eher distanzierte
Haltung ist für einen klugen Schweizer Camper geradezu Maxime:

„Man muss zu Nachbarn Distanz halten, deren Eigenständigkeit ach-
ten. Nicht zu nah, man darf einander nicht überlaufen!" (I. 6)

Reisen ist heute stärker auf das Phänomen der Individualisierung
eingestellt. Im hier diskutierten Rahmen des kommunikativen Verhaltens von Wohnmobilreisen soll damit aber nicht so sehr der Drang nach
Erlebniseinmaligkeit und -besonderheit im Massentourismus gemeint
sein. Vielmehr nutzen viele Menschen im Reisemobil die Chance, für die
eigenen Erlebnisse selbst verantwortlich oder, besser gesagt, zuständig
zu sein. Der Motorcaravan als sehr mobile Reiseform bietet also einen
besonders offenen Handlungsrahmen, um Individualität in der Fremde
zu leben: Individualität als selbstbestimmtes Spiel zwischen Distanz und
Nähe. Der Soziologe Armin NASSEHI (1999, S. 189-195) glaubt, dass es
„eine Stärke der funktional differenzierten Gesellschaftsform ist, dass
wir untereinander Fremde bleiben können. Für die Banalität des Alltags ist es geradezu notwendig, dass wir uns gegenseitig in Ruhe lassen
können... Eine wirklich liberale Gesellschaft vergibt das bürgerliche
Privileg der Fremdheit".

Individualität
ausleben
können und
dabei Kontakte
zulassen

Eine schon intensivere Stufe des kommunikativen Umgangs unter
Wohnmobilisten zeichnet sich dadurch aus, dass man bewusst auf andere Menschen zugehen möchte, diese mit ihren unterschiedlichen Neigungen und Vorzügen kennen lernen will und es natürlich besonders
gern sieht, dabei auf „gleich gesinnte" Mitmenschen zu stoßen.

Andere Wohn-
mobilisten
suchen bewusst
Kontakt

„Eines muss ich sagen, wenn einer eine solche Reise tut und gerne
Kontakt will, dann findet er ihn. Weil da ist sicher irgendwo jemand,
der irgendwo die gleichen Gefühle hat wie du" (I. 64). Wenn also auf
jeden Topf ein Deckel passt, macht es Sinn, sich aktiv um Kontakt zu
bemühen. Für ein pensioniertes Lehrerpaar ist es so, dass es sich von
selbst ergibt, Menschen kennen zu lernen. Über das Wohnmobilreisen
sei es sogar leichter, Kontakt zu geeigneten Leuten zu finden und zu
sehen, wer zu einem passt – ähnlich wie beim lockeren Skifahren
(I. 55). Ein Rentner mit seiner Frau auf Italienreise hat besonders opti-
mistische Erfahrungen: *„Da lernt man Menschen kennen, unglaublich,*
aus verschiedenen Ländern und Deutschland." (I. 31) Doch aufgepasst:
Lernt man auch oft *„interessante und gleich gesinnte"* Leute kennen,
manchmal sind es *„auch ganz blöde Hunde"* (I. 49).

... am besten
zu „gleich
Gesinnten"

Die Interessen, die Wohnmobilreisende zusammenführt, sind unterschiedlich. Doch lassen sich zumindest zwei Felder ausmachen, die vor
allem für Männer die Kommunikation beflügeln können: Wohnmobil-
technik und Berufserfahrungen. Ein alter pensionierter Ingenieur hat
sich besonders gefreut, am Mar Menor in Südspanien auf einen Berg-
bauingenieur zu treffen und mit ihm in freundschaftliche Beziehung zu

Berufserfahrung
und Wohn-
mobiltechnik als
Gesprächsanlass

kommen (I. 63). Die Frau eines Überwinterers mag sich etwas darüber mokieren, dass sich die Männer dauernd etwas zu erzählen haben und dass es sich dabei meistens um technische Belange ihrer Fahrzeuge dreht: *„Vor allem wollen die Männer ihre Unterhaltung. Man sieht ja überall Männer stehen, überall. Überall in Grüppchen. Dann wird's Auto vermessen, dann wird dies gemacht, dann wird die Schüssel gerichtet. Dann wird die Solarzelle ausgebaut. Das is ja immer dasselbe. Dann kommt noch 'n großer Ami, dann gucken alle. Diese Interessen gibt es, immer was Neues."* (I. 58)

Positive Erfahrung bei gemeinsamen Unternehmungen mit „wildfremden Menschen"

Ein intensiverer Umgang mit „Kollegen" kann sich auch darüber herstellen, dass man *„mit wildfremden Menschen was unternimmt"* und darüber feststellt, dass man recht gut miteinander auskommt (I. 69).

Letztlich hängt es stark von einem selber ab, ob es über oberflächliche Kontakte hinaus zu einer Beziehung unter „gleich Gesinnten" kommt.

Eine lebendig wirkende Rentnerfamilie (Großeltern, Kinder und Enkel) aus einfachen beruflichen Verhältnissen lässt, wenn man sie im Hymercamp am Moselufer trifft, eine offen liebenswürdige Ausstrahlung spüren. Naheliegend, dass sie gern von anderen Campern als gesellige Nachbarn angenommen werden: *„Und wie gesagt, ja so, dass man die Menschen kennen lernt. Der eine hat dies, der andere hat das und man tauscht Erfahrungen aus, ne. Und das lieben wir eben. Das is eben unsere Welt. Auf jeden Fall lernt man über das Wohnmobilreisen besser Menschen kennen. Wir haben jetzt hier zwei Pärchen kennen gelernt, ham uns auf Anhieb verstanden. Aber es gibt nicht immer gute Nachbarn, womit man sich gleich versteht. Das liegt schon daran, dass man den einen vom Anblick her nicht leiden kann. Aber meist klappt es immer gut."* (I. 38)

Enkirch (Mosel): Geselligkeit unter gleich Gesinnten und Freunden

Eigene Ausstrahlung erleichtert freundschaftlichen Kontakt

Es fällt selbst bei dem so optimistisch eingestellten Rentnerpaar noch ein Tropfen Wasser in den Wein: Man kann auch Pech haben, wenn man zum Stellnachbarn eine gute Beziehung aufbauen möchte.

Auch schlechte Erfahrungen mit Wohnmobilreisenden nicht ausgeschlossen

Kritische Einschätzungen dieser Art sind Erfahrungshintergrund nicht weniger Wohnmobilisten. Und dies aus unterschiedlichen Gründen:

So meint der meistens gut gelaunte Singlecamper, der aus früherer Schilderung bereits bekannte Überlebenskünstler unter Spaniens winterlicher Sonne: *„Aber im Großen und Ganzen kommt man gut mit vielen aus. Also, es gibt wirklich auch mal so richtige Eigenbrötler, ganz klar, wie überall auch. Aber die kann man ja links liegen lassen. Das merkst ja auch, kommt was, kommt nix. Manchmal sind sie auch komisch eingestellt, verbittert, wer weiß. ‚Wieso kann's der junge Mann machen* [monatelang Wohnmobilurlaub]*, ich kann's erst jetzt.' Also denken sie mir gegenüber. Wenn es denn so der Fall ist, dann tschüss, ade. Dann interessiert mich der nich mehr"* (I. 59).

Eine andere negative Erfahrung dürften manche Wohnmobilisten ebenfalls gemacht haben: *„Einige wollen andere mit ihrem besseren Reisemobil übertrumpfen."* (I. 58) Sicherlich ist übertriebenes Prestigegehabe keine gute Grundlage für ausgewogene Beziehungen zwischen Motorcampern.

Und schließlich gehen die gesellschaftlichen Veränderungen, die das Alltagsverhalten der Menschen beeinflussen, auch nicht am Camperleben spurlos vorüber. Alten Reisemobilisten fällt auf: *„Vor zehn Jahren war die Welt noch in Ordnung. Fünfzig, ja hundert Wohnmobile standen frei auf einem Platz in Spanien. Es war wie eine große Gemeinschaft. Wolltest du wegfahren, brauchtest du nur deinem Nachbarn Bescheid sagen. Der hat auf deinen Wagen aufgepasst."* (I. 57).

Anwachsender Wohnmobiltourismus Gemeinschaftssinn abträglich

Von einem seltsamen Erlebnis erzählt ein Schweizer, der die Jahre bis zu seiner endgültigen Verrentung statt in einer festen Wohnung mit seiner Frau auf langen Wohnmobiltouren im Süden verbringt: *„Aber da sind andere, die einen unter Umständen noch anbaggern: 'Kannst du mit helfen', was wir auch schon erlebt haben, 'kannst du mir nicht etwas ausleihen'. Das stößt mich ab. Mir hilft auch niemand, ich muss auch selber schauen... Ist er in Not oder tut er nur so?*

Beispiel eines Kollegen auf Schmarotzertour

Weil der, von dem wir jetzt sprechen, das war ein Österreicher. Und als wir morgens aufgestanden sind und gefrühstückt haben, ist der gekommen und hat gesagt, er hätte die ganze Nacht unseren Wagen bewacht. Er sei jetzt fünfzehn Jahre jeden Winter nach Spanien gekommen und käme nie mehr nach Spanien. Es sei das Schlimmste, was ihm jetzt passiert sei. Ihm sei der Wagen ausgeraubt worden. Und der Clou ist, er hatte zwei Hunde im Wagen. Wir haben aber weder die Hunde noch seine Frau gesehen. Er hat uns gefragt nach einer Kopfschmerztablette für seine Frau. Und hat er gesagt, 'schauen Sie mal, was der mit meinem Wagen gemacht hat'. Hatte er hinten 'ne kleine Beule. Und dann hat er erzählt, er hätte gar nichts mehr. Er hätte zu Hause anrufen wollen und bekäme kein Geld. Aber das muss ihm dort unten in Almeria passiert sein. Warum fährt er dann von da weg und ging er nicht zur Polizei? Kann man doch nicht einfach wegfahren. Warum ging er nicht dort auf die Gesandtschaft? Er wollte von uns Geld und dann haben wir gesagt: 'Ja, wir haben auch kein Geld und müssen erst auf die Bank gehen und holen.' Dann sagte er: 'Dann nehmen Sie genug, damit es für mich auch reicht.' Und als er dann gemerkt hat, dass wir nicht einsteigen, ist er weggefahren. Und drei Monate später haben wir mit einem Schweizer gesprochen, der hier unten eine Ferienwohnung hat. Und den hatte er auch angebaggert. Und der hat im fünfzig Schweizer Franken gegeben. Und da hat er ihm gesagt, er möchte das Geld dann wieder einmal sehen. Da sagt der: 'Ach, fünfzig Franken, das ist zu wenig, das ist nicht der Rede wert.' Drum sag ich ja, 'es ist immer schwierig abzuschätzen, ist das jetzt wirklich ernst oder macht der Urlaub auf die Tour'."* (I. 64)*

Nur wenige Begebenheiten mit „Kollegen" werden so extrem und kurios gewesen sein. Aber ausweichen kann man schlechten Erfahrungen ohnehin nicht automatisch, denn *„man muss die Leute näher kennen lernen, man lernt sie dann kennen!"* (I. 74). Wie wahr!

Aus Kontakten unter Motorcampern sind aber auch regelrechte Freundschaften entstanden. Und da man Freunde gern wiedersieht, ist in den Interviews von Wohnmobilreisenden auch von „sich wiedertreffen" die Rede. Belege hierfür rangieren zu Recht auf einer noch intensiveren Stufe der Geselligkeit.

Die einen belassen es bei der Tatsachenfeststellung: *„Wir treffen Bekannte, die wir über das Wohnmobil kennen gelernt haben."* (I. 8) Bei anderen klingt es schon euphorischer: *„Das Schönste an der ganzen Sache Wohnmobil sind die Bekanntschaften"* (I. 64); *„Man kann mit frischen Leuten anbändeln, man trifft sich immer wieder"* (I. 6) oder: *„Man trifft Sommer und Winter immer wieder Bekannte."* (I. 45) Interessanter wird es, wenn konkreter beschrieben wird, warum, wie und wozu Wohnmobilisten Urlaubsbekanntschaften pflegen.

Eine Variante betrifft das gewollte „sich wieder treffen". Ein mit Dickschiff durch Europa ziehendes Rentnerpaar beschreibt dies so: *„Und dann kamen die anderen an, die kannten wir aus Torre del Mar, Kurt und ..., die haben wir in Ungarn wieder getroffen. Die riefen uns eines Tages an. Die wollten eigentlich zu Hause ins neue Jahr rein feiern. Dann haben sie sich's überlegt: 'Wir können eigentlich den zweiten Weihnachtstag durchfahren. Da sind wir Silvester bei euch. Bestellt man 'nen Tisch'. Das is irgendwie so schön. Da freut man sich drauf. Is wirklich toll."* (I. 48)

Über das punktuelle Zusammentreffen hinaus, zu dem man sich verabredet, finden sich auch Wohnmobilisten, die ganze Touren gemeinsam planen und durchführen. Ein Frührentnerpaar aus der Schweiz hatte

Auch unter Wohnmobilisten: Freunde treffen Freunde (immer wieder)

sich mit einem zweiten Paar zu einer zweimonatigen Rundreise von der Ostsee nach Ungarn und Polen getroffen. Weil das gemeinsame Reisen für beide Paare sehr verträglich verlaufen war, haben sie beschlossen, im nächsten Jahr im April und Mai zusammen Sizilien zu durchstreifen (I. 6). Auch junge Leute mit Kindern tun sich zusammen, um mit mehreren Wohnmobilen gemeinsam den Urlaub zu verbringen. Zwei Ehepaare aus Ostdeutschland sind seit vier Jahren so aufeinander eingespielt, dass für sie und ihre Kinder das gemeinsame Reisen und auf Campingplätzen das Zusammenstehen viel stressfreier und unbeschwerter ist, als wenn jeder auf eigene Faust unterwegs wäre (I. 15).

Will man das gemeinsame Urlaubserleben noch abgerundeter machen, veranstaltet man wie der betuchte Unternehmer, dem ein riesiges amerikanisches Wohnmobil als Fahruntersatz dient, eine „Anfahrparty": *„Ich mach jedes Jahr 'ne Anfahrparty. Da sind bei mir zu Hause so zwischen zehn und fünfzehn Wohnmobile. Die, die sich so kenne, treff mir uns bei uns im Haus so. Machen mer des in der Kellerbar. Machen mir jetzt schon sieben Jahr lang. Und da is die Geselligkeit dann auch auf Fahrt, dass man abends denn bei dem sitzt oder dem."* (I. 45)

Über das besondere Reise- und Geselligkeitsverhalten der Überwinterer auf der Iberischen Halbinsel war schon an früherer Stelle berichtet worden: Typisch für diese Gruppe ist das ständige Platzwandern, entweder im kleinen räumlichen Radius (zum Beispiel an der Küste um Almeria herum) oder aber im großen Maßstab zwischen Benidorm, Valencia, Malaga bis an die portugiesische Algarve (I. 57, 58, 59). Zum selbstverständlichen Kommunikationsmittel, um sich stets wieder neu zu verabreden, ist das Handy geworden. Das Schlagwort vom *„sich zusammenrufen"* ist in aller Munde (I. 59).

Überwinterer „rufen sich zusammen" (per Handy)

Sozialpsychologisch interessant ist das Verhaltensritual einiger Reisemobilisten, die *„nervös herumfahren"*, um andere zu treffen: Die Leute kennen sich zum Teil schon seit Jahren, sind sich vertraut und freuen sich auf das Wiedersehen untereinander. Sie pendeln bis zu Hunderten von Kilometern, um sich zu treffen. Und dann: *„Ein Monat Suche, dann sieht man sich, grüßt sich, unterhält sich. Das war es dann. Also kommen, fahren, sich wieder treffen, darüber berichten und wieder los."* (I. 57) Man stößt hier wieder auf das dem Wohnmobilreisen eigentümliche Wechselspiel von Distanz und Nähe.

... und haben Gewohnheit des Platzwanderns

Im Extremfall wird der ganze jährliche Lebensrhythmus vom Zusammensein mit befreundeten und bekannten Wohnmobilkollegen getragen. Dies gilt für ein Paar, das sich wegen der schon erwachsenen Kinder und nur noch durch den Beruf eingeschränkt, das ganze Jahr über an Wochenenden, in Kurzurlauben und dem Haupturlaub mit anderen Reisemobilfreunden zu gemeinsamen Aktivitäten zusammenfindet. Es ist nicht nur, aber auch das sportliche Hobby, die Teilnahme an Marathonläufen zum Beispiel, die zum wiederkehrenden Zusammentreffen mit anderen führt: *„Da gibt's 'n internationales Buch über Veranstaltungen im Volkssport. Und da kann man lesen, an diesem Wochenende is in Baden-Württemberg , in Rheinland-Pfalz oder im Ausland, in Holland, Frankreich was. Da stehn die Wochenende drinnen und da kann man sich raussuche, was man machen möchte. Und dann sucht man sich eben was Nahes aus oder was Interessanteres, das is für uns natürlich Marathon, was Weiteres aus. Da fährt man hin, da macht man mit und dann fährt man wieder heim. Da trifft man wieder andere Freunde, wo man vom Laufen kennt.*

Da hat man also immer 'nen großen Freundeskreis.

Wie wir hier auch mit den Wohnmobilen 'nen Freundeskreis haben, hier beim Winzer. Und so ham wir auch 'nen Freundeskreis beim Wandern. Auch einige vom Wanderverein haben Wohnmobile. Die leben auch in verschiedenen Teilen Deutschlands. Dann tut man mal sagen, ‚komm, wir kommen mal bei euch hin, ihr kommt mal bei uns runter.' Und denn tut man sich so manchmal auch auf halber Strecke treffen…

Wir gehen gern auf jemand zu; ich möchte Unterhaltung haben. Möchte jemand kennen lernen. Man möchte irgendwas austauschen. Gedanken, gerade, wenn man Wohnmobile hat, oder etwas anderes. Und so tun Gespräche sich irgendwie verknüpfen und so sind schon Freundschaften entstanden.

Man ist zum Beispiel in Osttirol jetzt zu Weihnachten. Ham wir vom Bodensee her 'ne Familie mit 'nem Wohnmobil kennen gelernt. Das war also ganz reizend. Wir sind auf Hütten gefahren, Taxi genommen, alle mit hoch. Ham uns so kennen gelernt, schreiben uns noch, telefonieren miteinander. Nächstes Jahr treffen wir uns wieder. Heißt es: ‚Kommst du auch?' ‚Ja, ich komm auch'… Oder im Sommer, dass man sich hinstellt und sagt: ‚Au ja, heute macht 'mer Grillen.' Als Gruppe sagt man, du bringst Salat mit, du bringst 's Fleisch mit'. Und hinterher wird das alles zusammengelegt, wird es finanziell wieder aufgetrage nach so und so viel Leut…

Dass wir jetzt hier sind beim Winzer, das ist, weil die Familie D. da drüben, die sind schon 'n paar Mal hier gewesen und die wussten das. Und die hatten hier den Kontakt. Und wir ham ja alle vier Wochen Stammtisch, wo wir uns treffen. Dann heißt es, 'was machen wir mal? Machen wir 'ne Ausfahrt mit drei, vier Wohnmobilen?'… Und dann tun wir halt auch die Weihnachtsmärkte abklappern, in Bad Wimpfen, in Ulm, in Bad Tölz. Alles übers Wochenend." (I. 69)

Lebensrhythmus bisweilen ganz-jährig mit Wohnmobil-freunden geteilt

Die längere Interviewpassage bringt deutlich zum Ausdruck, dass das Freizeitleben mit dem Wohnmobil, was Geselligkeit und Freundschaften angeht, gänzlich erfüllend sein kann.

Bei nicht allen Reisemobilisten klingt nur Begeisterung über die Chancen enger menschlicher Bande an. Andere Motorcaravaner haben entweder nicht das Bedürfnis nach zu intensiver freundschaftlicher Vereinnahmung oder sind skeptischer, nicht zuletzt wegen eigener negativer Erfahrungen.

Zwei Rentnerpaare, die hierzu zu Wort kommen sollen, haben sich auf merkwürdige Weise beim Wohnmobilreisen kennen gelernt, als *„Hymergeschädigte"*, dass heißt, wegen erheblicher Mängel an ihren neuen Fahrzeugen (S-Klasse) sind sie zu sich solidarisch fühlenden Kollegen geworden. Sie geben im Interview eine beeindruckend ausgewogene Einschätzung zu den Vor- und Nachteilen des gemeinsamen Reisens ab: *„Zum miteinander Reisen möcht ich noch sagen: Das muss ja auch so hinkommen, dass man die gleichen Interessen hat. Es gibt jetzt Leute, die sagen: ‚Nein, ich koche nicht. Ich geh jeden Tag essen.' Das passt zu uns nun wieder nich. Wir gehen ab und zu mal essen. Aber im Großen und Ganzen machen wir das selber. Oder der eine legt sich gerne mittags hin, hält Mittagsschlaf, der andere ist unterwegs. Das muss irgendwie ja 'n bisschen auch zusammenpassen. Oder wenn einer keine Lust auf was hat, wir hocken nicht immer aufeinander. Jeder muss seine Freiheit haben.*

Abwägung von Vor- und Nachteilen des gemeinsamen Reisens

Dies ist jetzt die dritte Tour zusammen. Und zwischendurch sehen wir uns in Abständen kurz so zwei Tage.

Wenn man mal mit jemand reist, das zeigt auch erst die Zeit der Reise, ob man das wieder macht oder nicht.

Es ist ganz schwer, jemand zu finden, der auf unserer Wellenlänge liegt oder auf eurer Wellenlänge. Das is ganz schwer. Es gibt immer irgendwo Reibereien. Man muss zurückstecken können, wenn man sagt: ‚Gut, ihr macht das.' Will ich das oder will ich das nich? Deswegen darf man dem ja nich böse sein.

Campingplatz Eden in Peniscola (spanische Mittelmeerküste): Zwei Paare reisen gern zusammen

Zum Beispiel heute sind wir mit drei Ehepaaren zu sechst mit dem Roller zusammen weggefahren. Meine Frau, die kann nun nich weit mit 'm Roller fahren. Sie hat unterwegs, da war'n wir fünfzehn oder zwanzig Kilometer gefahren, da hat sie gesagt: ‚Mensch, hör mal zu, am liebsten fahr ich wieder nach Hause. Mir wird das zuviel.' Da ham wir uns alle zusammen entschlossen, wir nehmen 'nen kürzeren Weg, damit wir auf den kürzesten Weg 'n kleinen Radius machen, dass wir wieder hier sind. Das is gut. So sollte es sein. Wären die anderen aber weitergefahren, dann darf man denen aber auch nich böse sein. Man wird nie zwei oder drei Wohnmobilisten finden, die genau die gleichen Interessen haben." (I. 49/50)

Aus unterschiedlichen Gründen sieht es ein jüngeres Ehepaar aus den neuen Bundesländern noch skeptischer, sich mit Freunden zusammenzutun, um längere Zeit gemeinsamen Wohnmobilurlaub zu machen. Eigentlich wünschen sie sich das, denn *„wir brauchen nicht nur mit Familie allein Solo schieben. Wir würden gern diese Lebensauffassung mit 'n paar Leuten zusammen erleben. Aber es is nich so leicht, mit anderen koordinierten Urlaub zu machen. Es gibt ähnliche Leute im Bekanntenkreis, auch etwas weg vom Konsum, einfach und schlicht. Mit denen müsste man langfristig planen, um sich auf Reise in 'ner großen Familie zu finden. Aber sich auch absplitten können, ohne dass der andere böse ist."* (I. 35).

Zusammen reisen oft schwierig zu organisieren

Wieder andere unterscheiden zwischen großer Urlaubsreise und ein- bis zweitägigen Touren oder dem Skifahren. Für eine junge Familie mit mehrjähriger Campererfahrung kämen nur kürzere gemeinsame Unternehmungen in Frage, *„denn man ist zu unterschiedlich"* (I. 37). Ein inzwischen in Rente gegangener Rheinmatrose gibt kurz und bündig ein ähnlich gemeintes Urteil ab: *„Längere Urlaube nur mit meiner Frau. Es gibt mit anderen sonst nur Krach und man ist gebunden."* (I. 40)

Kurze Reisen gemeinsam – längere Reisen für sich

Ein Rentnerpaar hatte an der Mosel ein anderes Paar aus Norddeutschland vom ersten Anblick an leiden mögen. Nur weil diese sofortige Sympathie bestand, wurden Adressen und Telefonnummern ausgetauscht, fand ein Besuch bei ihnen statt und ist über Weihnachten und Neujahr in Winterberg mit noch anderen zusätzlichen Wohnmobilisten eine große Wiedersehensrunde geplant (I. 38).

Es ist sowieso ein Thema für sich, mit dem viele Urlauber, nicht nur beim Camping, eher schlechte Erfahrungen gesammelt haben: *„Adressen austauschen, um sich wiederzusehen"* (I. 7). Meistens klappt es nicht. Ein Vorruheständler, der mit seiner Frau auf Winterreise im VW-Bus unterwegs ist, gibt sich recht ernüchtert: *„Man trifft Leute, sogar gleich Gesinnte. Manche haben sich schon mal wieder getroffen. Aber engere Freundschaften werden daraus selten. Selbst das Kartenschreiben schläft wieder ein. Deshalb fahren wir meistens für uns allein. Es ist schon schwer genug zu zweit."* (I. 62).

Oft schlafen Kontakte wieder ein

Das sagt selbst jemand, der mit sich und seinen Lebensumständen recht zufrieden schien und auch nicht unglücklich über das zusammen

Reisen mit seiner Frau wirkte. Der Hamburger Malermeister, der mit seiner Familie am Gardasee Urlaub verbrachte, hat einen vielleicht wesentlichen Grund genannt, warum die spontane freundschaftliche Geselligkeit mit Kollegen beim Camping sich meistens nicht in andauernden Kontakt zu Hause fortsetzt: *„Wenn man sich später privat trifft, ist es doch anders als im Urlaub"* (I. 29). So ist es die besondere Gestimmtheit im fremden (sonnigen) Ambiente und in zwangloser Unbekümmertheit, die die Urlaubsbekanntschaft im hellen Licht erscheinen lässt. Daheim in Alltag und Routine verblasst diese Faszination, wird damit die Überwindung größer, den Kontakt aufrechtzuerhalten.

... auch, weil Urlaubswelt anders als Alltag zu Hause

In einem letzten Teil, der sich mit Kommunikation und Geselligkeit unter Reisemobilisten beschäftigt, geht es um das besondere Verhältnis und Gefühl, das einige wahrnehmen und so ausdrücken: *„Wir sind ein besonderes Völkchen"* (I. 58). Was wird darunter verstanden?

Für die einen ist es nur ein *„bisschen Zusammengehörigkeitsgefühl"* (I. 52), das sich auch im gegenseitig praktizierten Wohnmobilergruß äußert, der linken erhobenen Hand bei entgegenkommenden Fahrzeugen. Obwohl man wieder auseinander geht und vielleicht nur eine Nacht des Zusammenstehens auf einem Rastplatz gewesen ist, man fühlt sich untereinander verbunden.

Wie stark ist Zusammengehörigkeitsgefühl unter Wohnmobilreisenden?

Die Gewährsleute dieser Meinung sind jedoch der Ansicht, dass nicht alle Wohnmobilisten zum Kreis der Vertrauten gehören. Nach ihrer Beobachtung verhalten sich die Reisenden in Leihmobilen anders, ebenso *„Hymer-Sternfahrer, die nicht grüßen"* und Fahrer *„von riesengroßen Wohnmobilen"* (I.57), zu denen man überhaupt keinen Kontakt kriegt. Die Leute in Dickschiffen wiederum würden von denen im normalgroßen Reisemobil sagen: *„die Leute meiden mich alle"* (I. 52). Dahinter scheint also doch ein gesellschaftlicher Unterschied auf: Nicht alle Motorcaravaner sind gleich. Materielle und soziale „Klassenunterschiede" pausen sich bisweilen im Verhalten zueinander durch (ausführlicher hierzu Kapitel 12).

Unterschiedliche Gruppen von Reisemobilisten werden wahrgenommen

Ein Camper sieht den Unterschied zwischen Leuten *„mit gekauften und zusammengeschraubten Wohnmobilen"* (I. 29). Ein anderer, der selber zu der Kategorie der Superklassemobile zählt, muss die Erfahrung von Ausgrenzung bestätigen: *„Ja, kann man sagen, sind die Wohnmobilisten ein besonderes Völkchen für sich. Aber wie gesagt, da gibt's dann auch so Gruppen dazwischen. Es gibt sogar, wo Leute sagen: ‚Das is 'n Cloufahrer, das sind einsame Mensche.' Das is das Gröbste, was ich gehört hab. Aber ich hab es ja selbst erlebt, so Leut.*
Ich meine, da gibt's auch welche, die sagen, das is 'n Ausländer von da und so und so und so und so, da gibt's unter uns Deutschen sol-

... zum Beispiel Dickschifffahrer

che genauso. Genauso is es wieder bei den Wohnmobilisten, diese und jene. Und das sieht man den Leute auch gleich an schon. Wenn einer 'n Clou hat, der fährt, um zu zeige, ,Seht, ich hab'n Clou', oder jemand, der sich 'n Clou kauft, weil's ihm gefällt und weil's ihm Spaß macht. Das sind die zwei Unterschiede. Und der erste, der sagt, ,Ich hab'n Clou', mit dem will ich auch nichts zu tun habe." (I. 45).

Andere sehen Wohnmobil-reisen ohne soziale Unter-schiede

Allerdings gibt es Wohnmobilreisende, die keine sozialen Unterschiede untereinander spüren oder akzeptieren wollen. Besonders eindeutig haben dies zwei ältere Rentner erlebt: *„Da hat man Kameradschaft, Freunde, vom Professor bis zum Schlüsseldienst!"* (I. 70), sagt der eine und der andere: *„Da sind wir so Typen, auf der einen Seite ich und auf der anderen Seite Jupp, der Akademiker, wir sind alle gleich"* (I. 31). Und den Grund für die Offenheit der Reisemobilisten untereinander glaubt ein anderer Kollege darin ausgemacht zu haben, dass *„Wohnmobiler Menschen sind, die schon im Berufsleben mit vielen Leuten zu tun hatten"* (I. 30). Bei der Frage „soziale Gleichheit oder nicht" scheiden sich also die Geister.

Was vom Wohnmobiler-gruß heute geblieben ist

Was die Verbreitung und den symbolischen Wert des als Gruß gemeinten Handzeichens betrifft, gehen die Meinungen auseinander. Eine Veränderung im diesbezüglichen Verhalten stellt eine allein reisende Frau fest: *„Im Ausland mache ich das Handzeichen. Aber es wird weniger durch die Vielzahl. Früher war das ja gang und gebe. Heute muss ich feststellen, dass es auch nur noch die Leute machen, das eigene Volk (die deutschen Landsleute) sozusagen. Es werden keine Belgier mehr gegrüßt, keine Holländer mehr oder andere Kennzeichen, sondern man grüßt nur noch deutsch, wenn Deutsche unterwegs sind"* (I. 43).

Gemeinschafts-sinn lässt mit wachsender Wohnmobilzahl nach

Auch anderen Motorcampern fällt auf, dass der Grad der Verbundenheit nachlässt, je mehr Wohnmobile auf dem Markt sind. Ein Jungrentnerpaar spricht von der gleichen Beobachtung: *„Wir geben offen zu, dass wir Wohnmobilfahrer sind. Wir machen das auch gerne, alle beide, und sonst würde das auch nicht funktionieren. Nee, wenn einer dagegen wäre, dann könnten wir das auch nich. Ich glaub aber, mittlerweile sind es so viele geworden, da sind von jeder Sorte welche zwischen. Ich hab mich mit jemand unterhalten jetzt, das war 'ne Kategorie, da kommen wir nie hin. Die machen Reisen, ein Jahr durch Amerika...."* (I. 54)

Man sieht, dass mit der Zunahme und Ausdifferenzierung des Wohnmobiltourismus nach immer unterschiedlicheren Zielen und materiellen Möglichkeiten das einigende Gefühl der Zusammengehörigkeit nachgelassen hat. Im gleichen Interview, das ist noch einzuräumen, wird auch deutlich, dass der Hang zum zu engen Zusammenschluss als ein Völkchen in dem Bestreben zum Individualismus seine Grenze findet: Ein bisschen Identifikation schon. Nur die Beziehung darf nicht zu eng sein. *„Immer so'n bisschen Abstand. "* (I. 54)

Noch enger, als nur Zusammengehörigkeit oder Identifikation zu zeigen, wird es, wenn man die Vorstellung des „solidarisch-sein" bemüht. Auch hierfür gibt es Belege in den Interviews, vor allem, wenn die Hilfsbereitschaft untereinander hervorgehoben wird: *„Die Gespräche sind anders in ihrer Offenheit und sich gegenseitig helfen, das gibt es nur über das Wohnmobilreisen, nicht im Hotel. "* (I. 7) Ein junger Familienvater gerät fast ins Schwärmen: *„Wenn ich zu Hause wo anklopfe, sind die Leute verbissener. Bei den Wohnmobilleuten werde ich überall empfangen. Da gibt es keine Probleme bei der Nachbarschaftshilfe, man hilft sich gegenseitig. Das is nichts Negatives. "* (I. 67).Und der lustige Selbstausbauer mit der Schaufensterpuppe Monika sieht sich selbst als einer, *„der immer hilfsbereit ist. Deshalb kriege ich überall Anschluss. "* (I. 44)

Manchmal sind Wohnmobilisten solidarisch

... und hilfsbereit

Die Berichte über das Zusammenhalten von Wohnmobilisten in Notsituationen sind in der Tat verbreitet. Da ist das kontaktfreudige und gesellige Rentnerpaar eine Ausnahme. Denn der Mann hat erlebt, dass er zweimal Reifenschaden hatte, als sie mit zwei Wohnmobilen unterwegs waren und alleine den Reifen wechseln musste: *„Da hilft dir auch keiner!"* (I. 51). Fast etwas unglaublich diese Geschichte – oder?

... aber auch negative Erfahrung

Das Kapitel kann nicht zum Abschluss kommen, ohne eine kleine Minderheit von Motorcaravanern vorzustellen, die ein besonders gesellschaftliches Leben miteinander pflegen: die Mitglieder von Reisemobilclubs.

Bedeutung von Reisemobilclubs

In Deutschland gibt es auf regionaler Ebene seit vielen Jahren Reisemobil-Clubs. Sie sind aus eigener Wurzel entstanden, um unter gleich gesinnten Reisefreunden gemeinsam Geselligkeit, Ausflüge und längere Touren mit dem Wohnmobil zu unternehmen. Die Clubs sind auch der geeignete Ort, um über die Technik der Fahrzeuge, über Betriebskosten oder Reiseziele zu fachsimpeln, Informationen und Erfahrungen auszutauschen. Im Jahr 1987 ist ein Dachverband von deutschen Reisemobilfahrern mit Namen „Reisemobil Union e.V.", Kurzname „RU", gegründet worden. In diesem Dachverband sind derzeit (Stand September 2001) 39 Reisemobil-Gesellschaften (Clubs) und 29 Fördermitglieder (Fahrzeughersteller, Zubehörfirmen und einige Kommunen) zusammengeschlossen.

Das übergeordnete Ziel des Dachverbandes ist die Wahrnehmung der Interessen des Wohnmobiltourismus gegenüber Politik und staatlichen Institutionen sowie der Caravanwirtschaft und der kommunalen Ebene. Gegenüber letzterer setzt sich die RU dafür ein, weitere mit Ver- und Entsorgung ausgestattete Stellplätze zu schaffen – möglichst erlebnisnah in Orten oder bei attraktiven Freizeiteinrichtungen gelegen.

Die RU gibt eine vierteljährliche Mitgliederzeitschrift „Mobil Szene aktuell" heraus. In ihr dokumentieren sich neben Berichten aus der Vorstandsarbeit vor allem die vielfältigen Aktivitäten der einzelnen Regionalclubs, die sich um Geselligkeit und gemeinsame Kurzreisen ranken.

Die Mitgliederzahl der RU ist nicht genau auszumachen. Angaben aus dem Vorstand gehen (für 1999) von einer Zahl von ungefähr 2.000 Mitgliedern aus. Die Zahl ist möglicherweise zu hoch gegriffen.

Bei einer vom VDHW geschätzten Zahl von weit über einer Million Wohnmobilreisenden ist natürlich nur ein verschwindend geringer Teil in der RU organisiert: 0,05 %. Dafür ist die öffentliche Resonanz, die Initiativen der RU in der Verkehrs- oder Kommunalpolitik sowie der Repräsentanz gegenüber Herstellern und Handel im Campingbereich erzielen, durchaus respektabel.

Der RU ist die zu schmale Basis an Mitgliedern bewusst. Bisher konnten zwar private Einzelmitglieder für 25,57 EUR aufgenommen werden – was de facto kaum vorkam –, sie hatten aber kein Stimmrecht in der Mitgliederversammlung. Um die RU auch für Einzelmitglieder interessanter zu machen, wurde am 10. 11. 2001 eine Satzungsänderung beschlossen: Einzelmitglieder werden jährlich in einem der Mitgliederversammlung vorausgehenden „Forum" mit der Möglichkeit eigener Willensbildung zusammengefasst. Bis zu je 20 Einzelpersonen stellen danach einen in der Mitgliederversammlung stimmberechtigten Delegierten. Eine demokratische Mitbestimmung einzelner Wohnmobilisten ist so ansatzweise umgesetzt. Allerdings ist der Mitgliedbeitrag von 18,40 EUR gegenüber den über die Clubs organisierten Mitgliedern mit 6,14 Euro pro Clubfahrzeug etwa dreimal so hoch. Zusätzlich werden bei der Einzelmitgliedschaft im ersten Jahr 7,50 Euro fällig, für die man ein so genanntes „Starterpaket" erhält (Satzung, Jahresabo der Mobil Szene aktuell, Ausweis, Clubsticker, Namensschild u.a.) (nach Angaben des Aufnahmeformulars).

Neben der RU und ihrer Clubbasis besteht seit 1978 der „Euro Motorhome Club e. V.", abgekürzt EMHC. Er versteht sich eher als das „kleine, aber feine Sprachrohr in der bewegten Motorcaravan-Szene" (Statement im Flyer des EMHC 2001). Die Mitgliederzahl ist dementsprechend kleiner, nämlich um die 700, der jährliche Mitgliedsbeitrag enorm höher: 102,26 EUR zuzüglich 51,13 EUR Aufnahmegebühr. Die

Mitgliedschaft wird direkt im EMHC, nicht durch Clubs vermittelt. Die Mitglieder erhalten eine Stammnummer, die auch nach ihrem Namen in persönlichen Beiträgen des vierteljährlich erscheinenden Clubmagazins „euro motorhome" genannt wird. Eine recht enge Identifikation der Mitglieder untereinander und zur Organisation EMHC liegt damit nahe. Bei der Durchsicht einzelner Magazinausgaben fällt auf, dass sich die Berichterstattung überwiegend auf gesellige Aktivitäten von Eignern von Wohnmobilen der Oberklasse bezieht: Wie schon gesagt, man ist kleiner und feiner.

Der EMHC will Bindeglied zwischen Reisemobilisten, Herstellern und den Regierungen Europas sein (so im Originalton einer Presseerklärung von 2000), akzentuiert damit stärker eine gesamteuropäische Ausrichtung, was sich auch in der Mitgliedschaft des EMHC in belgischen, luxemburgischen, niederländischen, österreichischen und schweizerischen Nachbarorganisationen ausdrückt.

In den Interviews wird vereinzelt auf Mitgliedschaft und Aktivitäten der Reisemobilclubs eingegangen. Die Meinungen, welche Bedeutung Reisemobilclubs für den einzelnen Wohnmobilfahrer haben kann, sind ganz unterschiedlich. Zunächst eine sehr positive Schilderung eines reiserfahren wirkenden Rentnerpaares:

Einzelne Wohnmobilreisende sehr aktiv im Reisemobilclub

„*Wir sind in so 'nem Caravanclub, den ‚Düsseltramps'. ‚Ham Sie schon unser Emblem am Wagen gesehen? Da, is ganz toll!' Wir sind circa fünfzig Fahrzeuge und fahren dann immer am Wochenende weg. In Goch war'n wir, wie der große Platz eingeweiht wurde. In Bensersiel war'n wir zweimal. Wir ham jetzt das Clubtreffen, das is in Münster, das Martinsgans-Essen.*

‚N Club is mehr ‚ne Interessensgemeinschaft. Das soll keine Clubart annehmen, sondern so 'n bisschen sich untereinander austauschen. Wo kann man gut stehen, wo isses preiswert, angenehm, schön, negativ, positiv. Und dann macht man mal mit welchen, die man mag, auch so ne Wochenendtour. Wir rufen uns untereinander an, wer hat Interesse, da und da hin zu fahren. Dann fahr'n wir immer zusammen. Die letzte Tour war jetzt Kleve und Xanten, ham wir da unten am Niederrhein abgegrast. Für 'ne Wochenendtour is das immer wieder annehmbar. Nich weiter als zweihundert Kilometer." (I. 52) Die beiden Mitglieder der Düsseltramps sind rundum mit dem geselligen Treiben des Clubs zufrieden.

In anderen Fällen zeigt sich noch stärker, dass manche Wohnmobilisten mit ihrer jährlichen Freizeit ganz im Vereinsleben eines Reisemobilclubs aufgehen, sich dort ausdauernd engagieren und sich dabei sehr wohl fühlen.

Manche wollen
sich nicht vom
Clubleben ver-
einnahmen las-
sen

Es ist jedoch nicht zu erwarten, dass dies für alle Wohnmobilisten gilt. Und so bezieht ein anderes älteres Ehepaar, das selbst Mitglied in einem Reisemobilclub gewesen ist, eine völlig konträre Position:

„Im Club sind wir nich mehr. Da war'n wir drin. Aber das hat uns nich gefallen. Hat uns überhaupt nich gefallen, weil da so, wie überall in allen Clubs, so Cliquen sind. Es waren immer wieder andere Leute da. Das Clubleben hat uns nich behagt, das war uns auch irgendwie zuwider. Da geht's ja wieder genauso los, da heißt's dann wieder, dann sagt irgend so'n Häuptling da, auf Deutsch gesagt, jetzt machen wir dieses, jetzt machen wir jenes, jetzt fahr'n wir da hin, jetzt fahr'n wir da hin. So, und alle müssen hinterher fahren. Das hat uns eingeengt, da ham wir keine Lust zu … Da kann man lieber alleine hinfahren ohne so 'n großen Trupp." (I. 72)

Campingplatz
Ballangen
bei Narvik (Nor-
wegen): Hollän-
discher Reise-
mobiltrupp
mit Häuptling
(Wohnmobil
links mit Fahne)

Andere Beobachter oder zeitweilige Mitglieder eines Clubs meinen sogar, dass nur, wenn man sich mit Haut und Haar einer solchen Gemeinschaft verschreibt, auch entsprechend anerkannt und aufgenommen wird. Vielen ist eine derartige Vereinnahmung zu eng: *„Im normalen Reisemobilclub hat ja jeder sein Aufgabenpöstchen und es wird stark beobachtet, was und wie man was macht."* (I. 43)

Ein besonderer
Fall: Singleclub
und -treffen für
Wohnmobilisten

Diejenige, die diese Beschreibung gibt, ist selbst die inzwischen verstorbene Gründerin eines Reisemobilclubs, allerdings ganz anderer Orientierung, des „Single Reisemobilclubs". Über ihn ist an früherer Stelle berichtet worden (Kapitel 1). Der Club allein Fahrender ist vor allem ein Bindeglied für Singles über fünfzig, deren Lebenspartner verstorben sind oder deren Beziehungen zerbrochen sind. Es ist ein *„Freundschaftsmarkt"* mit lockeren Treffen an wenigen Wochenenden im Jahr, ein punktuelles Zusammenkommen von Menschen ganz unterschiedlicher Biographie und Mentalität, die dann meistens wieder auseinander gehen. Manche lernen sich jedoch so weit kennen, dass gemeinsame Reisen geplant werden. Der Unterschied zu den üblichen Clubs ist also der unverbindliche Charakter: *„kein Vereinszwang"*(I.43).

War bisher der Blick auf die Kommunikationsbereitschaft der Wohnmobilisten nach innen, also auf die eigene Freizeit- und Urlaubergruppe gerichtet, soll jetzt die Frage aufgeworfen werden, wie es mit Interessen und Kontakten nach außen aussieht: zur Welt der Bereisten, der Einheimischen.

Zugänge zu Einheimischen:
euphorisch – sensibel – kritisch – ablehnend

Auf Reisen Land und Leute kennen zu lernen, ist nicht das vorrangige Motiv aller Wohnmobilisten. Warum dies so ist, warum Menschen auf Reisen, anstatt reichlich Neugier zum Entdecken anderer Lebenswelten zu zeigen, nicht selten die Fremde gleichsam links liegen lassen und sich mehr mit sich und anderen Urlaubern beschäftigen, wird in der Tourismussoziologie und -psychologie diskutiert:

Exkurs (IV)

Von der Distanz zu fremder Lebenswelt oder der Angst vor ihr

Wenn man es speziell auf den Wohnmobiltourismus bezieht, mag auf den ersten Blick eine Argumentation von H. M. MÜLLENMEISTER (1998, S. 87) zufrieden stellen: „Dass sie also nicht reisen, um irgendwo anzukommen, dass sie sich vielmehr auf den Weg machen, um unterwegs zu sein. Dass sie fahren, um des Fahrens willen. Vielleicht, weil das Fahren ihnen Genuss verschafft."

Nun ist insbesondere im Kapitel über die Freiheit beim Wohnmobilreisen (Kapitel 2) von der offenen und ungebundenen Mobilität die Rede gewesen. Dasselbe Kapitel hatte aber deutlich gemacht, dass noch sehr viel mehr an Bedürfnis und Motivation dahinter steckt, als nur um des Genusses willen drauflos zu fahren. Und auch die „wissenschaftliche Sicht" vermittelt tiefere Erkenntnisse zu der Fragestellung, warum sich Reisende häufig unerwartet wenig mit der anderen Welt der Einheimischen auseinandersetzen.

Eine Erklärung bezieht sich auf den emotionstheoretischen Ansatz von R. COLLINS (1993, S. 203-30). Dieser begreift Gefühle als „soziale Energie", die für das Funktionieren sozialen Lebens unerlässlich sind. Bei K. H. VESTER (1999, S. 51 f.) wird COLLINs Theorie auf das Kommunikationsverhalten im Reisen angewandt: „Die Reisebereitschaft sowie die Verheißungen und Erwartungen, die sich mit dem Reisen verbinden, haben möglicherweise ihren tieferen, d. h. emotionalen Grund darin, dass allein schon Ortsveränderungen, insbesondere aber die Interaktionen, die der Tourismus ermöglicht, die emotionale Energie erhöhen. Bei dem sprichwörtlichen Bemühen, Land und Leute kennen zu lernen, geht es zumeist gar nicht um die Vertiefung des Verständnisses für fremde Menschen und Kulturen, sondern um die Aktivierung und Steigerung emotionsenergetischer Potentiale.

Allein die Möglichkeit, mit anderen in Kontakt zu kommen und sich auszutauschen, mobilisiert und steigert emotionale Energie. Egal, ob man sich im Urlaub mehr Zeit für Partner und Familie nimmt oder neue Bekanntschaften macht, in beiden Fällen wird durch die Intensivierung der Interaktion auch emotionale Energie aufgebaut... Selbst (durch Reiseanstrengungen) äußerlich sichtbar erschöpfte Touristen kehren doch emotional aufgetankt heim."

Diese Argumentationslinie kann bereits einen ersten Verstehenszugang anbieten, der es plausibler macht, dass Reisende nicht oder nicht zuallererst in die fremde Welt der Einheimischen eintauchen.

Auf diesem Gedankengang aufbauend können sozialpsychologische Theorien noch ein Stück tiefer herausarbeiten, warum manche Reisenden eher unter sich kommunizieren als mit d. h. den Einheimischen: Das Sich-ausliefern an die Fremde und die Fremden kann Gefühle der Verunsicherung und Angst auslösen. Der Psychologe A. THOMAS (1993, S. 152) formuliert es so:

„Selbst dann, wenn das Neugiermotiv sehr stark ausgeprägt ist und das Bestreben, an einer friedlichen Weltgesellschaft mitzuarbeiten, ist die aktive Auseinandersetzung mit dem Fremden eine ständige Provokation gegenüber dem Bedürfnis nach Absicherung eigener Werte, Meinungen, Einstellungen u. a. und dem Bedürfnis nach Selbstwerterhöhung bzw. Selbstwerterhaltung."

Verschiedene sozialpsychologische Theorien stützen diese Argumentation. Die „Kognitive Dissonanztheorie" L. FESTINGER (1978) beispielsweise geht davon aus, dass der Mensch sein Verhältnis zur menschlichen und sächlichen Umwelt im Gleichgewicht halten will. Störungen, die das Individuum in seiner geordneten Situation und Welt aus diesem Gleichgewicht bringen können, entstehen vor allem dann, wenn die Person in ihr „fremden" Kulturen mit anderen Personen, Objekten und Ereignissen konfrontiert wird, die ihr bislang unbekannt waren bzw. anders als die vermutete Erwartung. Es tritt dadurch „dissonante Kognition" auf, die im Menschen den Eindruck von Unvertrautheit oder sogar Angst erzeugt. Selbstbewusstere Personen können mit dissonanter Kognition umgehen und eventuell in dieser Spannung kreative Potenziale eigener Weiterentwicklung gewinnen. Andere aber bemühen sich, wieder ihre gewohnte Vertrautheit zu erlangen, d. h. Konsonanz.

Dazu bieten sich unterschiedliche Lösungen an. Entweder passt sich der Mensch der ihm fremden Umwelt an oder diese bringt sich dem Individuum näher. Oder aber das Individuum meidet nach Möglichkeit die es verunsichernde Erfahrung mit dem Fremden. Und eben dieses kann ein Motiv für Reisende sein, sich nicht tiefer auf Land und Leute in fremden Regionen einzulassen.

In einer eigenen Untersuchung in der Toskana (KRÜGER, R., LODA, M. 1992) konnte auch der Frage nachgegangen werden, wie deutsche Touristen, die sich im Hinterland der Küste aufhalten und bewegen, diese fremde Region wahrnehmen. Es zeigte sich, dass selbst der Typus von Reisenden, der nicht vor der Begegnung mit der anderen Lebenswelt zurückschreckte, Erfahrungen kognitiver Dissonanz ausgesetzt war: „Je mehr der sanfte Tourist um authentische Erfahrungen der Fremde bemüht ist, umso stärker empfindet er Angst vor und in dieser Fremde. Solche Aspekte reichen von Unsicherheitsgefühlen aufgrund von Orientierungsdefiziten in der Landschaft oder im Straßenverkehr über Verhaltensirritationen gegenüber den Regeln des Alltagslebens bis hin zu konkreten Befürchtungen, im Urlaub betrogen, bestohlen oder bedroht zu werden" (S. 23).

Manche Wohnmobilreisenden, die auf der einen Seite dem Drang des freien Reisens so gern nachgeben, wollen sich – psychisch gesehen – doch nicht zu sehr der verunsichernden Gefahr des Fremdseins in der Fremde aussetzen. Eine Möglichkeit, dieses zu vermeiden ist, sich stärker auf sich, seine Route, seine Etappenziele, auf Sehenswürdigkeiten oder mobile Aktivitäten zu konzentrieren. Die intensive Begegnung mit Einheimischen mag dafür zurückstehen.

Wer sich aber für Kultur und Menschen der bereisten Regionen interessiert, tut dies bewusst. Insofern sind Aussagen von Motorcaravanern, die sich dem Erleben der Fremde hingeben, häufig ausführlich gehalten und zeugen von konkretem Beobachtungssinn – und es werden viele Geschichten über Erlebnisse mit Einheimischen wiedergegeben. Letzteres wird sich auch im folgenden Text niederschlagen.

EXKURS 4

Naturgemäß bilden sich Licht und Schatten, wenn es um die Wahrnehmung fremder Menschen geht. Chancen, die Einheimischen mit vertrauten, aber auch ganz andersartigen bis unverständlichen Zügen zu sehen, bietet nach vielen Eindrücken gerade das Wohnmobilreisen, weil man mit dieser flexiblen Reiseform auch abseits von Touristenzentren den Alltag der Bewohner entdecken kann.

In einer ersten sprachlichen Annäherung wird in manchen Interviews zum Ausdruck gebracht, dass man „Land und Leute kennen lernen" möchte. Ein Wohnmobilpaar, er bereits Rentner und sie noch als Polizistin im Dienst, meinen gar, für sie läge *„der Sinn des Reisens"* – immerhin seit über zehn Jahren – darin, mit ihrem VW-Bus *„Land und*

Wohnmobilreisen bietet besondere Chance, Land und Leute kennen zu lernen

... und manche sehen darin Sinn des Reisens

177

Leute kennen zu lernen". Fast katalogartig zählen sie auf, was sie darunter verstehen: *„Gegebenheiten, Sitten und Gebräuche kennen lernen, Orte und schöne Bauwerke kennen lernen. Die Menschen sind nicht alle egal. So ist es interessant, weil man miteinander auskommen kann. Auch das Essen, anderer Küchen wollen wir probieren."* (I. 9)

Es ist also ein weit gespannter Bogen von der bebauten Umwelt über Sehenswürdigkeiten bis zu den Menschen selbst und ihrer Alltagskultur, der sich auf Wohnmobilreisen erschließen lässt. Im Zentrum des Interesses stehen die Einheimischen.

Ein Rentner, der zweiundvierzig Jahre lang als Fernfahrer viel herumgekommen ist, gibt in einer fast weisen Formulierung auch gleich den Schlüssel dazu, wie man den Kontakt zu den Bereisten unproblematisch gewinnen kann: *„Vor allem muss man auf die Menschen zugehen. Nicht stehen und dumm gucken. Die Menschen wollen gefragt werden. Auch wenn sie in manchen Gegenden stur sind, muss man hingehen und fragen. Antworten kann man besser als Fragen stellen."* (I. 9)

Einen anderen Aspekt für Wunsch und Sinn der Begegnung mit den Einheimischen betont ein Paar: *„Wir wollen Land und Leute kennen lernen. Das is wichtig, denn die können nicht so reisen wie wir. Die freuen sich, wenn wir Kontakt zu ihnen aufnehmen."* (I. 72) Hier wird also über die anderen Lebensumstände nachgedacht, die es den Einheimischen verbietet oder schwer macht, uns zu besuchen. Also müssen wir zu ihnen reisen.

In anderen Interviews werden die Lebensbedingungen von Menschen in anderen Ländern ausdrücklich zum Thema gemacht. Ein Strafvollzugsbeamter, der sich vor ein paar Jahren mit seiner Frau den Traum vom Wohnmobil erfüllt hat, zeigt sich auf den zahlreichen Reisen ins östliche und südliche Ausland hierzu besonders sensibilisiert:

„Dann sieht man die Häuser. Da wohnen die Reichen, da die Armen, die Bauern, nech. Die sind in Frankreich noch das ärmste Volk. Einfach mit Steinen die Hütte gebaut. Man muss für so was 'n Auge haben, nicht nur die Straße einfach sehen und so freu ich mich auch, dass es gar nich so schnell läuft [das Fahren mit dem Reisemobil]... *Ich will auch die Menschen sehen und das is mein Ziel. Wir sind so oft nach Spanien gefahren und nie mit den Menschen in Berührung gekommen. Nur im Hotel und was da drum hängt mit den Führungen... Jetzt mach ich, was ich will. Fahr hoch zu dem Bauern und sag: ‚Hast du Parmaschinken', und dann hab ich mir den gekauft. Sehn Se, und das is das, was ich möchte...*

Wir werden das Wohnmobil benutzen, um Menschen, Menschen gerade im armen Polen kennen zu lernen Lettland, Litauen, Königsberg da oben. Mit Menschen in Berührung kommen. Die Menschen sind ja gar nich so, wie sie hingestellt werden. Die sind wirklich sehr nett und zuvorkommend. Nur die, die in den Ballungsgebieten, wo man sie ausgrenzen muss, wo sie nur auf Gier aus sind. Die anderen sind nich auf Gier aus, sind se nich. Und die lernt man da erst kennen mit so einem Ding [Wohnmobil]. *"* (I. 1)

Nicht alle Motorcaravaner teilen den Elan, einfach auf Einheimische in fremden Länder zuzugehen, besonders dann nicht, wenn es um Menschen in einfachen und ärmlichen Verhältnissen geht: *„Zudem kommt noch hinzu, das is etwas persönlich von mir und meiner Frau. Ich finde, wenn man in ein Land fährt, was nicht so reich is wie die Deutschen; sag's mal ganz deutlich, die Deutschen sind ja reich. Gibt zwar verschiedene Schichten, eine unten, eine oben. Aber grundsätzlich sind wir ja reich und haben wir viel Geld, das wir im Urlaub im Ausland ausgeben. Und je klotziger und aufwendiger mein Mobil dann im Ausland auftaucht, je mehr erweck ich ja auch den Neid der Menschen. Das kommt uns immer so 'n bisschen komisch vor. Unser Auto ist nun schon so relativ groß, aber es hält sich noch grad so in Grenzen. Wenn ich dann aber mit so 'nem Klotz rumfahre, die Leute sind auch nicht dumm und wissen, was es kostet, so 350 bis 500.000 Mark. Und ich stell mich dann irgendwo so in die Natur, dann sagen die: ‚Guck mal, so 'n Auto kann er sich kaufen, aber zwanzig Mark für 'nen Campingplatz nich ausgeben.' Und das find ich unschön. "* (I. 4)

Der Kollege, der gerade in den Rentnerstand gegangen ist, weiß, von welchem Gefälle an materiellem Wert zwischen einem großen Wohnmobil und den einfachen Existenzbedingungen von Einheimischen in ärmeren Ländern er spricht. Das Paar hatte sich gerade ein neues integriertes Reisemobil, einen Laika Ecovip 100 zugelegt und – als konsequenten Lebenseinschnitt – dafür ihr Haus verkauft.

Zum Teil Scheu, in armen Ländern eigenen Wohlstand zu zeigen

Abgesehen von dieser biographischen Besonderheit beleuchtet das Statement einen wichtigen Problemgehalt: Wie ist die Annäherung zwischen Einheimischen und Fremden in einem Sinne möglich, der beiden Seiten eine offen und ehrlich gemeinte Erfahrung bietet? Ist eine solche intensive Begegnung überhaupt realistisch und möglich? Ist sie beim Wohnmobilreisen eher möglich? Die gestellten Fragen sollen unter mehreren Aspekten und auch in einer theoretischen Betrachtung zum Problem der „Authentizität" (d. h., der Möglichkeit echten Erlebens) angegangen werden.

Verschieden intensive Begegnungen mit Fremden und der Fremde

Zufrieden sein kann man mit dem Wunsch, der Welt der Einheimischen näher zu kommen, wenn man es mit einer Camperin aus den neuen Bundesländern hält, die sich darauf beschränkt zu sagen: *„Ich genieße die Freiheit, Italiener anzugucken. Ich sehe mir die Leute an, zum Beispiel, wie sie leben und lachen."* (I. 35) Doch ganz zufrieden ist selbst sie nicht mit der nur oberflächlichen Berührung der anderen Lebenswelt. Sie würde sich schon gern Kontakt und Gemeinschaft mit Italienern auf deren Campingplätzen wünschen und bedauert, dass man *„halt auf Reisen mehr für sich als Familie ist"*.

... nur das Andere beschnuppern

Hierbei kommt dem Wohnmobilreisenden ebenso wie anderen Urlaubern ein ziemliches Hindernis in den Weg: die „Sprachbarriere", wie es in zahlreichen Interviews heißt.

Der Umgang mit diesem Problem fällt unter dem Volk der modernen Nomaden ganz unterschiedlich aus. Für die einen ist es in der Tat „die Sprachbarriere", für die anderen ist es zwar auch eine Barriere, die sich aber umschiffen lässt. Zu dieser Position einleitend eine nette Geschichte. Erlebt hat sie ein Vorruheständlerpaar, im VW-Bus am liebsten einfach und naturnah unterwegs. Sie spüren schon den Mangel, zwar den Einheimischen bei der Arbeit und Ernte auf dem Land zuschauen zu können, sich aber kaum mit ihnen verständigen zu können. Wäre da nicht ein Erlebnis, das ihnen Mut gibt, auch ohne Beherrschung der Landessprache mit den Fremden kommunizieren zu können:

Sprachbarriere als Problem

„Vor ein paar Tagen musst ich in die Werkstatt mit meinem Auto, weil es im Leerlauf fürchterliche Geräusche machte. Waren wir bei Malaga in der VW Werkstatt. Und die Leute konnten auch kein Deutsch sprechen. Aber die waren so herzlich. Die Frau zum Beispiel, die Chefin beispielsweise, hat meine Frau so angefasst und dann hat sie mit ihr geredet, sie auf Spanisch, meine Frau auf Deutsch. Als ob wir uns schon lange kannten. Das war richtig herzlich und die war'n alle so nett. Und ham uns gleich bedient da, weil wir auf das Auto angewiesen waren." (I. 62)

... zum Teil praktisch gelöst „mit Händen und Füßen sprechen"

Und auch ein anderes Paar hat auf einem Campingplatz an der Algarve, ohne der portugiesischen Sprache mächtig zu sein, neben Einheimischen gestanden: „*Wir haben uns verständigt mit Händen und Füßen. Und die ham uns verwöhnt, am Ende gehörten wir fast mit zu der Familie.*" (I. 72) Dieses „mit Händen und Füßen sprechen" kann man ganz bewusst einsetzen, meint eine ältere Rentnerin, deren Mann wenigstens ansatzweise spanisch, englisch, französisch ja sogar dänisch und norwegisch spricht: „*Es macht dann richtig Spaß, die Sprachbarriere zu überwinden.*" (I. 71)

Häufiger gibt es jedoch Wohnmobilreisende, für die die Sprachbarriere ein ernstes Hindernis der Verständigung ist.

Für andere Sprachbarriere schwer zu überwinden

Ein Schweizer Ehepaar findet die Landschaft hinter der Küste in Spanien so schön, aber die Kontakte zu den Einheimischen fallen ohne Kenntnis der Landessprache schwer (I. 64). Ein eher alternativ reisendes Paar zeigt großes Interesse an den Einheimischen in Spanien, vermisst aber die fehlende Sprachfertigkeit (I. 65). Die Reihe kürzerer Statements, die die Schwierigkeiten der Verständigung im Ausland bedauern, ließe sich fortsetzen.

Spannender ist es, den Erlebnissen und Erfahrungen nachzugehen, über die die Wohnmobilreisenden beim Umgang mit den Bereisten im Ausland berichten. Einige Themen werden häufig beleuchtet: die Gastfreundschaft, die Hilfsbereitschaft und andere Aspekte der Mentalität von Ausländern.

Belege der Gastfreundschaft, die viele Reisemobilisten im Westen und Osten, im Norden und Süden außerhalb Deutschlands erlebt haben, könnten reihenweise zitiert werden. Es verdichtet sich der Eindruck, dass man aus einer Talsohle, die Deutschland heißt, nach allen Seiten ansteigend Erlebnisse der Gastfreundschaft mitnehmen kann, die im eigenen Land rarer sind. So schwärmt der jetzt im skurrilen Eigenausbau umherreisende Mann von den Zeiten, als er noch mit seiner früheren Frau, den Kleinkindern und Hund durch die Türkei reiste:

Erfahrung der Gastfreundschaft

„*Es war so wunderschön von der Landschaft her, von der Freundlichkeit der Menschen. Also nich jetzt in den Touristenhochburgen oder so. Kleine Campingplätze, alle Türken. Da wurde ein Fest gefeiert, als man ankam und es war einfach schön. Das ham wir durchgezogen die Jahre bis zum Krieg in Jugoslawien, bis man da nich mehr durch konnte.*" (I. 44)

Von einem weiteren Beispiel für Gastfreundschaft erzählt ein Wohnmobilfahrer, der sich seit einer Reihe von Jahren im Winter speziell in Marokko aufhält: „*Die Marokkaner, es gibt nur Arme und Reiche, den Mittelstand gibt's dort gar nich, die, wo was haben, sind sehr freundlich. Man wird eingeladen. Wir kannten einen, der hatte so 'ne Pumpenfabrik bei Agadir. Der hat uns da immer eingeladen und da*

181

konnt man hin. Da sind dann zwanzig Mann beim Essen. Alle, die Rang und Namen haben, kommen zu dem." (I. 61)

... und Hilfs-
bereitschaft

Über die Gastfreundschaft hinaus heben Wohnmobilisten immer wieder die Hilfsbereitschaft hervor, die sie im Ausland erlebt haben. Das Folgende hat sich in Luxemburg zugetragen: *„Das ist teilweise in Luxemburg mit unseren Gemein-den gar nicht zu vergleichen. Da war 'n schöner großer Parkplatz, 'n ganz kleiner Ort an sich nur. Wenn dann 'n Wasserwagen kam für die Blumenrabatten, die ham uns den Tank voll gemacht. Fragten, ob sie uns was mitbringen können aus'm Ort. Ich kriegte Kartoffeln, mein Gemüse, alles.*

Tennes am Fjord südlich Tromsö (Nor-wegen): Norwegische Familie – spontane Gast-freundschaft

Das konnt man manchmal gar nicht alles verwerten, weil's einfach zu viel war. Die Menschen sind da sehr nett und wir ham da, wie gesagt, Freundschaften geschlossen." (I. 71)

Aus dem selben Interview stammt noch ein Beispiel, das vom freundlichen Entgegenkommen der Einheimischen zeugt: *„Als wir in Spanien waren, da hatten die die Küstenstraße am Wochenende zur Einbahnstraße erklärt, weil die Einheimischen alle an den Strand kamen. Wir ham da nich so drauf geachtet, weil die ganze Woche war das normal und am Wochenende sind wir ja nicht weggefahren. Also sind wir in die Einbahnstraße hineingefahren, entgegengesetzt. Und da ham wir 'n netten Polizisten kennen gelernt, der war uns in Deutsch-land schon besuchen. Und er hat uns alles frei gehalten und wir durften durch. Wir ham uns gefühlt. Der hat uns die nächste Einfahrt dann links einbiegen lassen. Da konnten wir jetzt so durch, das war perfekt und alles andere war uns schnuppe."* (I. 71)

Die Hilfsbereitschaft der Türken ist legendär. Deshalb auch noch eine Begebenheit aus diesem Land: *„Die sind sehr hilfsbereit, die Tür-ken. Wir hatten Probleme mit dem Auspuff, der fiel uns halbwegs ab. Und da ham die sich unheimlich bemüht, uns gleich zu helfen... Und da konnte man auch direkt vor einem Campingplatz fragen, wo der andere Campingplatz is. Und da hat man 'ne Antwort bekommen. Da ham die gesagt: ‚Da und da entlang und wenn's euch da nicht gefällt, kommt zu mir zurück.' Das hat man bei uns weniger."* (I. 34)

Mentalitäts-
unterschiede
zwischen sich
und Fremden
wahrgenommen

In anderen Beobachtungen, die Wohnmobilisten machen, werden Mentalitätsunterschiede zwischen Deutschen und den Menschen ande-rer bereister Länder zum Thema gemacht. So ist einem Lehrerehepaar der Unterschied zu den Italienern aufgefallen, wenn es um die Akzeptanz der Wohnmobile in städtischen Räumen geht:

„In der Bucht von Genua war es Ostern, da waren sämtliche Straßenzüge vollgestellt mit Wohnmobilen. Alle Italiener scheinen ein Wohnmobil zu besitzen. Und stellten sich einfach an 'nen Straßenrand, auf Bahnhofsplätze und verbrachten da die Ostertage. Die saßen da mit ihren Stühlen mitten auf der Straße. Es war ungeheuerlich. Und da is mir zum ersten Mal klar geworden, dass diese Italiener noch ein ganz anderes Volk von Wohnmobilisten sind. Die müsste man wahrscheinlich auch mal interviewen. Die ham da noch 'n ganz anderes Verhältnis zu. Da is man auch sehr willkommen als Wohnmobilist. Da is das wie selbstverständlich. Während das hier in Deutschland, wie gesagt, nicht immer der Fall ist.“ (I. 11)

Um in ein ganz entgegengesetztes Land zu springen bei der Frage, was man sich unter den Eigenschaften der Einheimischen vorstellt, soll von Norwegen die Rede sein. Ein junges Paar, der Mann ist unternehmerisch mit Sonderausbauten von VW Bussen beschäftigt, sie ist Unternehmensberaterin, wollen im wohl verdienten Urlaub unkompliziert relaxen und dabei Land und Leute kennen lernen. Norwegen war deshalb für sie ein angenehmes Reiseland: *„Also, in Reiseführern stand, dass sich keiner dran stört, wie man rumläuft und die ganze Mischung hat's gemacht. Sehr unkompliziert, locker. Sehr locker in Norwegen. Hier sind so viele Extreme auf einem Fleck und es harmoniert alles. Bei uns harmoniert das nich so. Bei uns ist es alles etwas schwieriger.“* (I. 75)

Im freien Umherreisen durch andere Länder kommt der Wohnmobilfahrer dem Alltagsleben der Einheimischen vielleicht enger auf die Spur, als es bei anderen Formen des Massentourismus möglich wäre. Und so verblüfft es nicht, dass Reisemobilisten immer wieder Mentalitätsunterschiede auffallen. Ein eher auf sich selbst bezogenes berufstätiges Ehepaar gibt sich ganz bewusst der Möglichkeit hin, auf seinen Reisen mit einem Karmann California *„hauptsächlich Leute kennen zu lernen, viele Leute kennen lernen. Das is ganz interessant. Jedes Land hat wieder 'ne andere Mentalität, das is das schöne dran.“* (I. 8)

Nun sind deutsche Wohnmobilreisende nicht zimperlich, auch reihenweise negative Aspekte und Eigenschaften der Einheimischen zu benennen, die ihnen im Ausland auffallen. Aus einigen Interviews gewinnt man den Eindruck, dass man sich häufiger und direkter mit negativen Zügen der Bereisten auseinander setzt als mit den Vorzügen, über die bisher in diesem Kapitel berichtet wurde. Es ist dies ein bekanntes Phänomen des Wechselverhältnisses von Selbst- und Fremdwahrnehmung.

Auch negative Eigenschaften der Fremden werden aufgespießt

Die Höflichkeit gegenüber den Gastländern, die man mit dem Wohnmobil bereisen kann, soll dennoch nicht den Blick auf einige dieser negativen Beobachtungen, Einstellungen und auch Vorurteile verstellen, die in den Interviews geäußert worden sind.

Ein Schweizer Paar, das in Spanien überwintert, kennt eine Familie im Hinterland der Küste, weil die beiden Frauen aus früherer Zeit in der Schweiz Freundinnen geworden waren. Also sind sie auch bei der Familie zu Besuch. Was sich bei ihrer Wahrnehmung von „Arbeit, Alltag und Gefühlen" der Gastgeber an kritischen Eindrücken verfestigt hat, soll im folgenden Auszug wiedergegeben sein:

„Ich kann mich mit diesem Land nicht anfreunden. Denn ich hab bei der Freundin meiner Frau viel gesehen, wie das so geht, auch mit den Tieren. Wenn sie schlachten, das Schwein auf einen Stapel und dann das Messer ratsch und lassen es verbluten. Und die brüllen ungefähr eine Viertelstunde bis zwanzig Minuten, bis sie tot sind. Da kann ich nicht zusehen. Auch die Schweinetransporte hier unten, wie das vor sich geht. Das bricht einem das Herz. Auch mit den Hunden, wenn einer ein Herz hat und sieht, wie die da rumhungern. Niemand macht was, auch mit der Schweinerei von Abfall. Das sehen sie ja selbst. Ich sag, über den Winter vier, fünf Monate hier unten ist mir egal, aber dann hab ich genug, dann muss ich wieder weg... Ich kann mich nicht mit den Spaniern identifizieren. Denn ich denke, ich könne so nicht leben.

Die Frau hat zu mir gesagt, als sie in der Schweiz war, da sei ihr Mann so ein richtiger Kavalier, freundlich, hilfsbereit gewesen. Jetzt erleben wir ihn zu Hause. Jetzt ist er wieder jemand. Wenn man da Einblick hat in die Spanier, dann muss man einfach sagen, unter uns gesagt, die Spanier, die sind Schweinehunde. Er versucht auf alle Art irgendwie, auch bei den Armen, viel hintenrum zu machen. Er macht viel Schwarzarbeit. Er hat eine Wasseranlage, wo ihm zur Verfügung steht. Gutes Wasser kostet ja ein wenig. Aber er kann ja gutes Wasser herausziehen, etwa für die Orangenplantage oder für die Oliven und Mandeln. Aber er geht nachts raus, kehrt die Wasseruhr um, damit sie rückwärts läuft. Damit er noch bald Geld rausbekommt statt bezahlt. Nein, ich weiß nicht, ob das eine richtige Lebensart ist." (I. 64)

Manchmal Überzeichnung durch Fremdwahrnehmung

Dies war nun starker Tobak, bei dem hinten herunter fiel, dass Zustände bei Viehtransporten oder Schwarzarbeit auch in Mitteleuropa nicht unbekannt sind. Doch die Überzeichnung des Negativen im anderen Menschen ist ein Problem der Fremdwahrnehmung.

... oft aber auf konkreter Erfahrung beruhend

Festzuhalten bleibt indessen auch, dass das Schweizer Camperpaar eine sehr konkrete und interessierte Beobachtungsgabe gegenüber den Lebensverhältnissen der Einheimischen zeigt. Diese bewusste Wahrnehmung konkreter Verhaltensformen im Alltag der Bereisten taucht auch in anderen Interviews auf. Spanien ist beispielsweise oft Zielscheibe der Kritik für wilde Müllentsorgung: *„Im Sommer ist das bei den Spaniern mistig. Die lassen den Dreck, sehen Sie, an den Stränden liegen. Das sind nicht wir mit den Wohnmobilen."* (I. 58)

Nach negativer Erfahrung eines kürzlich in Rente gegangenen Mannes aus Sachsen kommen auch die Marokkaner nicht gut weg: *„Man hat den Eindruck, dass die Leute alle Ausländer, egal ob das Franzosen sind, Spanier, Deutsche oder Engländer, die Grundhaltung haben, die sind alle steinreich. Und die bescheißen, auf gut Deutsch, wie's geht. Beklauen und bescheißen, das is die Grundhaltung. Habe ich jedenfalls den Eindruck. Das geht zum Beispiel so: Kommt man mit dem Schiff rüber, dann kommen gleich drei, die wollen einem die Zettel ausfüllen. Sie rufen ‚Pass, Pass' und man denkt, die sind aber freundlich. Paar Minuten Arbeit und dann will er fünf Mark haben. Wenn Sie nicht zahlen, gibt's sofort Theater. Dann kommt der Nächste, der kommt mit und will Ihnen die Stadt zeigen. Ich sage: ‚Ich brauche niemand.' Das können Sie sagen, soviel Sie wollen, der geht trotzdem mit. Und nach zwee Stunden will er zwanzig Mark haben...*

Sind auch welche hier [Wohnmobilisten], *die sind mit einer geführten Gruppe unterwegs. Einer, der Land und Leute kennt, fährt vorneweg. Warum, weil niemand allein fahren will. Diese Angst im Unterbewusstsein machen sich diese Marokkaner ja zunutze."* (I. 47)

Nachdem zuvor ein versierter Marokkofahrer (I. 61) Gastfreundschaft und korrektes Verhalten der Einheimischen gelobt hatte, ist diese Darstellung das schwarze Gegenbild und zeigt, wie sehr es von der eigenen Sorgfalt und Landeskenntnis abhängt, welche Erfahrungen auf einen warten. Der kluge Marokkoexperte ist sich der Tatsache bewusst, dass sich an Stellen, an denen Massentourismus auftritt, auch die Gefahr von Diebstahl oder persönlicher Bedrängung lauert (in den touristischen Zentren der Städte oder an Verkehrsknoten). Er meidet diese Situationen, in die der zweite Berichterstatter hineingetappt ist.

Eine bündige, für Touristen möglicherweise beruhigende Sichtweise bringt ein dritter Motorcaravaner ein: *„Marokko jefällt mer sehr, möcht da aber nich wohne. De Mensche sen nett, kein Klau, hacken ihm sonst de Pfote ab."* (I. 40)

Verlässt man den harten Strich der Schwarzweißmalerei, so kann man in der Wahrnehmung der Einheimischen auch sensible Töne vernehmen. Dies gilt besonders dann, wenn man ein eigenes biographisches Interesse mit dem Kennenlernen des fremden Landes verbindet.

So interessiert sich ein älterer Rentner allgemein für die Kultur und Sehenswürdigkeiten Norwegens, ganz speziell aber für Zeugnisse und

Sensible Wahrnehmung der Fremde auch unter Wohnmobilreisenden

Spuren des vergangenen Kriegsgeschehens: Artilleriestellungen, Schiffswracks, Hafenanlagen oder Kriegsgräberstätten werden aufgesucht, um sich ein Bild der Situation während des Zweiten Weltkrieges zu machen. Dabei versucht er immer, mit Zeugen der damaligen Zeit in Kontakt zu kommen, die als ihm Gleichaltrige auf der norwegischen Seite den Krieg erlebt haben:

„Oder in Trondheim, das is die Drillingskanone von der Gneisenau. Und wenn Sie da rein gehen, dann is das faszinierend, was die 1934 schon an Technik da reingebaut haben. Leider nur zum Vernichten der Menschen. Mich interessieren dazu die Menschen hier oben, die da groß geworden sind, die damit gelebt haben. Wir haben gestern einen Norweger gesprochen, der sprach auch sehr gut deutsch. Er hat das noch erlebt als Junge. Und hat also keine großen Erinnerungen, sagt nur: ‚Ich bin immer gut klar gekommen mit den Soldaten‘." (I. 74)

Manchmal sind es auch weniger dramatische Begebenheiten, die Wohnmobilreisenden eher zufällig einen Einblick in unterschiedliches Verhalten und Vorlieben ausländischer Bürger vermitteln. Einen lustigen Beitrag hierzu steuert eine entdeckerfreundliche Familie bei, als sie zum Urlaub nach England aufgebrochen in Calais auf die Kanalfähre wartete:

„Das war auf der Englandreise. Das war noch irgendwie ganz nett. Wir standen neben Engländern am Hafen, wie wir schon erwähnt hatten und unterhielten uns. Und wir waren ja doch unerfahren und hatten das noch nie gemacht [Überfahrt mit dem Wohnmobil nach England]. *Und nun kamen die und tranken einen Wein. Nahmen Gartenstühle raus auf den Warteplatz. Es war ein Wohnmobil. Die hatten richtige Stühle rausgestellt, was uns schon verblüffte. So, wir beim Zelten, da hat man versucht, alles möglichst klein zu halten. Und die hatten wirklich alles Mögliche aufgebaut. Und dann hatten sie den Wein. Und den hatten sie in einem Pappkarton. Und da waren wir irgendwie geschokkt. Das hatten wir noch nie gesehen. Und das auch noch in Frankreich. Und wir hatten denn auch noch einen. Und denn fragten sie uns, ob wir auch mal probieren möchten. Mein Glas hat ich aber noch halb voll und die waren so herzlich, so sagt ich, ‚ja‘. Und die kippten dann einfach was dazu. Das hab ich noch so in Erinnerung und nur gedacht, die Menschen sind doch alle ganz unterschiedlich."* (I. 37)

Der Reisende und die Fremde, der Reisende und die Bereisten beziehungsweise Einheimischen ist ein breit diskutiertes Thema in den tourismusbezogenen Wissenschaften. Die Debatte wird dort unter dem Begriff der „Authentizität" geführt. Gemeint sind damit Chancen und Grenzen unverfälschten Erlebens einer fremden Kultur, eines andersartigen Lebensalltags und seiner Rahmenbedingungen.

Wie authentisch ist Reisen?

Ist eine echte Erfahrung von touristischen Orten und dem Leben ihrer Bewohner für den Reisenden wichtig und ist sie überhaupt möglich? Soziologen wie E. GOFFMAN (1959) haben versucht, diese Frage nicht nur für touristische Situationen zu beantworten. Er bedient sich dabei des Bildes von „Vorder- und Hinterbühne": Der Darsteller versucht, dem Publikum einen authentischen Eindruck zu vermitteln, achtet aber darauf, dass die Hinterbühne dem Zuschauer verborgen bleibt. Dieser aber ist geradezu bemüht, einen Blick hinter die Fassade zu erhaschen, denn er will wissen, ob der Präsentationsinhalt der gezeigten Vorderbühne mit der Wirklichkeit der Hinterbühne übereinstimmt: d. h., ob es authentisch zugeht. In solcher Weise können Touristen von dem Wunsch beseelt sein, das Echte und Ursprüngliche der bereisten Orte und Regionen zu finden. Aber das Unverfälschte und Typische in der Fremde bleibt dem Massentourismus zunehmend verschlossen und wird durch das ersetzt, was man an der Oberfläche für den Touristen arrangiert und inszeniert (nach H.-G. VESTER 1993, S. 122 f.).

Wer sich in einzelnen Regionen, die noch nicht so stark vom kommerzialisierten Tourismus überformt und verändert worden sind, authentische Zugänge zu der Lebenswelt der Einheimischen erschließen will, muss sich selbst bemühen. Er muss sich bei seinen Kontakten sehr sensibel verhalten, unvoreingenommen das Fremde als Andersartiges zulassen, zum Dialog mit den Fremden fähig sein und seinen eigenen kulturellen Hintergrund nicht als überlegen empfinden und darstellen.

Ein solcher Zugang ist im Konzept des „Sanften Tourismus" programmatisch angelegt. Verfolgt der (Wohnmobil)Reisende diesen Weg, kann er im günstigen Fall einen Zipfel an Authentizität erfahren.

Andersherum ist die Frage immer lauter diskutiert worden, ob Urlauber und Reisende in der heutigen Zeit tatsächlich den Drang nach authentischem Erleben haben? CH. HENNIG (1999, 55) behauptet sogar, dass es im Tourismus „nur begrenzt um die Erkenntnis der Fremde" gehen würde: „Vielmehr suchen Touristen die sinnliche Erfahrung imaginärer Welten, die Realität der Fiktion."

Hennig (S. 54) führt diese Meinung konkreter aus. Die touristische Wahrnehmung liefert kein ‚realistisches' Bild der besuchten Gebiete. Sie konstruiert eigene Erfahrungsräume, die wesentlich durch Phantasie und Projektion geformt werden. Natur und Kultur, Ökonomie und Lebensgewohnheiten des Reiselandes gehen an die Wahrnehmung nur als Elemente unter anderen ein. Häufig treten sie völlig in den Hintergrund und werden allenfalls noch als folkloristische Ornamente sichtbar. Die Eindrücke des touristischen Erlebens oszillieren in eigentümlicher Weise zwischen den Bereichen, die wir als real bzw. fiktiv bezeichnen.

Hennig (S. 56) gibt schließlich zu bedenken, dass sich aus dem wenig zentralen Interesse des Reisenden an authentischem Erleben nicht ableiten lässt, ihn als unbedarft durch die Lande schweifendes Wesen zu begreifen. Vielmehr ist es eine dem Menschen innewohnende Veranlagung, beim Reisen Wirkliches mit imaginierten Eigenvorstellungen und Wünschen zu mischen: „Es wäre ein Irrtum, den Touristen ‚unrealistische' Wahrnehmungen als Mangel vorzurechnen." „Wenn touristische Welten nach Gesetzen der Imagination und der Projektion aufgebaut werden, so drücken sich darin nicht individuelle Unzulänglichkeiten aus, sondern tief verwurzelte kollektive Bedürfnisse und Phantasien."

Man erkennt also: Auf der einen Seite lassen sich die bereisten Welten nicht so richtig in ihre – echte – „Hinterbühne" schauen. Auf der anderen Seite sind viele Touristen zufriedene Urlauber, ohne zu tief mit der Alltagswirklichkeit, den tatsächlichen Verhältnissen vor Ort konfrontiert zu werden. Das leichte und spielerische Leben im Erleben der Fremde kann viel weniger anstrengender, aber genussreich sein.

In einer beachtenswerten Studie hat der Soziologe NING WANG (2000) versucht, diese erstaunlichen bis widersprüchlichen Befunde zum Thema Authentizität des Reisens in ein Konzept zu bringen: Nach ihm gibt es drei Formen des Authentischen: „Object-related authenticity" oder objektbezogene Authentizität. Sie meint Erfahrungen an den konkret gegebenen kulturellen Gütern, mit Lebensweisen und der menschlichen Begegnung im Reiseland. Es wäre die bislang so genannte „echte" Authentizität.

Eine zweite Form ist die „constructive authenticity". Hier geht es um die Klischees und idealisierten Bilder, die sich Touristen machen. Zum Beispiel wähnen sie sich in einer idealisierten Vorstellung der Toskana, die sich aus geometrisch klaren Linien in Gebäuden und Landschaft (Zypressenreihen), Kathedralen und Palästen, dem Chiantiwein usw. formt. Einheimische wie die Rentnerbäuerin aus einem Dorf, der Fabrikarbeiter aus dem Vespa-Werk oder ein Gemüsehändler aus Florenz sehen ihre Heimat ganz anders, viel nüchterner, härter und widersprüchlicher.

Schließlich lässt sich im Zuge des jüngeren gesellschaftlichen Wandels (Freizeit-, Spaßgesellschaft, neue Lebensstile) eine dritte Variante des Authentischen beschreiben, die „existential authenticity". Unter ihr versteht man jegliche mögliche Selbsterfahrung und Bedürfniserfüllung, wenn sich Menschen außerhalb von Zwängen ihres gewohnten Alltags befinden, also auch auf Reisen. Es kann ebenso ein spielerisches leichtsinniges Unterfangen wie der Ballermann-Urlaub auf Mallorca als auch eine ernsthafte Selbstfindung, beispielsweise beim Überwintern an einem einsamen Strand Südspaniens sein.

Ning Wang gibt ein eindrucksvolles Beispiel für die Unterscheidung von „object related" und „existential authenticity": die Teilnahme der Touristen an Rumbatanz in Lateinamerika. Einmal kann dieses Erlebnis den Touristen den Eindruck vermitteln, ein echtes Stück einheimischer Kultur vermittelt zu bekommen. Die Frage ist – für sie – nur, wie echt oder nur noch arrangiert („constructive authenticity") der ihnen gebotene Rumbatanz ist. Beim Erleben der „existential authenticity" geht es darum nicht: Die Touristen fühlen sich in den lebendigen Rhythmus einbezogen, sie empfinden die Lust, vielleicht sogar Ekstase des Tanzes. Gerade in einer fremden Umwelt gehen sie aus sich heraus, gehen sie in ihr für einen Moment auf.

Ning Wang (S. 216 ff.) macht deutlich, warum man heute sinnvollerweise von einer Spreizung der Authentizität zwischen echtem und existenziellem Erleben spricht: Es ist der Wandel gesellschaftlicher Werthorizonte und sinnstiftender Lebensweisen, nämlich eine Verschiebung von „logos modernity" zu „eros modernity".

Der Mensch in der Tradition der industriellen Arbeitswelt ist ein eher vernünftig (rational) handelndes Wesen („logos"). Der Urlaub ist, auch wenn man sein Vergnügen haben durfte, die sinnvolle Kompensation zum Arbeitsalltag, zur Wiederherstellung der vollen Arbeitsfähigkeit. Mit dem gesellschaftlichen Wandel hin zur „eros modernity" gewinnen Emotionen, Gefühle einen stärkeren Eigenwert ebenso wie generell Freizeit und Selbstverwirklichung. Jetzt spielen also auch authentische Erfahrungen an und mit sich selbst – ohne intensiven Bezug zu den Gegebenheiten einer Urlaubsumwelt – eine wichtige Rolle. Es schließt sich in dieser Argumentation der Kreis zum letzten theoretischen Ausflug, in dem aus psychologischer Sicht die Aktivierung emotionaler Energien begründet wurde (siehe Exkurs 4).

Es dürfte insgesamt einsichtiger geworden sein, dass und warum selbst die flexible Form des Wohnmobilreisen nicht für alle in der Sehnsucht nach intensiverer – authentischer – Erfahrung des Fremden gipfelt. Damit ist jedoch nicht in Frage gestellt, dass es genügend Motorcaravaner gibt, denen es Lust und Anliegen ist, Land und Leuten der bereisten Regionen nahe zu kommen.

Nachdem herausgearbeitet wurde, wie sehr oder eben nicht sehr Wohnmobilisten an einem tieferen Entdecken der bereisten Zielregionen und ihrer Menschen interessiert sind, soll der Weg der Argumentation zurückführen auf eine nüchterne Frage: Wohin reisen die Motorcaravaner eigentlich? Antworten hierauf soll ein kurzes nächstes Kapitel geben.

Kapitel 5

Mit dem Wohnmobil reisen:
Ziele und Routen im Jahresgang

Wer sich ein Reisemobil zugelegt hat, beabsichtigt, dieses längerfristig zu nutzen, je nach Lebenslage und Reiselaune weniger oder häufiger. So sieht es auch eine Untersuchung, die 1998 im Auftrag des Verlages „motor presse stuttgart" unter dem Titel „Freizeit, die ich meine…" erstellt worden ist: „Reisemobilisten und Wohnwagen-Urlauber sind natürlich häufiger als andere auf Achse… Die Hälfte unternimmt jährlich mehrere Urlaubs- und Erholungsreisen. Der Anteil der Vielreisenden ist damit im Verhältnis zur Gesamtbevölkerung mehr als doppelt so hoch."

Zielgebiete in Deutschland und Europa

Im Weiteren werden die Zielgebiete der Wohnmobilisten summarisch nach In- und Ausland aufgeschlüsselt. Zunächst die Aufstellung für deutsche Regionen:

Hauptsächliche Zielgebiete längerer Urlaubsreisen in Deutschland

	Anteil aller Reisemobilisten
Längere Urlaubsreise (mehr als 5 Tage) in den letzten 12 Monaten	53 %
davon alte Bundesländer:	
Nordsee, Ostsee	25 %
Baden-Württemberg	11 %
davon neue Bundesländer:	
Ostsee	8 %
Mecklenburgische Seenplatte	5 %
Harz	6 %
andere Gebiete	14 %

Quelle: Freizeit, die ich meine…, 1998, S. 45

Abb. 10
Hauptsächliche
Zielgebiete
längerer
Urlaubsreisen
in Deutschland

In Deutschland sind also die Küsten mit rund einem Drittel aller Reisen am beliebtesten, gefolgt von Baden-Württemberg. Baden-Württemberg, der Harz und die Mecklenburgische Seenplatte sind dabei für Wohnmobilisten mehr als doppelt so häufig aufgesuchte Zielregionen wie für Durchschnittsurlauber.

Eine Rangfolge der aufgesuchten Länder Europas sieht für Wohn-mobilisten bei Reisen über fünf Tagen so aus:

Europäische Zielgebiete deutscher Wohnmobilreisenden

	Anteil aller Reisemobilisten
Frankreich	24 %
Italien	24 %
Skandinavien insgesamt	16 %
Österreich	16 %
Spanien	14 %
Beneluxländer	12 %
Schweiz	10 %
England, Schottland, Irland	8 %
Griechenland	5 %
Slowenien, Kroatien	5 %
Bulgarien, Ungarn, Rumänien	5 %
Tschech. Republik, Slowakei, Polen, Russland	4 %
Portugal	2 %

Quelle: Freizeit, die ich meine..., 1998, S. 47

Interessant ist, dass wiederum einige Länder für Wohnmobilisten viel attraktiver sind als für andere Urlauber: Frankreich (dreieinhalb-mal mehr Wohnmobilisten als Durchschnittsurlauber), Skandinavien (fast dreimal mehr), England, Schottland, Irland und ebenso Slowenien und Kroatien (fast zweieinhalbmal mehr), Beneluxländer (über zweieinviertelmal mehr), Schweiz (doppelt so viele), Griechenland (ein-dreiviertelmal mehr) sowie Portugal (eineinviertelmal mehr).

Auch bei R. SCHULZ (1998, S.139-150) wird aufgrund einer Sortie-rung von 5325 in Fragebögen dokumentierten Urlaubsnächten eine Rangliste der besuchten Länder im Ausland erstellt.

Urlaubsübernachtungen von Wohnmobilreisenden in Europa

Land	alle in %	Camping in %	frei in%
Frankreich	26,4	42,8	57,2
Italien	12,6	50,1	49,9
Griechenland	12,1	29,2	70,8
Spanien	9,9	56,9	43,1

Schweden	6,3	32,7	77,3
Türkei	5,2	42,8	57,2
Österreich	4,8	39,3	60,7
Norwegen	3,4	42,6	57,4
Portugal	3,0	56,1	43,9
Schweiz	2,5	32,0	68,0
Dänemark	1,8	70,1	29,9
Sonstige	11,6	49,0	51,0

Quelle: R. SCHULZ, 1988

Die beiden Ranglisten zeigen durchaus Unterschiede. Während Frankreich und Italien in beiden Tabellen an der Spitze stehen, Italien allerdings in der SCHULZ-Befragung nur halb so stark wie Frankreich, taucht mit Griechenland in dieser Liste ein Land an dritter Stelle auf, das in der ersten Studie weit abgeschlagen liegt. Diese und weitere Unterschiede mögen mit der verschiedenartigen Klientel zusammenhängen, die der auch die Zeitschrift „promobil" herausgebende Verlag motor presse stuttgart einerseits und das „Allgemeine Wohnmobil Handbuch" von SCHULZ andrerseits bedienen. Die enorm hohen Werte freier Übernachtung der Spitzengruppenländer Frankreich und vor allem Griechenland weisen auf eine starke Leserschaft der Womo-Reihe von SCHULZ, in denen über freie Stellmöglichkeiten Auskunft gegeben wird. Die Prozentangaben für Campingplatznutzung und freies Campen sind aber auch eine interessante Ergänzung zu den Aussagen in Kapitel 3.

Will man die Beliebtheit des Wohnmobilreisens nach in- und ausländischen Zielen vergleichen, lohnt ein Blick in die CC-Bank Studie (2001, S. 38 f.):

Danach erfreut sich Deutschland zunehmender Beliebtheit – von 1998 17% Anteil der Wohnmobilreisenden auf 28% in 2000. „Auf den folgenden Plätzen liegen die ‚klassischen' Reiseländer Italien, Frankreich und Spanien." Im Jahr 2000 waren dies für Italien 19%, für Frankreich 14% und für Spanien 8%. Es ist dies aber die einzige Untersuchung, in der Italien vor Frankreich liegt.

Schließlich wird in der motor presse stuttgart-Studie noch auf die wichtige Tatsache verwiesen, dass Reisemobilisten neben den längeren Reisen besonders häufig Kurz-, Wochenend- und Städtereisen unternehmen, nämlich zwei Drittel aller Motorcaravaner.

Wohnmobilreisende lieben längere und kürzere Reisen zugleich

193

Abb.13
Kurz-/Wochen-
endreisen
deutscher
Wohn-
mobilisten

Kurz-/Wochenenddreisen deutscher Wohnmobilisten

Kurz-/Wochenendreisen von maximal 5 Tagen	Anteil aller Reisemobilisten
1- bis 2-mal	26 %
3- bis 4-mal	23 %
5- bis 9-mal	12 %
öfter als 9-mal	7 %

Quelle: Freiheit, die ich meine..., 1998, S. 49

Wenngleich Wohnwagenreisende insgesamt auch zu zwei Drittel auf Kurzreisen unterwegs sind, konzentrieren sich bei ihnen diese Aktivitäten zu einem Drittel auf nur ein- bis zweitägige Ausflüge. Bei der Häufigkeit von länger dauernden Kurzreisen liegen die Wohnmobilisten vorn: 43 % der Reisemobilisten haben mindestens eine Städtekurzreise im Jahr unternommen, 28 % ein- oder mehrere Städtereisen im Inland und 13 % im Ausland.

Stellplatz Edenkoben (Pfalz): Beliebte Kurzreise zur Weinstraße

Es ist verdienstvoll, dass es diese Befragungen zu den Reisezielen von Wohnmobilisten gibt. Denn die Informationen aus dem Statistischen Bundesamt geben nur Aufschluss über den Caravaning-Tourismus insgesamt. In dieser Vermischung von Wohnmobil- und Wohnwagenreisen steht Spanien vor Italien und Frankreich als beliebtestes Reiseziel an der Spitze.

Befragungen zu Zielländern zu ungenau, um Vorlieben für bestimmte Regionen und Landschaften zu erkennen

Insgesamt haben quantitative Aufschlüsselungen nach Ländern aber nur eine grobe und pauschale Aussagekraft hinsichtlich der Reisevorlieben und des Reiseverhaltens von Wohnmobilisten. Man weiß danach nicht, welche Zielgebiete, sprich Regionen, Städte und Landschaften bei den Bereisungen im Vordergrund stehen. Große massenstatistische Untersuchungen hierüber liegen nicht vor und dürften auch nur mit großen Aufwand zu erstellen sein.

Routenmuster des Reisens im Jahr

Bei der eigenen Untersuchung, die mit einer begrenzten Zahl von Tiefeninterviews gearbeitet hat, würde es sich aufgrund der zu geringen statistischen Basis verbieten, genauere Angaben zur Beliebtheit bestimmter Länder oder Regionen zu machen. Was aber als interessantes Ergebnis aus den Interviews erschließbar ist, sind unterschiedliche

Zielmuster von Reisen, die Wohnmobilisten im Verlauf eines Jahres abbilden.

Als erstes lässt sich sagen, dass die überwiegende Zahl der befragten Wohnmobilisten übers Jahr gesehen sowohl in Deutschland als auch in Europa reist, genau genommen fast 85 %. Nur in Deutschland waren lediglich 3 % der Motorcaravaner unterwegs und außerhalb Europas nur ganze 4 %. Wohnmobilreisen ist also eine Beschäftigung, die sich meistens in Deutschland und Europa abspielt.

Meiste Wohnmobilisten reisen in Deutschland und in Europa

Innerhalb dieses Aktivitätsfeldes lassen sich unterschiedliche Reisemuster beschreiben:

Typische Reisemuster

1. Schwerpunkt Mittelmeer:

Am beliebtesten sind Reisen, die in den Mittelmeerraum führen. Immerhin 38 % der befragten Motorcaravaner zieht es in die Länder des Mittelmeeres, über zwei Drittel in den westlichen Teil, also nach Italien, Südfrankreich und Spanien, während die übrigen auch die Adriaküste und das Hinterland zwischen Istrien und Bosnien-Herzegowina sowie Griechenland und die Türkei bevölkern. Über die Hälfte der Mittelmeerfans fährt außerhalb Deutschlands ausschließlich in diese warme Region, von ihnen viele, die berufstätig sind und im Sommer mit der Familie reisen. Ein typisches Beispiel hierfür ist eine Familie aus Freiburg, die zwar bereits in Deutschland vom klimatisch wärmsten Zipfel des Landes verwöhnt wird, die es aber immer wieder in den Sommerferien nach Andalusien zieht:

„Is 'n Riesen Raumangebot [im alten Hymer], *zumal mir sechs Wochen im Sommer Andalusien bereise. Dort unten bei Malaga ham mir uns immer rumgeschlage. Also die Gegend is immer angesagt, weil das Wetter beständig is. Des andere Spanien im Norden is anders. Hier ham mir keinen Tag Regen. In fünf Woche, wenn mir dort unne sind, trocken, kein Regen, wunderbares Wetter, konstantes Wetter. Mir ware schon in Nordspanien, aber das kann man net vergleiche. Und je weiter runter, die Luft und die Sonne und die ganze Blume und des ganze Drumrum isch ein Traum."* (I. 46)

Für die vielen Sommerurlauber, die sich auf den Mittelmeerraum konzentrieren, ist es das klassische Vorstellungsbild der Erholsamkeit unter ewiger Sonne, blauem Himmel und warmem Meer, das in den Süden lockt.

1a. Sondergruppe Überwinterer Mittelmeerraum:

Eine zweite Gruppe, die etwa ein Drittel der ins Mittelmeer reisenden Wohnmobilisten ausmacht, sind die Überwinterer, über die an

Südlich Murcia: An Spaniens sonniger Küste überwintern (Sonnen- aufgang)

anderen Stellen der Untersuchung ausführlich berichtet worden ist.

Fast alle von ihnen suchen sich eine oder mehrere Stationen am Mittelmeer aus, wenige weichen bei schlechtem Wetter an die Atlantikseite Marokkos aus, einzelne bevorzugen die Algarve Portugals zum Überwintern. Ein Rentnerpaar aus Wilhelmshaven, das früher einen eigenen Betrieb führte, genießt den Luxus, im Winterhalbjahr auf einem Campingplatz an der Algarve der heimischen Schlechtwetterzeit entronnen zu sein:

„Wir fahren jetzt im Oktober wieder runter nach Portugal und bleiben bis April... Wir waren jetzt die ganze Zeit in Portugal unten, in Montegoru auf einem Platz. Wir sind schon öfters da gewesen, sechseinhalb Monate an einem Stück auf 'nem Campingplatz, herrlich. Wir haben so nette Bekannte da gehabt. Wir haben abends zusammen gegrillt, wir haben Touren gemacht, unsere Geburtstage dort gefeiert, herrlich, und immer Sonne." (I. 72)

1b. Mittelmeer und andere Länder südlich von Deutschland:

Viele Familienurlauber mit Ziel Mittelmeer orientieren sich ausschließlich auf diesen Raum, vor allem auf die westlichen Mittelmeerländer. Paare ohne mitreisende Kinder hingegen, die fast gleich stark berufstätig oder Rentner sind, schätzen zwar auch das Mittelmeer als Reiseziel, beziehen aber auch andere direkt an die Mittelmeerländer angrenzende Staaten in ihr Aktivitätsmuster ein. Teile des mittelmeerferneren Frankreichs, Oberitalien, Österreich, Portugal oder Ungarn treten hinzu.

Eine Familie im großen Amerikaner, einem Triple, macht häufiger schon vor dem Mittelmeer Station, und zwar am Gardasee: *„Letztes Jahr sind wir 'n paar Tage vorher erst mal in Bayern geblieben und sind dann hier runter gefahren. Und zwei Jahre vorher sind wir durch Frankreich gefahren, aber die letzten Tage aber dann auch wieder hier vorbei. Wenn wir in Richtung Süden fahren, dann zieht es uns eigentlich immer wieder hierher. Wir nutzen halt das Boot. In Deutschland kann man auf einigen Flüssen fahren, aber mit dem Rein- und Rauslassen is es ja auch nich so ideal und mit dem Wetter. Und hier auf dem Gardasee is das erlaubt. Es gefällt uns aber auch hier, Land und Leute. Und es is eigentlich auch 'ne relative Wettergarantie."* (I. 26)

Eine noch breitere Kombination von inneritalienischen und benachbarten Aufenthaltspunkten gilt für einen Malermeister aus Norddeutschland: Wegen seiner beiden Kinder wird zuerst für zwei Wochen Lido di Jesolo mit großem Freizeitangebot für die Jugendlichen angesteuert. Beim Abschied von der Clique *„haben die Kinder Tränen in den Augen"*. Ein Ausflug zur Besichtigung Venedigs hinterlässt keinen eindeutig euphorischen Eindruck: *„Nach vierundzwanzig Stunden waren wir alle platt."* Doch dann wird am Gardasee für drei Tage Station gemacht. Auf dem luxuriösen Campingplatz finden die Kinder ihre Interessen berücksichtigt: *„interessante Spiele und Disco"*.

Im Frühjahr machte die Familie bereits einen zweiwöchigen Wanderurlaub in Tirol. Die Wochenenden daheim in Hamburg werden zu Fahrten an die Ostsee genutzt. Freitagabend bis Sonntag stehen sie vor allem am Weißenhäuser Strand: *„Und auch bei schlechtem Wetter is es gemütlich, im Wohnmobil zu essen."* (I. 29)

1c. Mittelmeer plus andere Regionen im Jahresrhythmus:
Ebenso wie fast alle Überwinterer in das Reisemuster Mittelmeerraum einzuordnen sind, lassen sich diejenigen Wohnmobilisten, die einen wiederkehrenden Jahresrhythmus von Orten und Regionen verfolgen, mit dem Mittelmeer in Verbindung bringen. Ein typisches Beispiel hierfür ist der Jahresverlauf unterschiedlicher Reisestationen, den ein Rentnerpaar im ersparten Clouliner hinter sich bringt:

„Größtenteils nutzen wir praktisch die Vorsaison und die Nachsaison. Weil wenn die Ferien, das ganze Zeugs, sind, dann bleiben wir halt zu Hause [Sommerschulferien]. *Wenn die Saison zu Ende ist, ziehen wir wieder los. Dann sind wir jetzt halt 'n halbes Jahr in Spanien. Ende April geht's heim. Dann gehn wir Mitte Mai vier Wochen zur Kur nach Ungarn. Dann kommen wir wieder heim. Gehen wir so Mitte, um den zwanzigsten August, nach Norddeutschland hoch. Schauen wir nach Nordsee, Ostsee. Machen wir das 'n paar Wochen und denn wieder heim. Und dann geht's Mitte, Ende Oktober wieder nach Spanien. So war jetzt der Rhythmus."* (I. 58)

Wenn auch einzelne Reisephasen die Motorcaravaner mit festem Reiserhythmus im Verlauf des Jahres zu unterschiedlichen Zielen führen – neben deutschen Regionen nach Frankreich oder Marokko oder Ungarn oder die Niederlande, die Routen bündeln sich vor allem im Winter an den Gestaden des Mittelmeers.

Eine letzte Auffälligkeit ist erwähnenswert: Von den wenigen allein reisenden Singles, die im Verlauf der Untersuchung auftraten, sind es ausschließlich Männer, die sich dem Mittelmeertypus zuordnen ließen.

Dies ist in drei Fällen schon deshalb einsichtig, weil es sich bei ihnen um eine (Über)Lebensstrategie handelt, die sich darin gründet, ganz oder wenigstens im Winter ohne eigene Wohnung in Deutschland auszukommen und sich mit dem Wohnmobil und der wärmenden Sonne des Südens zu begnügen.

2. Kontrastprogramm Mittelmeer – Skandinavien:

Das zweithäufigste Reisemuster beinhaltet in sich ein Abwechslung verheißendes Kontrastprogramm, nämlich die von einzelnen Wohnmobilisten aufgesuchten Zielregionen Mittelmeer und Skandinavien.

Zwischen norwegischer Fjordlandschaft (Frauskes) ...

Immerhin liebt ein Fünftel der interviewten Motorcaravaner den Spannungsbogen, sich zwischen Nordkap und Gibraltar im europäischen Raum zu bewegen. Es fällt zwischen den Reisemobilisten, die den reinen Mittelmeerzielraum bevorzugen, und denjenigen, die zwischen Mittelmeer und Skandinavien pendeln, ein Unterschied auf:

Erstere konzentrieren sich zu mehr als der Hälfte auf die Mittelmeerländer, während sich letztere zu zwei Drittel noch nicht einmal mit skandinavischen und Mittelmeerregionen begnügen, sondern weitere Ziele in anderen europäischen Räumen hinzunehmen. Vertreter des Mittelmeer-Skandina-

:..und Blütenpracht auf dem Peloponnes (Monemvasia)

vien-Typs reisen also flexibler und weiter gestreut in Europa herum. Statistisch gesehen, wenn man sich die Verbindung erlauben will, geht mit diesem offeneren Reiseverhalten einher, dass es sich mehrheitlich um Berufstätige, also noch jüngere Leute handelt, die zu gleichen Teilen in Familie oder als allein reisendes Paar unterwegs sind.

Was macht es für Wohnmobilreisende so interessant, nicht nur das Mittelmeer aufzusuchen, sondern auch Skandinavien? Ein eher einfach wirkendes, auf sich selbst bezogenes Paar, beide noch berufstätig und in einem neueren „VW-California exklusiv" unterwegs, geben einen umfänglichen Eindruck ihrer Vorliebe für Skandinavien, indem sie verschiedene Facetten der Attraktivität des hohen Nordens schildern:

„Wir waren fünfeinhalb Wochen bis zum Nordkap. Is superschön, war herrlich. Die Leute sind freundlich überall. Willkommen is man dort oben im ganzen Norden. Und da gibt's a so 'ne Tür, wenn man nachts ankommt, am Haus, brennt a Licht, kann man hingehe, anklopfe und frage: ‚Kann ich's Auto hinstelle?' Und dann sagt der: ‚Is o. k.' Ganz privat. Also, wenn in der Nacht a Licht brennt, kann ma noch klopfe, frage, mit Hände und Füße rede und die sage dir hundert Prozent ja. Das is 'ne Freiheit beim Camper, da dürfen Se auch mit Zelten hin. Man muss aber die Eigentümer befragen. So ham Se immer 'nen freien Platz irgendwo.

Und da gibt's so viele Parkplätze mit warmem Wasser, also praktisch jeder dritte. Da warn wir sehr überrascht. Da sind mir hingegange, Tür aufgemacht. Da kam a warmes Wasser raus am Parkplatz. Allerdings so, dass man's nich direkt entnehme kann. Läuft a so aus der Wand raus zum Händewaschen. Das mer also net mit der Schüssel oder nem Kanister hingehe kann. An jeder Toiletten is meistens a Entsorgungsstation dran. Wasser kann man überall nehme. Parkplätze sind au da. Es is sauber. Man kann sich an jedem Tisch hinsetze, ohne dass man Angst habe muss, man macht sich dreckig. Es gibt a direkt so a Straßenarbeitergruppe, fangen früh drei, vier an und mache de Plätze sauber, bevor die Touriste komme und es is alles kostefrei. Auch die Ent- und Versorgung kostet da obe gar nichts. Norwegen, Schweden, Finnland, die drei: ein Idealland zum Campe.

Wir sind erst an der schwedische Küste, dann Finnland am Grenzfluss und dann querbeet gefahre. Also herrlich. Es warn auch Straße, die auf der Landkarte noch nich eingezeichnet ware. Aber die ginge alle wunderbar weiter. Und vor allem, dass man da an jedem Parkplatz stehe bleibe kann und übernachte kann, ohne dass ma Angst habe muss, dass uns was passiert" (I. 8).

Skandinavien erscheint in diesem Bericht als das ideale Reisegebiet für Wohnmobile. Und wenn dann noch, wie in anderen Interviews betont wird, die Schönheit und Weite abwechslungsreicher Natur hinzukommt, kann man die Lust verstehen, neben dem sonnigen Süden auch den klaren Norden zu genießen.

Und um den schwärmerischen Eindruck von Land und Leuten in Skandinavien abzurunden, sei dem Leser aus dem Munde desselben Paares eine Geschichte gegönnt, in der sie auch etwas von sich verraten:

„Da war gerade Fußballweltmeisterschaft und wir am Fernsehe. Ham mer mit den Schwede mit Hände und Füße geredet. Ham mer noch 'n Bier ausgegebe. Und dann war's natürlich noch viel schöner. Wenn de dene Bier gibst, is ja so teuer bei dene oben, erzähns dann alles, was

war. Ham mer schon 'n kleinen Vorrat mitgenomme. Nach Schwede darf ich fufzig Liter Bier mitnehme, nach Finnland dreißig Liter und Norwegen darf man bloß fünf Liter. Also sind mer erst bis Schwede und ham mer weniger Bier gehabt, sen mer nach Norwege. Gibt ja keine Grenzkontrolle da obe. Man kann ja alles reinschmuggele" (I. 8).

Den Szenenwechsel zwischen Skandinavien und dem Mittelmeerraum, zwischen beiden pendeln sie jährlich, beleuchtet ein Jungrentnerpaar:

„Mitte Oktober dann, sag ich mal, wegen der Knochen, ganz ehrlich, donnern wir hier runter nach Spanien. Stehn hier bis Anfang Dezember. Weihnachten sind wir wieder zu Hause. Weil die Kinder sowieso noch nach Hause kommen und ich 'n halbes Jahr verrückt werden würde hier [auf dem Campingplatz in Südspanien]. Das is Reisen ohne Kultur. Hier is nichts, wenn man hier steht. Wir sind also hier wegen der Wetterbedingungen. Man steht jetzt hier und wir nutzen das schöne Wetter und die Sonne eben aus, machen hier unsere Radtouren oder wandern...

An der Küste runter gibt's natürlich trotz der Touristen schöne Orte, die einem auch gefallen. Cordoba oder die Alhambra in Granada... Aber da gibt es wieder was Allgemeines. Die Unsicherheit so vom Hörensagen, die einem das etwas vermiest. Das sind die Nachteile. Verstärkt wird da in Wohnmobile eingebrochen. Das beeinträchtigt vor allem das frei Stehen. Das is nich nur Spanien, sondern die ganzen südeuropäischen Länder.

Zum Beispiel wenn wir nach Skandinavien fahren. Is 'ne sehr lange Fahrt über Norwegen, Lofoten, oben rüber dann nach Finnland. Ja, da ham wir nich einen Campingplatz aufgesucht. Plätze sind da wirklich so ausgerüstet, fließend Wasser, man kann duschen zwischendurch. Dann is so was natürlich fantastisch. Jeder, der nach Skandinavien reist, dem sag ich: ‚Miet 'nen Wohnmobil.' Dieses psychologische Gefühl, Landschaft zu genießen, ohne gleich den Knacks drin zu haben, o, was is mit dem Wagen. Man hat überhaupt keine Angst da...

Anders im Süden oder Italien. Da is die Idealform des freien Reisens eingeschränkt. Wir ham aber 'ne Italientour gemacht, das war wunderschön. Auch so im Herbst, weil wir die Massenzeit nicht gerne mögen, weil wir Zeit haben. Da sind wir bis nach Paestum gefahren. Das war fantastisch... Aber auch, wenn Sie da oben in Skandinavien Touren machen, besonders im Sommer um die Sonnenwendezeit. Weil da diese Lichtverhältnisse so toll sind. Ein Phänomen, wenn es nachts nicht dunkel ist. Also, das is so toll, wenn man nachts um zwei nach Hause kommt oder man geht raus und das ist so wie jetzt. Es is irre. Nur dass die Sonne nich so scheint." (I. 56)

In diesem Interviewauszug wird deutlich, dass gerade Skandinavienfahrer recht bewusst ihr eigenes Menü an Reisezielen zusammenstellen und damit ihren unterschiedlichen Bedürfnissen der Freizeitgestaltung gerecht werden. Im Spätherbst geht es um das Thema Gesundheitsfürsorge unter warmer spanischer Sonne, etwas das Angstgefühl vor Diebstahl überspielend. Im Sommer lockt die in Mitternachtssonne eingetauchte Heimeligkeit des hohen Nordens mit dem Gefühl angstfreier grenzenloser Camperfreiheit. Und ansonsten wird das Bedürfnis nach Bildung und Kultur befriedigt, beispielsweise auf einer Tour zu den antiken Sehenswürdigkeiten Italiens.

Bei vielen Vertretern des Reisemusters Skandinavien-Mittelmeer scheint das Herz stärker an der nördlichen Region zu hängen. Da aber dort nicht ganzjährig die Sonne als natürliche Heizung zur Verfügung steht und die südeuropäischen Länder eine größere und längere Tiefe kulturellen Reichtums anzubieten haben, teilt man das Jahr eben in einzelne Reiseabschnitte auf.

3. Nur in Skandinavien reisen:

Diese Gruppe teilt sich den dritten Platz der Beliebtheit mit Aktivitätsmuster „Kreuz und quer durch Europa". Mehrheitlich reisen diese Wohnmobilisten ausschließlich in skandinavische Länder. Vom sozialen Status her überwiegen jüngere berufstätige Menschen, darunter auch zwei allein reisende Frauen aus den Interviews.

Ein Familienvater sagt beispielsweise, dass für sie schon beim Kauf des Wohnmobils vor zwei Jahren – zuvor waren sie lange Zeit Wohnwagenfahrer, ohne sich mit diesem Gefährt je durch Skandinavien getraut zu haben – , der Wunsch in Erfüllung gehen sollte, jetzt durch Norwegen zu fahren. Die Familie hält nicht viel von *„lange Strecken kloppen"*, interessiert sich auch nicht für Stadtbesichtigungen (*„Ham bis jetzt nicht eine größere Stadt besichtigt"*). Sie haben bei der ersten Norwegenreise deshalb auch darauf verzichtet, bis zum Nordkap hochzufahren: *„Was soll'n wir uns da auf'n Felsen stellen und in Nebel oder Wasser gucken."* Mit den gesparten sechshundert Kilometern konnte die übrige Norwegenreise gemütlicher angegangen werden. So sind sie mal dreihundert, mal nur zehn Kilometer über Land getuckert. Denn Norwegen war und ist ihnen nur *„wichtig wegen der Landschaft, Natur insgesamt und überall"* (I. 77).

Selbst bei kürzeren Reisen von ihrer Heimat Westfalen aus zieht es sie im Frühjahr oder Herbst zumindest bis nach Dänemark.

Was sich bei dieser Familie zeigt, setzt sich bei anderen Wohnmobilisten mit ausgesprochenem Skandinavienfaible fort. Es sind sehr indi-

vidualistische Reiseneigungen, die offensichtlich auf nördlichen Länder-
touren besonders gut erfüllt werden. Es geht mehr um Menschen, die
wenig aus sich herausgehen, man nenne es „introvertiert", die sich und
die Natur auf Reisen in eine enge Beziehung setzen möchten. Dazu
scheinen sich skandinavische Landschaften im Wechsel von Öde, Weite,
wechselnd schillernden Baumbeständen, den eingelagerten Seen und
tiefen Fjorden besonders anzubieten. Die aus früherer Schilderung
(Kap.1) bekannte junge Frau mit Kunstexamen im gelben Postbully ver-
suchte, sich hier selbst zu erfahren und zu finden. (I. 73)

Ein älteres Rentnerpaar sieht sich selbst – von langjähriger Segel-
praxis gewohnt – am liebsten in Einsamkeit mit der Natur (I. 74). Doch
es kann auch einen nüchterneren Grund geben: Eine selbstbewusste,
im Marketing eines großen Konzerns tätige Frau bevorzugt auf ihren
Urlaubsreisen ins Ausland Skandinavien, weil „es dort nicht so knacke-
heiß" ist (I. 12).

4. Kreuz und quer durch Europa:

Das flexibelste Reisemuster verbindet sich mit der Vorstellung,
„kreuz und quer" (I. 6) durch Europa in alle Himmelsrichtungen zu reisen. Es sind mehr Berufstätige als Rentner, die dieses in den Zielen
wechselnde Verhalten praktizieren, Paare ebenso wie Familien und
auch allein Reisende beiderlei Geschlechts. Entdeckerfreude steht bei
diesen Wohnmobilisten oben an. Oder, wie es ein Schweizer Frührentnerpaar auf den Punkt bringt: „Jedes Jahr ein frisches Land kennen lernen" (I. 6). Ihnen geht es vor allem darum, „das Andere zu erkennen".

Sie sind gleichzeitig der Mustertyp für freies Reisen, sich treiben
lassen können, als offener Tramp das Neue hinter der nächsten Ecke zu
entdecken.

Nun können höchstens Rentner ganzjährig durch Europa vagabun-
dieren. Aber es gibt eben auch Berufstätige, die wechselnde Reiseländer
in Europa bevorzugen. Das beste Beispiel hierfür ist ein sportlich
engagiertes Paar, das in einem ersten inneren Radius bereits in
Deutschland an verschiedenste Orte (von Marathonläufen über Wein-
proben bis zu Weihnachtsmärkten) ihr Wohnmobil lenkt. Der Taten-
drang führt aber weit über Deutschland hinaus:

„Wir reisen seit zwanzig Jahren mit dem Wohnmobil und ham jetzt
das sechste."

So beginnt das Interview, das vor allem die Frau, die freiberuflich
tätig ist, bestritten hat. Sie fährt dann fort, um kurz ihre diversen Reiseziele zusammenzufassen: „Mein Mann und ich, wir machen viel Marathon und laufen auch hundert Kilometer Triathlon. So waren wir in ver-

schiedenen Ländern schon: Holland, Belgien, Frankreich, Frankfurt, München. Und da benutzen wir halt das Wohnmobil, um Kosten für Hotel und so was zu spare.

Und dann verbinde mir das mit Urlaub. Ostern, Pfingsten, Weihnachten. Geht man mal nach Südtirol, nach Osttirol. Wir warn schon in Skandinavien, Dänemark, Norwegen, Schweden, Finnland. Wo warn mir noch überall? An und für sich überall. In Holland, Frankreich, Mittelmeerraum, mir warn schon paar Mal in Spanien, mir warn in Griechenland. Wo ware mir noch mit 'm Wohnmobil? Ungarn, Tschechei und wo noch? Jugoslawien. Also außer Bulgarien und Rumänien. Slowenien, Kroatien warn wir auch schon. Wir ham also in Europa nur drei oder vier Länder, wo wir noch nich warn." (I. 69)

Es ist also ein beachtlicher Reigen von Ländern, den man im Kreis um Deutschland herum genannt bekommt. Der Motivationshintergrund dieses äußerst beweglichen Reisemusters wird deutlich: Aktiv sein und noch mal aktiv sein, angefangen von der sportlichen Höchstleistung bis zum lebendigen Reisedrang überhaupt. Da das betreffende Paar auch – erfolgreich – großen Wert auf gesellschaftliche Kontakte über das Wohnmobilreisen legt, deutet sich insgesamt ein Hang zu extrovertierter offener und Abwechslung suchender Lebenshaltung an. Vielleicht ist es nicht zu verwegen, von einem motivatorischen Gegenmodell zum eher introvertierten, ausschließlich Skandinavien bevorzugenden Reisemobilisten zu sprechen. Zumindest ist es die Herausforderung und Lust auf immer wieder Neues und Unbekanntes, die die Vertreter des „Kreuz und quer"-Wohnmobilfahrens eint.

5. Schwerpunkt Frankreich:

Ein letztes, von der Zahl der Fälle noch auffälliges Muster an Reiseaktivität betrifft diejenigen Wohnmobilisten, deren Herz an Frankreich hängt. Nicht, dass sie nur nach Frankreich fahren, aber sie zeigen doch einen starken Zug in dieses Land, wobei bei ihnen kaum die Mittelmeerküste, sondern der Atlantik und innerfranzösische Regionen bevorzugt werden.

Ein berufstätiges Ehepaar, dessen Kinder schon aus dem Haus sind und die nach eigenem Geschmack eher etwas alternativ mit einem Pössl-Kastenwagen durch die Lande ziehen, wissen um die Vorzüge, die ihnen beim Wohnmobilreisen Frankreich bietet:

„Und früher mit den Kindern, da warn wir also in Korsika, Griechenland, Jugoslawien, Portugal, Frankreich. Und am Schluss hat sich Frankreich herauskristallisiert. Frankreich, finde mir, is das Land für uns... Weil wir in Spanien diese Diebstahlgeschichte hatten, ham mir

gesagt, gehn wir gleich wieder nach Frankreich. In Frankreich is uns noch nie was passiert.

In Frankreich kann man erstens mal sehr gut so einfach stehen, frei stehen und irgendwie is alles wesentlich lockerer, lässig. Spanien wird nit unser Land... An der Küste unten, Marbella is ja ganz schrecklich. Das möchte mir net. Wir hätten viel lieber mehr Landesinnere gemacht. Aber jetzt is es schon so kalt. Das geht in Frankreich ganz toll. Da gibt's diese Gemeinde-, Municipalcampingplätze, da fährt man einfach und irgendwo hin. Kleine Campingplätze, da is gar nichts. Da kommt morgens einer gelaufe und kassiert vier, fünf Mark oder zehn. Oder es kommt abends einer und guckt.

Da sind mir kreuz und quer durchgefahre und habe Teile von Frankreich befahre. Gerad also Bretagne oder Burgund, Normandie oder überall. Aber mir wolle nich mehr da hin, wo die ganze viele Leut sind. Südfrankreich im Sommer, gut das ging, aber Atlantik war ganz schrecklich. Eigentlich Bretagne, Normandie und so zwischendurch. Ardennen sind mir durchgefahre und so was. Kleine Plätz allein, da stehn mir allein oder dahinter noch einer. Und wo man in Frankreich ganz toll stehe kann, is am Hafen und auch diese ganze Kanäle in Burgund. Irgendwo stehn mir am Hafe. Einfach so. Frankreich is ideal mit 'm Wohnmobil." (I. 65)

So sprechen Individualisten, die abseits vom Massentourismus ihre Nischen finden, einfach, aber besonders und das liberale Stellangebot Frankreichs genießend. Auch in den übrigen Interviews geraten die Motorcaravaner eigentlich nicht wegen kulinarischer Genüsse oder des guten Weins oder wegen der Fülle historischer Sehenswürdigkeiten und dem abwechslungsreichen Landschaftsbild ins Schwärmen. Immer ist es das unkomplizierte und liberale Stellangebot vom Campingplatz über die vielen kommunalen Stellplätze bis zum frei kampieren, das sie sagen lässt: *„Wohnmobilfahren ist in Frankreich gut. Deshalb liegt uns Frankreich."* (I. 54)

Andere regionale Ziel-schwerpunkte (ohne statistische Repräsentativität)

Im übrigen gibt es Wohnmobilisten, die noch andere regionale Schwerpunkte setzen. Doch sind es nach dem Interviewmaterial immer nur Einzelfälle, für die es sich verbietet, von einem verbreiteten Reisemuster zu sprechen. Beispielsweise zeigt sich eine Reisekombination „Skandinavien und Ost- oder Südosteuropa". Ein Rentnerpaar, das sich eher als *„Deutschlandfahrer"* zu erkennen gibt, bereist sowohl Dänemark als auch Polen. Die Menschen in Polen seien viel herzlicher, als es Vorurteile ahnen lassen und auch hilfsbereit. Wenn man wegen der Gefahr von *„Klauerei"* vorsichtig ist und mit dem deutschen Reisemobil nicht zu protzig auftritt, *„ist Polen ein angenehmes Reiseland"* (I. 7).

In zwei Fällen konzentrieren sich die Reisen auf Polen und Ungarn. Bei einem geselligen Rentnerpaar hat die Bereisung in Richtung osteuropäischer Länder schon Tradition. Sie haben früher bereits mit dem Wohnwagen die Slowakei und Ungarn aufgesucht. Jetzt als ältere Menschen im Wohnmobil werden immer noch längere Touren gemacht, sei es durch Polen oder von der Adria kommend über Österreich nach Ungarn. Dort reihen sie sich ein in die Schar anderer deutscher Wohnmobilurlauber, die sich eine Thermalkur gönnen (I. 51).

Wie anfangs als Einschränkung betont, konnte es nicht darum gehen, statistisch genau für deutsche Wohnmobilreisende eine Liste europäischer Zielregionen zu erarbeiten. Stattdessen wurde versucht, einen Eindruck von unterschiedlichen Lebensstil- und Verhaltensgruppen zu vermitteln, wobei je nach Merkmalkombination jeweils bestimmte räumliche Häufungen von Zielkonstellationen hervortraten.

Abschließend soll jetzt die Frage beantwortet werden, ob es in Deutschland selbst auch verbreitete Muster von Zielregionen des Wohnmobilreisens gibt. Das einzig wirklich herausgehobene Reisemuster kann man mit *„Deutschland überall"* (I. 20) bezeichnen, denn genau ein Drittel der befragten Motorcaravaner hat sich so geäußert. Unter ihnen wiederum sind mehrheitlich Berufstätige als auch Paare vertreten, letztere doppelt so oft wie Familien. Das, was *„Deutschland überall"* oder *„Ein Mal Deutschland von oben bis unten"* (I. 35) im Einzelnen bedeuten kann, lässt sich hier nicht weiter ausbreiten. Denn die Reiseziele streuen – sprichwörtlich – wie Fliegendreck.

Reisen in Deutschland ist vor allem: „Deutschland überall"

Auch die massenstatistisch angelegte, das heißt, mit Fragebogen arbeitende Studie von „motor presse stuttgart" (1998) aus der am Anfang des Kapitels statistische Angaben zu europäischen Urlaubszielen zitiert worden sind, schweigt sich über innerdeutsche Zielangaben aus.

Was sich weiter differenzierend feststellen lässt, ist der Befund, dass unter den Wohnmobilreisenden, die in ganz Deutschland herumfahren, etliche sind, die immerhin die für sie beliebteste Reiseregion angeben:

Die Nordsee rangiert knapp vor der Ostsee, gefolgt von der Mosel („Rieslingtour") und abgeschlagen mit je gleicher Häufigkeit der Bodensee, der Harz, Mecklenburg-Vorpommern (u. a. die Seenplatte) und der Schwarzwald. Da aber unter den Wohnmobilisten mit diesen Zielpräferenzen ebenso wie bei allen Vertretern von „Deutschland überall" soziale Merkmale bunt gestreut vorkommen, macht es wenig Sinn, bestimmte Einzelfälle als besonders typisch darzustellen.

Dennoch bestimmte innerdeutsche Highlights des Wohnmobil-tourismus

Die übrigen Wohnmobilisten, die nicht unter den Typus „Deutschland überall" fallen, zeigen eine soweit gefächerte Streuung an Zielorten und -regionen, dass keine statistischen Häufungen mehr zu Stande kommen. Man müsste jeden Fall für sich darstellen.

Stattdessen soll das Kapitel mit einem Lob auf das Reisen in Deutschland abgeschlossen werden. Ein älteres Rentnerpaar im selbst ausgebauten zwanzig Jahre alten Mercedes-Kastenwagen hat in jüngeren Jahren viele Auslandstouren unternommen. Jetzt genießen sie die Herbstsonne an der Mosel und sinnierten dazu: *„Deutschland is auch schön. Man kennt die meisten Ecken noch nich mal in Deutschland. Da brauch man nich mehr ins Ausland fahren."* (I. 39)

Also auf, um Deutschland besser zu entdecken!

Kapitel 6

Der Drang zur Natur – groß oder klein?

Auf den ersten Blick erscheint es selbstverständlich, das Wohnmobilreisen mit dem Erleben von Natur und Landschaft in Verbindung zu bringen. Ermöglicht doch ein Motorcaravan eine so mobile und flexible Reiseform, die es den Menschen leichter als in stationärer Unterkunft eines Hotels oder einer Ferienwohnung macht, immer wieder aufs Neue eng mit der Natur in Berührung zu kommen.

Im Wohnmobil: gute Chance zur Naturbegegnung

Die Geschichte der Campingbewegung zeigt, dass sich gerade in ihren Anfängen die Freizeit- und Urlaubsgestaltung direkt in der Natur abspielte. Die Bereisung von Städten und Sehenswürdigkeiten war kaum ein Aktivitätsschwerpunkt von Campern. Vielmehr war in Deutschland das Wasserwandern mit dem Kanu der Ausgangspunkt für Campingaktivitäten, natürlich zuerst nur mit dem Zelt. So waren Kanuvereinigungen, die über das Element Wasser den Menschen Zugang zu Naturerleben ermöglichten, gleichzeitig Träger der Zeltbewegung. Das Jahr 1924 gilt als Gründerjahr der „volkstümlichen Zeltlagerbewegung". Vom Deutschen Kanu-Verband wurde damals das erste große Zeltlager organisiert (A. HIERHAMMER 1997, S. 106 ff. u. K. SCHÖNACHER 1998, S. 8 f.).

Anfang der Campingbewegung: mit Zelt und Kanu

Erst ab 1934/1935 kamen Wohnwagen und ab 1951 mit dem VW-Transporter die Reisemittel hinzu, mit denen ebenfalls Natur „er-fahrbar" wurde (ausführlich hierüber Exkurs IX). Insofern ist die Frage zu stellen, inwieweit auch die heutigen modernen Wohnmobilreisenden ein starkes Bedürfnis nach Naturbegegnung verspüren?

Exkurs (VI)

Naturerleben als touristisches Interesse

Die Wahrnehmung von Natur und die Liebe zu ihr wurden spätestens seit ROUSSEAUs Forderung „Zurück zur Natur" („Retournons à la nature"), die er in seinem Entwicklungsroman „Emile" (1792) fordert, zum bewussten Anliegen einer Gesellschaft, die sich anschickte, sich auf den Weg des industriellen Fortschritts zu begeben. Damit war und ist eine vernunftorientierte Gegenbewegung als Reaktion auf die zunehmenden Umweltbelastungen von Industrieanlagen und unwirtlicher, sich auswachsenden Stadtentwicklungen angesprochen.

Das emotionale Erleben von Natur speist sich hingegen aus der Wurzel der Romantik, was andauernd auf die Beziehung von Natur und Reisen abfärben sollte.

Naturerleben ist somit einerseits dem gesundheitsfördernden Erholungsgedanken und dem Sachinteresse an Natur als auch dem Empfinden von Schönheit und emotionaler Nähe verbunden. In beiden Fällen erscheint die Natur als wohltuende Gegenwelt eines schon erheblich gestörten Alltags von Arbeiten und Wohnen.

Die Sehnsucht nach möglichst „unberührter" Natur bleibt allerdings zunehmend ein Wunschbild. Denn „reine" Natur ist durch menschliches Handeln in den meisten Fällen in eine neue räumliche Mensch-Umwelt-Beziehung verwandelt worden: Reisen findet fast ausschließlich in vom Menschen geformten Kulturlandschaften statt.

Man spricht in diesem Zusammenhang auch von der „doppelten" Entfremdung von der Natur: Die äußere Entfremdung meint, dass die Natur vor allem seit der industriellen Revolution ihr Gesicht und ihre natürliche Qualität verändert hat und dadurch ihr ursprünglicher Zustand dem Menschen fremd geworden ist. Der Mensch unterliegt gleichzeitig einer Entfremdung seiner selbst (innere Entfremdung), weil durch immer raffiniertere technische Entwicklungen die sinnliche Erfahrbarkeit seiner selbst und seiner Umwelt immer schwächer geworden ist.

Insofern ist aber gerade heute das Erleben dessen, was die Landschaft an äußerer erfahrbarer Welt bietet, wichtig und besonders in Freizeit und Reisen erschließbar. Dabei betrachtet ein Tourist „Landschaft unter (rein) ästhetischen Gesichtspunkten. Die Natur wird nach HELLPACH nur dann zur Landschaft, wenn sie ohne Nutzzweck als hauptsächliches Sinneserlebnis hingenommen wird, wenn wir sie als Eindruck auf uns wirken lassen. Dies ist nicht auf das Sehen beschränkt, sondern die anderen Sinnesorgane sind mit daran beteiligt: Klänge und Geräusche (wie Meeresrauschen), Gerüche (wie Laubgeruch oder Wiesenduft), Hautsinne (Wind und Wärme, Weichheit der Luft) etc.: ‚Wir verstehen also unter Landschaft den sinnlichen Gesamteindruck, der von einem Abschnitt der Erdoberfläche samt dem darüber befindlichen Abschnitt des Himmels im Menschen erweckt wird' (HELLPACH 1950)... Landschaft wird also unter sehr subjektiven Gesichtspunkten wahrgenommen, sodass die objektiven geographischen und biologischen Gegebenheiten einer Lokalität nur zu einem geringen Teil in diese Wahrnehmungen einfließen." (H. VOGEL 1993, S. 288).

Im Hinblick auf das Naturerleben bei Wohnmobilreisen zeigt sich genau dieser Zusammenhang: Beim Reisen wird Natur vorzugsweise als gefühlsmäßig aufgeladene Landschaft wahrgenommen. Man fühlt sich zu bestimmten Landschaften hingezogen: Meer, Seenlandschaft, Mittelgebirge, Alpen u. a. Daneben spielt ein sachliches Interesse an wissenschaftlichem Erkennen von Naturzusammenhängen eine ganz untergeordnete Rolle.

Wohnmobil-reisen: stärker ästhetisches als sachliches Interesse an Natur

So sehr sich auf der einen Seite die im theoretischen Vorspann dargelegte ästhetisch-emotionale Zugangsweise zur Natur in den Interviewaussagen bestätigt, so bemerkenswert ist auf der anderen Seite die Tatsache, dass lediglich ein Viertel der befragten Motorcaravaner auf eine Ansprache von Naturerleben beim Reisen eingeht. Das heißt, dass der Mehrzahl der Wohnmobilisten eine bewusst gewollte Naturerfahrung wesentlich weniger wichtig ist als in früheren Kapiteln geschilderte Vorlieben: beispielsweise „frei reisen zu können", „Anderes zu erleben", „Leute kennen zu lernen", „für sich unabhängig zu sein" oder „erlebnisnah am Puls städtischen Alltags und Kultur" zu sein.

Naturerleben: kein sehr hoher Stellenwert in Interview-äußerungen

Die geringere Rolle, die das Naturerleben beim Wohnmobilreisen spielt, wird etwas dadurch relativiert, dass zum Teil die Wahrnehmung schöner Landschaft quasi nebenbei beim (Durch)Reisen mitgenommen wird, ohne sich dessen besonders bewusst zu sein. Eine solche nachgeordnete Beachtung der Natur drückt sich eher unterschwellig in der Formulierung eines Yuppiepärchens aus, die mit ihrem gestylten und technisch raffiniert aufgerüsteten Bully durch Norwegen fahren: *„Das Wichtigste am Reisen: viel sehen, unabhängig sein – Natur, is klar"* (I. 75).

Landschafts-wahrnehmung quasi „nebenbei" beim Fahren

Ästhetisches Empfinden von Natur

Bei der genaueren Betrachtung der Interviews zum Thema Naturerleben passt die in der theoretischen Erläuterung vorgegebene Unterscheidung von „äußerer" und „innerer" Naturerfahrung ganz gut: Im überwiegenden Teil der Aussagen geht es um ästhetisch-gefühlsmäßig beeindruckende Landschaftswahrnehmung.

In wenigen Fällen konzentriert sich das Interesse an Natur immerhin auf die wahrnehmenden Menschen selbst: In ihrem Inneren bewegt Landschaftswahrnehmung ihr psychisches Befinden.

Wenn man die Mehrheitsgruppe der bewusst ästhetisch die Landschaft wahrnehmenden Reisemobilisten genauer unter die Lupe nimmt, werden weitere Unterschiede deutlich. So werden am häufigsten sinnlich positiv empfundene Eigenschaften der Landschaft sowie die Landschaft in ihrem Gesamteindruck genannt: Das *„schöne Rhonetal"* (I. 1), anhalten, wo *„schöne Berge sind"* (I. 29), die *„Insel Rab mit ihren Buch-*

Landschafts-wahrnehmung als ästhetischer Gesamteindruck

Norwegisches Fjell: Romantik bei Sonnen- untergang

ten ist wie ein Paradies" (I. 38), „bestimmte Flecken Norwegens sind besonders schön" (I. 23), „Naturverbundenheit ist mir auch wichtig, auf dem Campingplatz draußen die frische Luft" (I. 15).

Besonders stimmungsvoll ist es für einen Ehemann, die Natur zu erleben ohne seine Frau, wenn er „morgens sechs Uhr raus mit dem Fahrrad" fährt. „Das lieb ich sowieso. Früh losfahren, wenn die Natur so wach wird. Und das macht Spaß. Und das is halt hier ideal im Altmühltal." (I. 21)

In verschiedenen Gesprächsphasen mit einem älteren österreichi- schen Paar kommt die Wertschätzung der Natur unter mehreren Aspekten zum Tragen:

„Ich liebe schon sehr die Landschaft und ich genieße eher das Land wie die Stadt. Und das Klima hier, die Wärme... Es is halt der Sonnen- aufgang und der Sonnenuntergang, das is traumhaft. So wie hier [La Manga, Südspanien] der Sonnenaufgang auch bei schönem Wetter. Man hat schon ein Naturerleben. Anschließend is noch ein Naturschutzge- biet, der Schilfgürtel noch, ein fünf Meter hoher Schilfbestand... Wir sind auch spazieren gefahren in die Manga rüber. Die La Manga is ein Naturschutzgebiet zum offenen Meer. Und das is für mich ein Paradies. Das is wirklich ein Paradies." (I. 63).

Nähe zur und Unverfälschtheit der Natur

Ein zweiter Aspekt des Naturerlebens hat mit der räumlichen Vor- stellung zu tun, mit dem mobilen Motorcaravan der Natur besonders nahe zu kommen oder Teil von ihr sein zu können. Mit ihrem VW-Bus gelingt dies einem Vorruheständler mit seiner Frau besonders gut:

Mittendrin in der Natur

„Och, zum Beispiel wie hier heute morgen hab ich mich in die offe- ne Schiebetür reingesetzt, hab ich mich gesonnt [die Frau]. Wir sind so noch mehr naturverbundener... Es is doch 'n ganz anderer Urlaub, wenn man so im Zimmer im Hotel is als wenn man so in der freien Natur steht und sich da hinstellen kann, wo man möchte." (I.62)

Das Ehepaar belegt ihr Faible, möglichst eng am Busen der Natur sein zu können, mit einer Geschichte ihrer Neuseelandreise im Wohn- mobil:

„Wie wir in Neuseeland an dem Gletscher waren. Und dann sind wir zwanzig Kilometer weiter gefahren. Da hat es geregnet. Und dann *sind wir zwanzig Kilometer weitergefahren an die Küste und da schien die Sonne. Und dann konnten wir vom Wasser aus in den Gletscher reingucken. Ich weiß auch nich, wie das ging, das war unglaublich. So dicht wie die Berge am Wasser waren. Und da hat man den fantastischen Eindruck, wenn man dann da reinguckt. Das war so faszinierend, das war so toll, die klare Luft. Das lieben wir eigentlich, so eng an der Natur zu sein."* (I. 62)

In anderen Interviews wird der enge Kontakt zur Natur mit Formulierungen wie diesen ausgedrückt: *„Wir sind vor allem an Bergen interessiert. Wir wollen Berge und Wasser nebeneinander um uns haben"* (I. 77) oder: *„Wenn wir in St. Peter Ording an der Nordsee mit dem Wohnmobil den ganzen Tag am breiten Strand stehen, fühlen wir uns auch naturverbunden."* (I. 14)

Ein Fernsehjournalist, der schon seit Jahren mit seiner Familie im Reisemobil die Urlaube verbringt, drückt seinen direkten Bezug zur Natur fast philosophisch aus: *„Leben in der Natur und mit der Natur. Wir sind naturverbunden, suchen uns tolle Stellplätze am Meer. Dann ham wir morgens das Meer vor der Haustür, so wie in der Bretagne."* (I. 18)

Eine dritte Bezugsform zu Natur und Landschaft stützt sich auf den Wunsch, noch möglichst viel an unverfälschter Natur aufspüren zu können. So findet die junge allein Fahrerin, dass *„Nordnorwegen noch ursprünglicher ist, nicht so glatt wie Südnorwegen"* (I. 73). Mit dem Begriff „glatt" meint sie, dass in Südnorwegen schon viel von der ursprünglichen Qualität der Natur verlorengegangen ist. Ein Rentnerpaar aus eher einfachen Verhältnissen zeigt gern ihren Hang zur Natur: *„Wir lieben die Freiheit und die Natur."* Und sie schätzen es besonders, *„noch so viel Natur in den neuen Bundesländern vorzufinden: Vögel, Fischreiher, Fische und Wild"*. Zwar spürte die Ehefrau im Müritzsee plötzlich, wie eine dicke Wasserschlange neben ihr schwimmt und sie schrie erschrocken und bekam Angst. Doch die Natur entlohnt reichlich für diesen Schrecken. Sie bewegen sich eifrig in die Natur hinein und *„sammeln Pilze zentnerweise, wie gesät"*. Die werden getrocknet und mit nach Hause genommen. (I. 38)

Ursprünglichkeit der Natur wird bisweilen verbunden mit der Vorstellung ihres „wilden" Charakters.

Es ist bekannt, dass die Campingbewegung in den USA ihre Attraktivität zum großen Teil aus der gewollten Begegnung mit „Wilderness", also der in weiten Räumen noch relativ unverfälschten Natur schöpft. Freilich sind in den oft riesengroßen Naturreservaten (wilderness areas) gleichwohl die Zugangsmöglichkeiten mit Zelt, Wohnwagen und

Möglichst „unverfälschte" Natur erleben

Hinein in die „Wildnis"

211

Lofoten (Nor-
wegen): Allein
in „wilder"
Natur

Reisemobil begrenzt, geordnet und mit nötiger Infrastruktur zum „in der Wildnis leben" versehen.

Ein wenig von dieser Sehnsucht nach Wildnis steckt auch im Ehemann eines Berliner Wohnmobilpaares, wenn es Richtung Schweden geht. Hierzu soll das folgende Erlebnis preisgegeben werden:

„Und wenn mein Mann dann da plötzlich die reine Wildnis sieht, dann biegt er ab und dann sagt er nach 'ner Weile, ,wo sind wir?' Dann muss ick erstmal suchn, nich. Und das sind ja auch die schönsten Ecken. Ja, wir fahr'n denn och mal diese Schotterwege, wo man fahren darf, also nich wild einfach durch 'n Wald...

Und die eine Nacht, wie wer och an dem See jestanden haben, wie ick denn meine Gardine wegjezogen hab, steht ein Elch, so breit sind meine Arme gar nich. Der hat mich anjeguckt, es is ja taghell mit der Mitternachtssonne. Ick konnt das ja nich filmen, so hinjerissen war ick. Ick halt die Kamera und mein Mann sagt, ,nu film doch, nu film doch'... Und woanders blinkt uns 'n Schwede an und ick denke [erzählt jetzt der Mann], *,hast Du keen Licht an' und wir kamen um die Kurve und da stand 'ne janze Herde Rentiere. Also, der wollt uns zeigen, dass wir nicht zu schnell in die Kurve fahren. Ham war dat erste Mal so 'ne riesige Herde Rentiere, die jesehn ham."* (I. 10)

Ganzheitliche Erfahrung

Bisweilen treffen bei Wohnmobilisten doch verschiedene Interessen an Natur zusammen, die auch Bedürfnisse über einen ästhetischen Genuss hinaus einschließen. Beim gerade zu Wort gekommenen Paar ist es so. Sie geben sich nicht nur dem Staunen über ihre Begegnungen mit der Natur hin, sondern ihnen ist auch aktiv entdeckend an der Erweiterung des Wissens über die Natur gelegen. So reisen sie in Norwegen bis zur Nordspitze der Lofoten. Dort besteht für sie die Möglichkeit, von Andenes aus mit erfahrenen Biologen auf Meeresexkursion zu gehen und sich die eigene Lebenswelt der Wale zeigen und erklären zu lassen (I. 10).

In einem anderen Fall, bei einem sehr individualistisch bis eigenwillig eingestellten Unternehmer, der mit Frau und zwei kleinen Kindern im Pick-up durch die Lande reist, kommen ebenso unterschiedliche emotionale und sachliche Wahrnehmungsaspekte von Natur

Emotionaler
und sachlicher
Naturbezug
zugleich

212

zusammen: *„Normalerweise stehen wir irgendwo in der Prärie, ganz frei. Wir stehen meistens an den schönsten Landschaftspunkten, die man sich denken kann. Mit Blick ins Land und fantastischer Aussicht. Wo man sich gern ein Haus hinbauen würde. Ich hab da so eine Spürnase entwickelt. Und natürlich, wenn das möglich ist, Bergblick und gleich am Wasser vor unserer Haustür. Und diese Faktoren sämtlich so vorzufinden, is natürlich nicht ganz möglich.*

Vorgestern hatten wir's. Das war fantastisch. direkt an einem See mit Blick in die Julischen Alpen. Und sauberstes Wasser, wirklich, viel Ruhe... Nun is es ganz logisch, wenn man sich in der Nähe einer größeren Gemeinde befindet, dass da die Aussicht entsprechend schlechter is. Oder man orientiert sich an Flussläufen, wie ein Tal beschaffen ist. Die Geologie, spielt alles eine Rolle." (I. 23)

Hier spricht der naturwissenschaftlich gebildete und interessierte Entdecker von Natur ebenso wie der von der Schönheit bestimmter Landschaftssituationen beeindruckte und der im praktischen Handeln versierte, dem es mit seiner „Spürnase" gelingt, möglichst ursprünglichen und ökologisch wertvollen Naturausschnitten nahe zu kommen.

Schließlich soll auch der Faden aufgegriffen werden, der Naturwahrnehmung mit dem sich im eigenen Inneren abspielenden Einlassen auf Natur verbindet, die innere Naturerfahrung also. Bei einem älteren Rentnerpaar klingen äußere und innere Naturwahrnehmung stimmig zusammen und schließen Achtung und Schonung der Natur als ihnen selbstverständliche Haltung ein: *„Das ist das wichtigste, wir sind jetzt vor allem an der Natur interessiert. Die Natur hier ist so schön* [in Norwegen]. *Wie gesagt, wir sind in der Natur. Wir wollen still sein. Wir wollen allein sein. Wir wollen also uns auf uns besinnen...*

‚Schaun Sie hier, den hab ich gestern gepflückt [Bergblumenstrauß], *das is doch so schön, das war so karg da. Das war ein Hang. Und was da alles steht an Vielfalt und an Schönheit, so schön. Aber wir pflücken nur da, wo es wirklich mehr gibt, nie das letzte Blümchen. Das schaun wir uns schon genau an"* (I. 74).

Die Lust auf Alleinsein in der Natur äußert ebenfalls das bereits bekannte Berliner Paar: *„Zwar Sehenswürdigkeiten mögen wir auch, machen aber auch gern in Einsamkeit drei bis sechs Tage."* (I. 10) Und selbst für den in früheren Jahren quirlig agierenden Teilzeitarbeiter und Überwinterer in Spanien haben jetzt *„Ruhe und Natur Priorität"* (I. 60). Für die junge Frau mit Kunstexamen ist bei ihrem Aufenthalt in Norwegen die Verschmelzung von Ich und Natur der erhoffte tiefere Zugang zu sich selbst: *„Allein sein in der Natur, weil man sich selbst aussetzt."* (I. 73)

See bei Holm-
vassdalen (Nor-
wegen).
In der Natur
sein – auch mit
Herz und Seele

Man sieht, wie facettenreich das Spektrum der Naturerfahrung beim Wohnmobilreisen sein kann, zumindest bei dem Teil der modernen Nomaden, für die Naturerleben ein wichtiger Aspekt ihres Reisens ist.

In einzelnen Fällen ist durch das Bedürfnis nach intensiver Natur- und Landschaftswahrnehmung der Blick geschärft für das, was Menschen, Wirtschaft und Tourismus bereits negativ an der Natur angerichtet haben: Landschaftsfraß und -zerstörung und Umweltbelastungen jeglicher Art.

Das schon zu Wort gekommene österreichische Paar ist sensibilisiert. Sie beklagen die zunehmende Verbauung des eigentlich unter Naturschutz stehenden Schilfgürtels von La Manga durch ausufernde Appartementanlagen, die vor allem Deutschen Zweitwohnsitze bieten (I. 63). Die gern naturnah stehenden Wohnmobilisten befinden sich hier an der Seite der bewahrenswerten Natur.

Aber wie ist es um das Umweltverhalten im Wohnmobiltourismus bestellt? Unter anderem hierauf will das nächste Kapitel antworten.

Kapitel 7

Klagen von zwei Seiten:
Umweltsünden von Reisemobilisten gegen
Benachteiligung des Wohnmobiltourismus

Man kann sich auf ganz unterschiedliche Weise bei seinen Wohnmobilnachbarn unbeliebt machen. Häufig sind es Beispiele von Fehlverhalten gegenüber der Umwelt, an denen sich Kritik unter den Reisemobilisten erhebt, die aber auch dafür sorgen, dass der Wohnmobiltourismus sich geringer Wertschätzung erfreut oder sogar auf Ablehnung
stößt. In der folgenden Interviewpassage werden gleich mehrere Sün-
den angeprangert: *„Ja, diese vielen Wohnmobilfahrer, die stören uns
ein bisschen. Das muss ich ganz ehrlich sagen. Wir mögen nicht diese
Menschenaufläufe, wir mögen nicht diese Massen. Da vor allem gibt es
sehr viele, die dann so laut sind. Auch wenn wir da irgendwo stehen
und angeln, von uns hört man nichts. Es gibt welche, die meinen, man
müsste immer laut durch die Gegend bölken. Das is schade.*

*Wir ham im vorigen Jahr, das können wir ruhig sagen, auch Deut-
sche getroffen, Bekannte. Fanden wir sehr nett und stellt sich heraus, er
war Förster. Na ja, und dann ham wir uns verabredet dieses Jahr und
dann hat sich doch herausgestellt nach vier, fünf Tagen: ‚Nein, es geht
nicht'. War unmöglich. Die waren laut und nehmen alles in Anspruch.
Angeln mitten auf der Brücke und die Autos müssen um sie rumfahren.
Die holen jeden Tag Wasser am Friedhof, so wie hier. Das mögen wir
nun gar nicht. Die entsorgen irgendwo auf Toiletten, die unterwegs
sind. Das is doch fürchterlich, da is 'ne Katastrophe. Und da ham wir
gesagt, ‚da trenn wir uns, tut uns leid, passt nicht.' So dürfen wir Wohnmobilfahrer nicht rumfahren. Man muss einfach ordentlich sein, entsorgen da, wo es richtig is und nich irgendwo auf Toiletten an den Straßen.
Schweden und Norwegen is doch überhaupt kein Problem mit dem Entsorgen und fast immer umsonst…*

*Auch diese Bekannten, die wir unterwegs jetzt hatten, sagten: ‚Das
kostet ja nichts. Das können wir alles so nehmen'. Natürlich kostet das
was, das Wasser. Und auch Strom, das kostet den Leuten. Und immer
heißes Wasser sich einfach holen, das kostet die Norweger ihr Geld hier
oben. Und da kann ich nich einfach sagen: ‚Ich nehm mir das.' Wir sind
Gast in diesem Land und als Gast ham wir uns zu benehmen.*

*Und man kann sich auch nich einfach so hinstellen ohne zu fragen.
Einmal, als wir an 'ner stillgelegten Fähre gestanden haben, da lagen
so am Rand so landwirtschaftliche Geräte. Und auf einmal kam da 'n*

Fehlverhalten
in Umwelt
schadet Wohn-
mobiltourismus

215

Bauer mit 'nem Trecker, holte sich so'n Teil da. Bin ich hingegangen und hab gefragt, ob das privat hier wär oder öffentlicher Platz. ‚Nein, das is privat.' Und er wär der Eigner hier. Hab ich mich entschuldigt und gefragt, ob wir hier stehen bleiben dürften. Wir würden ihm auch gerne dafür was bezahlen. Nein, das wollte er nich und wir könnten gerne da stehen. Da ham wir ein paar Dosen Bier gegeben und dann war das in Ordnung. Man soll halt immer erst fragen. Also zurückhaltend sein...

Vorgestern hatten wir ein anderes Erlebnis. Sind wir im Hafen in Schweden an 'ner großen öffentlichen Kaianlage. Da kann man stehen. Da kommt der Nächste und stellt sich wirklich so'n Stück neben uns. Obwohl so viel Platz war. Wir standen im Schatten dadurch. Dann ham wir 'ne Weile uns das beguckt und dann sind wir weggefahren. Ich versteh das nich. Die überlegen manchmal gar nich." (I. 74).

Sündenregister des Fehlverhaltens

Nun mag das ältere Rentnerpaar besonders korrekt im Umgang mit der Umwelt und den Mitmenschen sein. Die ganze Latte an kleineren oder unangenehmeren Verfehlungen einzelner Wohnmobilisten, die zufällig in diesem Interview zusammenkommt, ist jedoch typisch für die Klagen, die auch andere Motorcaravaner über solche Kollegen im Munde führen.

Fehlverhalten bei Entsorgung

An der Spitze von schädlichem Umweltverhalten steht eindeutig das Thema Entsorgung. Das betrifft sowohl die Hinterlassenschaft von Grauwasser und Fäkalien als auch von Müll. Und einige der Kritiker solcher Zustände finden dafür auch kräftige Worte. So regt sich ein Paar beim Überwintern in Spanien auf:

„Man muss aber auch dazu sagen, es gibt ja auch solche und solche. Es gibt, auf gut Deutsch gesagt, ‚Dreckschweine'. Der Normale muss mit drunter leiden. Hier kommt einer an, der hat 'n neues Mobil gekauft oder gemietet, keine Ahnung. Nimmt's Klo und schüttet's einfach so da an 'nen Busch...

Dann ham wir auch schon erlebt, da kommt Polizei und läuft durch die Büsche durch und sieht überall Klodreck und Fäkalien. Alle mussten weg. Die richtigen Camper, wie gesagt, die machen's nur notgedrungen. Wenn alle Stricke reißen. Dann würd ich jetzt 'n Spaten nehmen und es verbuddeln... Und die Amis mit den großen Tanks, gerade die fahr'n irgendwo in die Botanik und machen den Schieber auf." (I. 57)

Die Liste der Beschimpfungen von Wohnmobilfahrern, die bewusst oder mangels besseren Wissens falsch entsorgen, könnte beliebig fortgesetzt werden: *„Viele Wohnmobilleute benehmen sich danebenen. Die Plätze sind unsauber, weil die dort entsorgen. die machen alles kaputt"*

(I. 29); *„Die Wohnmobile sind selber Schuld, wenn sie unerwünscht sind. Die stehen in Massen und hinterlassen Dreck... Die Campingplatzhygiene in Spanien ist schlecht. Das ist eine Müllgleichgültigkeit, da wird Schönes durch Dreck ausgelöscht."* (I. 57) Oder schließlich: *„Es gibt auch ganz blöde Hunde, richtige Schweine. die verklappen ihre Abwässer auf der Straße. Von unserer Wohnmobilgilde sind das nur zwei Prozent, die für achtundneunzig Prozent alles versauen!"* (I. 49).

Zwei Prozent Entsorgungssünder bringen alle in Verruf

Die Frage ist, wer denn diese *„schwarzen Schafe"* (I. 7) sind, die den Wohnmobiltourismus in Misskredit bringen? Die Kollegen wissen darauf Antworten, wobei es sich natürlich immer um solche Menschen handelt, die in mancher Hinsicht und vielen Merkmalen so ganz anders sind als sie selbst.

Wer sind die „schwarzen Schafe"?

Zum einen werden diejenigen, die mit Mietfahrzeugen unterwegs sind aufs Korn genommen: *„Die Mietmobile bringen viel Ärger. Die lassen Wasser und*

Südlich Murcia an der spanischen Küste: Camper und Einheimische vermüllen Strand

Abwasser in der Natur ab. In Schweden gibt es noch freies Stehen in der Wildnis. Aber wie lange, wenn es so ein Benehmen gibt. Leute lassen auch Wasser während der Fahrt auf die Chaussee raus. Das is nicht gut. Wer sich ein Wohnmobil für hunderttausend Mark leisten kann, der sollte die Mark auch für das bisschen Entsorgen haben. Bei Mietmobilen sind die Leute nich so informiert, die denken sich nichts Böses." (I. 10)

... Mietmobile?

Da wird neben den gelegentlichen Mietern von Wohnmobilen, denen man zumindest noch Unwissenheit zugute halten kann, eine zweite Gruppe von Übeltätern identifiziert: Wohnmobilisten mit teuren oder besonders großen Fahrzeugen: *„Man muss als Gast immer das Gastland sehen und sich dementsprechend verhalten. Das tun nicht alle Camper. Oft sind da riesige Wohnmobile, da werden die Sachen einfach rausgeschmissen."* (I. 69).

... Kollegen mit großen Fahrzeugen?

Und schließlich entdeckt man häufiger bei Ausländern oder sozialen Randgruppen Untugenden, von denen man sich selber frei fühlt. Von Reisen nach Marokko und Spanien schildert ein Wohnmobilist seine Erfahrungen:

... Angehörige anderer Nationalitäten

„Da, zwanzig Kilometer von Agadir, war das ein Paradiesstrand. Zehn, zwanzig Wohnmobile, Deutsche, Holländer. Heute sind da dreihundert Wohnmobile, zu viele, zu viele Franzosen. Die kamen früher nich da hin, weil das ihre Kolonie war. Dadurch nimmt die Sauerei zu...

... oder „Asoziale" und Aussteiger?

Früher war überall noch freies Stehen in Spanien. Heute is die Gefahr, dass die Polizei einen wegjagt. Aber zu Recht, weil das in Deutschland auch nich möglich wär, überall mit dem Dreck rumzuschmeißen. Schon vor zehn Jahren haben da bei Mar Menor viele ihre WCs geleert. Vor allem Engländer machen solche Sauereien. Auch Aussteigertypen, Asoziale lassen Abwasser laufen. Is jetzt schon weniger. jetzt kommen wieder normalere. Die anderen bleiben im Sommer zu Hause." (I. 61)

... oder auch der ganz normale Wohnmobilist?

Vielleicht wäre zu fragen, ob nur Sonderlinge, Angehörige anderer Nationen und Wohnmobilmieter so überdurchschnittlich an Vergehen gegen die Umwelt beteiligt sind. Könnten nicht auch „normale" Wohnmobilisten bisweilen vom Pfad der Umwelttugend abgewichen sein? In diesem Sinne äußert sich nüchterner und mahnend ein Motorcaravaner: *„Manche Kollegen verhalten sich nicht so, wie man das tun sollte!"* (I. 23)

Diese Erkenntnis zu beherzigen wäre aus einem Grund, der in den meisten Aussagen so gesehen wird, ganz wichtig: Man soll sich nicht den Ast absägen, auf dem man sitzt. Sprich, die Tatsache, dass manch öffentlicher Stellplatzanbieter wegen schädigenden Umweltverhaltens Platzangebote schließt oder zurücknimmt, muss sehr ernst genommen werden.

Sonstige Umweltsünden

Unter der Rubrik „Sonstiges" kann man auch einige andere Verfehlungen der Wohnmobilreisenden ansprechen, die nicht direkt mit Belastungen von Natur und Umwelt zu tun haben.

Erwähnt wurde bereits, dass Motorcaravaner manchmal keinen angemessenen Abstand zum Nachbarn einhalten, obwohl dies bei großzügigem Flächenangebot des Platzes möglich wäre. Oder aber: Wohnmobilkollegen laufen ungeniert über den angemieteten Stellplatz anderer. *„Die sollten doch auf Campingplätzen die Minimalregeln einhalten."* (I. 12)

Hierunter fällt auch, nicht rücksichtslos die Mitsteher und -camper mit der eigenen Geräuschkulisse zu beschallen (I. 70). Älteren Wohnmobilfreunden gefällt es nicht, dass heutzutage *„... drei, vier Kinder von Familien rumlärmen bis in die Nacht. Früher war um zehn Uhr Schluss, da hat sich keiner mehr gemuckt."* (I. 40).

Schmarotzertum unter Wohnmobilreisenden

Auf einer ganz anderen Wellenlänge steht das, was man als Schmarotzertum bezeichnen kann. Wohnmobilisten, die auf ihrem Campingplatz ordentlich die Gebühren bezahlt haben und dann alle Einrichtungen mit gutem Gewissen nutzen, machen merkwürdige Beobachtungen:

„Mir mache das Camping, das bezahlt wird, nich, was frei is. Es gibt kein frei, es jift nur das Geld spare. Leute stehe zum Beispiel in Agadir und wasche Wäsche drinne und dusche. Die jehn nachts übern Zaun.

Auch in Enkirch (Mosel), da is kein normalet Camping, da bezahle mer für Frischwasser und Entsorgung. Draußesteher mache dat schwarz. Auch auf'm Jemeinde-WC entleere die schwarz über Nacht. Dat ist jetzt schmutzich. " (I. 40)

Gleiches berichtet man aus Spanien: *„Leute gehen mit WC-Tank in der Tasche zum Campingplatz zum Entleeren und duschen da heimlich.* " (I. 54)

Hiermit möge es genug sein. Das Sündenregister von Wohnmobilisten wird wieder zugeklappt. Im späteren Teil des Kapitels wird von der Kehrseite dieser Medaille die Rede sein, den Reaktionen von Staat und Kommunen auf das Ausufern eines Wohnmobiltourismus, der nicht nur wirtschaftliche Vor-, sondern ökologische Nachteile beschert.

Wachsender Wohnmobiltourismus – mehr Einschränkung

In diesen Zusammenhang gehört ein Faktor, der die angesprochene Problematik verschärft: das bisher unaufhaltsame Wachstum dieser Freizeit- und Urlaubsform. Und diese Problematik wird von den Wohnmobilfahrern selbst gesehen. Der bereits bekannte Marokkoexperte stellt eine direkte Beziehung zwischen der Verschmutzung schöner Stellmöglichkeiten und der Zunahme von Wohnmobilen her: *„Früher vor fünfzehn Jahren standen an dem paradiesischen Strand bei Agadir zehn bis zwanzig Wohnmobile. Heute sind es dreihundert Wohnmobile. Und so nimmt die Sauerei zu.* " (I. 40)

Freies Reisen immer eingeschränkter

Die „Spürnase", die im Pick-up mit der Familie immer noch besondere Nischen zum Verweilen entdeckt, ist ebenfalls besorgt, wie sehr sich durch das Wachstum die Caravaningszene verändert hat:

„1973 oder 1974 hatte ich mir einen VW-Bus gekauft mit Hubdach, weiß-blau war er. M-AX hatte er, 'ne Münchner Nummer. War man ja noch verhältnismäßig ungestört zu dieser Zeit. Heute fahr'n alle oder sehr viele. Und das kompliziert die Sache natürlich. Man is nich mehr so beliebt als Autocamper. Die Kollegen schmeißen mit dem Müll um sich. Das is 'n Problem. Und so is man nich mehr so gerne gesehen. Da stehen da diese Schilder und man muss weg. " (I. 23)

Ein solch eindeutiger Befund wird von nicht wenigen Altcampern ähnlich artikuliert, etwas mit der Bemerkung: *„Der Trend ist eben, dass sich viele eins kaufen. Leider. In immer mehr schönen Ecken gibt's Stellverbote, auch in Norwegen, weil Leute sich nicht so benehmen"* (I. 74). Manch einer unter den Wohnmobilisten hat Verständnis für staatliche und kommunale Regulierungen, *„weil die Wohnmobile zu sehr zunehmen und das nicht so angenehm für die Bevölkerung ist"* (I. 62).

Die Keule des expandierenden Wohnmobiltourismus schlägt sogar auf das Befinden innerhalb des fahrenden Völkchens zurück. Zum einen ganz grundsätzlich, wenn es heißt: *„Wohnmobilfahren ist nichts Besonderes mehr, es gibt zu viele"* (I. 56) oder noch schärfer pointiert: *„Camping is heute Massenabfertigung, das ist der wunde Punkt."* (I. 40)

Schon resignierend klingt es dann, wenn eine alleinreisende Frau zu dem Schluss kommt: *„Wenn die Masse kommt, ist das Abenteuer fort. An der spanischen Küste is doch jedes vierte oder fünfte Auto ein Wohnmobil!"* (I. 43). Doch selbst sie ist, solange sie noch lebte, ihrem Reisegefährt treu geblieben.

Kraftstoff-
verbrauch als
Umwelt-
schädiger - ein
unbeachtetes
Thema

Das Anwachsen des Wohnmobiltourismus hat eine weitere Folge-wirkung: Wohnmobilfahrer leisten aufgrund der mit dem Kraftstoffver-brauch einhergehenden Emissionen einen Beitrag zur Luft- und Boden-verschmutzung. Dieser große Belastungsfaktor des Wohnmobilreisens bleibt sowohl innerhalb dieses Nomadenvölkchens als auch in den Fachmedien und der Öffentlichkeit fast unbeachtet. Quantitativ kann auch in dieser Untersuchung keine schlüssige Antwort darauf gegeben werden. Es wäre eine gesonderte Analyse hierzu von Interesse.

Wirtschaftliche Bedeutung des Wohnmobiltourismus – nicht überall anerkannt

Viel Ding hat seine zwei Seiten, so auch das rasante Wachstum der Reisemobilbranche, wodurch Stadt und Land immer dichter mit umher-fahrenden Nomaden überzogen werden. Die eine – beschriebene – Seite ist, dass die Wohnmobilreisenden für Zielregionen und -orte Belastun-gen bringen und diese Freizeit- und Urlaubsform dadurch einen Image-verlust erleidet. Die andere Seite ist, dass der Wohnmobiltourismus eben diesen Regionen und Orten eine zusätzliche Wertschöpfung bringt, für die Gemeinden und Städte einschließlich ihrer lokalen Dienstlei-stungen eher dankbar sein sollten.

Im Teilkapitel über „Wirtschaftliche Attraktivität des Wohnmobil-reisens für Campingwirtschaft und sonstige Stellplatzbetreiber" (Kapi-tel 3) war eingehend über die wirtschaftlichen Impulse des Motorcara-vaning berichtet worden. Erinnert sei nur an Schätzungen, wonach 1997 ein Wohnmobilurlauber pro Tag auf einem Campingplatz um die 35,– DM und auf einem freien Stellplatz um die 60,– DM ausgeben soll (DFV 1997). Jüngere Zahlen liegen leider nicht vor. Man kann aber davon ausgehen, dass sich die Ausgaben in den letzten fünf Jahren erhöht haben. Nimmt man die genannten Werte und multipliziert sie mit der angenommenen durchschnittlichen Belegung eines Reisemobils von 2,5 Personen (vor allem Paare und Familien sowie ganz wenige allein Reisende), so summieren sich die täglichen Ausgaben eines Wohnmobils auf 87,50 DM bzw. 150,– DM oder knapp 45 € bzw. 77 €.

Schon die am Campingplatzstandort getätigten Ausgaben, vor allem aber die von kommunalen oder privaten Stellplätzen, kommen zu einem guten Teil der örtlichen Wirtschaft zugute, von der Gastronomie über den Einzelhandel bis zu Eintrittskarten für Sehenswürdigkeiten und Kultur.

Diese über die Reiseziele sich ergießenden Wohltaten sollten nach Meinung von Motorcaravanern wenigstens Achtung und Akzeptanz ihnen gegenüber erwarten lassen. Oft sei es aber das Gegenteil, ein ärgerlicher Zustand, der von einigen Wohnmobilisten vehement beklagt wird:

„Es gibt also ein Millionenpublikum Camper. Und die werden in aller Öffentlichkeit behandelt wie Personen, die gar nicht existieren. Dass zum Beispiel Ortschaften ranschreiben wie früher ‚Juden unerwünscht', jetzt ‚Camper unerwünscht'. Das is doch nicht zu fassen. Das ist faszinierend für mich dran... Es ist schon erstaunlich, dass Millionen Menschen, gut betuchte Leute, ignoriert werden. Das ist das Gegenteil von Dienstleistungsgesellschaft. Man kann doch so 'ne große Masse nicht einfach an die Seite schieben. Es gibt Gemeinden, die einen wirklich abweisen" (I. 56).

... dennoch Reisemobilisten nicht in allen Kommunen erwünscht

Diese Aussage, selbst mit dem historisch äußerst brisanten Vergleich, die von einem kultivierten Gymnasiallehrer stammt, zeigt den aufgestauten Ärger über solche Kommunen, die den Wohnmobiltourismus vor ihrer Tür lassen wollen.

Den Zusammenhang zu den von Wohnmobilreisenden geleisteten Ausgaben zieht ein älterer Rentner:

„Viele Städte oder Gemeinden, die sind ja so gierig auf das Geld. Sie werden lachen: Hier kommt das jetzt auch mit der Zeit. Hier soll das zehn Mark kosten, also pro Nacht [Stellplatz, Grünendeich an der Unterelbe]. *Na ja... Auf vielen Plätzen, nech, wenn man da irgendwo hinkommt oder zum Beispiel im Harz: Auf jedem Parkplatz, überall schon, wo man da hin kommt, da stehen Schilder ‚Keine Wohnmobile von 20.00 Uhr bis anderen Morgen'.*

Wohnmobilisten bringen Geld, zahlen Steuern und sind umweltsauber – dennoch wenig akzeptiert

Das begreif ich nicht. Ich meine, wir bezahlen doch unsere Steuern genauso wie jeder andere. In Berchtesgaden, da ham wir's einmal erlebt. Da standen zwei Wohnmobile, standen in der Stadt auf'm normalen Platz, wo wir stehen durften. Kommt die Polizei an und wollte jetzt die Wohnmobile da wegjagen. Ham'se mich gefragt, ob da eins mir gehört. Sag ich ‚nein, aber wieso?' ‚Ja, die machen hier Schweinerei'. Ich sag: ‚Passen Se auf. Wir ham Toiletten im Auto.

War aber 'n Kombiwagen letzte Nacht, ham zwei Mann drin geschlafen. ‚Ja, das dürfen die'. Sag ich: ‚Ach so die ham doch keine Toilette. Wenn die mal müssen, die gehn irgendwohin.' Da hat der nichts mehr gesagt. Sag ich: ‚Und übrigens, wir zahlen genauso Steuern wie jeder andere. Wir hinterlassen kein Dreck hier irgendwo. Die Pkws machen den eigentlichen Dreck auf dem Parkplatz.“ (I. 5)

Um die Länge des Klageliedes nicht zu sehr zu strapazieren, soll nur noch das Erlebnis, an das sich ein Dickschifffahrer erinnert, zum Besten gegeben werden: *„Die Wohnmobilplätze werden belegt von Pkws, vollgerammelt. Kann's passieren, da steht alles voll von Pkws, da unternimmt die Polizei nichts. Aber ein Wohnmobil auf'm Pkw-Parkplatz, da drohen se mit Abschleppen.*

Da fällt mir dabei grad so 'ne Geschichte ein. Ich war in Berlin und da is mir das passiert. Da ham se mich abgeschleppt. Ich bin zurückgekomme und denke, das gibts doch nich. Wie wollen die das Wohnmobil abschleppen. Das hat auch schon 4,5 Tonnen gehabt.

Die Polizei fragt mich nach der Nummer von meinem Auto. Ach, du lieber Gott, wusst ich nich. Hat der mit Funk und durch den Anfang von der Nummer ‚FB' und ‚JA' dann, weil ja nich so viele Fahrzeuge abgeschleppt worden sind, sagen können, ja, da und da steht das Wohnmobil. Und da ham wir unser Wohnmobil da abgeholt. Aber der Schreck war erstmal ganz groß. Ich dachte, das wär geklaut. Das hat dann richtig dreihundertfünfzig Mark gekostet.

Wohnmobil-
reisende
bringen viel
Geld in Städte

Das is was, das is nich in Ordnung von unserem Staat. Die Wohnmobilisten geben ja so viel Geld aus. Gerad, wenn man unterwegs ist und geht nur in die Stadt, 'ne Besichtigung machen zum Beispiel. Dann geht man nich ins Wohnmobil zurück und macht sich sein Essen. Dann geht man wieder weiter und kehrt ein. Der Wohnmobilist kommt an, frühstückt vielleicht und dann is er auf Achse den ganzen Tag. Dann tut er erst mal in der Stadt verzehren den ganzen Tag. Und meistens sind's zwei, drei Personen. Und dann wird was gesehen im Schaufenster, so was, Frau dabei. Dann wird auch noch was eingekauft.

Und langsam tun einige Städte das auch verstehen, das is 'n Wirtschaftsfaktor... Doch umgekehrt gibt's Plätze, die ham 'nen Eisenbalken in zwei Meter Höhe, da kommen die Wohnmobile nich mehr rein. Anstatt, dass sie auch drei, vier Plätze für die Wohnmobile frei machen und den Balken hoch.“ (I. 45)

Der Balken mag die fehlende Akzeptanz der Reisemobile bei manchen Kommunen symbolisieren, obwohl doch der Unternehmer mit seinem Dickschiff mit ökonomischem Durchblick seine Argumentation vom Wertschöpfungsgewinn durch den Wohnmobiltourismus vorträgt. Erinnert sei an den bescheidenen Hinweis, dass selbst eine Kleinstadt wie Geldern jährlich 400.000 Euro Umsatz mit dem Wohnmobiltourismus macht (siehe Kap.3).

Die Geister der Gemeinden scheiden sich ganz gewaltig an der Frage, Motorcaravaner willkommen zu heißen oder nicht. Einzelne Wohnmobilfahrer zögern ebenso wenig, wie die beiden deutschen Reisemobilzeitschriften, solche Gemeinden anzuprangern, die sich gänzlich ablehnend verhalten. So rät ein junge Familienvater und eher ruhiger Campertyp: *„Man muss nich in die Regionen mit den vielen Verbotsschildern hinfahren. Zum Glück gibt es noch Ecken, wo es nicht verboten ist."* (I. 70)

Unfreundliche Regionen und Orte anprangern

Konkret steht nicht erst seit heute vor allem Österreich in der Schusslinie. Beispielsweise ärgert sich ein Unternehmerehepaar, dass sie in diesem Land *„nirgendwo ein Wohnmobil stehen haben wollen"* (I. 14).

Ebenso geht derzeit eine Leserbriefkampagne der Reisemobilzeitschriften insbesondere mit Österreich hart ins Gericht. Hierzu das Beispiele von Leserbriefen:

Beispiel Österreich – Wohnmobilreisende klagen in Leserbriefen an

„Weißer Fleck auf der Landkarte
Die Kritik am neuen Tiroler Campinggesetz ist durchaus berechtigt. Die Konsequenz daraus ist: Wer mich nicht will, bekommt auch mein Geld nicht. Daher ist Tirol für mich hinsichtlich der Freizeitaktivitäten schon lange ein weißer Fleck auf der Landkarte. Dabei ist es mir vollkommen egal, ob man dort gut bergwandern oder Ski fahren kann. Es gilt: Tirol entweder weiträumig umfahren oder zumindest schnell durchfahren.   Erich Beyer, 81734 München"
„Augen zu und durch
Augen zu und durch. So lautet die Parole, was Österreich mit dem Reisemobil betrifft. In den sechziger und siebziger Jahren war ich gern im Nachbarland, aber was sich die Regierungen und die Polizei inzwischen alles einfallen lassen, um Urlauber zu vergraulen, ist beachtenswert.
Neben dem neuen Tiroler Campinggesetz, nach dem man mit dem Reisemobil außer auf Campingplätzen nirgends übernachten darf, kann jeder Polizist die gefahrene Geschwindigkeit schätzen und ‚bei Bedarf' Bußgelder kassieren (und nicht wenig üppig). Manchmal hat man den Eindruck, dass Fahrzeuge mit deutschem Kennzeichen hier ‚bevorzugt' behandelt werden.... Da ist man froh, wenn man den österreichischen Grenzpfahl im Rückspiegel sieht. Walter Schmidt per E-Mail"
(aus: promobil 2/2000, S. 121)

Aber auch im eigenen Land, in Deutschland, kann die Gilde der Wohnmobilisten auf harsche Ablehnung der Obrigkeit stoßen. So geschehen zum Jahresausklang 2001 in Weinheim:

„Brüsk abgelehnt

Reaktion des Weinheimer OB auf eine Anfrage nach einem Stellplatz

Wir besuchen mit unserem Reisemobil gern deutsche Städte. Dabei stellen wir fest, dass es für Reisemobilisten gastfreundliche und weniger gastfreundliche Städte gibt. Viele Städte haben einen Campingplatz in ihrer Nähe, andere bieten sogar Stellplätze in der City an. Leider ist unsere Heimatstadt Weinheim ausgesprochen unfreundlich gegenüber Reisemobilisten. Hier gibt es weder einen Campingplatz noch Stellplätze, obwohl unsere Stadt touristisch viel zu bieten hat.

Nun hat eine hiesige Apothekerin das Nikolaustreffen des Euro Motorhome Clubs (EMHC) in Weinheim organisiert und bei dem Herrn Oberbürgermeister nach einem Stellplatz gefragt. Diese und eine weitere Anfrage soll der OB brüsk abgelehnt und gesagt haben, die Stadt habe schon genug Ärger mit Sinti und Romas. Hierüber ist am 13. Dezember 2001 der unten abgedruckte Leserbrief erschienen.

Ich mag es gar nicht glauben, dass der OB einen solchen Vergleich mit uns Reisemobilisten gemacht haben soll, meine sämtlichen Bekannten regen sich darüber auf. Leider ist der Oberbürgermeister bis heute dem Leserbrief nicht entgegengetreten, so dass man geneigt ist, der Aussage des Leserbriefs nach dem Grundsatz „wer schweigt, stimmt zu" zu glauben. Hier sollten Sie einmal für uns Reisemobilisten eine Lanze brechen.   Hans Bayer, Weinheim"
(aus: Reisemobil International 3/2002, S. 176)

Hier mag es im Kopf des Oberbürgermeisters dieser schönen Stadt so zugehen wie es ein jüngeres Schweizer Wohnmobilpaar aus eigener negativer Erfahrung im Heimatort Davos beschreibt: *„Man unterschätzt die Wohnmobilisten und will sie nicht in der Gemeinde. Sie begreifen nicht, dass Wohnmobiler essen gehen, Geld haben. Sie denken, das sind Zigeuner, die herumlungern und stehlen."* (I. 22)

Über eingeschränkte Stellplatzangebote in verschiedenen Ländern Europas wie in Deutschland wird von Wohnmobilisten ebenso geklagt wie über eingeschränkte oder nicht vorhandene Ver- und Entsorgungsmöglichkeiten: *„Orte und Tankstellen müssten mehr auf das Thema Entsorgungsstationen eingehen"*, meint das gerade zitierte Paar.

Selbst die Trinkwasserversorgung ist in einigen Regionen Spaniens kompliziert. Bisweilen ist der Wasserauslass so beschaffen, *„dass man nicht mit Schlauch oder Kanister, sondern nur mit Flaschen an das erfrischende Nass kommt."* (I. 64)

Bestimmungen zu Campen,
Übernachten und sonstige Spielregeln

Anstatt eine allmählich langweilig werdende Liste der Kritik an unzureichenden Infrastrukturangeboten fortzusetzen, soll zum Abschluss des Kapitels ein Hinweis stehen, der weiterhilft. Er betrifft das zuvor hinlänglich diskutierte Thema des freien Campens und Übernachtens. Unsicherheit bzw. Unwissenheit über die geltenden gesetzlichen Bestimmungen in Deutschland und Europa führen bei den Reisemobilisten immer wieder zu Frusterfahrung und Enttäuschung, wenn sie – zu Recht oder zu Unrecht – von Ordnungshütern gemaßregelt werden.

Dankenswerterweise hat der ADAC mit den beiden Faltblättern „Besondere Verkehrsbestimmungen für Campingfahrzeuge in Deutschland (CAM 25)" und „Freies Campen und Übernachten in Europa (CAM 21)" eine gute informative Grundlage des geltenden Rechts und des daraus ableitbaren angemessenen Verhaltens geschaffen.

Der folgende Informationsausschnitt zeigt, dass die Bestimmungen für Deutschland ganz klar sind:

„Parken, Übernachten und Entsorgen in Deutschland

Parken

Das Halten und Parken von Wohnmobilen ist im öffentlichen Straßenverkehr dort erlaubt, wo es nach der Straßenverkehrsordnung oder deren Zeichen nicht ausdrücklich verboten ist. Sind Parkplätze mit dem Schild ‚Parkplatz' beschildert, so dürfen dort Wohnmobile parken, wenn dies nicht durch Zusatzzeichen verboten ist.

Beim Parken darf die Campingausstattung im Wohnmobil genutzt werden. Campingähnliches Leben, wie das Herausstellen von Tischen und Stühlen, gilt als verkehrsfremd und darf beim Parken und Übernachten nicht stattfinden.

Übernachten

Selbst längere Ruhepausen unterbrechen die vorwiegende Nutzung eines Wohnmobils zu Verkehrszwecken nicht. Eine *einmalige Zwischenübernachtung* zur Wiederherstellung der Fahrtüchtigkeit ist demnach zulässig. In der Regel geht man dabei von einem Zeitraum bis zu zehn Stunden aus. Natürlich darf beim Zwischenübernachten die Campingausstattung im Wohnmobil genutzt werden.

Nicht zulässig ist dagegen *mehrmaliges Übernachten* am gleichen Ort – die Straße wird dann nicht mehr vorwiegend zu Verkehrszwecken genutzt.

Ein längerer Aufenthalt darf nur auf Campingplätzen stattfinden, falls Städte und Gemeinden nicht bestimmte Plätze dafür freigegeben haben. Auf Privatgrundstücken (bei Restaurants, Tankstellen etc.) darf man das Fahrzeug nur mit Erlaubnis des Grundstücksbesitzers aufstellen." (ADAC, CAM 25)

Aus der tabellarischen Übersicht des Faltblattes geht außerdem hervor, dass bei Wohnmobilen über 2,8 t zulässigem Gesamtgewicht zwar allgemein das Parken erlaubt ist, aber nicht auf Gehwegen und im öffentlichen Verkehrsraum auf Gehwegen mit Parkflächenmarkierung.

Zulässigkeit oder Verbot des Übernachtens und freien Campens in anderen europäischen Ländern sind unterschiedlich geregelt. Das einmalige Übernachten auf Straßen und Parkplätzen ist lediglich in Deutschland, Italien, Norwegen (keine Rastplätze oder landwirtschaftlich genutzte Flächen), Schweden, der Slowakischen Republik, Spanien und der Türkei erlaubt. Das Campen mehrere Nächte lang außerhalb von Campingplätzen auf Straßen und Parkplätzen ist nur in Norwegen, Schweden und der Türkei möglich (ADAC CAM 21).

Diese Regelungen gelten dann nicht, wenn Städte, Gemeinden oder private Grundbesitzer Stellplätze für Wohnmobile anbieten.

Bundestags-beschluss „Den Camping-tourismus nach-haltig fördern" gilt auch für Stellplatz-angebote

Neben den Unerfreulichkeiten, die Wohnmobilfahrer bisweilen durch ein wenig gastfreundliches Verhalten in Zielgebieten und -orten erleben und den soeben beschriebenen Ordnungsregeln für das Wohnmobilreisen kann abschließend auf ein ermutigendes politisches Signal verwiesen werden. Erstmals hat der Deutsche Bundestag sich mit der Problematik des Campingtourismus und darunter mit den Angeboten freier Stellplätze befasst. Die im Bundestag auf Vorlage der Fraktionen von SPD und BÜNDNIS 90/DIE GRÜNEN vom 02.07.2002 beschlossene Drucksache 14/9672 fordert in der Überschrift: „Den Campingtourismus in Deutschland nachhaltig fördern". In II,2 heißt es ausdrücklich zu der Stellplatzproblematik: „Der Deutsche Bundestag fordert die Bundesregierung auf, gegenüber den Ländern gesonderte Bestimmungen für den Bereich der Wohnmobile im Sinne von Stellplätzen sowie Service- und Entsorgungsstationen anzuregen." Möglicherweise ist hier ein geeigneter politischer Schritt getan, der zu einer angemessenen Infrastruktur von Stellplätzen und Serviceangeboten beitragen kann.

Kapitel 8

Was Wohnmobilreisen mit der Beziehung macht

Nach einer interessanten „Grundlagenstudie Caravaning" der CC-Bank (2001, S. 20, 141 f.) leben nur 10 % der Motorcaravanbesitzer allein. 55 % der Reisemobilisten sind nur zu zweit im Wohnmobil unterwegs, weitere 16 % mit drei und noch einmal 20 % mit vier Personen. Wenn Kinder mitreisen, so zu 15 % mit einem, zu 21 % mit zwei und zu 9 % mit drei Sprösslingen. Der Anteil der Wohnmobilisten, der in der Regel keine Kinder oder Jugendlichen mitnimmt, liegt sogar bei 61 %. Diese Feststellung ist auch deshalb nachvollziehbar, weil von den zu zweit mit Wohnwagen oder Reisemobil ausrückenden Campern 72 % der Altersgruppe der Jungsenioren (58-65 Jahre) angehören und an ihnen die Reisemobilisten 83 % ausmachen.

Wohnmobilreisen stärker Veranstaltung von Paaren

Wohnmobilreisen ist damit vor allem eine Veranstaltung von zusammen fahrenden Paaren, die mehrheitlich die Phase der Berufstätigkeit hinter sich haben. Erst in zweiter Linie ist es ein Familienurlaub.

… in zweiter Linie Familienurlaub

Beständigkeit und „gleiche Wellenlänge" – wichtig und konfliktmindernd beim Wohnmobilreisen

Wenn es also fast ausschließlich Paare sind, die im Wohnmobil reisen, sei es nun mit oder ohne Kinder, sei die Frage erlaubt, wie bekömmlich das längere oder kürzere Zusammensein im Reisemobil ist. Das sich ja auf engem Raum rund um die Uhr abspielt?

Die mehrheitliche Meinung der interviewten Paare ist eindeutig: Was nicht schon als Zusammenleben vor, nach und außerhalb der Wohnmobilreisen funktioniert, klappt umso weniger im Motorcaravan. Deshalb meint eine rüstige Rentnerin, die mit ihrem Mann im komfortablen Flair in Spanien überwintert: *„Es muss immer Mann und Frau zusammenpassen. Das ist das A und O."* (I. 59)

Im Leben zusammenpassen, im Wohnmobil zusammenpassen

Sie beobachtet als Alternative bei Überwinterern, dass manche Männer allein fahren und *„die Frauen kommen dann für vier bis sechs Wochen nachgeflogen".* Sie selbst schätzen diese Lösung gar nicht, denn Mann und Frau gehören halt zusammen.

Umgekehrt gebe es Fälle, in denen die Frauen zuerst mitreisen, dann aber nach ein bis zwei Monaten feststellen, dass das Wohnmobilleben nicht für sie tauge. Der eigene Schwager habe deshalb sein Reisemobil wieder verkauft.

Es muss also die *„gleiche Wellenlänge"* (I. 3) vorhanden sein, um auch lange Zeit im Motorcaravan miteinander auszukommen.

… weil gleiche „Wellenlänge" wichtig

Ein anderes noch berufstätiges Paar, im ausgebauten Kastenwagen reisend, wählt eine liebevoll-ironische Kommentierung über ihr Beziehungsleben unterwegs: „[Er:] *Mit zwei reicht's gerade.* [Sie:] *Nee, wir komme schon klar. Wir haben uns richtig gern. Man muss schon vorher gut zusammenpasse, sonst geht das net.*" (I. 65)

Konkreter wird ein harmonisches miteinander Umgehen im Wohnmobil von einem sportlich sehr engagierten Paar beschrieben, das sich so gut versteht, dass es nichts lieber macht, als das ganze Jahr über gemeinsam an Wochenenden oder im längeren Urlaub auf Achse zu sein: „*Man is auf'm engen Raum und jeder muss da irgendwie auf jeden Rücksicht nehme. Unsere Beziehung is also wunderbar. Jeder hat sein Reich, jeder hat was zu tun. Zuständig fürs Einkaufen, fürs Kochen, Kochen is 'n bisschen übertrieben, aber mein Mann is Hobbykoch, der kocht sehr gern. Also, seitdem wir verheiratet sind, hab ich nich mehr gekocht. Also, was jetzt Fleisch betrifft, Gemüse, Suppen oder Salat, das mach ich schon oder andere Beilagen. Er sorgt auch für alles andere. Ich sorg für die Wäsche, ich räum das ein. Oder morgens beim Frühstücken, da deck ich den Tisch und koch den Kaffee. Er kauft morgens die Brötchen. Ja, also jeder hat da so seine eigene Arbeit. Und auch beim Aufräumen. Er ist dann wieder zuständig beim Aufräumen. Für den Abfall muss er sorgen. Also, es hat jeder seine Arbeit auf dem kleinen Raum. Und trotzdem is irgendwie immer 'ne wunderbare Harmonie dabei.*

Aber es liegt daran, ob der Partner die gleichen Interessen hat. Zum Beispiel, wir ham die gleichen Interessen, wir wandern gerne, gehen gerne beide fort, sind gerne beide weit weg. Mir sind große reiselustige Menschen. Mir haben viel miteinander. Wenn Sie jetzt jemand haben, der möchte lieber daheim bleibe bei den Kindern und möchte gar net fort und der andere möchte fort. Das is nich gut. Oder man macht es dem Mann amal zulieb. Die Harmonie kommt einfach dadurch, dass man gleiche Interessen hat. Denn macht einem die Enge auch gar nichts aus. Ich find das sogar ganz niedlich. Ich komm mir vor wie in so 'ner kleinen Puppenstube." (I. 69)

Vielleicht wird sich jede Frau im Wohnmobil wünschen, einen Mann an der Seite zu haben, der wirklich paritätisch oder noch ein bisschen mehr den Arbeitsalltag im Reisemobil teilt. Der Begriff „Arbeitsalltag" ist bewusst gewählt. Denn das eingangs zitierte Paar hält es geradezu für einen Prüfstein erfolgreichen Zusammenseins im Wohnmobil, wie zu Hause im Haushalt auch auf langen Reisen gemeinsam bei der Hausarbeit anzupacken, weil derlei Arbeit zwangsläufig anfällt: „*Wenn ich im Urlaub nichts machen will, kann ich nicht im Wohnmobil wegfahren, dann is ein Hotel besser.*" (I. 57)

Auf engem Raum miteinander auskommen

... und Arbeit im Wohnmobil teilen

... sowie gleiche Interessen von Vorteil

Dieser Einschätzung würde eine ältere Rentnerin zustimmen, die mit ihrem kranken Mann nur noch kurze Reisen machen kann: *„Viele Frauen haben keinen Nerv dafür. Vor allem die Frau muss Interesse daran haben. Denn auf ihr lastet die Arbeit. Ich mach es gerne. Auch innen, zum Beispiel die Kissen so gestalten. Bei Bekannten von uns is sogar die Beziehung auseinander, weil sie kein Interesse daran hatte. Er is dann allein gefahren. Ja, da bahnte sich was anderes an."* (I. 71)

Vor allem die Frau muss Interesse am Wohnmobil-fahren haben

Im Gegensatz zur letzten ausführlicheren Schilderung von Arbeitsteilung im Wohnmobil basiert hier das Funktionieren des Zusammenlebens eher auf klassischer Rollenverteilung: Die Ehefrau für den Innendienst, also Kochen, Putzen und Wäsche, der Mann für den technischen Bereich des Fahrzeugs.

Genauso hält es ein älteres Rentnerpaar auf ihren ausgedehnten Skandinavientouren: Er plant und fährt, sie dolmetscht und kocht (I. 74). Wenn man friedlich diese Rollenteilung miteinander lebt, kann man auch friedlich reisen. Besonders gut fügt es sich, wenn ein Partner von sich aus gern die Arbeit übernimmt, die dem anderen nicht schmecken würde, so wie bei einem Berliner Ehepaar: *„Wir ham kein'n Streit im Wohnmobil, weil meine Frau gern kocht. Wir gehn aber auch mal essen."* (I. 10)

Arbeitsteilung mal klassisch, mal individuell ausgerichtet

Es wurde schon erwähnt, dass die Paare im Wohnmobil auf engem Raum miteinander auskommen müssen. Da bekannt ist, dass selbst unter Menschen, die sich lange und gut verstehen, in eingeschränkter Lebenssituation Spannungen auftreten können, bleibt dies auch Motorcaravanern nicht ganz erspart, wie das Bekenntnis der schon zu Wort gekommenen Skandinavienfahrer zeigt:

„Bei gutem Wetter is alles schön und gut in Ordnung, bei schlechtem nich, weil man sich dann nich aus dem Weg gehen kann. Ich schick ihn dann angeln und ich koche dann. Ja, is ja auch schon mal Stimmung bei uns. Aber das is im Grunde schnell dann wieder vorbei. Man wird ja auch älter." (I. 74)

Auf engem Raum sich auf die Nerven gehen – Beziehung wird damit fertig

Es gibt andere Stimmen, die ebenfalls die Gefahr von Missstimmungen zwischen Partnern auf langen Wohnmobilreisen sehen. Selbst ein sehr einfach und unkonventionell im VW-Bus tourendes Ehepaar ist sich dessen bewusst: *„Es ist schon schwer genug zu zweit, wenn man so eng zusammen ist. Da gibt es oft Reibereien, wenn man so zusammen fährt. Der eine will hier-, der andere da hin. Beim Überwintern monatelang is das ein Problem."* (I. 62)

... kann Problem werden bei langem Überwintern

Um so erstaunlicher, dass eine Familie mit zwei Kindern über und unter zehn Jahren auf einer total verregneten Skandinavienreise zum Nordkap und zurück *„keinen Koller gekriegt hat im engen Raum,* *obwohl wir die ganze Zeit immer im Wohnmobil sitzen mussten und nich draußen"* (I. 37). Die Familie vermittelte den Eindruck, dass sie ein harmonisches Leben daheim führt. Auf der mehrwöchigen Reise war es nicht anders. Und dies fanden sie erstaunlich, weil *„wir erst hinterher gemerkt hatten, was auch gefehlt hatte: Ruhe, Sonne, Baden und Entspannen. Man hat nur aufgesaugt, aufgesaugt, aufgesaugt und man kann es nicht verarbeiten, auch die Kinder nich."*

Eingespieltes Familienleben hält Stress im Wohnmobil aus

Es zeigt sich in diesem Fall wieder, dass ein eingespieltes harmonisches Miteinander im Alltag auch Stress (Regen und eine anstrengende Tour) im Urlaub leichter ertragen lässt.

Vorteil langer Camping-erfahrung

Wenn es um das aufeinander Eingespieltsein als Grundlage verträglicher Reiseaktivitäten geht, ist es ein Vorteil, wenn man bereits längere Campererfahrung aufweist. Ein eher individualistisch reisendes Jungrentnerpaar betont diesen Zusammenhang:

„Seit wir uns kennen, macht meine Frau mit mir Camping. Sie hat schon das Campen im Zelt durch mich kennen gelernt... Jetzt geben wir offen zu, dass wir Wohnmobilfahrer sind. Wir machen das gern, sonst würde das nicht funktionieren. Wenn einer dagegen ist, geht's nich... Unbedingt müssen beide das Fahrzeug auch fahren können. Es kann was passieren, man kann ausfallen und dann muss der andere einspringen. Meine Frau fährt genauso gut wie ich, auch rangieren auf engen Straßen." (I. 54)

Neben dem Vorzug des jahrzehntelangen Campens ist es auch die pragmatische Ader, die das Paar ganz unkompliziert ihr Wohnmobilleben genießen lässt.

Als eine weitere Voraussetzung für ein gelungenes Reisen mit dem Wohnmobil wird von einem jüngeren Schweizer Paar, das sich im Sommer mehrere Monate Auszeit von der Arbeit nehmen kann, der Komfort genannt, den heutzutage Motorcaravans bieten, ganz besonders ihr geräumiger Carthago Alkoven mit Spezialeinbauten. Denn sie sagen: *„Ein gewisser Lebensstandard auch unterwegs ist auch wichtig für die Partnerschaft."* (I. 22)

Komfort im Wohnmobil erleichtert Zusammenleben

In der Frage, ob ein ähnlich anspruchsvoller Lebensstil wie zu Hause Garant für eine positive Urlaubsgestaltung ist, gehen die Meinungen auseinander. Ausgerechnet ein anderes Schweizer Paar, das wegen der Frühinvalidität des Mannes das ganze Jahr im Wohnmobil unterwegs sein kann, lebt es ganz anders vor. Sie reisen mit Schäferhund in einem alten Alkovenfahrzeug rustikaler und spartanischer, begnügen sich bisweilen als Freisteher mit einer plätschernden Wasserquelle am Berghang zum Waschen und Kochen oder auch im Notfall mit dem *„WC im Gebüsch"*. Der Mann führt in seiner Begründung für ein

... Mit einfachem Lebensstil aber auch gutes Beziehungsleben

harmonisches Zusammenleben im Reisemobil auf das Anfangsmotto des Kapitels zurück und würzt seine Einlassung hierzu mit einer etwas kuriosen Vermutung:

„Was wichtig is, ja die Freiheit, das Zusammenleben mit dem Partner. Sicher gibt es manchmal auch die Differenzen. Man muss sprechen miteinander. Das ist ja wichtig. Viele Kollegen ham schon gesagt, 'ja, du hast es schön, du kannst so reisen gehen und so.' Dann sag ich denen meistens: 'Seid mal nur zwei Monate mit der Frau zusammen auf engem Raum. Dann ist die Scheidung da.' Ja, also, ich möchte sagen, von hundert Paaren, da würden sich mindestens achtzig scheiden. Die Leute, die erst den Stress miteinander haben und plötzlich nichts mehr machen. Das kann ja gar nicht gehen. Wir können das, schon zwei Jahre am Stück. Haben es erst zwei Monate ausprobiert gehabt.“ (I. 6)

Beziehungsstress zu Hause kann im Wohnmobil explodieren

Es bleibt also dabei, man muss zusammenpassen und *„Toleranz ist wichtig“*, denn *„wenn es zu Hause nicht klappt, im Wohnmobil um so weniger“* (I. 64).

Trennungen und die Suche nach dem neuem Glück – auch im Wohnmobil

Bislang wurde die Beständigkeit des Zusammenlebens als Basis partnerschaftlichen Wohlergehens beim Wohnmobilreisen hervorgehoben und im Umkehrschluss, dass es Fälle gibt, in denen der gemeinsame Aufenthalt im engen Motorcaravan einer Beziehung, die schon angeknackst ist, den letzten Rest geben kann.

Ausnahmen bestätigen die Regel: Und deshalb gilt auch schon mal das Motto: frisch verliebt und das erst recht im Wohnmobil! Der Schweizer, der zuletzt seine pessimistische Einschätzung zur prognostizierten hohen Scheidungsrate aufgrund misslungener Gemeinsamkeit im Reisemobil abgab, berichtet von einem glücklichen Paar, das sich nach beiderseitiger Scheidung trotz hohen Alters im Umherreisen gefunden hat:

Was es auch gibt: Frisch verliebt und dann ins Wohnmobil

„Es gibt sehr viele, die frische Partnerschaften haben und reisen. Sehr viele, die sind geschieden und dann wieder frisch zusammen mit Partnern. Und die verstehen sich dann ganz gut. Da kennen wir viele Paare. Wenn man mit denen spricht, so einige Wochen zusammen ist, dann fragt man und so... Wenn jetzt hier zehn Wohnmobile sind, dann sind solche sicher drei, vier.

... oft nach vorheriger Trennung

In Göttingen haben wir einen zweiundachtzigjährigen Mann getroffen. Kommt zu uns und fragt, 'kann man da stehen?' Sag ich, 'ja sicher, wir schon. Eigentlich geht es aber nicht, da ist ein Thermalbad.' Sagt er zu seiner Partnerin im Spaß: 'Siehst du, wenn wir jetzt jünger wär'n, dürften wir da auch stehen.'

Da ham wir ihn gefragt, von wo er denn die habe. Ob er die aus der Zeitung hat. Dann hat er uns die Story erzählt. Bei einem Campingplatz hat er sie getroffen. Ihm war vorher die Frau gestorben. Ja, und jetzt hat er eine. Ja, er is zweiundachtzig, hat ein ganz neues Wohnmobil mit Anhänger und Boot hinten. Fährt mit dem Wohnmobil nach Griechenland über die Berge. Is zwei Tage eingeschneit. Und dann kippt ihm noch der Anhänger um, weil ein Bus ihn gerammt hat. Sie is halt auch siebzig. Hat er gesagt: 'Und hätt ich jetzt eine jüngere, könnt ich ganz bestimmt hier stehen'. " (I. 6).

Wohnmobil-
reisen kann
neue Beziehung
festigen

Das Wohnmobilreisen führt Paare in späteren Lebensabschnitten zusammen und kann ein Elixier sein, um eine neue Beziehung zu festigen:

„Wir kennen uns noch nicht so viele Jahre, fangen eigentlich erst an. Und das Reisen, das fügt mit zusammen, weil man viel zusammen machen muss. Dann muss man ein bisschen aufeinander abgestimmt sein. Wir waren uns eben auch einig, dass wir beide die Natur lieben, nicht diese großen Hotels zum Beispiel. Zum Beispiel, wird das nachts kälter, dann rückt man bisschen mehr zusammen und… „ (I. 17). Was der noch jüngere Tischlermeister am Schluss schmunzelnd über sich und seine neue Gefährtin offenbart, lässt das Wohnmobil als geeigneten Jungbrunnen einer frischen Liebe erscheinen.

Da nichts schöner ist, als sich für das Privatleben unserer Nächsten zu interessieren, schweifen diesbezügliche Beobachtungen von Reisemobilisten weit in die Runde und geben genügend Stoff, um auch an dieser Stelle noch etwas über den positiven Zusammenhang von Wohnmobilreisen und Beziehungsgeschichten preiszugeben:

„Mittlerweile ham mir auch in Deutschland Singleclubs. Die ham sogar ihr Zeichen auf'm Wohnmobil. Wenn Sie einen fahren sehen mit so'm roten und hellblauen ‚S', das is ein Singlefahrer. Mir ham sehr gute Wohnmobilfreunde gehabt, da is er gestorben vor drei Jahren. Und vor zwei Jahren is sie mit meinem Mann gefahren. Sie will ja ein kleineres Wohnmobil, sie gibt's nich auf. Sie ist leidenschaftliche Wohnmobilfahrerin, kauft sich 'n kleines Wohnmobil, fährt aufn Singletreff, trifft einen Single als Mann von Wuppertal. Dem seine Frau is genauso an Krebs gestorbe wie ihr Mann. Und heut sind sie zusammen und heut ham sie ein großes Wohnmobil und reisen zusammen. Auch dieses gibt es! Übrigens, die Karin hat auch einen gefunden, die dicke Karin. Die hat auch 'n Wohnmobilfahrer gefunden, is auch jetzt unterm Deckel.

Allein fahrende
Männer
manchmal auf
schwieriger
Partnersuche

Allein fahren tun halt mehr Männer, denk ich mal. Morgen kommen hier [auf einen palmenbestandenen Überwintererplatz in Südspanien] *Einsiedler. Ja, wenn der Manni kommt, der is ja auch so'n Alleinfahrer.*

Der sucht ja immer 'ne Frau, die mit ihm fährt. Es is schwierig, für ihn das Passende zu finden. Keine hält's bei ihm aus. Spricht sich rum. Die wissen wohl schon, dass er alleine is" (I. 57)

So liegen Glück und Leid oft direkt nebeneinander, auch in Wohnmobilerszenen. Und in der Tat gibt es auch allein reisende Frauen und Männer, die meist an einer Stelle ihres Lebens aus der gewohnten Bahn ihrer Partnerschaft oder Ehe geworfen worden sind. Dabei überwiegen Männer, die nicht immer oder überhaupt nicht mehr eine neue Partnerin finden, selbst wenn das gemeinsame Hobby des Wohnmobilreisens die erfolgreiche Suche eigentlich erleichtern sollte. Auch die Plattform von Reisemobil-Singleclubs, über die an anderer Stelle ausführlicher berichtet wurde (Kap. 1), ist vor allem für Männer seltener ein Sprungbrett zu einer neuen Verbindung.

Es gibt aber auch Frauen und Männer, die sich auf längere Zeit auf ein Singledasein im Reisemobil eingerichtet haben. Ein Beispiel, das bereits bekannt ist (Kap. 1 und 3) ist die jüngere berufstätige Frau, die nach der Trennung vom Partner sehr selbstbewusst ihr allein Fahren im VW California auf Kurzreisen und längeren Urlauben genießt (I. 12). Auch der Kollege mit der Hanomagpritsche und der Schaufensterpuppe Monika an seiner Seite nimmt das Singlereisen recht locker hin: *„Ich bin ja auch kein Jungchen, kriege überall Anschluss."* (I. 44)

Andere allein Reisende mit Singlezustand zufrieden

Schließlich macht der dem Überwintern frönende braun gebrannte Teilzeitjobber aus der Not der Trennung von seiner Frau für sich eine Tugend. Er kann jetzt viel unabhängiger reisen, ohne über sein Tun Rechenschaft ablegen zu müssen. Und da die Freundin ihn für vier bis sechs Wochen besuchen kommt, sind Herz und Bauch zufrieden. Man kann zwischendurch in Spanien auch mal die Augen offen halten und kommt so zu einer Affäre mit einer Spanierin aus Benidorm. Der spontane Überlebenskünstler nennt diesen Vorzug seines Wohnmobillebens in der Ferne ein *„Mehrverhältnis"* und genießt es vorübergehend:

Durch lange Wohnmobilfahrten „Teilzeitbeziehung"

„Ja gut, ich hab schon beim Fahren 'ne Spanierin kennen gelernt, wo ich zwei Jahr gekannt hab. Die hab ich in Benidorm kennen gelernt. Die hat ziemlich auch Pulver gehabt, Vater war sehr angesehener Bankmann. Also, sie war gut betucht, Plantage gehabt. Bei der hab ich auch mal kurz gewohnt, geduscht und weiter mit ihr 'nen Verhältnis gehabt, zwei Jahr. War halt auch so'n Erlebnis. Bloß dann war's mir zu eng. Obwohl ich ja a schöns Leben hätte oder haben könnte. Aber ich möcht frei sein. Ich hab ja aber jetzt auch 'ne Beziehung in Deutschland, da bin ich zu Hause, das is mei Heimat." (I. 59)

So leicht ist das Leben für allein reisende Wohnmobilisten längst nicht immer. Die inzwischen verstorbene Initiatorin des Singleclubs hat

Manche verwit-
wete Partner-
(innen) ver-
suchen über
Reisemobilclub
neue Partner-
schaft

... was oft
nicht gelingt
in ihren Interview (I. 43) sehr deutlich die oft bedrückende Lebenssituation von Campern geschildert, deren Partnerschaft durch Trennung
oder Tod beendet ist und die im Reisemobil-Singleclub auf eine neue
Chance einer Verbindung hoffen. Doch ihre Beobachtungen der Menschen in der Singleclubszene bezeugen die objektiven Schwierigkeiten
und oft sich einschleifenden Charakterzüge, die dem Gelingen einer
neuen Verbindung abträglich sind:

*„Der Hauptanteil dieser Leute ist ab fünfzig aufwärts. Es sind zwei
Drittel verwitwet, ein Drittel Frauen und zwei Drittel Männer. Denn die
Frauen haben sehr viel Angst. Da kommen teilweise Frauen zu diesen
Treffen. Da ist der Mann gerade verstorben und die können mit dem
Auto fast gar nicht umgehen. Die Männer lassen die Frauen nicht ans
Lenkrad zu Lebzeit. Dann heißt es 'Kannst du mir bitte mal das Fahr-
zeug da einparken, ich kann das gar nich.' Das is ganz schön traurig
dabei... Wir sitzen alle in einem Boot. Wir sind alleine und wir tauschen
uns dadurch viel leichter aus, als wenn man auf einem Stellplatz steht
und dann nur Pärchen sieht...*

*Nach dem Treffen verabreden sich dann Leute in Gruppen zum Rei-
sen. Das is aber immer schwierig, denn da sind sehr verschiedene Men-
talitäten. Und da pickt sich irgendjemand, sagen wir, ich bin Lieschen
Müller, und dann guckt sich dann Lieschen Müller irgendwann innerhalb des Treffens eine Gruppe heraus, wo sie dann meint, da passt sie
rein. Und dann wird erst mal verhandelt, was macht ihr dann und wo
fahrt ihr hin. Dann versucht man das terminlich unter einen Deckel zu
kriegen. Aber das is unheimlich schwer. Zum Beispiel bei einem Treffen
in Ungarn. Das hat dann drei Tage gedauert, dann haben sich die Menschen wieder getrennt, weil man doch gemerkt hat, dass man nich so
ganz zusammenpasste...*

*Es is wirklich schwierig, weil jeder Alleinfahrer nach einer gewissen
Zeit ein Eigenbrötler wird, absolut. Ich bin nicht unbedingt so. Aber bei
den anderen geht das dann so: 'Ich muss mein Kleiderschrank für mich
behalten und ich will da und da hin.' Es ist immer das Wort „ich"
zuerst. Das ist erstaunlich, denn die kommen ja eigentlich, um diese
Gemeinschaft zu genießen. Egoismus nenn ich das manchmal. Die Treffen gehen nur kurzfristig gut und immer mit dem Hintergedanken, ob
man nich doch noch darunter 'nen neuen Partner findet. Das is für
Frauen ein ungeheuer schwerer Schritt, das dann zu besuchen."* (I. 43)

Bedeutung und Pflege der Paarbeziehung –
auch beim Wohnmobilreisen

Mit Situationen und Problemen von Paarbeziehungen beschäftigen sich die Wissenschaften ausführlich, an erster Stelle Psychologie und Sozialwissenschaften. Erstaunlich dabei ist, dass zumindest in der deutschsprachigen Literatur der Zusammenhang zwischen Beziehung/Beziehungswandel und Reisen kaum ein Thema zu sein scheint. Selbst eine persönliche Anfrage bei bekannten Familienpsychologen und -soziologen brachte keine konkreten Hinweise. Umso wichtiger dürfte es deshalb gewesen sein, das dieser Untersuchung zugrunde liegende Interviewmaterial zu nutzen, weil es konkrete Aufschlüsse über das Verhältnis von Beziehungsentwicklung und Reisen erlaubt.

Immerhin lohnt es, einige Querbezüge zwischen dem Wohnmobilreisen und wissenschaftlichen Aussagen zu ziehen. Der Marburger Soziologe Dirk KAESLER hat sich beispielsweise in einem dpa-Gespräch Anfang April 2002 überzeugt gezeigt, dass „das Paar die Lebensformen der Zukunft prägen wird", nicht das Single-Dasein. Für ihn ist „das Bedürfnis nach Nähe zu einem vertrauten Menschen eine anthropologische Konstante". Nur eine winzige Gruppe entscheide sich freiwillig dafür, allein durchs Leben zu gehen.

Was die Formulierung einer „anthropologischen Konstante" ausdrücken will, ist einerseits eine Binsenwahrheit der Menschheitsgeschichte, dass sich nämlich Frau und Mann einander zugesellen wollen. Die große Mehrzahl (siehe Kapitelanfang) der Wohnmobilreisenden, die in Paarformation unterwegs sind, bestätigen so die soziologische These, dass „das Paar die Urfigur des Nicht-alleine-Lebens" sei. Wohnmobilreisen spiegelt also eher die gesellschaftliche Normalität und weniger die Annahme, dass sich die Gesellschaft auf einem immer stärkeren Weg in eine Individualisierung befinde, die die Single-Gesellschaft favorisiere.

KAESLER differenziert aber andererseits seine Position, das Paar sei die dominierende Lebensfigur: „Paar kann heute viel heißen. Außer dem Klassiker Mann und Frau in einer Altersgruppe „auch" gleichgeschlechtliche Zweierbünde, ältere Frauen mit jungen Männern und umgekehrt, verheiratete und unverheiratete Paare. Und manchmal kommen Kinder – eigene, adoptierte oder Pflegekinder – dazu, dann wird es eine Familie."

Und ein letzter Aspekt hat gewiss auch einen Zusammenhang zu Beziehungssituationen beim Wohnmobilreisen: Bindungen sind immer weniger unveränderbar, „sondern man lebt als Paar auf Bewährung“. Dies beinhaltet ein Moment der Unsicherheit: „Die Menschen wissen, dass das Leben im Paar sie selbst, ihre Individualität, verändert. Wenn der Wandel für das Selbstbild jedoch zu stark wird, dann steigen sie aus dem Paar wieder aus – meistens um eine neue Paar-Konstellation zu suchen.“

Wenn Soziologen sich mit dem Vorhandensein und dem Wandel bestimmter Lebensformen in Gesellschaften beschäftigen, sind es die Psychologen, von denen man über Befindlichkeiten sowie fördernden oder abträglichen Faktoren einer Partnerschaft, also von Chancen und Problemen der Paarbeziehung lernen kann.

Der Paartherapeut Manfred SANITER (2002) verweist darauf, dass es für eine erfolgreiche Partnerschaft wichtig ist, dass „die Partner klar voneinander unterschieden bleiben und klare Grenzen zwischen sich respektieren“. Partner sind zwar bemüht, sich einander anzupassen, „entscheidend für die Paarbildung ist es (aber), ob man sich von seinem Partner in seiner Selbstdefinition akzeptiert und bestärkt fühlt“. Es kann auch die Gefahr bestehen, „dass man sich in seinen Bedürfnissen zu sehr einschränkt. Eine Anpassung auf Kosten des Selbstwertgefühls garantiert keine harmonische Partnerschaft“ (www.lexikonderpartner schaft.de). Gelten diese Ratschläge für das partnerschaftliche Zusammenleben insgesamt, sind sie gleichermaßen Fingerzeig für Reise- und Lebenssituationen im Wohnmobil.

Während gerade ein Beleg aus dem Erfahrungsschatz eines in der Beratungspraxis tätigen Psychologen angeführt wurde, soll zum Schluss ein kurzer Blick auf die Forscherseite der Paar- und Familienpsychologie gewagt werden.

Ein viel diskutierter Aspekt beleuchtet die Bedeutung von Ähnlichkeit oder aber Gegensätzlichkeit von Partnern, frei nach dem Sprichwort „gleich zu gleich gesellt sich gern“ oder „Gegensätze ziehen sich an“. Nach SCHNEEWIND, GRAF & GERHARD (1999, V-6.1, S. 1 f.) gibt es zahlreiche Untersuchungen, die zeigen, dass sich „Ehepartner weit überzufällig ähnlich sind“. Gerade im Anfangsstadium einer Beziehung sei „Ähnlichkeit sehr stark mit Sympathie verknüpft... Auch im weiteren Verlauf einer Partnerschaft (hat) Ähnlichkeit positive Konsequenzen auf die Beziehungsqualität“. Umgekehrt gibt es auch Fälle, in denen sich unterschiedliche Persönlichkeitsmerkmale ergänzen, was sich im Verlauf von Beziehungen zu beweisen hat.

Deshalb verweisen die Psychologen auf die wichtige Aufgabe, Entwicklungsverläufe von Beziehungen zu analysieren. Im idealtypischen Längsschnitt eines Beziehungsverlaufes unterscheiden sie „Paare in der

Frühphase ihrer Beziehung", „Paare mit kleinen Kindern", „Paare mit älteren Kindern und Jugendlichen", „Paare in der nachelterlichen Phase" und „Paare in der späten Lebensphase". Jede Phase verlangt besondere Herausforderungen von den Partnern:

In der Frühphase ist es vor allem das Lernen des Zusammenlebens und die Klärung der Aufgabenteilung zwischen den Partnern, in der Familiengründungsphase vorrangig die (arbeitsteilige) Pflege und Betreuung der Kinder, im Zeitraum mit älteren Kindern die Stabilisierung einer befriedigenden Paarbeziehung und das gekonnte Vermögen, die Kinder in die Eigenständigkeit zu entlassen. In der nachelterlichen Phase wird es zur Hauptaufgabe, ein neues Verständnis der Paarbeziehung ohne Kinder auszuhandeln und sich um eine Neuorientierung des Lebensstils als Person und Paar zu bemühen.

Es ist am allermeisten diese Herausforderung, mit der sich viele ältere Wohnmobilreisende konfrontiert sehen. Aber auch Entwicklungsaufgaben in jüngeren Lebensphasen berühren das Gelingen einer befriedigenden Camperkarriere als Paar.

Gewinnt oder verliert die Beziehung beim Wohnmobilreisen?

Der Gang der Darlegung begann bei bestehenden Wohnmobilpartnerschaften und der Erkenntnis, dass man von vornherein zusammenpassen müsse. Danach wurden Wohnmobilreisende in den Blick genommen, die als neue Partner zusammengekommen sind oder aber aus unterschiedlichen Lebensumständen allein im Motorcaravan reisen (müssen).

Jetzt dürfte es auch von Interesse sein zu hinterfragen, ob nicht das Wohnmobilreisen für sich genommen einen zusätzlichen Gewinn an Belebung und Intensivierung in eine Beziehung bringen kann. Erwähnt wurde bereits, dass bei neu begonnenen Beziehungen das Reisen und Leben im Wohnmobil einen zusätzlichen Kick bringen kann, wie auch umgekehrt gemeinsame Reisemobilerfahrungen zur Ernüchterung über vermeintlich partnerschaftliche Harmonie führen können. Aber wie ist es bei Paaren, die schon länger auf einem gemeinsamen Lebensweg sind?

Die Meinungen hierzu sind durchaus kontrovers: Ein pensionierter Studienrat und seine Ehefrau können keine Veränderung durch das Wohnmobilreisen in ihrer Beziehung feststellen (I. 55). Von dieser neutralen Positionierung aus können die Befunde nur nach oben oder unten ausschlagen.

Verschlechterungen im Beziehungszustand langjähriger Partnerschaften werden so gut wie gar nicht zur Sprache gebracht. Und selbst

Ist Wohnmobilreisen zusätzlicher Gewinn für Paarbeziehung?

die launige Antwort eines Schweizers, der für ein paar Jahre mit seiner Frau bis zur Verrentung ausschließlich im Wohnmobil lebt, ist nicht so ernst gemeint: *„Wir hatten immer eine gute Beziehung. Ob das Wohnmobil noch mehr bindet, ich glaube nicht. Ich war ja früher viel beruflich unterwegs* [als Busfahrer]. *Bei der Rückkehr hatte man besonders Appetit aufeinander. Jetzt ist man immer zusammen. Das ist vielleicht nicht nur ein Vorteil, aber kein Problem. Wir haben aber andere Camper kennen gelernt. Die Paare sind ganz negativ, lassen keinen guten Faden mehr aneinander und klagen gegenüber Dritten."* (I. 64)

Doch zum Schluss dieser Frage auch eine zuversichtlich stimmende Antwort von dem Ostberliner Paar, das durch die wirtschaftlich-politischen Umstände nach der Wiedervereinigung gegen eigenen Willen früh in Rente gehen musste und auf seinem Boot und im Wohnmobilreisen mehr als nur einen Trost gefunden hat:

„Ich bin also en Jahr zu Hause gewesen, meine Frau war arbeiten. Seit diesem Jahr is sie nun arbeitslos und wir sind nun beide zu Hause. Das ist in den sechzig Jahren unseres Lebens eigentlich, und fünfundzwanzig Jahre sind wir verheiratet, das erste Mal, dass man so lange und intensiv zusammen ist. Und es ist auch ein Üben, was man machen muss. Also nicht so, dass das auf jeden Fall nur schön ist, denn jetzt sitzt man zusammen. Sondern, das muss man auch praktizieren und daran muss man sich gewöhnen. Und insofern ist das auch gut mit unserem kleinen sieben Meter Wohnboot, auf dem man Wandern und Wohnen kann, übt das sehr.

Wohnmobil-
reisen kann
im Einzelfall
Beziehung
neuen Schub
geben

Man muss also dem anderen entgegenkommen und sehen, dass es sich gut entwickelt. Und insofern meine ich eben auch, dass das Wohnmobil 'nen bestimmten Einfluss darauf hat, denn zu Hause kann man eben weglaufen, hier muss man sich eben damit auseinandersetzen, wenn einem etwas nicht passt." (I. 41)

Sich auseinandersetzen, Kompromisse schließen oder auch mal Interessensgegensätze unter dem Dach einer insgesamt stimmigen Beziehung aushalten, das ist das Spektrum an Verhaltensweisen, das Paare im Wohnmobil erfahren und praktizieren. Es zeigt sich in vielen Interviews, dass hinter dem gemeinsamen Grundinteresse, zusammen mit dem Motorcaravan auf Tour zu gehen, unterschiedliche Bedürfnisse und Neigungen liegen können: Er reist lieber in den Norden, vor allem nach Dänemark, sie liebt Relaxen und Sonne am Gardasee. Also darf sich der Ehemann seine Wünsche auf Extrareisen, unter anderem an „Herrenwochenenden" in Dänemark und zum Formel I-Rennen am Nürburgring erfüllen (I. 28).

Das gibt es oft, dass *„einer dorthin, der andere dahin will"* (I. 62).

Oder, dass die Ehefrau immer nur in Deutschland reisen will – *„man kennt die meisten Ecken ja noch gar nicht"* – und der Mann auch mal in Frankreich *„den Atlantik runterfahren möchte"*. Überhaupt möchte er gern auch *„andere Kulturen sehen"*, weshalb er je einmal allein nach Ungarn und nach St. Petersburg gefahren ist. Seine Frau bleibt am liebsten auf ihrem seit Jahren aufgesuchten Stellplatz Enkirch an der Mosel und klönt dort mit vertrauten Freunden (I. 39).

Toleranz und Kompromiss-bereitschaft wichtig

Und so gehen unterschiedliche Bedürfnisorientierungen auch zu anderen Punkten in den gelebten Wohnmobilalltag ein: Der seit vielen Jahren mit dem Campen vertraute Unternehmer im Pick-up will am liebsten wild in der Natur stehen, seine Frau würde lieber *„wimmelndes Leben unter Leuten"* spüren (I. 23). Die Familie mit eigenen und Pflege-kindern im gemieteten Wohnmobil zeigt, dass das Elternpaar auch unterschiedliche Ziele favorisiert: sie ist liebend gern am Wasser – deshalb sind sie an der Adria –, er würde Hochgebirgswandern vorziehen (I. 33). Für ein altes, von Krankheit gezeichnetes Rentnerpaar wird es bei beiden wohl nur noch ein Wunschtraum bleiben, ihre jeweiligen Lieblingsziele zu erreichen: der Mann auf einer einsamen Insel, die Frau in Schweden (I. 71).

Unterschiedli-che Bedürfnisse und Neigungen zulassen

Ebenso werden unterschiedliche Wünsche artikuliert, was Art und Ausstattung des Fahrzeugs angeht: Die Frau eines großen Hymerbesit-zers wäre lieber beim ihr geräumiger erscheinenden Wohnwagen geblieben (I. 49). Der Traum eines Rentners, der den Tischlerberuf aus-geübt hat, wäre, nach dem jetzigen MB-Kastenselbstausbau noch ein-mal einen Kleinbus in Eigenregie mit viel Detailgestaltung herzurich-ten. Seine Frau meint dazu nur: *„Nix mehr."* (I. 39)

Selbst verschiedene Freizeitstile müssen bisweilen beim Wohnmo-bilreisen unter einen Hut gebracht werden: Bei einem Ehepaar mit Kin-dern ist er „der große Rödeler", der sich unterwegs immer sportlich per Rad, Motorboot oder Wasserski austoben muss. Für sie ist es am schön-sten, nur *„zu stricken, häkeln und dabei Kaffee zu trinken"* (I. 42). Das Zusammenspiel der unterschiedlichen Interessen geht bei ihnen gut auf. Denn der Vater nimmt in seine sportlichen Neigungen die Kinder auf. Die Mutter ist froh, weil sie gegenüber dem Hausfrauenalltag zu Hause von ihren Kindern entlastet ist und prima entspannen kann. Bleibt für sie noch das Kochen und Aufräumen im Reisemobil: *„Ja, wenn man dafür noch eine Haushälterin hätt im Urlaub!"* (I. 42)

Der Katalog der zusammenzuführenden Bedürfnisse und je indivi-duellen Lösungen ließe sich anhand der Interviews fortsetzen. Unterm Strich bleibt jedoch der Eindruck, dass bei fast allen die Gemeinsamkeit heißt: Wir wollen zusammen im Wohnmobil leben und reisen.

Dagegen ist es etwas bedrückend, in wenigen Einzelfällen mitzubekommen, wie sich im Wohnmobilleben wie in einem Spiegel die Gesamtheit einer Beziehung zeigen kann; so auch eine Disharmonie, die wahrscheinlich ein langes Stück der Lebensgeschichte dieser Menschen ausdrückt.

In Einzelfällen: Leben im Wohnmobil bedrückende Fortsetzung nicht harmonischer Beziehung zu Hause

Eine solche gegensätzliche Interessenslage fällt zum Beispiel bei einem älteren wohlhabenden Ehepaar auf. Selbst die betont christliche Grundhaltung, vor allem des Ehemanns, ebnet nicht die Spannungslage, die sich auch am Wohnmobilleben festmacht:

[Er:] *„Die Frau ist eigentlich nicht so begeistert, aber sie macht mit.* [Sie:] *Ich muss ja wohl. Is halt nit so meine ideale Reiseform. Ich hab mi jetz scho dran gewöhnt.* [Er:] *Sie schläft jedenfalls im Wohnmobil besser als zu Hause.* [Sie:] *Ja, das is so. Aber für a Hausfrau, find i einfach, die muss das ganze Jahr einkaufen, koche und muss alles mache, das is ja hier genauso. Wir gehn scho mal zum Esse, aber im Große und Ganze muss ma hier ja auch Frühstück und Nachtesse mache. Das Hausfrauelebe geht weiter, ja leider. Das is mir nich so pässlich. Und was mir nich gefällt, die viele Mensche auf de Plätze. Des is nich mei Traum, gell...*

So allein stehe, das mag i net. [Er:] *Man muss ortskundig sein. Dann kann man auch mal selbständig stehen.* [Sie:] *Mein Mann würd's net mache, immer auf Campingplätze, aber ich möcht's... Ja, ja, des Bett war bei mir net gut. Da ham mir 'n neues Bett eingebaut, 'ne neue Matratze ebe. Die alte war nix.* [Er:] *Aber, Moment, des geht insoweit, dass du jetzt ein Bett hast, das für zwei Personen angeboten wird, des ist also ne Liege, 1,90 lang mal 1,72, das du für eine Person nimmst, o.k., 'ne Matratze mit neuer Federung, aber nich wie's ausgedacht is für zwei Personen"* (Interviewnummer wird absichtlich nicht genannt). So geht das hakelige Gespräch hin und her, immer für den Zuhörer mit dem Gefühl, dass der eine Partner eigentlich das Gegenteil von dem, was der andere favorisiert oder gut findet, ausdrücken möchte.

Wie aber schon gesagt, ist bei den meisten Paaren die gemeinsame Freude am Reisemobil Wurzel des beiderseitigen Wohlgefühls. Der beziehungsfördernde oder -stabilisierende Stellenwert des Wohnmobilreisens umfasst natürlich auch das familiäre Zusammenleben mit den Kindern. Hierüber gab ausführlich Kapitel 2 Aufschluss. Deshalb an dieser Stelle gerafft wenige Impressionen zu diesem Aspekt:

Wohnmobilreisen kann Familienleben intensiv erfahrbar machen

„Wir sind so 'ne richtige Camperfamilie" (I. 38) oder *„die Familie hat immer mitgezogen, sonst haut es nicht hin"* (I. 45). Die beiden Aussagen sind Beleg dafür, dass ein Wohnmobilurlaub eine für alle Familienmitglieder ganz selbstverständliche positive Erfahrung ist.

In anderen Interviews wird betont, dass die eigenen Kinder gleichsam in die Welt des Lebens im Motorcaravan hineingeboren werden und in eigener Lust die freie Lebensart dieser Urlaubsform genießen: *„Die Kinder sind sozusagen im Auto groß geworden und leben mit uns intensiv auf kleinstem Raum"* (I. 18), berichtet ein Familienvater und ein anderer drückt es so aus: *„Die Kinder wachsen richtig mit auf und werden freier."* (I. 67)

Eine Mutter freut sich besonders darüber, dass ihr im Alltag eher verschlossener Sohn auf gemeinsamer Reise im Motorcaravan förmlich auftaut: *„Hier hängt man wirklich vierundzwanzig Stunden zusammen am Tag. Das is gerade mit Kindern gut. Der Sohn is sonst ganz ruhig, ein PC-Freak. Hier redet er so viel, wie das ganze Jahr nich."* (I. 35)

Vollkommen wird das Glück natürlich dann, wenn die Spur des eigenen Kindes im Wohnmobilurlaub begonnen hat, dann ist es von Geburt an ein wahres *„Alkovenkind"* (I. 66).

Eine andere Beziehung: Tiere im Wohnmobil

Wenn man vom Leben der Paare im Reisemobil zum Zusammenleben in Familie vorangeschritten ist, sollte man nicht vergessen, auch die treuen Vierbeiner, vor allem die Hunde, in die Betrachtung von Beziehungssituationen einzubeziehen. Denn ganz gewiss sind die Hunde für viele Wohnmobilisten ein unverzichtbarer Teil ihres Wohlbefindens auf Reisen. So bekennt eine ältere Rentnerin: *„Ich kann nicht ohne Hund."* Ihr alter Hund ist leider an Krebs gestorben, doch schon haben sie einen neuen Pudel bei einem Züchter vorgemerkt. *„Unser alter Hund, der hatte so gern Camping gehabt, der war das nicht anders gewohnt. Wenn wir den Wagen packten, dann saß er schon vorne auf dem Sitz und wollte gar nicht mehr raus."* Der Hund wusste sich auch dankbar dafür zu zeigen, auf Reisen mitgenommen zu werden. *„Er blieb immer im Wagen, zum Beispiel, wenn wir wattwandern waren. Er war ja auch so empfindlich."* (I. 39)

In zahlreichen Fällen ist es ganz selbstverständlich, dass Hundehaltung und Wohnmobilreisen zusammengehören oder umgekehrt ausgedrückt, man nicht wegen eines Hobbys, das Reisemobil heißt, seinen Hund aufgeben würde. Ganz so wird es von dem durch einen schweren Unfall mit seinem früheren Motorcaravan gezeichneten Paar gesehen: *„Wir sind selbst auch ein Hundehaus. Wir sind neunundzwanzig Jahre verheiratet und haben immer Hunde gehabt. Deshalb würden wir auch nie fliegen."* (I. 16).

Von einer vollkommenen, gegenseitig wertvollen Beziehung zwischen Hund und Mensch berichtet das Schweizer Ehepaar, das als

Für manche Wohnmobilisten: Ein Hund gehört dazu

Oft wertvolle
Beziehung auf
Gegenseitigkeit

Frührentner fast das ganze Jahr im Wohnmobil verbringt: *„Der Hund
ist für uns beruhigend. Oder, unser Wohnmobil ist seine Hundehütte.
Also wenn Sie jetzt da reingehen, sie dürfen gehen, aber was passiert,
auf Ihre Verantwortung. Wenn wir irgendwo fremd sind und ich* [die
Frau] *laufe gerne, denn er* [der Mann] *hat ja Probleme mit dem Laufen,
dann kann ich den Hund mitnehmen. Und mit ihm hab ich keine Angst,
da lauf ich kilometerweit. Aber wenn schon ein Hund, dann ein großer
Hund, der gibt mehr Sicherheit.*

*Wir sind in Budapest frei gestanden am alten Theater in der Stadt
hinten am Park. Auto vorne so auf die Klötze gestanden. Wir haben die
Stadt angeguckt. Wo wir zurückkamen, auf der anderen Seite war ein
Personenwagen, ein Holländer. Der wurde aufgebrochen. Bei uns war
keiner da. Da geht keiner ran, denn der Hund gibt Sicherheit.*

… und schützt
Mensch und
Wohnmobil

*Zu zweit mit dem Hund, zum Beispiel, wenn er jetzt schläft, da kann
er unter dem Tisch sein. Wenn wir essen, ist er im Gang. Wenn wir
abends auf sind und noch Fernsehen gucken, ist er unter dem Tisch.
Und wenn wir schlafen, wir haben ja Alkoven, dann schläft sie oben und
ich auf der Längsbank und der Hund, wenn wir dann beide schlafen, ist
er die ganze Nacht vorne und er wacht. Und wenn jemand kommt, wo
nicht daher gehört, dann knurrt er, dann gibt er an, dann macht er
Alarm.*

Er darf ja nicht den Motor anlassen und ich bin mit dem Hund da
[draußen]. *Der würde mich da mitziehen. Der ist das von klein auf
immer im Wohnmobil gewohnt. Wenn wir dann einladen, ist er schon
drinnen und hat seinen Platz. Beim Fahren immer zwischen den Sitzen
und da kann er hinausgucken.*

*Da kann ich Ihnen 'ne Story erzählen. In Norwegen, da hat's ja sehr
viele Rentiere und frische Luft von der Lüftung unten. Ich bin gefahren
durch die Kurven und da riecht der immer die Luft. Und wenn dann ein
Rentier oder Schaf is, die sind dann auf der Straße, ich fahr dann durch
die Kurve, dann kommt der Hund schon vorher hoch. Ah, jetzt muss ich
aufpassen."* (I. 6)

In dieser längeren Passage dokumentiert sich recht plastisch der
gemeinsam mit den Hund gelebte Reisealltag.

Der Hund ist auch dann ein besonders treuer Gefährte, wenn man
allein im Motorcaravan unterwegs ist, nicht nur aus Sicherheitsgründen, sondern auch als guter Kamerad, wenn man sich einsam oder
gelangweilt fühlt: *„Für mich is das kein Problem, alleine zu fahren, nur
manchmal langweilig. Auf langen Strecken vermisst man jemand, dem
man die Freude über eine wahnsinnig schöne Landschaft mitteilen
kann. Oder man ist morgens noch brummig. Aber dann unterhalt ich*

Hund als treuer
Kumpel – vor
allem beim
allein Reisen

mich mit meinem Hund.“ (I. 43). Dies ist die Aussage der reiselustigen Frau, die darüber besser die Trennung von ihrem Mann verarbeiten konnte.

Bei einem älteren Ehepaar, die Frau ist herzkrank, hatten die Kinder Sorge, sie im Wohnmobil in Spanien überwintern zu lassen. Weil sie ihren Hund mitgenommen haben, waren die Kinder beruhigter: *„Hund und Handy, das muss sein.“* (I. 53)

Ihr Hund wird für die treue Begleitung belohnt: Zu Beginn der Spanienreise sind sie vierzehn Tage an einem Strand bei Torre del Bara geblieben, damit der sich austoben konnte.

Es gibt ja sogar seltene Fälle, bei denen man den Eindruck hat, nicht der Hund sei der Begleiter der Camper, sondern das Wohnmobil sei dazu da, um die Hunde auszufahren. Ein Beispiel dafür ist der Bericht eines Unternehmerpaares, das auf der Durchreise zum Gardasee in Garmisch-Partenkirchen folgendes beobachtete:

Selten, aber wahr: Wohn-mobilreisen wegen des Hundes

„In Garmisch-Partenkirchen ham wir ’nen Erlebnis gehabt. Und zwar: Wir reisen an am vergangnen Wochenende und das war ein Treffen eines Dobermann-Clubs für hundertjähriges Bestehen. Dieses Treffen mit diesen Vorführungen, mit diesen Dressuren der Hunde, wurde am Eisstadion bei den Sprungschanzen durchgeführt. Und da ham Sie die Möglichkeit, drei Tage unentgeltlich stehen zu können. Wir waren zu diesem Punkt natürlich angefahren und es wimmelte von Wohnmobilen. Und zwar wirklich angereist aus Finnland, Schweden, aus ganz Europa kann man sagen. Und natürlich von diesen Hunden kein Ende. Die zwar alle sehr unter den Fittichen waren und sehr dressiert waren und sehr gehorsam waren. Und ich sag mal so, da kann man natürlich alles offen lassen, da geht keiner dran… Es gehört da was zu, dass da Leute aus Finnland, aus Schweden und aus Norwegen oder Spanien oder Frankreich da angereist kamen mit ihren Hunden und dann mit den Wohnmobilen. Und viele, viele Deutsche, klar. Es waren sicherlich mehr als hundert Wohnmobile.“ (I. 14)

Bei einem Wohnmobilhändler spielte ein junger Schäferhund sogar die auslösende Rolle, um auf diese Urlaubsform zu kommen und sich später mit dem Verkauf von Motorcaravans einen guten Lebensunterhalt zu sichern: *„Angefangen hat das alles mit dem Hund. Wir hatten uns deshalb von 'nem Freund für Paris ein Reisemobil geliehen, einen kleinen Weinsberg. Das war eine Parisreise mit traumhaftem Standplatz an der Seinebrücke. Und so sind wir mit unserem kleinen Schäferhund zum Wohnmobilfahren gekommen."* (I. 66)

Andere Wohnmobilfahrer weisen allerdings darauf hin, dass Urlaub mit einem Hund auch Belastungen mit sich bringt. In diesem Sinne äußert sich ein Familienvater vom Sommerurlaub an der Riviera. Der Hund, der zu Hause wie in den Ferien möglichst viel mit der Familie sein will und auch ein guter Wachhund ist, kostet Zeit und Arbeit:

„Es ist ja so, die wollen immer dabei sein. Und da nehmen sie ja einiges für in Kauf... Natürlich kommt er nich mit an 'nen Strand, muss hier den ganzen Tag über hier [im Fahrzeug auf dem Campingplatz] *sein. Es is bloß tödlich für ihn am Strand in 'ner Sonne. Ins Meerwasser gehn die nich, nur in 'n See, als wir im Elsass mal waren. Am Strand mit dem schwarzen Fell is schlimm. Er bleibt in 'n Tag über hier und morgens und abends kriegt er 'n ausgiebigen Spaziergang. Zu Hause is er tagsüber auch nich mit zur Arbeit. Das kennt er."* (I. 36)

Auch andere Wohnmobilisten mit Hund kennen es nicht anders, als dass das gute Tier viel spazieren geführt wird mit und ohne Fahrrad: *„Mit Hund hat man immer ein paar Einschränkungen."* (I. 70)

Erstaunlicherweise werden in den Interviews objektiv gegebene Einschränkungen der Hundehaltung fast gar nicht angesprochen: Es gibt Campingplätze und sogar freie Stellplätze, wo Hunde unerwünscht sind oder nur an bestimmten Stellen ihren Auslauf haben dürfen. Nicht alle Wohnmobilkollegen sind begeistert, Hundenachbarn um sich zu haben, da Kothäufchen oder Gebell der Tierchen nicht völlig auszuschließen sind. Manche Menschen, auch Motorcaravaner haben Angst vor – großen – Hunden. Am ehesten kommt noch Erstaunen darüber auf, wie es die Leute im Reisemobil mit Hunden aushalten können, wenn sich zum Beispiel *„ein Paar das Wohnmobil mit zwei großen Bernhardinern teilt"* (I. 49).

Nicht die eigenen Belästigungen, die man bei unbedachter Hundehaltung anderen Campern zumutet, sind im Bewusstsein, sondern eher die Vorteile, die man hat, wenn man den Hund anstatt im Hotel mit auf Wohnmobilreise nimmt. Das findet jedenfalls eine reiseerfahrene Familie mit Tochter und Hund: *„Hotelzwang, Kleiderzwang, mit dem Hund, immer Probleme. Man möcht's nimmer. Is jetzt unser zweiter Hund. Sind wir im Speiseraum, muss jeder mal im Zimmer auf den Hund aufpasse wegen der Litanei dann wegen dem Gebell. Morgens die Gassilauferei, dann musst immer aufpassen, wo de grad bist wegen die Leut da, damit* *er nich mal was falle lässt. Also im Wohnmobil is mer halt mal frei bis auf a paar Kleinigkeite. Bissel eingeschränkt is man halt auch, klar. Gegenüber Flug und Bus is ma halt mit dem Hund besser dra."* (I. 46)

Die meisten Motorcaravaner kommen auf den Hund, einige aber sogar auf Katzen oder Vögel. Ein kurz vor dem Ruhestand stehendes Ehepaar, darüber wurde im ersten Kapitel berichtet, besitzt zwei Katzen, mit denen sie auch auf Reisen eine unzertrennliche Partnerschaft eingegangen sind. Schließlich waren sie ja *„durch die Katzen zum Wohnmobil gekommen".*

„Die Katzen sind nur im Mobil, die dürfen nich raus. Die sind ja so langhaarig und wenn die draußen rumlaufen und dreckig werden, dann dürften die nich mehr zu uns ins Bett. Und zu Hause sind sie auch nur in der Wohnung.

Hier is noch ein Mobilist, der auch 'ne Katze mit an Bord hat und Vögel. Ich hab auch unterwegs schon Mobilisten gesehen, die Katzen haben. Viele haben die am Halsband und die dürfen auch raus." (I. 50)

So gibt es also innige Beziehungen von Wohnmobilreisenden zu ihren possierlichen Katzen an Bord. Es wundert nun nicht mehr, dass es wiederum andere Reisemobilisten gibt, die – wörtlich gesprochen – einen Vogel haben. Auch hierzu am besten der Originalton eines Wohnmobilpaares:

„Er singt [der Vogel]. *Dem hat's auch unterwegs gefallen. Der macht die langen Fahrten, alles mit. Der kommt hinten in die Dusche während der Fahrt. Sonst ist er* [im Käfig] *auf dem Platz immer hier, das is sein Platz hier vorne. Hinten in der Dusche auf der Fahrt steht er am sichersten. Hier vorne sonst fällt er mal runter in 'ner Kurve. Frei fliegt er nich im Mobil. Da hat man hier die Kleckse und da die Kleckse. Nein, das macht man nich. Auch nich zu Hause. Der gehört ja nun mal zu uns. Den kann man nich, nur weil wir weg wollen, einfach mal um die Ecke bringen."* (I. 72)

Während in diesem Fall der Vogel in die Planung der Wohnmobilreisen fest eingeplant ist, wurde ein Schweizer Paar bei ihrem Surfurlaub am Gardasee vom Vogelzuwachs überrascht: *„Er ist uns*

Ein Wohnmobil wird zum Katzenheim

... und durch Katzen zum Wohnmobil gekommen

Einige Wohnmobilisten haben auch Vogel auf Reisen mit

Am Gardasee: Der Vogel (grüner Käfig) reist mit

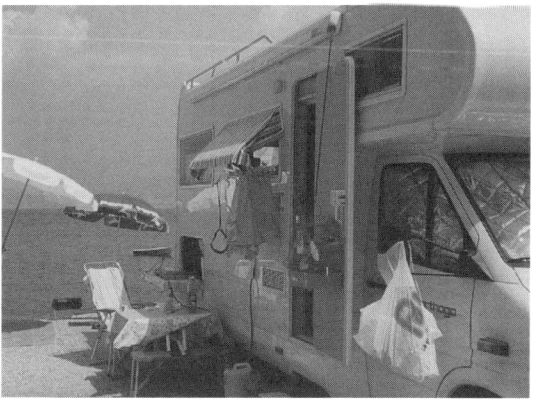

hier zugeflogen. Den behalten wir jetzt. Zu Hause bekommt er eine rich-
tig schöne große Voliere und dann wahrscheinlich auch 'n zweiten dazu.
Wir haben auch 'n Boot hier. Als wir das Boot hier reingetan haben, ist
der am Steuer gesessen auf ein Mal. Und nich mehr weggegangen.
Gleich zutraulich." (I. 22)

Die Geschichten von der Tierliebe der Wohnmobilisten sprechen für
sich, bedürfen keiner Kommentierung. Und so sei das Kapitel über das
Leben in Beziehung beim Wohnmobilreisen abgeschlossen.

Kapitel 9

Mit dem Wohnmobil unterwegs – preiswertes Reisen oder teures Hobby?

An dieser Frage scheiden sich die Geister. Da sind Wohnmobilreisende, die klar erkennen: *„Rechnen darf man sowieso nicht, das ist ein Hobby. Man darf keine Wirtschaftlichkeitsrechnung aufmachen, man kann's oder man kanns nicht"* (I. 49). Und selbst ein Reisemobilhändler, aber gleichwohl begeisterter Wohnmobilfahrer, versagt es sich, diese Reise- und Urlaubsform kostenmäßig schönzureden: *„Man darf nicht anfangen zu rechnen dabei. Ein Wohnmobil rechnet sich nicht, sondern ich muss nur sagen, ‚ich will oder ich will nicht'. Ich könnte für das Geld Traumurlaube machen."* (I. 66)

Warnung vorab: „Man darf nicht anfangen zu rechnen"

Wer nun denkt, nur reiche Leute würden sich ein solches Urlaubsgefährt leisten, ist auf dem Holzweg. Denn auch Wohnmobilreisende, die über eine geringere finanzielle Grundlage verfügen, halten das Reisen und Leben im Motorcaravan nicht für zu kostspielig. Sie bekräftigen ihre Meinung allerdings eher mit allgemeinen Formulierungen wie *„Kommt auf eins wieder raus, Wohnmobil oder Flugreise"* (I. 2), *„man gibt Geld aus zu Hause auch wie unterwegs"* (I. 44) oder *„is nich supterteuer"* (I. 9).

... ist nicht von allen geteilte Meinung

Andere sagen: „Kommt auf eins raus" – Wohnmobilreisen oder andere Reiseformen

Die widersprüchlichen Befunde stehen nicht mehr so unvereinbar zueinander, wenn man die einzelnen Argumentationen genauer betrachtet. Man stellt dann fest, dass die meisten Motorcaravaner durchaus konkreter begründen, was das Wohnmobilreisen preiswert oder kostspielig aussehen lässt.

Hohe Anschaffungskosten

Ganz überwiegend gilt die Meinung, dass die Anschaffungskosten für sich genommen so schwerwiegend in eine Kostenkalkulation eingehen, dass man dann in jedem Fall von einem teuren Hobby sprechen muss. Blendet man die Kosten für den Kauf des Wohnmobils aus, sieht der Vergleich zu anderen Reise- und Urlaubsformen gleich viel rosiger aus.

Auf die durchschlagende Wirkung der Anschaffungskosten bei der kostenmäßigen Bewertung des Wohnmobilreisens verweisen viele Interviewaussagen: *„Es ist teuer in den Anschaffungskosten, aber wir haben halt dadurch ein Haus am Meer"*, sagt beispielsweise ein Rentnerpaar im Clouliner beim Überwintern an Spaniens Küste (I. 58). Und etwas sachlicher drückt es ein pensionierten Studienrat aus: *„Ja, Wohn-*

Anschaffungskosten für sich genommen hoch

mobile sind teuer in der Anschaffung. Es rechnet sich nicht. Das ist ein immaterieller Wert." (I. 55)

Worüber redet man denn, wenn das Wohnmobilreisen von der Anschaffung her *„ein sehr teurer Spaß, also exklusiv ist"* (I. 22)?

Der Herstellerverband lässt einen wissen, wie tief Käufer im Durchschnitt in die Tasche greifen, wenn sie sich ein Neufahrzeug leisten:

„Nach Schätzungen des Verbandes Deutscher Wohnwagen- und Wohnmobilhersteller e.V. (VDWH) gibt der Verbraucher für ein Neufahrzeug durchschnittlich 96.000 DM (Jahr 2001) aus. Im Vorjahr waren es ‚nur' 90.000 DM (VDWH-Presseinformation v. 13.08.01). Inzwischen wird sich der Durchschnittspreis locker auf die Höhe von 50.000 Euro bewegt haben. Ein preiswertes Wohnmobil mit Standardausstattung wird nicht unter 35-40.000 Euro angeboten. Nach oben ist die Preisskala ohne Ende. Gehobene Reisemobile mit Sonderausstattung beginnen ab 70.000 Euro. Oberklasse-Reisemobile und sogenannte Dickschiffe dürfen durchaus 150.000 bis 400.000 Euro kosten.

Es ist nicht übertrieben, wenn ein Dickschiffbesitzer mit seinem fast 12 m langen Gefährt plus BMW auf einem Anhänger und Boot in der Heckgarage sagt: *„Im Sommerurlaub, da steht eine Million* [DM] *auf dem Doppelplatz* (2 Stellplätze eines Campingplatzes)." (I. 45)

Bleibt man lediglich beim Durchschnittspreis von 50.000 Euro, so ist deutlich, dass es sich für viele Wohnmobilisten um eine sehr bewusste, geplante und überlegte Kaufentscheidung gehandelt haben muss, wenn sie sich zu einer so teuren Anschaffung entschlossen haben. Alles andere wäre waghalsig, beispielsweise wenn sich gerade jüngere Leute für achtzigtausend *„ein neues Reisemobil für drei bis vier Wochen Urlaub kaufen und das denn im Schuppen stehen lassen. Da is ja verrückt",* meint ein pensionierter Lehrer (I. 56).

Bislang ist vor allem von Neufahrzeugen die Rede gewesen. Wenn man sich an das Wohnmobilreisen herantastet, ohne ein halbes Vermögen in der Tasche zu haben oder einen entsprechenden Wert finanzieren zu können, bleibt die Wahl eines gebrauchten Reisemobils oder VW Busses oder eines zum Wohnmobil umgebauten sonstigen Fahrzeuges:

„Wenn man auf'm Teppich bleibt, kauft man sich nich 'n Fahrzeug für hunderttausend", meint ein geselliges Rentnerpaar, das darauf achtet, billig, aber dafür mehr und oft in Deutschland umherreisen zu können (I. 39).

Ganz unverständlich findet es eine Familie, wenn sich beispielsweise ihre Cousinen ein neues Wohnmobil kaufen, wenig fahren und es dann mit hohem Wertverlust verkaufen. Sie selbst haben ihr Fahrzeug acht bis neun Jahre behalten und dann mit wenig Verlust verkauft (I. 42).

Eine Familie mit zwei Kindern nutzt jede Ferienzeit zum Verreisen und kann sich dies auf der Basis eines gebrauchten Alkovenfahrzeugs italienischer Fabrikation, Baujahr 1996, leisten, das sie für 17.000 DM kaufen konnten und das mit seinem 74 PS Motor auch bei den Betriebskosten günstig liegt (I. 37).

Noch preiswerter hat sich die junge Frau ihren Selbsterfahrungstripp in Norwegen erfüllen können, nämlich mit einem für wenige tausend DM gekauften Postbully, der bescheiden mit Matratze, Kochecke und aus Stoff gefertigten Wandstaufächern ausgerüstet ist (I. 73).

Manch preisbewusster Motorcaravaner weiß, dass Neufahrzeuge in den ersten Jahren einen sehr hohen Wertverlust haben: *„Also, wir würden uns kenen neuen kofen. Der hier, der hatte drei Jahre, als wir ihn jekoft haben, denn, weil die dramatisch im Preis fallen in den ersten Jahren. Wenn man ihn dann zwei, drei Jahre selber fährt, is das ja nicht verpufft, das Jeld. Is ja nich, dass die nüscht mehr wert sind. Wir hatten ja vorher den Traveller jehabt, den ham wir erst bei der lokalen Zeitung annonciert, dann bei der deutschlandoffenen, der promobil. Fuffzig bis sechzig Anrufer, selbst aus Italien, aus janz Europa. Dann ham wir 'n schnell nach Dortmund verkoft."* (I. 15).

Gute Gebrauchte wegen hohem Wertverlust in ersten Jahren billig zu haben

Nach Ansicht des bereits vorgestellten Lebenskünstlers, des halbjährig in Spanien überwinternden Teilzeitbeschäftigten, kommt beim Gebrauchtfahrzeug hinzu, dass häufig an Neufahrzeugen anfallende Reparaturen, vor allem während der Garantiezeit, erledigt sind. Man hat dann mit einem drei oder mehr Jahre alten Wohnmobil das Glück, auf längere Zeit ein sehr verlässliches Fahrzeug ohne Mängel zu einem attraktiven Preis zu kaufen (I. 59).

... bei ihnen Anfangsmängel behoben

Hierzu gibt es, ohne dass dies in den Interviews angesprochen wurde, auch eine konträre Meinung: Insbesondere bei Wohnmobilisten befürchten potenzielle Käufer von Gebrauchtfahrzeugen versteckte Mängel. Manchen ist es auch nicht gleichgültig, dass der Innenraum bereits von anderen benutzt wurde und deshalb hygienisch nicht ganz einwandfrei sein könnte (CC-Bank Grundlagenstudie Caravaning 2001, S. 13).

Andere befürchten bei Gebrauchten versteckte Mängel

... und haben nicht gern vorgenutzten Innenraum

Eine Familie, die sich zwischen Eltern und erwachsenen Kindern, die ihrerseits bereits Kinder haben, ein großes amerikanisches Wohnmobil, einen Triple, teilen, reist mit großem Komfort durch die Lande. Doch das gebrauchte, aber stabile Luxusgefährt hat nicht mehr gekostet als ein kleines neues Wohnmobil europäischer Fabrikation. Der Triple verbraucht zwar 20 l Diesel auf 100 Kilometer. Das sei im Preis aber nicht mehr als ein großer PKW mit Wohnwagen dahinter, der 15 l Superbenzin auf 100 Kilometer verbraucht (I. 25).

Andere mit gebrauchtem Wohnmobil hochzufrieden

Wie man es so macht, um selbst für 5.000 DM ein dann jahrelang nutzbares Campingfahrzeug zu erstehen und auszustaffieren, belegt die Geschichte der Reggaefans im knallroten Bully:

„Unser hat fünftausend Mark gekostet. Da war alles eingebaut. Da war eigentlich alles so, wie der jetzt ist. Wir haben Bezüge neu drauf gemacht, weil da ein Mann mit seinen Schäferhunden drin war und is da zu Hundeausstellungen gefahren. Der sah furchtbar aus drinnen. Und dann hab ich mir das angeguckt und gedacht, das krieg ich irgendwie sauber. Hab bei meiner Mutter auf'm Hof zwei Tage lang nur gereinigt.

War 'ne komische Sache damals. Der kam mit dem Bus zu uns in die Firma. Wir hatten so für Pizzabedarf 'n Großlager. Und ich hab da Lagereinkauf gemacht. Da kam der und hat immer so drei Säcke Putz gekauft. Ich hab den immer so betrachtet mit seinem Putz und hab gedacht, das wär' eigentlich das, was de suchst. Da hab ich den mal angesprochen, ob er ihn nicht verkauft. ,Ja, ja, wenn wir fertig sind mit bauen, ich brauch den immer so zum Transportieren.' Also nur für Dreck benutzt und die Hunde. Also und wenn er ihn verkauft, ,was soll das kosten?' ,Ja, ja hat er gesagt, so fünftausend Mark.' Also, wenn er ihn verkauft, soll er auf mich zurückkommen.

Und dann ging 'ne ganze Zeit und der kam mal und ich hab wieder gefragt. ,Ja, ja in vierzehn Tagen.' Dann wollten wir eigentlich in Urlaub und ham ihn wieder gefragt. Da wollt er siebentausend Mark haben. Hab ich gesagt, ,nee, das zahl ich net'. Weil er weiß, dass ich das Ding unbedingt haben will, geht er hoch.

Da sind wir so rumgefahren, kamen heim von Ludwigshafen und Worms und ham überall geschaut. Und zu dem Preis gab's nichts oder nur Schrott. Und ich bin auch jeden Tag bei dem vorbeigefahren und hab den Bus immer im Auge behalten. Dann hab ich zu meiner Frau gesagt: ,Ich krieg den Bus, ich krieg den für fünftausend Mark.' Dann hab ich seinen Schwager getroffen, der dabei war, wie er das gesagt hatte mit dem Geld. Dem hab ich gesagt, ich würd' doch den Bus nehmen. Sagt er: ,Warum nimmst ihn nicht, der braucht doch Geld.' Bin ich hin, hab gesagt: ,Ich nehm das Ding, fünftausend Mark, allerdings TÜV-gemacht.' Und dann ging das auch über die Bühne. Da hat er zähneknirschend zugestimmt. Und dann ham wir so innerhalb von fünf Tagen das Ding hergerichtet und dann sin 'mer los." (I. 21)

Anteil gebrauchter Reisemobile

Interessant wäre es, eine genaue Vorstellung zu bekommen, wie hoch der Anteil der Gebrauchtfahrzeuge an den in Deutschland genutzten Reisemobilen ist. Leider gibt es hierzu keine genauen absoluten

Zahlen, weder vom Herstellerverband (VDWH) noch vom Händlerverband (DCHV). Eine annähernde Einschätzung vom Umfang genutzter Gebrauchtfahrzeuge lässt sich über die Zahl der jährlichen Besitzumschreibungen von Reisemobilen vermuten. Denn jede Besitzumschreibung beim Kraftfahrt-Bundesamt zeigt einen Halterwechsel an, sei es, dass ein neues oder bereits gebrauchtes Reisemobil den Besitzer gewechselt hat. Die Besitzumschreibungen der Jahre 2000 und 2001 sind mit 55.677 bzw. 55.696 Fahrzeugen fast gleich hoch (VDWH-Info Nr. 2/2002).

Bei einem zugelassenen Bestand von ca. 350.000 (genau 348.801 zum 01.01.2001; VDWH Zahlen und Kommentare 2001) sind also rund 16 % des Fahrzeugbestandes auf dem Gebrauchtwagenmarkt in Bewegung. Hinzu kommt ein Teil der schätzungsweise 100.000 Fahrzeuge (VDWH Jahresbericht 2000/2001), die nicht als Sonderfahrzeug „Reisemobil" zugelassen sind. Es sind Freizeitmobile wie Kleinbusse oder Transporter, die Einrichtungen zum Schlafen haben, aber nicht nur zum Camping genutzt werden (vgl. A HIERHAMMER, 1997, S. 36 f.).

Circa 16% des Wohnmobilbestands jährlich auf dem Gebrauchtwagenmarkt

Vielleicht ist es deshalb nicht übertrieben anzunehmen, dass jährlich bis zu 80.000 Wohnmobile im weiteren Sinne als Gebrauchtfahrzeuge gehandelt werden.

Die CC-Bank Studie (2001, S. 23) zeigt, dass die Vermittlung gebrauchter Reisemobile nicht nur auf dem Händlerweg erfolgt, sondern auch durch private Verkaufsangebote in der Zeitung (bis zu 17 % der Käufe aus zweiter Hand) und über Empfehlungen aus dem Bekannten- und Kollegenkreis, allerdings vorrangig bei Caravans unter Dauercampern, weniger bei Reisemobilen.

Die Bedeutung des Gebrauchtfahrzeugmarktes bei Reisemobilen liegt also deutlich darin, das Wohnmobilreisen auch für Interessenten erschwinglich zu machen, die sich nicht die hohen Anschaffungskosten eines Neufahrzeuges leisten können.

Eine dritte praktizierte Variante des Reisemobiltourismus sind Leihfahrzeuge.

Reisemobilvermietung: Umfang und Kosten

Man kann Reisemobile von einem gewerblichen Vermieter zur Verfügung gestellt bekommen oder von einem „Nebenerwerbsvermieter" (nach A. HIERHAMMER 1997, S. 346). Bei letzteren handelt es sich um private Wohnmobilbesitzer, die – häufig nicht ganz legal – ihr Reisegefährt zeitweilig vermieten. Genaue Zahlen über den Umfang der Reisemobilvermietung sind nicht zu bekommen. Der VDWH (nach brieflicher Mitteilung vom 22.03.2002) schätzt den Anteil an Mietfahrzeugen am

Reisemobilbestand auf 25 bis 30 Prozent. Eine höhere Prozentangabe für einen früheren Zeitraum macht A. HIERHAMMER (2001, S. 340), wenn er für 1991 von 30 bis 40 Prozent spricht. Die große Unsicherheit von Zahlenangaben gründet sich gewiss auf den nicht kalkulierbaren grauen Markt der Privatvermietung.

Eine zufällige Stichprobe bei Reisemobilvermietern im Internet (11.04.2002) zeigt, dass das Ausleihen eines Fahrzeuges durchaus seinen Preis hat:

Abb. 14
Gewerbliche
Mietpreise für
ein Wohnmobil
(Internet-
stichprobe)

Gewerbliche Mietpreise für ein Wohnmobil (Internetstichprobe)

	Hauptsaison	Nebensaison
	pro Tag in Euro	
Größeres Wohnmobil bis 6/7 Personen	90-120	70-110
Mittleres Wohnmobil bis 4-6 Personen	85-110	65-90
Kleineres Wohnmobil 2-4 Personen	85-110	65-80
Kastenwagen für 2 Personen	65-75	50-60

Quelle: Internet

Die hier gemachten Angaben sind nicht repräsentativ, da nur von wenigen Anbietern erhoben. Einzelne Vermieter geben einen Nachlass für zwei- und mehrwöchige Nutzung.

Ein eigener Unterpunkt sind die gewährten Freikilometer: Meistens sind 250 km/Tag frei, bei einzelnen Vermietern nach der ersten, bei anderen nach der zweiten Woche. Der Kilometertarif schwankt. Festgestellt wurden von 0,25 €/km bis 0,36 €/km. Zusätzlich wird eine Übergabepauschale von ungefähr 150 Euro erhoben sowie ein Angebot für eine Voll- oder Teilkaskoversicherung, beispielsweise von 500 Euro bzw. 150 Euro. Oft kommt eine Endreinigungsgebühr dazu. Einzelne Vermieter locken in der Nebensaison mit Sonderangeboten.

Die gewerblichen Vermieter bieten in der Regel eine Neufahrzeugflotte an, die nach einem halben bis zwei Jahren als Gebrauchtfahrzeuge verkauft werden.

Wohnmobilreisen mit einem Leihfahrzeug haben also auch ihren Preis. Bei einem Wohnmobil für bis zu vier Personen können bei einer vierzehntägigen Urlaubstour leicht 2.000 Euro oder mehr zusammenkommen. Ist das Verreisen im Leihmobil dann noch eine preiswerte Urlaubsvariante? Aus den wenigen Interviews, die mit Reisenden in Mietfahrzeugen gemacht worden sind, lässt sich Erstaunliches erkennen:

Ist Urlaub im Leihmobil preiswerte Variante?

„Das is jetzt der sechste, siebte Urlaub mit nem Mietmobil. Allerdings mit 'nem eigenen, das wird nix. Das wird zu teuer. Sparen, mieten vierzehn Tage, um auch dann die Freikilometer zu kriegen...

Ne Flugreise ham wir auch mal gemacht. Jetzt geh ich aber davon aus, jetzt buch ich 'ne Flugreise, weiß der Geier, irgendwohin, is eigentlich wurscht. Bin ich aber bei drei Erwachsenen, einem Mädel und die zwei Kleinen frei schon bei 6.000 Mark, das Doppelte vom Wohnmobil ohne Verpflegung. Ich find das Wohnmobilreisen für 'ne große Familie günstiger...

... für große Familie ja

Die Frau hatte den Einfall. Las die Zeitungsannonce ‚Wohnmobil zu vermieten'. War 'n großer Händler. Sind wir viel zu weit gefahren. Über 100 Kilometer Anfahrt. Zu dem hin, das Teil dann holen, heim, packen. Kannst das Teil holen ab 16.00 Uhr. Und dann so meistens 12 Uhr nachts ab. Bis kurz vor München [von Eisenach aus] sind wir gefahren. Ham uns da hingestellt, geschlafen. Dann is die Frau noch 'n Stück gefahren. Dann nach Italien weiter...

Ja, es stimmt, man muss sich das Wohnmobilreisen leisten können. Das sind 3.445 Mark ganz genau für vierzehn Tage. Kilometer inklusive Schutzbrief dabei. Die Übergabepauschale war dabei. Machen wir dann aber Innen- und Außenreinigung selbst. Ich muss aber noch tanken, ich muss essen, dann für Camperservice hier unten mindestens 10.000 Lire täglich. Is aber immer noch günstiger als anderes Reisen." (I. 33)

Die betreffende Familie hat für den zur Mietzeit vor zwei Jahren vier Jahre alten Knaus Traveller 685 einen sehr günstigen Preis gezahlt. Dafür haben das Elternpaar, ein Jugendlicher, ein Schulkind und zwei Kleinkinder (Pflegekinder) vierzehn Tage Urlaub im Wohnmobil an der Adria machen können.

In einem anderen Fall geht es um eine Lehrerfamilie mit zwei herangewachsenen Söhnen, die einmal das Reisemobil für eine achtzehntägige Skandinavientour ausprobieren wollten. Sie hatten sich dafür ein Alkovenmobil Ahorn Camp 610 gemietet:

„Die Kosten sind och nich anders, wenn man da zu viert fährt, als mit fester Unterkunft. Ham wir 3.000 Mark bezahlt. War nich anders wie das letzte Mal drei Wochen in Galizien [Südpolen]. Es kommen

Anderes Fami-
lienbeispiel:
Mietkosten
Wohnmobil
in Norwegen
so wie Privat-
unterkunft

*natürlich noch die Campingplatzgebühren dazu und die Fähren. Wenn
man das alles mitrechnet, is Norwegen ein teures Pflaster. Freunde von
uns haben zwei Hütten gemietet, die kommen sicher etwas preiswerter.
Dafür ham wir halt mal das realisiert."* (I. 75)

Die Bilanz fällt in diesem Beispiel wesentlich nüchterner aus. Das
Wohnmobilreisen auf Mietbasis ist keinesfalls billiger als eine Pkw-
Reise mit fester Unterkunft. Allerdings vermitteln die Gesprächspartner
auch nicht den Eindruck, als käme ihnen die Skandinavientour per
Motorcaravan wesentlich teurer vor.

Mietmobile
lohnen sich
eher bei
Familienurlaub

Auffällig ist, dass die interviewten Mieter von Wohnmobilen ausschließlich Familien mit mehreren Kindern waren, keine allein reisenden Paare. Das lässt den Schluss zu, dass der Wohnmobiltourismus vor
allem bei Familien mit – mehreren – Kindern eine finanziell interessante Urlaubsalternative darstellt, auch wegen der preiswerten Selbstver-
pflegungsmöglichkeit:

*„Lieber mieten für drei Wochen, wenn einer nur einmal im Jahr
fährt, das is am günstigsten"*, sagt ein Kfz-Mechaniker, der allerdings
mit einem eigenen, selbst ausgebauten MB-Kastenwagen fährt, weil
sich die Familie kein neues Wohnmobil leisten könne (I. 34).

Bislang war beim Wohnmobilreisen von den Anschaffungskosten
die Rede, wenn es um die Preiswürdigkeit ging und wenn es um die
Einsicht ging, dass vor allem der Kauf eines neuen Fahrzeugs eine
enorme finanzielle Hürde darstellt. Hinzu kommt ein Kostenanteil, der
in den Interviews meistens unter den Begriff Betriebskosten gefasst
wird:

*„Ohne Knete geht's nicht, denn da sind die Anschaffungskosten und
auch die teuren Betriebskosten plus Stellplatz- und Campingplatzgebühren"*, gibt ein Rentnerpaar zu bedenken (I. 7).

Höhe der
Betriebskosten
berücksichtigen

Und was unter den für Reisemobile hohen Betriebskosten genauer
zu verstehen ist, erläutert ein Unternehmer, der allerdings, da er ein
Dickschiff fährt, mit einem Umfang an laufenden Kosten aufzuwarten
hat, der das Budget eines durchschnittlichen Wohnmobilfahrers weit
übersteigt:

... enorm hoch
bei Dickschiff

*„Der brauch Diesel und wenn ich heize tue, das brauch Diesel oder
Gas. Und da sind allein siebentausend Mark Steuern und Versicherung.
Man muss schon 'n paar Pfennig übrig habe, um überhaupt so 'n Ding
zu habe. Die laufenden Koste muss ich ja auch habe. Das sind im Monat
so tausend Mark Mimimum, die man packe muss. Das is Steuer, Versicherung und dann so die Kleinigkeiten, die da dazu komme. Wenn ich
jetzt tanke gehe, dann sind siebenhundert, achthundert Mark* [Preis-
stand Ende 1999] *weg, wenn der Tank leer is."* (I. 45)

Um zum Normalfall zurückzukehren, sei generell festgestellt: *„Neben der Anschaffung ist auch der Unterhalt teuer."* (I. 30)

Gut und schön oder genug der persönlichen Einschätzungen, die kein genaues Bild des tatsächlichen Kostengefüges wiedergeben. Will man sich dieses genauere Bild machen, lässt einen auch die Fachliteratur mit präzisen Informationen im Stich. Es gibt eine Ausnahme. Die Zeitschrift „Reisemobil International" veröffentlicht monatlich einen sogenannten „Profitest" über Neufahrzeuge. In diesem werden in der jeweiligen Schlussbilanz auch Zahlenangaben zu den zu erwartenden laufenden Kosten gemacht. Die Zeitschrift „promobil" bringt in ihren Testergebnissen zwar auch Angaben zum Kraftstoffverbrauch sowie Steuern und Versicherungen, aber keine Gesamtbilanzierung der Fahrzeug-Selbstkosten.

Wie hoch liegen beim durchschnittlichen Wohnmobil die Betriebskosten?

Kosten von Haltung und Betrieb eines Reisemobils

Zum Zwecke einer annähernd objektiven Kalkulation aller beim Wohnmobilreisen vom Fahrzeug selbst ausgehenden Kosten hat der Autor aus den Jahrgängen 1999 bis 2001 und Anfang 2002 alle 38 Tests ausgewertet.

Die Angaben zu den Fahrzeug-Selbstkosten basieren auf einem Berechnungsverfahren der „DEKRA Consulting Stuttgart", die im Auftrag von Reisemobil International die Testergebnisse zur Kostenstruktur erstellt. Bei der Berechnung wird eine jährliche durchschnittliche Fahrleistung von 15.000 km zugrunde gelegt. An weiteren Basisdaten werden einbezogen: der Kaufpreis, eine angenommene Nutzungsdauer von vier Jahren bis zur theoretisch möglichen Wiederbeschaffung eines nächsten Fahrzeuges, die für diesen Zeitraum anzunehmende Teuerungsrate, das Umlaufkapital (die monatlich anzunehmenden Betriebskosten), das betriebsnotwendige Kapital (d. h. das gebundene Kapital, dass man anstelle eines Wohnmobilkaufes anlegen könnte), der geltende Kraftstoffpreis, Preis der Bereifung und der Reifenlaufleistung in km.

Mit diesen und den technischen Daten des Fahrzeugs wird die Kalkulation erstellt, die Auskunft gibt über „feste Kosten" (d. h. Kosten, die entstehen, ohne dass das Fahrzeug bewegt wird) und die variablen Kosten, die durch die Nutzung des Fahrzeugs entstehen. Beide Kostenarten ergeben die Gesamtkosten. Die Kosten werden in Pfg/km bzw. ab 2002 in Ct/km angegeben. Da der Testzeitraum noch fast vollständig in den Geltungsbereich der Deutschen Mark gefallen ist, werden hier die Kosten in dieser Währung angegeben.

Die eigene Auswertung erbrachte die folgenden Durchschnittsergebnisse:

Ergebnisse einer eigenen Berechnung:

255

Abb. 15
Gesamtkosten
für Reisemobile
pro km/pro
Jahr/pro Monat
(Auswertung
von 38 Tester-
gebnissen in
Reisemobil
International)

Gesamtkosten für Reisemobile pro km/pro Jahr/pro Monat

Gesamtkosten pro Jahr pro km	2,51 DM	
	= 1,28 Euro	
	Kosten pro Jahr	Kosten pro Monat
Feste Kosten insgesamt pro Jahr davon:	31.223 DM	2.602 DM
auf Anschaffungswert bezogene Kosten (Kapitalverzinsung, Abschreibung) ca. 85 %	26.540 DM	2.212 DM
und 15 % für Steuer, Haftpflicht, Vollkasko	4.683 DM	390 DM
Variable Kosten (Kraftstoff, Reifen, Wartung, Pflege)	6.277 DM	523 DM

Quelle: Reisemobil International

Es sei nochmals betont, dass es sich bei den errechneten Kosten um Durchschnittswerte von 38 getesteten Fahrzeugen handelt, darunter Alkoven-, teil- und vollintegrierte Reisemobile sowie ausgebaute Kastenwagen.Die Größenmaße der Fahrzeuge differieren von 5,58 m bis 8,60 m, die Anschaffungspreise von 66.000 DM bis 195.000 DM.

Mittlere Band-
breite der
Gesamtkosten
zwischen
1,70 DM bis
2,30 DM pro km

Allerdings gibt es eine Häufung in der mittleren Bandbreite: Gesamtkosten zwischen 1,70 DM bis 2,30 DM pro km bei der Hälfte der Fahrzeuge, eine Motorleistung bei dreiviertel der Fahrzeuge mit einem TD 90 Kw/122 PS und hälftiger Anteil von Fahrzeugen zwischen 90.000 DM bis 110.000 DM.

Einschränkend ist zu berücksichtigen, dass der Dieselpreis von 1999 bis 2002 eine wesentliche Steigerung erfahren hat, was eine Kostenverschiebung nach oben bewirken würde, wenn alle Fahrzeuge zum heutigen Zeitpunkt getestet worden wären.

Die Gesamtkosten verändern sich je nach niedrigerer oder höherer jährlicher Fahrleistung nach unten oder oben. Ebenso konnte nicht berücksichtigt werden, dass zahlreiche Fahrer bei der Haftpflicht- und Kaskoversicherung einen Schadenfreiheitsrabatt genießen und die konkurrierenden Versicherungsunternehmen eine preisliche Spanne ihrer Leistungen bereithalten.

Bei 15.000 km
jährlicher Fahr-
leistung:
Gesamtkosten
von 37.500 DM
(19.173 €)

Auf den ersten Blick erschlägt einen die Höhe jährlich anfallenden Gesamtkosten in Höhe von 37.500 DM bzw. 19.173 Euro. Man kommt nicht um die Einsicht herum, dass das Wohnmobilreisen eine teure Freizeit- und Urlaubsform darstellt.

Das dramatisch wirkende Gesamtbild verändert sich, wenn man das Kostenbewusstsein vieler Motorcaravaner ernst nimmt: Als außerordentliche finanzielle Größe fallen die Anschaffungskosten ins Gewicht. Diese Einsicht bestätigt die hier vorgelegte Berechnung in vollem Umfang. Rund 70 % der jährlichen Gesamtkosten hängen mit dem Thema Anschaffung und Wiederbeschaffung zusammen.

... eine erschlagende Größe

... allerdings einschließlich An- und Wiederbeschaffungskosten

Die übrigen 30 % sind der Kostenanteil, den der Laie unter „laufenden Kosten" oder „Betriebskosten" begreift, nämlich von Steuern und Versicherung (ca. 13 % der Gesamtkosten) bis zu Kraftstoffverbrauch und Reparatur-, Wartungs- und Pflegekosten (ca. 17 % der Gesamtkosten).

Bleiben: 30% Betriebskosten

Konkret bedeutet es, dass bei den hier ermittelten durchschnittlichen Fahrzeug-Selbstkosten der jährliche Anteil dieser Betriebskosten bei knapp 11.000 DM (560 Euro) oder monatlich 913 DM (467 Euro) liegt.

... das sind durchschnittlich 913 DM (467 €) im Monat

Gemildert wird die 70:30 Relation von anschaffungsbedingten zu Betriebskosten natürlich entscheidend, wenn man sich als Wohnmobilist auf dem Gebrauchtwagenmarkt bedient. Kostet ein gebrauchter Motorcaravan beispielsweise nur noch die Hälfte des Neuanschaffungspreises, also vielleicht statt 100.000 DM jetzt 50.000 DM, verschiebt sich die Relation auf 55:45. Die jährlichen Gesamtkosten liegen dann bei etwas über 24.000 DM oder 2.000 DM im Monat, die laufenden Kosten bleiben in etwa.

Bei Gebrauchtmobilen geringerer Anschaffungsanteil: geringere Gesamtkosten

So kann man sich in der Variation des Kaufpreises nach unten vorstellen, wie sich der finanzielle Gesamtaufwand drücken lässt. Die Betriebskosten bekommen dabei ein immer ausschlaggebenderes Gewicht.

Das Bewusstsein von Reisemobilisten macht in vielen Fällen das psychologisch Naheliegende: Man verdrängt die hohen Anschaffungskosten ins Hinterstübchen des Verstandes und hat die Betriebskosten für die vergleichende Argumentation um die Preiswürdigkeit des Motorcaravaning vordergründig präsent. Doch objektiv gesehen bleibt es dabei: Wohnmobilreisen ist ein teures Hobby.

Höhe der Anschaffungskosten von vielen Wohnmobilisten verdrängt

Ein Vergleich: Wohnmobilreisen und andere Reiseformen

Nachdem abgeklärt ist, von welchem Kostengefüge man ausgehen muss, lässt sich das beliebte Anliegen von Wohnmobilisten, ihre Reiseform mit anderen zu vergleichen, vor einem solideren Hintergrund diskutieren.

Zum einen wird häufig der Vergleich zu anderen Unterkunftsformen gezogen, wobei meistens das Gewicht der Anschaffungskosten zur Seite geschoben wird: *„Dreieinhalb Wochen mit dem Mobil in Dänemark ist billig, is nur so teuer wie zwei Wochen gebuchte Reise. Das Problem*

Wohnmobilreisen im Vergleich zu anderen Unterkunftsarten

ist die Anschaffung, das erstmal zu haben" (I. 12), meint eine allein reisende Frau im VW-California.

Oder es führt ein Vorruheständler aus: *„Bei der Einrechnung vom Anschaffungspreis ist es nich billiger als im Hotel, sonst schon"* (I. 62). Schließlich urteilt ein Rentnerpaar auf ruhigem Skandinavientripp: *„Wenn man es einmal hat und pfleglich damit umgeht – unseres ham wir im neunten Jahr –, dann is es preiswert. Eine Nacht im Hotel können wir nicht fünf bis sechs Wochen bezahlen."* (I. 74) Noch knapper fällt ein Rentner mit Partnerin, einer noch berufstätigen Polizistin, ganz viel im VW-Bus umherreisend sein Urteil: *„Und preislich, wenn ich ins Hotel müsste mit zwei Personen, könnt ich gleich zu Hause bleiben."* (I. 9) Die Reihe ähnlicher Statements ließe sich fortsetzen, vor allem von Campern, die selbst über Reiseerfahrungen in Hotel- oder Pensionsunterkunft im In- und Ausland ihre Vergleiche ziehen.

... für die einen eher preiswerter

Allerdings sind einige Wohnmobilfahrer anderer Ansicht, weil sie das Reisen im Motorcaravan teurer als andere Unterkunftsformen finden: *„Bei uns kann man noch sagen, dass wir das wirklich nützen, drei Monate damit unterwegs zu sein. Otto Normalverbraucher, der kann ja nur drei Wochen damit weg oder vier oder, wenn er vielleicht noch unbezahlten Urlaub nimmt, fünf. Da ist ja das Wohnmobil im Verhältnis noch viel teurer. Für das Geld könnte er ja fast zehn Jahre lang in die teuersten Hotels gehen, was er auch investiert...*

... für sie anderen eher teurer

Wir sind das erste Mal seit sechs Jahren sind wir diesen Frühling weggeflogen, drei Wochen. Sind wir in die Dominikanische Republik ohne Hunde, ohne nix. Und da sind wir für drei Wochen alles inklusiv für etwa fünftausend Mark zusammen gewesen. Wenn man das dann vergleicht mit dem Wohnmobil, da gehts mit dem Wohnmobil nicht mehr auf." (I. 22) Dies ist die realistische Sichtweise eines beruflich erfolgreichen Paares aus der Schweiz.

Aus einer anderen Erfahrung in Skandinavien ist einer vierköpfigen Familie klar, dass, wenn sie anstatt mit dem Reisemobil zu fahren, ihren PKW nehmen und dann in den in Norwegen weit verbreiteten Hyttern (Ferienhütten) übernachten, billiger Urlaub machen könnten. Sie sind in einem Mietmobil unterwegs gewesen. Obwohl sie keine Anschaffungskosten beim Kostenvergleich zu berücksichtigen brauchen, sondern nur die Miete für das Fahrzeug, kommen sie zu dem für das Wohnmobil ungünstigen Vergleichsresultat (I. 76).

Ein Lehrerpaar, selbst begeisterte Eigner eines Wohnmobils, räumt ein, dass man sich für ein Mietmobil mit 150 bis 200 Mark am Tag plus Sprit- und sonstiger Urlaubskosten auch eine Ferienwohnung auf Sylt leisten könne (I. 11).

Genau gegenteilig sieht es die schon erwähnte große Familie mit eigenen und Pflegekindern. Für sie ist die Anmietung des Wohnmobils viel günstiger als jede Flugreise (I. 33).

Wenn die Vergleichbarkeit von Hotelurlauben zum Wohnmobilreisen thematisiert wird, darf ein Aspekt nicht ausgespart bleiben, den viele Interviewpartner, zum Teil mit emotionalem Nachdruck, von selbst ansprechen: die Kosten von Campingplatzaufenthalten. Das Spektrum der Stellungnahmen ist natürlich auch hier unterschiedlich, aber mehrheitlich ist die Position klar: die Campingplatzgebühren verteuern den Urlaub mit dem Reisemobil ganz erheblich: *„Auf Campingplätze gehe ich nie, ich hasse das. Es ist zu eng und man hat wenig Ruhe. Und vor allem eine Kostenfrage, wenn man das ganze Jahr reist."* (I. 64)

Campingplatznutzung verteuert Wohnmobilurlaub

Die Meinung des Schweizers ist nachvollziehbar. Bis zur Verrentung müssen sie ein paar Jahre überbrücken und mit wenig Geld auskommen.

Aber vor allem Familien mit Kindern werden vorsichtig, ob sie sich Wohnmobilreisen auf Campingplätzen leisten können, denn in der Hauptsaison kosten diese *„Kohle ohne Ende"* (I. 33). Motorcaravaner geben unterschiedliche Schmerzgrenzen an, bei denen ihnen der Aufenthalt auf einem Campingplatz zu teuer erscheint. Die Familie eines Malermeisters mit zwei Kindern geht im Ausland aus Sicherheitsgründen notgedrungen auf Campingplätze, findet die Preise aber zu teuer:

... vor allem für Familien

„In Deutschland noch 100 DM pro Tag, da geh'n wir auf wunderschöne Stellplätze für zehn bis fünfzehn Mark. Am Gardasee zahlen wir 110 DM am Tag. Für zwölf Mark könnt ich direkt am Atlantikstrand stehen mit Strom auf Stellplätzen für zwölf Mark." (I. 29) Das Schweizer Paar hält selbst fünfzig Mark pro Tag für teuer, denn *„dafür hab ich ja schon Halbpension am Gardasee"* (I. 22).

Wenn man sich ein Reisemobil mietet und dann noch auf Campingplätze geht, dann wird der Urlaub teurer, als wenn man sich eine Privatunterkunft sucht, ist die Einschätzung eines Vorruheständlerpaares, das gleichwohl außerhalb der Hochsaison ab und zu auf Campingplätzen steht (I. 62).

So ließe sich der Reigen derjenigen fortführen, für die besonders die Campingplatzpreise der zusätzliche Kostenfaktor sind, bei denen ihnen Wohnmobilreisen nicht mehr preisgünstig vorkommt: *„Das meiste kosten Campingplätze"* ist das Fazit von zwei Schülern auf VW-Bustrip in Norditalien (I. 27).

Andere Motorcaravaner, die aus unterschiedlichen Gründen Campingplätze nutzen, versuchen solche mit preiswerten Gebühren zu finden, beispielsweise in Spanien nur solche, die nicht mehr als 10.000 Peseten pro Tag für zwei Personen kosten (I. 63). Oder man

Suche nach Preisrabatten auf Campingplätzen

überlässt im Sommer das Feld den jungen Leuten mit Familie und weicht als Rentner auf die preisgünstigere Nebensaison aus (I. 49).

Was einige Motorcaravaner auch noch als überflüssiges Kostenelement aufregt, ist die in Deutschland in manchen Ferienorten erhobene Kurtaxe. Beispielhaft dazu die Äußerungen eines Rentnerpaars, das besonders gern und viel in Deutschland reist, sich dabei aber preisbewusst verhalten möchte:

„Also an der Nordsee, dass sie dieses enorme Geld an Kurkarten da ausgeben müssen. Und so ein Druck ausüben, wenn ich doch dieses nicht benutzen will. Brauch ich doch die Kurkarte nich. Wofür? In anderen Ländern kennt man so was nich. Und das is extrem. Erst war's an 'ner Ostsee, denn ham 'se gewittert, was da für Geld reinfloss. Denn auf einmal schwappt es über an die Nordsee auch. Zum Wattwandern, welche Berechtigung, 5,50 DM zu nehmen? Ist das normal in Deutschland? In Damp (Ostseebad) geht das auch anders. Der Bürgermeister sprach ja mal im Fernsehen. Und die nehmen keine. Also gehts doch auch." (I. 39)

Wie macht man Wohnmobilreisen erschwinglich und den Kauf möglich?

Die Darlegung war vom Vergleich anderer Unterkünfte mit dem Leben und Reisen im Wohnmobil ausgegangen, wobei zum Schluss auch das immer wieder aufwühlende Thema der Campingplatzgebühren einzubeziehen war.

Eine ebenfalls häufiger angestellte Überlegung gilt der Frage, ob und wie man das eigentlich teure Wohnmobilreisen preiswerter gestalten kann. Dabei werden zwei Lösungen gesehen und bisweilen miteinander kombiniert: billiger reisen durch Selbstverpflegung und/oder durch Einsparung am Fahrzeug oder dem Motorisierungsumfang einer Familie oder eines Paares.

Zahlreich sind die Interviewbelege, die sich mit der Möglichkeit der Selbstverpflegung auseinander setzen. Eine Variante ist das *„Vorräte einpacken und dann im Urlaub selbst kochen"* (I. 10). Ganz deutlich beschreiben diese Methode der Frührentner und seine Polizistin: *„Der Schweizurlaub is nicht teurer wie hier, wenn man sie richtig befährt. Wir gehen im ALDI vorher einkaufe, packen die Kiste voll und haben dann für vierzehn Tage zu essen drin. Kann man dann überall mit hinfahren."* (I. 9)

Eine Stufe anspruchsvoller – und durchaus genussreich – ist es, wenn man vor Ort frisch einkauft und auf Märkten leckere landestypische Produkte angeboten bekommt:

„Das is nich teuer. Wir versorgen uns fast ganz selbst. Meine Frau kocht gut für mich. Frisches Gemüse und sie kocht gut, und das hab ich

Zusätzliches Ärgernis: die Kurtaxe in Deutschland

Selbstverpflegung macht Wohnmobilreisen billiger

am liebsten. In Marokko, da ess ich manchmal Fisch, der is gerade geangelt. Den essen wir ganz frisch. Oder diese Tintenfische, diese Pulpos, die
ham solche Arme. Zehn Kilo ham se welche. Und die müssen recht lange
kochen, zwei, drei Stunden. Dann sind se weich und dann braten, Die
schmecken saugut, das ham wer auch schon gemacht." (I. 61)

Noch billiger hat es der, der sich seinen Fisch selber angeln kann,
wie ein Rentner an Norwegens zahlreichen Fjordarmen (I. 74).

In anderen Interviews wird ausdrücklich betont, dass man, um den
Urlaub billiger zu gestalten, auf Selbstversorgung setzt: „Wir koche
immer selbst, weil das billiger is." (I. 40)

Eine Reihe von Motorcaravanern möchte nicht ganz auf die
Annehmlichkeit oder auch Entdeckerfreude verzichten, die fremde
Küche der bereisten Länder kennen lernen. Deshalb geht man „mal
essen" (I. 69). Ein Genießerpärchen aus Berlin mit schmalerem Geld-
beutel löst die Sache so: „Natürlich kann ich nich jeden Abend ausgehen
und toll essen. Aber man kann es gelegentlich machen, man muss
doch die landestypischen Sachen kennen lernen. Wir lassen nichts
aus." (I. 41).

Am Auf-
enthaltsort
Ausgaben
fürs Ausgehen
sparen

Die Notwendigkeit zu sparen, kann über die Maßnahme Selbstver-
pflegung hinausgehen. Wenn man beispielsweise mit wenig Geld an
Spaniens Küsten überwintern will, ist die Maxime des allein reisenden
Lebenskünstlers nicht verkehrt: „Es geht aber alles mit zurückstecke.
Brauch nich mehr viel weggehe, Disco, Lokale. Ich brauch es nich mehr.
Es is vorbei." (I. 59) Andere Genießer von Südspaniens Wintersonne
sehen den Zusammenhang von billigem Urlaub und Verzicht aufs Aus-
gehen so: „Man lebt im Wohnmobil billiger als zu Hause, weil man kein
Kino oder Theater oder Ausgehen hat." (I. 55)

Das Thema Selbstversorgung zu verlassen, ohne sich von Manni mit
seinem Hanomagpritschenausbau etwas sagen zu lassen, geht nicht:
„Man gibt das Geld zu Hause genauso aus wie unterwegs. Es gibt ja
überall 'nen ALDI und Pennymarkt und was weiß ich, was alles. Man
muss ja nich jeden Tag essen gehen. Ich kann vierzehn Tage einschneien.
Ich hab alles mit. Kartoffeln, Zwiebeln, Eisfachl voll mit Fleisch. Koch
auch für mich allein. Und wenn's schön is, grillen draußen. Sauerbraten
mit Klöße oder so, is für mich gar kein Problem." (I. 44)

Der zweite Ansatz, das Wohnmobilreisen kostenmäßig erschwinglich zu halten, zielt in verschiedene Richtung.

Zum ersten kann man „auf den normalen Pkw verzichten und das
Wohnmobil auch zum Autofahren nehmen" (I. 8), so wie es von einem
sogar berufstätigen Paar praktiziert wird, die mit ihrem Karmann
California besonders zahlreiche Wochenendtouren unternehmen.

Anderer Spar-
ansatz: Wohn-
mobil zum
Normalfahrzeug
machen

Wenn man außer dem Reisemobil kein weiteres Fahrzeug besitzt, kommt es der Mobilität im Alltag zugute, wenn man es gewohnt ist und man die Möglichkeit hat, den öffentlichen Nahverkehr für seine Aktivitäten zu nutzen. Ein Karlsruher Ehepaar tut dies und ist auch per Rad viel in der Stadt unterwegs (I. 65). Sie sprechen von ihrem *„Mehrzweckfahrzeug"*, wenn sie den Pösl-Duett meinen, ihr wendiges Freizeitmobil, das nicht nur zum Campen taugt, sondern auch als Ersatzauto und Transporter zu Hause (I. 65).

Konsequenterweise ist für eine Familie bei München ihr Alkovenmobil *„nur ein halbes Wohnmobil"*, weil er es zum täglichen Pendeln zur Arbeit benutzt (I. 37). In einem anderen Fall hat eine Familie *„über den VW-Bus ein zweites Fahrzeug gespart"* (I. 20).

Reisemobil auch als Betriebsfahrzeug

Schließlich zeigen andere Motorcaravaner die Einsicht, dass sich ein teures Wohnmobil nur zum Reisen bei nur zwei bis drei Fahrten im Jahr nicht rechnet, weswegen das Reisemobil auch als Berufsfahrzeug zu Hause dient. Diese Lösung betrifft unter anderem einen Tischler, der geschickt seinen Kastenwagen zum einfach eingerichteten Urlaubsfahrzeug umrüstet (I. 17).

In der Mehrzahl der geschilderten Fälle ist das mehrfach genutzte Fahrzeug ein VW- oder California-Bus bzw. ein Kastenwagen. Größere Wohnmobile scheinen sich weniger für eine Multinutzung zu eignen.

Zeitweise Stilllegung außerhalb der Reisesaison

Eine weitere Kostenersparnis ist die zeitweise Stilllegung des Fahrzeugs, wenn etwa der Bully nur von April bis Oktober angemeldet ist und dann in einer Tiefgarage steht (I. 21) oder ein älteres Rentnerehepaar ihr teilintegriertes Wohnmobil nur im Sommer nutzt (I. 5).

Selbstverständlich gibt es auch Beispiele, wo sich mehrere Nutzer ein Reisemobil teilen. Innerhalb der Familienbande geschieht dies öfter: *„Für uns ist das eine günstige Alternative, Urlaub zu machen mit drei Leuten. Sonst könnten wir nicht für achtzig Mark Unterkunft fahren. Das Fahrzeug von meinem Vater is eh da, damit können wir fahren. Vater fährt erst im Oktober und mit dem Bruder haben wir auch eine Regelung. Wenn das nich ginge, hätten wir selbst vielleicht nur einen Wohnwagen oder kleinen Falter."* (I. 28) Und auch der große Amerikaner, ein Triple, rechnet sich dadurch günstiger, dass er in der Familie von Eltern und zwei Geschwistern mit ihren Familien geteilt wird (I. 25).

Sparen durch Car-Sharing

Unter Freunden, so man sich gut versteht, kann ein Reisemobil-Sharing funktionieren: *„Es is quasi mein bester Freund. Der stellt uns den öfters zur Verfügung. Wir kümmern uns also gemeinschaftlich darum, weil der [James Cook] schon 'n bisschen älter is. Damit er auch immer wieder fit is hinterher. Muss immer mal wieder etwas repariert werden.*

Der war jetzt in Lappland. Denn war die Schiebetür kaputt. Und der Auspuff muss jetzt demnächst gemacht werden. Wir zahlen ihm 'ne kleine Miete dafür. Wenn man sich normalerweise 'n Wohnmobil leistet, das kostet 170 bis 200 Mark. Das können wir uns nich leisten und es is halt wesentlich billiger so und auch quasi Reparaturarbeiten mit zu machen. Wir überlegen uns jetzt, wir machen das jetzt im zweiten Jahr erst, ob wir uns nich mit mehreren Leuten zusammen etwas Größeres kaufen und das dann untereinander rotieren lassen. Für uns alleine ein Wohnmobil, das rechnet sich nich. " (I. 36)

Die andere Sparmöglichkeit, auf einen PKW zu verzichten, käme für sie nicht in Frage: *„Wir arbeiten beide in Bremen, müssen täglich reinfahren mit dem Pkw und Zug. Mit dem Wohnmobil zur Arbeit würde mir nicht einfallen."*

Eine andere im Interview geäußerte Meinung setzt an einer noch anderen Stelle an: *„Teuer is das Benzin. Aber wir müssen ja nich jeden Tag vierhundert Kilometer fahren. Wir wollen was von Menschen un der Gegend haben."* (I. 9)

Günstig ist es, wenn man als Wohnmobilbesitzer handwerklich geschickt ist. Man hat die Möglichkeit, selbst ein Fahrzeug zum Reisemobil umzubauen und hat dies dann für zehntausend Mark (I. 10). In dieser Untersuchung sind an anderer Stelle Beispielfälle dieser Art geschildert worden.

Und schließlich kann man das tun, was am Rande der Legalität schrammt: Man kann sein Wohnmobil privat vermieten, das heißt, ohne dafür vorgesehene Gewerbesteuern und eine andere Versicherungsprämie zu zahlen. Eine junge Familie aus Ostsachsen ist auf diese Nebeneinnahme angewiesen, um ein Wohnmobil halten zu können: *„Wir wollen halt die Kosten 'n bisschen reinholen über Vermietung. Dann ham wir den eigenen Urlaub gratis. Es wird nich straff vermietet, das wär auch nicht legal."* (I. 15) So ehrlich haben sich sicherlich nicht alle interviewten Motorcaravaner geäußert.

Der bisherige Stand der Darlegung zur Frage der Kostspieligkeit des Wohnmobilreisens hat die Erkenntnis gebracht: Es ist ein teures Hobby, was aber nicht allen so deutlich bewusst ist. Der Fahrzeugpreis wirkt allemal beim Neuerwerb durchschlagend und ist selbst beim gebrauchten Reisemobil ein beachtlicher Kostenfaktor. Will man die Reisekosten vertretbarer gestalten, hat man diverse Einsparmöglichkeiten.

Bleibt eine interessante Schlussfolgerung: Wie schaffen es so viele und finanziell unterschiedlich gelagerte Leute, sich ein Reisemobil leisten zu können?

Weniger Kilometer fahren spart Sprit

Sparen durch Selbstausbau

Privatvermietung des Wohnmobils

Wie können sich so viele ein Wohnmobil leisten?

Außer der fast achselzuckenden Feststellung *„man kann's oder man kann's nich"* (I. 49) gibt es ernsthaftere Gedanken, die sich mancher Wohnmobilist – sich selbst oder andere betreffend – hierzu macht.

Es gibt eine sehr radikale Antwort eines Rentners, der als Monteur viel unterwegs war, während seine Frau für Haus und Kinder zuständig gewesen ist: *„Wir ham erst jetzt ein Wohnmobil* [einen schönen neuen Laika Ecovip]. *Früher hatten wir unser Haus. Das ham wir verkauft und ham dafür ein großes Wohnmobil. Den Hang und den Spaß dazu hatten wir schon länger, aber die Anschaffung war mit den Kindern nich möglich."* (I. 4) Außer der erstaunlichen Konsequenz, für das Reisemobil das eigene Haus aufzugeben, klingt in der Aussage eine Meinung an, die viele Motorcaravaner teilen: *„Ein Wohnmobil kann man sich erst als Älterer leisten."* (I. 7)

Ein besonderer Fall: für Wohnmobil Haus verkauft.

Diese Einschätzung teilt sich in vielen Interviews mit und ist Teil vieler Lebensgeschichten, worüber ausführlich im ersten Kapitel berichtet wurde. Ein Wohnmobilhändler, der in dieser Frage reichliche Erfahrung besitzt, bestätigt das im Großen und Ganzen:

Erst wenn man älter ist, ist Wohnmobil erschwinglich

„Unser Wohnmobilpublikum, das sind durchweg Menschen in gesicherten Positionen und vom Alter höher, zwangsläufig... Das werden Sie sicherlich schon gesehen haben, wenn Sie geguckt haben. Das sind meistens, sag mal siebzig Prozent, ältere Leute. Und die jüngeren haben halt günstigere und ältere Reisemobile. Unser Angestellter, den Sie ja auch kennen, der hat halt 'n Wagen, der is zehn Jahre alt. 'Damit komme ich klar, mehr kann ich mir nich leisten, Haus is für mich wichtiger.'

... von Leuten in gehobener Position

Herr X, den Sie auch kennen, der hat schon 'n großes eigenes Haus. Der is jetzt Rentner geworden, hat noch in der Türkei 'n Haus. Und der hat gesagt, das [LMC Reisemobil] *war mein Traum. Ich mach das jetzt einfach... Die über hunderttausend kaufen, die finanzieren auch nich mehr, unter hunderttausend eher. Ich hab noch keinen gehabt. Die kommen mit Bargeld an teilweise und bezahlen. Ein Gärtner aus Minden schüttet uns da so 'ne Plastiktüte voll hin. Wir haben vierzig Minuten Geld gezählt. Wo ich gesagt hab, ,Gotteswillen, überweisen Sie das und bringen Sie mir 'n Zahlungsbeleg mit'. Das is für mich Sicherheit genug. Aber vierzig Minuten Geld zählen, wenn der das in Fünfzigmarkscheinen bringt."* (I. 66)

Viele haben Geld zusammengespart.

... bei teuren Wohnmobilen viel Barzahlung

Wenn Jungseniorinnen und -senioren *„erst als Rentner Geld für ein Wohnmobil frei haben"* (I. 17), sind dennoch die Wege zu diesem Ziel hin verschieden. Die einen haben sich redlich dafür abmühen müssen, bei anderen hat es sich so ergeben oder es ist ihnen gar in den Schoß gefallen.

Ein Rentnerpaar, das seit viereinhalb Jahren einen Hymer Camp besitzt, ist stolz, diesen Wunsch erreicht zu haben, *„denn da haben wir*

drauf hin gespart und dafür den Wohnwagen und den Pkw verkauft"
(I. 38). Ähnlich sieht es ein alter Rentner: *„Ich hab vom vierzehnten
Lebensjahr an gearbeitet. Durfte Soldat spielen. Und ein bisschen was
hat man ja gespart. Und die Rente is auch einigermaßen. Was hat man
sonst weiter?"* (I. 5).

Leichter ist die Anschaffung einer Frührentnerin gefallen: *„Normalerweise können sich das die Leute erst ab fünfzig leisten, wenn die
Kinder groß sind. Jüngere Menschen haben keine. Erst kommt der
Familienaufbau und Hobbys dazu. Ich hatt' schon früher was übrig
dafür über 'ne Erbschaft."* (I. 43)

Ein pensionierter Studienrat weiß von anderen Motorcaravanern,
dass *„manche die Lebensversicherung dafür nehmen"* (I. 55). Er grenzt
die seiner Ansicht nach für Reisemobiltourismus besonders in Frage
kommende Bevölkerungsgruppe als *„die wohlhabende und sparsame
Seniorengeneration"* ein, die *„es sich bei Rentenbeginn leisten kann"*.

Was unter „wohlhabender Seniorengeneration" zu verstehen ist,
wird in anderen Interviewpassagen konkreter gefasst: *„Rentnerpaare
mittlerer Position können es sich erlauben"* (I. 31), das heißt wohl nach
Meinung eines anderen Wohnmobilisten, das einkommensmäßig
schwächere Haushalte es sich nicht leisten können: *„Er ist relativ teuer.
Durchschnittsbürger mit 3.500 Mark netto im Monat nicht, oder nur,
wenn beide arbeiten"* (I. 30). Und er setzt hinzu: *„Es sind alles Akademiker oder mittlere Führungskräfte, die sich hochgearbeitet haben."*

Diese Feststellung ist für einen Teil der Wohnmobilbesitzer richtig,
die überdurchschnittlich in dieser Reiseform vertreten sind. Es gibt
aber auch Motorcaravaner, die mit niedrigerem Einkommen und sozialem Status zum Reisemobil gekommen sind, die halt zäh *„darauf hin
gespart haben"* (I. 38) und auf andere Annehmlichkeiten der Lebensführung verzichtet haben.

Und schließlich ist der Weg zum komfortablen Wohnmobil für einigen Campern auch so herum gelungen: *„Man steigert sich vom Eigenausbau zum besseren Wohnmobil. Andere bauen sich ein Haus."* (I. 70).
Wer dies sagt, gehört nicht zur Gruppe der wohlhabenderen Seniorengeneration, sondern ist jüngerer Familienvater mit Kleinkind. Er ist
mittlerer Angestellter und das Haushaltsnettoeinkommen der Familie
liegt – nur – zwischen drei- und viertausend Mark. Es ist deshalb falsch,
die Frage „Wer kann sich ein Wohnmobil leisten?" zu stark und einseitig auf die Gruppe der zahlungskräftigen Jungsenioren zu begrenzen.

Zum Teil Tausch
Pkw plus Wohn-
wagen gegen
Reisemobil

Manchmal
Wohnmobilkauf
nach Erbschaft

... oder
über Lebens-
versicherung

Aber auch
Wohnmobilisten
mit geringem
Einkommen
haben
„zäh darauf
hin gespart"

... zum Teil
durch Steige-
rung vom
Eigenausbau
zum besseren
Wohnmobil

Wer sich Reisemobiltourismus vorrangig leistet

Die zwei wichtigsten Zielgruppen für Wohnmobilerwerb

Dass dies verfehlt wäre, belegen auch Ergebnisse der CC-Bank Marktanalyse (2001, S. 16 f.), in der allerdings nur in detaillierten Hinweisen innerhalb der Gesamtstichprobe der Caravaner auf die spezielle Zielgruppe der Motorcaravaner eingegangen wird. Es werden dort vor allem zwei bedeutsame Zielgruppen hervorgehoben:

- die junge Familie
- die aktiven Ruheständler.

... junge Familien

Die Zielgruppe Junge Familie lässt sich in aller Kürze wie folgt beschreiben:

- Personen im Alter zwischen 30 und 40, die in Partnerschaft leben und ein bis drei Kinder haben.
- Besonders häufig vertreten sind mittlere Angestellte und Beamte bzw. Facharbeiter.
- Über 80 % in dieser Zielgruppe sind Käufer von Erstfahrzeugen aus zweiter Hand.
- Die Bereitschaft, vom Caravan auf den Motorcaravan umzusteigen, ist bei dieser Gruppe besonders hoch (33 %), wobei die eher knappen Finanzmittel einer Realisierung oft im Wege stehen.

„Das Potenzial dieser Zielgruppe in Deutschland beträgt ungefähr 4,5 Millionen Haushalte. Davon verfügen ca. 2,1 Millionen Haushalte über ein monatliches Haushaltsnettoeinkommen von mehr als DM 4.000 und ca. 850.000 Haushalte über mehr als DM 5.000.

... Aktiv-Ruheständler

Die wesentlichen Charakteristika der Aktiven Ruheständler sind:

- Es handelt sich überwiegend um Zweipersonenhaushalte, also die typischen Empty-nesters, deren erwachsene Kinder das Elternhaus verlassen haben.
- Aktuell besitzen über 60 % dieser Gruppe ein Reisemobil.
- Diese Gruppe stellt überdurchschnittlich oft die Käufer von Neufahrzeugen.

... Das Potenzial der „finanzstarken Älteren" liegt bei ungefähr 900.000 Haushalten in Deutschland. Davon verfügen ca. 330.000 Haushalte über ein Haushaltsnettoeinkommen von mehr als DM 5.000 und immerhin 80.000 Haushalte über mehr als DM 7.000."

(Vgl. auch die statistischen Angaben zu Anfang des Kap. 8)

Zusätzliche sozialstatistische Merkmale bei Wohnmobilreisenden

Über die schon ältere Leserbefragung des ADAC (ADAC freizeitmobil 2/1996) kann man der sozialstatistischen Klassifizierung der CC-Bank Studie einige interessante Aspekte hinzufügen:

„Serienmäßig ausgebaute Wohnmobile werden vorwiegend von über 40-Jährigen gefahren, der Anteil von Frauen und Unternehmern ist überdurchschnittlich hoch. Der Anteil steigt mit zunehmendem Einkommen. Die Eigner selbst ausgebauter Wohnmobile finden sich vor allem in der Altergruppe bis 29 Jahre und Einkommen unter 3.000 DM, ihr Anteil wird mit zunehmendem Alter geringer."

Der Herstellerverband VDWH selbst erlaubt auf der Grundlage einer Untersuchung des N.I.T. in seiner Info-Broschüre vom September 1998 einen bescheidenen Einblick in „soziodemographische Merkmale der Caravaning-Urlauber" und schreibt:

Abb. 16 Altersstruktur von Caravaning-Urlaubern 1997

Altersstruktur von Caravaning-Urlaubern 1997

Anteil in %	Urlaubsreisende	Caravaning-Reisende	Caravan-Reisende	Motorcaravan-Reisende
14-29 Jahre	24,0	17,5	18,7	16,5
30-39 Jahre	18,8	21,0	20,4	21,3
40-49 Jahre	15,8	23,2	22,9	23,4
50-59 Jahre	18,1	17,1	18,9	15,6
60-69 Jahre	12,6	15,0	9,4	19,6
70 Jahre und älter	10,6	6,3	9,7	3,6

N.I.T (1998), Quelle: F.U.R, RA 98

„Motorcaravaner sind älter als Caravan-Urlauber. Unter 30-Jährige sind bei dieser Urlaubsform deutlich unterrepräsentiert, dafür ist gerade der Anteil der 60-69-Jährigen mit 19,6 % aller Motorcaravaner bemerkenswert hoch. Diese Altersgruppe verfügt einerseits über das notwendige Einkommen, um sich diese Urlaubsform leisten zu können und andererseits bei entsprechendem Gesundheitszustand über so viel Freizeit, dass sich die Anschaffung eines Motorcaravans lohnt. Innerhalb des Caravaning-Marktes dürfte deshalb vor allem das Motorcaravan-Segment von der demographischen Entwicklung profitieren."

Schließlich heißt es in der von motor presse stuttgart 1998 durchgeführten Befragung „Freizeit, die ich meine":

„Bei den Reisemobil-Urlaubern befinden sich 31 % in den beiden Lebensphasen Junge Familie oder Familie mit (nur) älteren Kindern. ...38 % der Reisemobil-Urlauber... gehören zu den Erwachsenen-Haushalten. Hier handelt es sich vielfach um Ehepaare, bei denen die Kinder bereits nicht mehr im Haushalt leben oder zumindest schon erwachsen sind" (S.20).

Nach dieser Befragung ist auch die finanzielle Basis der Wohnmobilisten zu beachten:

Wohnmobilisten sind durchschnittlich älter als Wohnwagenfahrer

Durchschnittli-
ches Haushalts-
einkommen
von Wohnmobil-
reisenden
höher als bei
Bevölkerungs-
durchschnitt

„Wie finanzkräftig Reisemobil- und Wohnwagen-Urlauber sind, ver-
deutlicht das monatliche Einkommen dieser Haushalte, das weit über
dem bundesdeutschen Bevölkerungsdurchschnitt liegt: 18 % der als
Hauptverdiener definierten Reisemobilisten haben ein Nettoeinkommen
von 5.000 DM und mehr. Dieser Wert liegt ca. 80 % über dem Durchschnitt der Bevölkerung. 38 % der Reisemobilisten... leben in einem
Haushalt mit einem Nettoeinkommen von 5.000 DM oder mehr. (Vergleich Gesamtbevölkerung 26 %.)" (S. 26).

Unterschiedli-
che Befragun-
gen geben kein
eindeutiges
Bild vom Anteil
sozialer Grup-
pen am Wohn-
mobilreisen

Man sieht, wie vorsichtig man mit Ergebnissen statistischer Befragungen umgehen sollte. Denn die Einschätzung beim VDWH und der
ADAC Leserbefragung folgt stärker dem Muster vieler Interviewaussagen aus der eigenen Untersuchung: Vor allem ältere Menschen nach der
Phase des Familienlebens mit Kindern sind in der Lage, sich ein Wohnmobil zuzulegen.

Die Befragung „Freizeit, die ich meine..." hebt ebenso wie die ganz
frische Studie der CC-Bank stärker auf die zweigeteilte Marktstruktur
von Familien und Erwachsenen-Haushalten ohne Kinder bzw. junge
Familien und aktive Ruheständler ab.

Plausibilität
durch Einsicht:
Junge Familien
haben mehr
Gebrauchtfahr-
zeuge und
Eigenausbau

Wie beides zusammenpasst, erhellt sich auf den zweiten Blick:
„Über 80 % in dieser Zielgruppe (junge Familien) sind Käufer von Erstfahrzeugen aus zweiter Hand", was meint, sie tummeln sich auf dem
preiswerteren Gebrauchtwagensektor.

Oder aber: „Die Eigner selbst ausgebauter Wohnmobile finden sich
vor allem in der Altersgruppe bis 29 Jahre" (ADAC Leserbefragung
1996).

Für jede
Lebensphase
das preislich
geeignete
Fahrzeug

Somit ist die Plausibilität hergestellt, dass sich in unterschiedlichen
Lebensphasen mit unterschiedlicher finanzieller Kraft doch viele Menschen, die mit dem Wohnmobil reisen möchten, dies auch leisten können: Junge Menschen vor oder im Status der Familie über selbst ausgebaute oder ältere gebrauchte Fahrzeuge, viele Familien in gebrauchten,
aber noch besser erhaltenen Reisemobilen und die Jungseniorinnen
und -senioren viel stärker in Neufahrzeugen. Daneben gibt es Abwei-
chungen: In allen Lebensphasengruppen gibt es auch Menschen, die
überdurchschnittlich gut verdienen und sich deshalb – auch schon in
jüngeren Jahren – ein neues Reisemobil gönnen.

Mit dieser Bilanz könnte man das Kapitel abschließen. Doch es soll
noch einen Nachhang bekommen.

Einzelfälle:
Wohnmobil
ersetzt Woh-
nung – wird
zum Lebens-
mittelpunkt

Fern der Frage, wie teuer das Wohnmobilreisen ist und wer es sich
leisten kann, gibt es einige wenige Reisemobilisten, die einem zeigen,
dass man überhaupt nur im Motorcaravan reisen und leben kann, um
zu (über)leben. Neben anderen Fällen, die in anderem Zusammenhang

in diesem Buch erwähnt wurden (Kapitel 1), sind es zwei Schweizer Paare, die dieses Lebensmuster erfolgreich verfolgen:

„Wenn man das hat [in ihrem Fall ein altes gebrauchtes Wohnmobil]*, ist das Leben billig. Wir brauchen weniger Geld, wenn wir im Ausland sind als in der Schweiz. Wenn wir sparen wollen, müssen wir ins Ausland fahren."* (I. 6) Noch deutlicher drücken es die anderen Schweizer aus, die die Zeit bis zur Verrentung im Wohnmobil überbrücken:

„Das ist für uns ein Tag wie jeder andere. Wir leben ja so. Wir können ja nichts anderes mehr. Seit dem ersten Mai 1997 leben wir hier drin. Die Wohnung habe ich meinem Sohn vermietet. Mit dem haben wir einen Vertrag. Ich sag ihm ein halbes Jahr vorher, dass er sich was suchen muss, damit ich in einem halben Jahr wieder rein kann, wenn wir genug haben... Ich steh jetzt das dritte Jahr, beinahe das vierte. Ich habe noch nich genug. Das kann aber von einem Tag auf den anderen kommen. Dann hab ich die Schnauze voll... Auch wenn wir für vier Wochen im Jahr die Kinder besuchen, schlafen wir dort im Wagen... Wenn's gut geht, wollen wir das acht Jahre durchhalten. Weil dann der Mann fünfundsechzig ist [und seine Rente bekommt]*. Aber es könnte auch dann noch weitergehen."* (I. 64)

... preiswerte Lebensstrategie

So leben sie denn für weniger als tausend Schweizer Franken im Monat *„im Wohnmobil wie die Fürsten!"*

Über Zufriedenheit mit dem Wohnmobil: Ansprüche und Realität gegenüber Qualität und Ausstattung

Über Vorzüge und Mängel der Ausstattung, über Güte der Fahreigenschaften, über das Verhältnis von Qualität und Preis von Reisemobilen zu schreiben, ist eine kitzlige Aufgabe. Denn die Erfahrungen und Eindrücke von Wohnmobilreisenden hierzu sind sehr subjektiv.

Auch wollte es jeweils der Zufall, auf welche Fahrzeugmarke der Autor dieser Zeilen beim Interview stieß, ein genauer Querschnitt nach Herstellern war weder beabsichtigt noch möglich.

Vor allem war es kein wesentliches Ziel dieser Untersuchung, die technische Seite des Motorcaravanings zum Thema zu machen. Da aber viele Wohnmobilisten von sich aus in den Interviews auf Ausstattung, Vorzüge, aber auch Mängel ihres Fahrzeugs zu sprechen gekommen sind, ist schnell klar geworden, dass auch dieser Aspekt zum Gesamtzusammenhang des Reisens und Lebens im Wohnmobil gehört. Vor allem Männer fachsimpeln gern und ausführlich. Also geht es nicht anders, wenn man sein Ohr den Reisemobilisten leiht, auch ein Kapitel den Fahrzeugen selbst zu widmen. Wenn dabei einige Hersteller mit ihrem Produkt Schelte zu hören bekommen, ist diese nur die Weiterleitung entsprechender Meinungen der Motorcaravaner und nicht bewusste Absicht des Autors.

Wohnmobilausstattung und -technik beliebtes Gesprächsthema

Öfters kommt es in den Gesprächen vor, dass einem die Wohnmobilreisenden nur sparsam begründet den Gesamteindruck ihres Fahrzeugs mitteilen.

Häufig Gesamteindruck vom eigenen Fahrzeug genannt

„Es hat alles, was man braucht" (I. 10) lautet das Urteil eines Familienvaters über seinen integrierten Hymer, Baujahr 1990.

Andere, kurz angesprochene Vorzüge des jeweils eigenen Wohnmobils hören sich so an: *„Der Pössl-Duett is nich so großkotzig wie große Wohnmobile. Ist das ideale Mehrzweckfahrzeug."* (I. 65) *„So ein VW-Bus ist beweglich, fällt nich so auf."* (I. 62) In die gleiche Kerbe schlägt ein VW-California Fahrer: *„Das is 'n Fahrzeug für jeden Tag. Kein Luxusfahrzeug."* (I. 18) oder eine Familie im Ford Transit: *„Der reicht uns. So 'n Wohnmobil is nich flexibel genug und zu gut eingerichtet."* (I. 35) *„So 'n Karmann is o. k., nicht zu lang, zu eng, kommt überall hin. Unser Colorado is schmal, das is schön."* (I. 56) *„Unser Eura* [550, Baujahr 92] *mit 5,90 Meter und Räder hinten dran und Hecksitzgruppe is o. k."* (I. 74). *„Der California ist gut ausgereift, maximal innen für die Größe"* (I. 12). *„Der Laika* [Ecovip R 7, Baujahr 98] *is 'n Fahrzeug für zwei Per-*

... oder bestimmte Vorzüge

sonen, schnell und schnittig, ein glatter teilintegrierter. Hat nur neun bis zehn Liter Spritverbrauch" (I. 13). *„Der CI* [Riviera, Baujahr 96] *ist nicht zu groß, hat aber sechs Plätze zum Schlafen"* (I. 37). *„Unser Hymer Camp ist maschinenmäßig astrein"* (I. 38). *„Wir ham uns extra einen Hymer* [S670 B Klasse, Baujahr 94] *gekauft"* (I. 51). *„Der integrierte Bürstner Fiat* [658] *is zuverlässig"* (I. 31).

Auch Besitzer großer Reisemobile wissen bestimmte Attribute ihres Fahrzeugs als vorteilhaft hervorzuheben: *„Der Euroliner is für uns besser, um sich aneinander vorbei zu bewegen."* (I. 48) *„Im Triple hat man amerikanischen Komfort wie zu Hause."* (I. 25) *„Der Carthago* [Mondial 41] *erfüllt unsere Ansprüche."* (I. 22) *„Der Monaco Princess Dynasty is technisch gut. Da is selbst nich viel zu mache. Die Geräte da drinne, die gibt's weltweit oder die sind deutsch."* (I. 45)

Überschwänglicher drückt sich ein Lehrerehepaar aus: *„Wir wollten nur dieses Wohnmobil, kein anders. Wir finden diesen am schönsten, was Karmann je gemacht hat. Ich wollte diesen und keinen anderen. Dieser Gesamteindruck von innen, die Raumaufteilung, kein weiß-grauer Kunststoffwagen von innen. Karmann baut ästhetisch schön, etwas eleganter."* (I. 11)

Wer wissen will, von welchem Mobil die Rede ist, wird staunen: ein Karmann Gipsy, Baujahr 1992. Und wer denkt, das Lehrerehepaar sei rundum zufrieden mit dem Fahrzeug, der irrt.

Vor- und Nachteile von Wohnmobilen

Denn den beiden fällt eine ganze Latte von Nachteilen ein, die mit ihrem Gipsy verbunden sind: Die Dusche ist nicht groß genug, die Polster waren schnell verschlissen. Die Verarbeitung ist insgesamt enttäuschend. Obwohl das Reisemobil erst sieben Jahre alt ist, sind die Alkovenfenster undicht. Der Boden ist primitiv, *„nur Dachlatten und eine Spanplatte unten und drüber und mit Styropor isoliert. Da dringt Spritzwasser ein und hinten ham wir dadurch eine morsche Stelle. Aber ansonsten ist das Fahrzeug o. k. und praktisch."* Man ist verblüfft über diese Polarität von bedingungsloser Euphorie und konkreter Kritik. Ein wenig klärt sich der Widerspruch über diese Aussage auf: *„Ich hab unterwegs regelmäßig Reparaturen. Das gehört dazu, das ist das Schöne; man hat immer was zu tun."*

Nun will nicht jeder sein Fahrzeug als dauerhaftes Bastlerhobby sehen. Klar ist aber, dass es unter den Wohnmobilisten viele gibt, die über Mängel an ihrem Fahrzeug klagen. Dazu später.

Wenn es Lob auszuteilen gibt, wird dies öfter so geäußert, dass man sein Wohnmobil mit anderen vergleicht, um die bessere Qualität des eigenen hervorzuheben. Solche Vergleiche fallen umso leichter, wenn man bereits Erfahrungen mit verschiedenen Mobilen gemacht hat:

„Der CI ist gut, aber der LMC ist sehr gut" (I. 33). „Die müssten stärkere Fahrzeuge haben. Das sind zu schwache Motoren. Die Amis haben vier bis sechs Liter Motoren. Der Fiat zieht besser am Berg als der Mercedes" (I. 19). „Beim California T2 hat man noch 'n LKW-Gefühl, beim T4 mit seiner Schaltung is es wie im PKW" (I. 20). „Der VW is besser als der Fiat wegen seinem Kundendienst in Deutschland" meint der Besitzer eines integrierten Hymers, der sein Fahrzeug mit Fiat Motor auch gegenüber anderen auf Mercedes-Chassis als unterlegen ansieht und das aus folgendem Grund: „Was 'n kleiner Nachteil is, wenn man's erst kennt, für mich war es der Frontantrieb. Wenn man jetzt auf 'ner Wiese festhängt. Wir hatten unsern eingebuddelt sogar. Am Morgen nach 'nem Gewitter hatten wir uns so festgefahren, dass wir ihn ausbuddeln durften. Wer es sich leisten kann, soll sich 'n Mercedes nehmen. Der hat Hinterradantrieb." (I. 10)

Oft Vergleich des eigenen mit anderen Wohnmobilen

Ein Singlefahrer schwärmt von seinem jetzigen Rapido, einem teilintegrierten 710F, wenn er an den Dethleffs Alkoven zurückdenkt, den er vorher hatte: „Rapido is im Gesamteindruck und den Möbeln führend. Is 'n Fiat-Fahrzeug mit französischem Aufbau. Die aerodynamische Form is wichtig für das schnelle Fahren. Mit dem Alkoven Dethleffs und dem Sangdiesel fahren Sie wie mit dem Trabant. Schwungradauto, Berg runter Schwung holen und dann wieder rauf'. 'N Wohnmobil sollte flach sein und hohe Motorleistung haben, Reserven also." (I. 47)

Schließlich kommt es, wenn auch nur selten, vor, dass in Gesprächen Reisemobile eines bestimmten Herstellers abgelehnt werden. Ein Reisemobilkenner meint beispielsweise: „Weinsberg und Tabbert sind nicht unser Traum." (I. 66)

Manchmal Ablehnung bestimmter Wohnmobilmarken

Die unterschiedliche Wertschätzung von Reisemobilen wurde bis hierher entweder als allgemeiner Eindruck oder nach verschiedenartigen Merkmalen geäußert. Die vielen kurzen Originalzitate sollten dabei einen Querschnitt durch die Typenvielfalt zeigen, der der Autor auf seinen Reisen in Gesprächen begegnet ist. Zustimmung zu oder Ablehnung von Reisemobilen lässt sich aber konkreter fassen.

Äußere Merkmale:
Maße, Gewichte und Fahrgestell – mögliche Probleme

Wenn ein älteres Ehepaar sagt, dass ihnen ihr Alkovenwohnmobil mit 6,10 Meter Länge aus Gründen ausreichender Bequemlichkeit reicht (I. 51), denken sie nicht an ein ganz anderes gelagertes Problem: Die unter oder über, meistens um 6 Meter liegende Grenze als Länge, die für preiswerte oder teure Beförderung auf Fähren oder bei der Mautgebühr entscheidend ist. Deshalb betont ein anderer Reisemobilist:

Länge des Wohnmobils kann wichtig sein

„Wir sind mit 5,50 Metern zufrieden. Das macht mit Rädern 5,90 Meter. Das is gut bei den Fähren. Und man kann fast auf jedem normalen Parkplatz stehen." (I. 74). Noch genauer tariert ein Kollege die Länge aus: Er kann das mit seinem Laika Ecovip tun: „Laika is 'n gutes Fahrzeug. Is nich länger als sechs Meter wegen der Schiffe. Ich kann die Stoßstange einziehen, dann bin ich auf 5,99 Meter." (I. 13)

Um so erstaunlicher ist es, dass sich manch ein Hersteller wenig um diese Sechs-Meter-Grenze kümmert, weil es ihm wichtiger ist, einen bestimmten Innengrundriss zu verwirklichen. Ein Blick in die Reisemobilzeitschriften, in denen Wohnmobiltests dargestellt werden, bestätigt die geringe Bedeutung der Sechsmetermarke.

Auch von der Höhe des Reisemobils können Unterbringung des Fahrzeugs zu Hause oder Fährpreise abhängen: „Ich hab ein niedriges Mobil für die Garage gesucht, keinen Alkoven" ist die Aussage eines Rentners, der sich für einen integrierten Bürstner 604 entschieden hatte (I. 5).

Umgekehrt betonen Wohnmobilisten, dass durch die neuen Konstruktionen mit einem Doppelboden die Fahrzeuge höher geworden seien. Hymer macht eben aus diesem Grund Reklame, dass seine Reisemobile trotz des Einziehens eines Doppelbodens nicht höher ausfallen. Die Höhe eines Wohnmobils kann bei engen oder höhenbegrenzten Wegstrecken ebenso hinderlich sein wie bei der Berechnung des Fährpreises.

So schreibt „Reisemobil International" (4, 2002, S. 153): „Welche Maße hat das Reisemobil, das Gespann? Länge, Höhe, Breite werden je nach Fährlinie ganz unterschiedlich berechnet. Bei Überschreitung bestimmter Maxima ist alles drin: von einigen Euro Aufschlag bis zum doppelten Preis."

Beispielsweise zeigen sich Fähren großzügig, die Reisemobile nach Großbritannien oder Irland befördern. Sie lassen die Mobile ohne Höhenbegrenzung bis zu 6,50 Meter Länge zum Pkw-Tarif reisen (Reisemobil International 5,2002, S. 126 f.). Anders ist es auf Strecken im Mittelmeer. Viele Fährgesellschaften setzen eine Preisstufe unter und oberhalb von sechs Metern an (Reisemobil International 4, 2002, 156 ff.). Außerdem wird zwischen Reisemobilen über und unter 1,90 Meter Höhe unterschieden (zum Beispiel Prospekte von Blue Star Ferries oder Superfast Ferries 2002).

Noch verwirrender wird die Kategorisierung, wenn man andere Gesellschaften betrachtet. Bei den zwischen Italien und Griechenland verkehrenden Agondimos Lines (2002) und Anek Lines (2002) liegen die Preisgrenzen bei 1,90 Meter Höhe, aber 5,25 Meter Länge. Bei Minoan Lines (2002) geht es um die Längengrenze bei 5,60 Meter.

Selbst dieses kurze Hineinschnuppern in die Preisgestaltung europäischer Fährlinien zeigt bei aller Unterschiedlichkeit, wie entscheidend die Wohnmobillänge ist. Auch wenn auf Mittelmeerfähren bisweilen die höhere Preisstufe bereits unter sechs Metern Länge beginnt, ist diese Scheide mehrheitlich in Europa ausschlaggebend.

Ein zweites Thema, mit dem sich die Interviewpartner auseinandersetzen, kreist um Gewicht und Zuladung von Reisemobilen. Kurz und bündig das Urteil eines Motorcaravaners: *„3,5 Tonnen ist die Schallgrenze."* (I. 52) Hinter der Feststellung verstecken sich zwei Probleme: Zu- bzw. Überladung sowie die steuer- und verkehrsrechtlichen Unterschiede bei Wohnmobilen unter und über 3,5 Tonnen zulässiges Gesamtgewicht. Zur ersten Fallgruppe einige Meinungen der Kollegen:

Je nach Gewicht und Zuladung von Wohnmobilen unterschiedliche Bestimmungen

Ein Ehepaar aus Berlin, das einen älteren integrierten Hymer fährt, berichtet: *„Eigentlich hat er alles, was man braucht. Bei manchen ist nur die Zuladung das Problem. Hier zum Beispiel nur 280 Kilo, und das mit Kindern und Rädern. Wir haben deshalb hinten Luftfederung unterbauen lassen. Jetzt is er auf über 3,5 Tonnen aufgelastet. … Man sollte sich beim Neukauf die Zuladung bestätigen lassen."* (I. 10)

… zum Beispiel: 3,5 t-Grenze

Oder es lässt ein Rentnerpaar seinem inzwischen verdauten Unmut freien Lauf: *„Die Zuladung ist immer ein Problem. Auch jetzt noch, wo wir ihn auf drei Tonnen aufgelastet haben* [Eura 550 auf Ford-Transit Basis]. *Ford tut nichts. Die Achslast darf man nich überschreiten. Bei langem Überhang wird das zum Problem."* (I. 74) Was aber versteckt sich hinter den stirnrunzelnd aufgetischten Begriffen „zulässiges Gesamtgewicht", „Zuladung" und „Auflastung"?

… und Zuladungsproblem

Tatsachen und Probleme mit dem Gewicht von Wohnmobilen

Im „Bordbuch für Motorcaravaner" des VDWH heißt es:

„Zulässiges Gesamt- und Leergewicht, Achs-, Dach- und Anhängelast sind die bedeutendsten Gewichtsangaben für den Reisemobilisten. Das *Leergewicht* (Fahrzeug inklusive vollem Kraftstofftank, Fahrergewicht 75 Kilo, Bordwerkzeug, Ersatzrad, Verbandskasten und Warndreieck) lässt der Aufbauhersteller in die Kfz-Papiere eintragen, wenn das Fahrzeug vom Band kommt und die Wiegekarte einer öffentlichen Waage vorliegt. Das *zulässige Gesamtgewicht*, das von Größe und Beschaffenheit des Fahrgestells abhängt, legt der Hersteller des Basisfahrzeugs fest.

Die Differenz zwischen *Leer-* und *zulässigem Gesamtgewicht* bezeichnet man als *Zuladekapazität*.

Aber Achtung: Jedes noch so kleine Zubehörteil, das nach Auslieferung vom Werk ins Mobil eingebaut wird, erhöht das Leergewicht und verringert die Zuladungsmöglichkeit. Ist Ihr Mobil endlich komplett (mit Markise, Fahrradhalter, Dachbox und Leiter etc.) ausgestattet, fahren sie noch einmal zu einer Wiegestelle. Notieren Sie sich den neuen Wert, legen Sie den Zettel zu Ihren Kfz-Papieren. Bei genauer Ermittlung des effektiven Zuladewerts müssen Sie zusätzlich sowohl die Gewichte des gefüllten Wassertanks und der beiden vollen Gasflaschen als auch die der Mitreisenden berücksichtigen. Wichtig: das Gewicht des Reisegepäcks nicht schätzen, sondern auf der Waage prüfen lassen. Nur so sorgen Sie für die eigene Sicherheit und riskieren keine unnötigen Strafmandate bei Gewichtskontrollen durch die Polizei.

Die *Achslast* gibt Auskunft über die Gewichtsverteilung (maximale Belastungsmöglichkeit der Vorder- und Hinterachse) im Reisemobil. Angaben erhalten Sie entweder vom Basis-Hersteller oder die Werte sind direkt am Fahrzeug vermerkt. Auch diese Gewichtsangaben müssen strikt eingehalten werden, was durch sorgfältiges Beladen, richtige Gewichtsverteilung und Kontrolle auf der Waage leicht möglich ist.

Stichwort *Dachlast*: Sie wird vom Aufbau-Hersteller festgelegt und ist abhängig von der Konstruktion des Daches (Alu-Sandwich, GfK). Teilweise sind die Dächer mit Gummi-Matten oder Alu-Platten ausgestattet, um zu zeigen, an welchen Stellen sie sicher begehbar sind. Welche Gewichte Sie auf dem Dach transportieren dürfen, erfahren Sie vom Hersteller oder Händler.

Wer sein Mobil gleichzeitig als Zugpferd für den Bootstrailer, einen kleinen Wohnwagen oder einen Pkw-Anhänger nutzt, benötigt eine Anhängerkupplung. Wie viel gebremste oder ungebremste Kilo Sie ziehen dürfen, entnehmen Sie den Eintragungen im Kfz-Schein."

So weit die Informationen des Bordbuchs.

Wichtig ist es einzuschätzen, wie hoch die Zuladekapazität – umgangssprachlich die Zuladung – sein sollte, um ein Reisemobil mit der zugelassenen Personenzahl und dem notwendigen Gepäck betreiben zu können. Ein Reisemobilexperte wie R. SCHULZ (1998, S. 20) meint, „die Lücke zwischen Leergewicht und zulässigem Gesamtgewicht" solle nicht „geringer als 500 kg" sein („800 kg wären ordentlich"). Wenn man bedenkt, dass für drei mitreisende Personen, einen Frischwassertank, den Boiler und Toilette sowie zwei Gasflaschen und vielleicht eine Markise leicht vierhundert und mehr Kilo zusammenkommen, kann man sich ausrechnen, dass nicht mehr viel Spielraum für individuelles Reisegepäck plus Campingmobiliar und Fahrräder übrig bleibt.

In den Testberichten der Reisemobilzeitschriften wird deshalb auch in zahlreichen Fällen auf die zu geringe Zuladekapazität hingewiesen. Es seien nur zwei Beispiele von Testberichten aus diesem Jahr zitiert:

Zuladekapazität sollte nicht unter 500 Kilo liegen

Viele Fahrzeuge mit zu geringer Zuladekapazität

„Chausson baut Allegro 67 auf Fiat Ducato 14 mit angeflanschtem Al-Ko-Chassis. Diese Kombination hat eine zulässige Gesamtmasse von 3.400 Kilogramm, kann aber auf 3.500 Kilogramm aufgelastet werden. Haben zwei Reisende den Allegro 67 nach Norm 1646-2 beladen, können sie noch weitere 247 Kilogramm zupacken. Reisen vier, sind es nur noch 77 Kilogramm. Viel Last liegt auf der Vorderachse. Sie ist bei vier Urlaubern mit einem Kilogramm schon ganz knapp überladen" (Reisemobil International 5/2002, S. 46).

„Niesmann + Bischoff baut den Flair 7100 auf Fiat Ducato Maxi mit angeflanschtem Al-Ko-Tiefrahmen-Tandemachschassis. Diese Kombination hat eine zulässige Gesamtmasse von 4.500 Kilogramm. Beladen nach der Norm EN 1646-2 bleiben für zwei Personen 251 Kilogramm weitere Ladekapazität. Bei vier Personen sind es nur noch 81 Kilogramm. In beiden Fällen ist die Vorderachse überladen. Das ließe sich nur ausgleichen durch kräftiges Beladen der Heckgarage. Das wiederum muss aber bei 251 Kilogramm enden" (Reisemobil International 5/2002, S. 52).

Selbst bei einem Oberklassemobil wie diesem Flair 7100i ist die Zuladung lächerlich bescheiden.

In anderen Fällen liegt sie aber deutlich darüber. Wieder ein Beispiel aus jüngster Zeit. Im getesteten Eura Mobil Sport 576 MS sind es 840 kg, allerdings bei einem zulässigen Gesamtgewicht von 3800 kg (promobil 4/2002, S. 25).

Wenn man die Wohnmobile in der Kategorie zwischen 2,8 und 3,5 Tonnen zulässigem Gesamtgewicht, die als wohl größte Teilgruppe angesehen wird, betrachtet, so beträgt die Zulademöglichkeit über die zuvor genannte Standardbelastung durch Mitfahrer und Versorgungssystem häufig nur einhundert bis zweihundert Kilo, manchmal auch weniger.

Als Fazit kann gelten: Fahrzeuge bis 3,5 Tonnen zulässigem Gesamtgewicht haben vielfach ein Zuladeproblem, dem man nur durch Auflastung über das ursprüngliche Gesamtgewicht abhelfen kann. Damit fallen diese Reisemobile aber aus der Gruppe der bis zu 3,5 Tonnen schweren heraus und unterliegen eigenen, zum Teil günstigeren, zum Teil ungünstigeren Bestimmungen. Hierauf ist weiter unten einzugehen.

Auflastung bringt neues Problem: Überschreitung der 3,5 t-Grenze

Der Vollständigkeit halber ist hinzuzufügen, dass nicht nur das zulässige Gesamtgewicht, sondern auch die vorn und hinten einzuhaltende Achslast zu beachten ist. Beim oben zitierten Urteil über den Flair 7100i hieß es beispielsweise, dass „die Vorderachse überladen ist".

Andere Wohnmobile weisen einen typischen „Hängehintern" auf, will sagen, sind am Heck überladen. Für jedes Basisfahrzeug gilt eine

Manchmal Vorder- oder Hinterachse überladen

zugelassene vordere und hintere Achslast, die im Kraftfahrzeugbrief und -schein eingetragen sind. Beim sorgfältigen Bepacken des Mobils sollte man deshalb darauf achten, schwere Zuladung möglichst zwischen die Achsen und niedrig zu plazieren.

Eine Auflastung von Reisemobilen über die Grenze von 3,5 Tonnen zulässigem Gesamtgewicht ist gestattet, allerdings nur bis zu bestimmten Grenzen, die der Hersteller des Basisfahrzeugs festlegt.

Die Auflastgrenze macht deshalb Sinn, weil die Tragfähigkeit der Reifen zu beachten ist. Die Tragfähigkeit hängt vom zulässigen Reifendruck ab und dieser lässt sich aus Sicherheitsgründen nicht nach oben verändern.

Zulässiges Gesamtgewicht, seine Verteilung auf die vordere und hintere zulässige Achslast und deren Beziehung zur Tragfähigkeit und dem Druck der Reifen sind also ein wechselseitig austariertes System.

In einem illustrativen Beitrag informiert Reisemobil International (5/2002, S. 62 ff.) über die Bedeutung des richtigen Reifendrucks, „denn der Reifenfülldruck ist das wichtigste Kriterium für das Wohl und Wehe eines Reifens".

Weitere Folgen, die die „Schallgrenze 3,5 Tonnen" zulässiges Gesamtgewicht mit sich bringen, betreffen die besonderen Verkehrsbestimmungen. Die geltende und zu erwartende Rechtssituation ist in einem ausführlichen Beitrag von promobil (4/2002, S. 40 ff.) dargestellt. Wesentliche Punkte sind dort in einem Schema zusammengefasst:

Abb. 17
Vorschriften für
Reisemobile

Vorschriften für Reisemobile

	über 2,8 bis 3,5 t zul. Gesamtgewicht	über 3,5 bis 7,5 t zul. Gesamtgewicht
Hauptuntersuchung, Abgasuntersuchung	alle 2 Jahre	jedes Jahr
Kfz-Steuer	gewichtsabhängig wie entsprechende Lkw	schadstoff- und gewichtsabhängig wie entsprechende Lkw
bauartbedingte Geschwindigkeitsbeschränkung	keine Einschränkung	80 km/h. Auf Landstraßen mit Anhänger 60 km/h
Parken	Parken auf Gehwegen und Pkw-Plätzen ist nicht gestattet	Parken auf Gehwegen ist nicht gestattet. Warntafel oder Beleuchtung nachts auf Straßen innerhalb geschlossener Ortschaften

vorgeschriebene Sicherheitsausstattung	Warndreieck, Verbandskasten	ABS (für alle ab 1.1.2002 neu zugelassenen Fahrzeuge), Warndreieck, Verbandskasten, Warnleuchte
weitere Regelungen	keine Einschränkungen	Rechtsfahrgebot auf mehrspurigen Straßen in Ortschaften. Auf Autobahnen 50 Meter Mindestabstand zum vorausfahrenden Fahrzeug. Verkehrszeichen Überholverbot und Verkehrsverbot für Lkw gelten

* Gültig für die Bundesrepublik Deutschland

Der Hauptunterschied zwischen Reisemobilen unter oder über 3,5 Tonnen Gesamtgewicht besteht darin, dass erstere als „Sonstiges Kfz Wohnmobil" den Pkw gleichgestellt sind mit Ausnahme des Parkverbotes auf Randsteinen und Pkw-Parkplätzen ab bereits 2,8 Tonnen Gesamtgewicht. Damit unterliegen die Fahrzeuge ab 3,5 Tonnen der Geschwindigkeitsbegrenzung auf Tempo 80 km/h, bei Wohnmobilen mit Anhänger auf Landstraßen sogar 60 km/h.

Nachteile für Wohnmobile über 3,5 t Gesamtgewicht

Ferner gilt: Da die den Lkw gleichgestellten schweren Reisemobile ab 1.1.2002 mit einem Antiblockiersystem ausgerüstet sein müssen, ist für leichte Wohnmobile ohne ABS, die ab diesem Stichtag zugelassen worden sind, eine Auflastung über 3,5 Tonnen nicht mehr möglich. Benachteiligt sind schwere Reisemobile auch durch die jährlich vorgeschriebene Haupt- und Abgasuntersuchung. Eventuell will das Bundesverkehrsministerium dieses kurze Intervall wieder zurücknehmen, sodass dann die für leichte Wohnmobile zweijährige Frist gelten würde.

Ein anderes Ärgernis betrifft die höheren Verwarnungs- und Bußgelder für Fahrzeuge über 3,5 Tonnen zulässiges Gesamtgewicht sowie die niedrigere Grenze für Strafpunkte im Flensburger Register.

Letztlich ist auch die Einführung des „Euro-Führerscheins" für Erwerber nach dem 1. 1. 1999 nachteilig, wenn sie ein Reisemobil über 3,5 Tonnen Gesamtgewicht bewegen wollen: Der früher bis 7,5 Tonnen geltende Führerschein 3, jetzt B, gilt nur noch bis 3,5 Tonnen. Also braucht man den Führerschein Klasse C1, der für Fahrzeuge bis 7,5 Tonnen gilt.

Wenigstens ein Vorteil wird Eigentümern eines schweren Wohnmobils gegönnt, wenn sie nicht gerade eine alte Gurke fahren. Da die Kraftfahrzeugsteuer bis zu 3,5 Tonnen ausschließlich nach Gewicht, darüber aber nicht nur nach Gewicht, sondern auch nach Schadstoffausstoß und Geräuschverhalten berechnet wird, stehen sich die schweren Mobile der

Ein Vorteil für Schwergewichte: niedrigere Steuer

hohe Anforderungen einhaltenden Schadstoffklasse S1 oder S2 besser. Kostet ein 3,5 Tonnen-Reisemobil 210 Euro Steuer, sind es bei einem 3,8 Tonner nur 127 Euro oder bei einem Viertonner 134 Euro.

Weitere Details über zusätzliche unterschiedliche Verkehrsbestimmungen für Wohnmobile bis 2,8 Tonnen, bis 3,5 Tonnen und solche darüber sind in einer Broschüre des ADAC „Besondere Verkehrsbestimmungen für Campingfahrzeuge in Deutschland" (CAM 25) (siehe erläutert in Kapitel 7) und „Verkehrsbestimmungen für Gespanne und Wohnmobile in Europa" (CAM 22) zusammengefasst.

Höhere Besteuerung bei Wohnmobilen unter 2,8 t Gesamtgewicht

Ein Unterschied zwischen bis 2,8 Tonnern und bis 3,5 Tonnern liegt beispielsweise in der höheren Besteuerung der ganz leichten Reisemobile, weil diese nicht wie bei den schwereren Fahrzeugen nach Gewicht, sondern wie bei Pkws nach Schadstoffausstoß und Hubraum berechnet wird, was sich besonders nachteilig für Dieselfahrzeuge auswirkt.

Unterschiedlicher Umgang mit dem Gewichtsproblem

Lösungen, die sich Motorcamper ausdenken, um mit der Gewichtsproblematik ihres Fahrzeugs fertig zu werden, können ganz unterschiedlich aussehen. So berichtet eine Camperin, wie sie und ihr Mann mit der drohenden Überlastung ihres LMC umgegangen sind:

„Das einzige, was ich bemängel, wo wir aber selber nich drauf geachtet ham, das is unsere eigene Schuld. Mir ham also Zusatzsache. Mir ham 'ne Klimaanlage drinne. Die wiegt über 'n Zentner. Mir ham dieses Stromaggregat mit 2,5 kW, wo also auch über 'n Zentner wiegt, unsere Markise is fünfmeterfünfzig, is auch über 'n Zentner. Wenn ich mein Rolle rein tu, wenn ich mei Fahrräder rei tu. Wenn ich das richtig voll belade, und das Boot noch oder de Gefrierschrank und, und, und, ist unser Auto einfach überlade. Und des ham mir nich berechnet. Denn wir ham ja nur 3,38 noch was und ham ne aufgelastet auf vier Tonne.

Und dadurch is es halt passiert, dass mer alles, was mer nich brauche, richtiges Porzellangeschirr und, und, und, wo mer einfach jetz Abstriche mache, weniger Sache mitnehme. Weniger Zeitschrifte, weniger Dose. Das mer des einfach versucht, im Rahme zu halte, wenn man mal gewoge wird im Ausland" (I. 69) Ein anderer Wohnmobilist spart, um nicht wegen Überladung aufzufallen, während der Fahrt am Wasser. Der Frischwassertank wird nur mit fünfzig Kilo beladen und erst am Zielort ganz aufgefüllt (I. 52).

Viel konsequenter geht ein anderes Reisemobilpaar zur Sache: *„Wir ham 'nen Anhänger, weil wir das Wohnmobil sonst überladen."* (I. 53)

Ein anderer Kollege verweist auf die Belastungsgrenze der Achsen und der Reifen: *„Das is normalerweise zu schwach für ein Wohnmobil. Bei zweihundert Kilo Auflastung, denn ich möcht mehr mitnehmen mit dem Dachkoffer, geht das nich mit den Reifen. Wenn man unterwegs 'ne*

Gewichtskontrolle hat, konnte man früher fünf Prozent überladen sein, heute nur noch fünfzig Kilo. Die Räder sollten stabiler sein." (I. 51)

Die unzureichende Stabilität der Basisfahrzeuge oder genauer, des Fahrgestells, wird nicht nur als Gewichtsproblem gesehen, sondern auch als Beeinträchtigung des Fahrverhaltens: *„Für die Straßenlage ist die Federung nicht ausgereift"*, stellt der Besitzer eines älteren Dethleffs- Alkovenfahrzeugs fest (I. 71). Und ein anderer Motorcaravaner nennt sein Mobil: *„Eura, das Schaukelpferd"* (I. 74). Die als allein reisende und Singleclub-Gründerin bereits bekannte Frau urteilt:

„Das Fahrgestell des Ducato 14 muss sich bessern. Warum is das so holprig und klapprig? Ich hatte mal ein Busfahrgestell kennen gelernt, das is besser auf Langstreckenfahrten. Mit dem Ducato is das anstrengend. Ich hab Oropax in den Ohren. Der Lärm schädigt sonst die Nerven." (I. 43)

Sie hat auch noch einen zusätzlichen Tipp für ruhigeres, sichereres Fahren: *„Zumal hab ich es jetzt auch kennen gelernt, mit Stickstoff als Reifenfüllung zu fahren. Super, kann ich nur empfehlen. Das können sie bei jedem größeren Reifenhändler kriegen, pro Reifen ungefähr vierzig Mark. Die Stickstofffüllung hat die Eigenschaft, dass der Reifen wesentlich ruhiger abrollt, zum Beispiel bei Stürzen auf der Fahrbahn zumindest zwanzig Prozent gemindert. Und auch das Gerappel in dem Fahrzeug ist wesentlich weniger. Der Reifen wird dadurch geschont in seinem Ablaufverhalten. Und der wird auf Höchstbeladung gefüllt und Sie brauchen ein ganzes Jahr lang nicht mehr nach dem Reifendruck gukken. Stickstoff is ja ein Edelgas und es ist träger im Verhalten. Alles, was auf den Reifen eindringt, meinetwegen so ein Stoß, überträgt dieses Stickstoffgas wesentlich schwerer. Das is hundertprozentig."* (I. 43) Man merkt: Hier spricht Vaters Tochter als Expertin, der nämlich ein Autohaus samt Werkstatt besaß.

Selbst im luxuriösen Amerikaner, einem Triple Regenca 796, Baujahr 94, wird der mangelnde Fahrkomfort beklagt: *„Obwohl er so groß und komfortabel ist, klappert es innen nur. Da wär eine Luftfederung oder ein Busfahrgestell angenehmer."* (I. 26) Und schließlich beklagt ein Kollege den einseitigen Innenausbau seines Hymer Camp, Baujahr 95:

„Der hat alles auf der rechten Seite, Kühlschrank, Wassertank, vier Leute auch rechts und die Gasflaschen. Ich hab deshalb Luftfedern einbauen lassen, die man rechts und links unterschiedlich heben kann. Vorher hing der immer rechts." (I. 38)

Hier soll die Reihe der Stellungnahmen zum Thema Gewicht, Maße und Fahrverhalten zum Ende kommen. Ein in den Interviews besonders häufig genanntes Stichwort ist zuletzt gefallen und möchte jetzt abgearbeitet werden: Innenausbau.

Unzureichende Stabilität des Fahrgestells bemängelt

Stickstoff in Reifen – ein guter Tipp

Manchmal einseitig schwerer Innenausbau

Innenraumgestaltung zum Wohlfühlen

Viele Gedanken um Innenraum-gestaltung

Was kann besser sein für den Hersteller wie für den Nutzer als das Urteil: *„Diese Innenaufteilung war mein Traum"* (I.38). Dies sagt die stolze Besitzerin des Hymer Camp, deren Mann gerade zum Thema einseitige Lastverteilung zu Wort gekommen war:

„Wir ham ja vorher schon immer ausgesucht und dann gefiel uns das nich und das nich. Und dann stand der vorm Geschäft in Dortmund, wo wir den gekauft ham. Und dann hab ich zu dem Verkäufer gesagt: ,Könnt ich mal bitte den Schlüssel haben, ich will das mal von innen sehen.' Der schließt auf und ich geh rein und dann hab ich zu meinem Mann gesagt: ,Das is er!' Diese ganze Aufteilung und das alles, diese Seitsitzgruppe, auf der anderen Seite diese lange Bank, wo er sich mal hinlegen kann. In der Zeit, wenn er sich nach der Fahrt ausruht, mach ich 'n bisschen Essen, Kaffee. Das man da nich immer gleich oben in den Alkoven muss. Und diese Aufteilung wollten wir dann so haben." (I. 38)

Ebenso ist ein Ehepaar mit größerer Tochter von der Aufteilung des Innenraums, eines alten integrierten Hymers angetan:

„Wir hatten erst den LT 28, der war mit Holz eingerichtet aufs i-Tüpfele, der war ein Künstler. Aber dann mit drei Personen, die Tochter schon fünfzehn, war das zu eng. Ham wir uns den gebrauchten Hymer Baujahr 82 gekauft. Is ein Riesenunterschied im Platz. Ham wir jetzt 5,60 Meter Länge. Man kann sich bewegen, drin gehen. Und es is alles drin. Zweimal 11 Kilo Gas, Kühlschrank, Warmwasser und Kochen... Früher im LT war die Umbauerei so 'ne Verwandlungsgeschichte abends und zu wenig Stauraum. Jetzt hat die Tochter das Hubbett und unten die Tischfläche für uns, ruck, zuck zum Bett gemacht. Drunter will ich nich mehr, unter die Hymergröße." (I. 46)

Auch Kritik an Innenraum-aufteilung

Umgekehrt gibt es von Campern Kritik am Fahrzeuginnenraum, den andere für gut bemessen halten, beispielsweise von einer Familie mit zwei Söhnen, die sich einen neuen, gut sechs Meter langen Ahorn Camp als Alkovenfahrzeug gemietet hatten:

„Es is ein mittelmäßiger Aufenthalt im Wohnmobil. Für vier Leute beengt. Man muss hier alles anders aufräumen als zu Hause und weiß gar nicht, wohin mit dem Zeug." (I. 76)

Viele Motorcaravaner beschäftigen sich gründlicher mit einzelnen Bereichen der Innenraumgestaltung. Dabei stehen Themen wie Sitzarrangement, Betten, Stauraum und Sanitärausstattung im Vordergrund.

Also der Reihe nach:

Heftig umstritten ist unter Wohnmobilisten der Vorzug von Hecksitzgruppe oder Seitsitzgruppe. Ein Familienvater, dessen Kinder immer seltener mit auf die häufigen Wochenendreisen mitkommen, meint: *„Besser ist die Rundsitzgruppe, viel gemütlicher. Und im Winter-urlaub is es hinten wärmer, das Fahrerhaus is kalt."* (I. 2) Pro Hecksitz-gruppe und vor allem gegen eine Seitsitzgruppe wendet sich der Marok-kofahrer: *„Ich will keine Seitsitzgruppe, sind ja Kutscherbänke. Besser is die Rundsitzgruppe, da können wir uns beide im Hymer [B 534, Bau-jahr 98] nach dem Essen lang machen. Is ja gemütlicher."* (I. 61)

Einzelne Ele-mente der Innenraumaus-stattung

Von den vor kurzem zu Wort gekommenen Besitzern des Hymer Camp wird allerdings das Nebeneinander von Seitsitzgruppe und Längsbank als ideal gelobt (I. 38). Und selbst die VW-Californiafahrer, die ihre Hecksitzgruppe eigentlich gemütlich finden, geben zu beden-ken, dass *„das Quersitzen auf langer Fahrt nicht schön"* sei (I. 56).

... Heck- contra Seitsitzgruppe

Für sie ist bei der Sitzgruppe auch wichtig, wie die Polsterung mit Bezug wirkt: *„Der Karmann is nich so Gelsenkirchener Barock, so plü-schig wie der Hymer, auch nicht die hellen Möbel, obwohl aus Kunst-stoff, sehr freundlich und nicht plüschig."*

Der Überlebenskünstler an Spaniens winterlicher Sonnenküste ist ebenfalls kein Fan einer Hecksitzgruppe. Er hat allerdings in seinem älteren Dethleffs selber die ursprünglich eingebaute Dinette ausgebaut zugunsten einer Winkelsitzgruppe und hat *„jetzt eine Liege wie daheim"* (I. 60). Aus ganz pragmatischem Grund lehnt der Familienvater, der mit Frau und fünf Kindern im gemieteten Knauss Traveller 685 reist, die Hecksitzgruppe ab: *„Die Hecksitzgruppe, wo die Babys schlafen, is so ganz falsch. Darunter is der Stauraum. Wie soll'n wir da ran kommen?"* (I. 33)

Einen Zusammenhang zwischen der Sitzgruppe und der Schlafgele-genheit gibt es dann, wenn erstere zum Bett umgebaut wird. Daran kann man sich gewöhnen oder sich daran stören. Die Familie mit Toch-ter, die vom VW-LT 28 Kastenwagen auf einen integrierten Hymer umgestiegen ist, findet den abendlichen Umbau der Mittelsitzgruppe zum Bett ganz unproblematisch: *„Tischfläche runter und ruck, zuck ist das Bett gemacht"* (I. 46). Ein älteres Rentnerpaar, das eigentlich mit ihrem Arca Europa 92 Alkovenmobil zufrieden ist, überlegt es sich, noch einmal ein anderes Reisemobil mit festen Betten zu kaufen. Denn *„feste Betten sind besser als zusammengeschobene Polster, da hat man eine ordentliche Matratze"* (I. 53).

Sitzgruppe und Bettenumbau – manchmal aufwendig, manchmal nicht

Ein Unternehmerpaar hat sich bei seinem Hymer 644 sogar zu *„einem speziellen Ausbau mit festem Bett statt der Rundsitzgruppe"* entschlossen. *„Wir ham jetzt keinen Umbau mehr und können abends von unseren u-förmigen Heckfenstern schön den Skilift vom Bett aus sehen. Oben drüber ham wir die Staufächer. Dieses sich auszudenken, hat drei Jahre gedauert."* (I. 14)

Oft geht es um die richtige Position der Betten im Innenraum, und dies aus unterschiedlichen Gründen: Dem Reisemobilhändler, selbst begeisterter Anhänger dieses Urlaubsvergnügens, ist besonders wichtig, dass *„wir* [im Cathago Mondial 52] *vorn und hinten Betten haben wegen dem Kind. Wir sind faul und deshalb keine Bettenbauer"* (I. 66).

Wo sind die Betten im Innenraum an richtiger Stelle?

Eine Familie aus der Gegend um Zittau genießt ihren jetzigen Knauss Alkoven C 580, weil es ein Reisemobil für bis zu sechs Personen ist. Sie sind eine vierköpfige Familie und schätzen den Vorteil, neben dem Alkovenbett ein *„Klappbett zu haben. Die Mittelsitzgruppe kann immer stehen bleiben. Das ganz große Räumen fällt aus. Hinsetzen, frühstücken, dann können wir schon abrücken. Bei unserem ersten mussten wir immer die Mittelgruppe abbauen. Betten hin und her. Das macht Staub."* (I. 15)

Generell macht es bei Familien mit Kindern Sinn, vorne und hinten Betten verfügbar zu haben. Eine junge Familie mit Kleinkind hat lange auf ihren Weinsberg Komet gespart. Nun, da sie ihn haben, hatte sich auch ihr jetziges Kind eingestellt: *„Jetzt ist es mit drei Personen zu klein. Ein Bett fehlt, wo soll das Kinderbett hin? Da hab ich selbst eins auf der kurzen Sitzbank eingebaut."* (I. 70).

Solche Sorgen plagen eine Familie mit zwei Kindern nicht. Denn in ihrem amerikanischen Dickschiff, dem Triple, *„ham wir sechs Schlafplätze und reichlich Schränke."* (I. 26). Zufrieden ist aber auch zu viert die Familie im VW-T4 California: *„Das is geschickt und gut mit der Liegefläche hinten* [der umgelegten Klappbank] *und den Betten unterm Dach."* (I. 20) So unterschiedlich die Größe des Fahrzeugs ist, ausreichende Schlaffläche scheint im Dickschiff wie im VW-Bus zu sein.

Problematisch kann der Wunsch nach entspannendem Schlaf werden, wenn die Wohnmobilreisenden älter sind oder werden. Vor allem mögen dann nicht alle Paare (noch) so gern im Alkoven nächtigen wie das Jungrentnerpaar aus Berlin: *„Im Großen und Ganzen hat so 'n Wohnmobil 'ne ganze Menge Komfort, wir mögen sehr den Alkoven."* (I. 41)

Für oder gegen Alkovenschlafen

Nicht nur das abendliche Hochkrabbeln ist nicht nach jedermanns Geschmack, manchem ist der Alkoven zu beengt, denn *„manche Alkoven sind allerdings nicht richtig groß und breit, um sich noch aufzurichten"* (I. 16). Das Paar, das diese Ansicht äußert, nutzt jedoch den geräumigen Alkoven ihres Concorde 650 RS. Und dies, obwohl die Frau seit einem schweren Unfall mit dem früheren Hymermobil beingelähmt ist. Ihr Mann hat eine spezielle Treppe zum Alkoven eingebaut, die ihr den Einstieg in das hohe Schlafgemach ermöglicht.

Außerdem meinen sie: *„Auf engstem Raum bietet der Alkoven mehr, man hat dafür hinten einen großen Kofferraum."*

Ein kurz vor der Rente stehender Justizangestellter sieht die Nützlichkeit des Alkovens ganz anders. Schlafen möchten er und seine Frau nicht im Alkoven ihres älteren Euramobils S 575: *„Sehen Sie mal, da auf den Alkoven ham wir vollgestellt mit den praktischen Boxen für die Wäsche und alles. Da können wir schnell alles draußen aufstellen, müssen nich viel putzen, nur ein- auspacken. Ich bin ein richtiger Stauraumkostenfan"* (I. 1).

Genug zum Thema Alkoven, denn auch über Vorzüge oder Nachteile von Hubbetten in integrierten Wohnmobilen gilt es zu berichten:

Ein geselliges Rentnerpaar, das wegen der Wintersaison beim Überwintern lange Zeiten im Reisemobil verbringt, hatte zuerst einen Bürstner mit Alkovenbett. Jetzt lieben sie ihren Hymer B-Klasse: *„Den haben wir extra wegen der Bequemlichkeit gekauft. Da geht schnell das Hubbett runter und dann rauf auf die Leiter."* (I. 51) Man muss allerdings hinzufügen, dass nur die Frau auf dem Hubbett schläft, er bleibt unten auf einem „zwei mal ein Meter Bett". Denn, wenn man älter wird, *„schläft man nich mehr ganz eng umschlungen"*. Für oder gegen Hubbett im integrierten Mobil

Das Paar, das nach langer Erfahrung mit einem integrierten Hymer nach dem Unfall auf ein Concorde Alkovenmobil umgestiegen ist, sieht im Rückblick das Hubbett negativ: *„Ein Integrierter is ein eleganteres Fahrzeug. Aber das sehen nur die anderen von draußen. Denn das is ein Gewackel mit dem Bett runterziehen. Und man ist im Alkoven geschützt. Beim Hubbett liegt man ja mit dem Hintern sofort an der Scheibe. Ein Stein in die Scheibe und man liegt im Freien."* (I. 16)

Es wird in einer Reihe von Interviews die Wunschvorstellung eines Reisemobils angesprochen, das man dann realisieren wird oder würde, wenn man sich ein anderes Fahrzeug anschafft. Allen diesen Zukunftsgedanken ist eines gemeinsam: weg vom Alkoven und hin zu einem integrierten oder teilintegrierten Motorcaravan. Die Begründung dafür ist ebenfalls bei allen gleich: Man habe eine bessere Raumausnutzung und Schlafmöglichkeit als im Alkovenmobil. Trend stärker weg vom Alkoven-, hin zum integrierten Wohnmobil

So wünscht sich das Paar, das häufig in Marokko überwintert, in höherem Alter *„einen Teilintegrierten mit Bett hinten. Darunter ist dann die Heckgarage mit ausziehbarer Schiene für den Roller."* (I. 61) ... möglichst mit Heckgarage

Eine gleiche Perspektive hat der noch jüngere Überwinterer, der sich später einmal *„statt des Alkovens ein teilintegriertes Wohnmobil mit festem Bett unten und Heckgarage"* leisten will (I. 59). Sie alle denken wie der Malermeister, der zur Zeit einen großen Concorde Alkoven fährt: *„Nich mehr in den Hochbau krabbeln müssen, is besser. Wenn also die Tochter in zwei Jahren nich mehr mitkommt, wollen wir einen ande-*

ren Zuschnitt mit Heckgarage, einen Integrierten. Der bringt ein besseres Raumgefühl." (I. 29)

Das bessere Raumgefühl stellt sich dadurch ein, dass *„man beim integrierten Mobil das Fahrerhaus als Wohnraum hat, dadurch ist es innen einen halben Meter länger."* (I. 52) Das Rentnerpaar sieht in einem Integrierten die Möglichkeit, getrennte Betten einzurichten.

Bei erfahrenen Wohnmobilisten geht der Trend also in zwei Richtungen. Entweder bleibt man beim Alkovenfahrzeug oder man wechselt – vor allem in höherem Alter – zum teilintegrierten oder integrierten Motorcaravan. Eine Wechselabsicht in umgekehrte Richtung wurde nicht geäußert.

Gute Innenraumgestaltung bedeutet auch, sich auf engem Raum erträglich bewegen zu können und – vor allem bei schlechtem Wetter und mit Kindern – Raum zur Entfaltung unterschiedlicher Bedürfnisse zu haben.

Platz im Innenraum kann nicht groß genug sein

Selbst in einem großen Wohnmobil, einem integrierten RMB Silver Star, kann der Platz für zwei nicht groß genug sein: *„Das Wohnmobil hätte noch einen Meter länger sein können und wär dann noch fünfundzwanzig Zentimeter breiter. Dann hätte man mehr Durchgang. So muss einer dem anderen weichen."* (I. 72)

Bei anderen Wohnmobilisten ist jedoch echte Zufriedenheit mit dem Innengrundriss angesagt, auch bei kleineren Reisemobilen wie dem alten Dethleffs Peugeot, von dem die Frau des kranken Rentners sagt: *„Hinten Kochtrakt und Dusche. Da wird mein Mann vorne beim Fernsehen nicht gestört."* (I. 71).

Häufig Zufriedenheit mit dem Innengrundriss

Und eine Familie mit zwei Kindern auf beschaulicher Norwegentour kann ihren Weinsberg Meteor Alkoven nur rundum loben: *„Wir haben vor eineinhalb Jahren dieses Wohnmobil gekauft, weil es unseren Vorstellungen entsprach. Nich überdimensioniert, man kann auch noch mal zum Edeka zum Einkaufen fahren. Und trotzdem, bei schlechtem Wetter ein, zwei Tage lang is genügend Platz. Zwei Tische, einen für die Kinder zum Malen und Spielen, während auf dem anderen die Essenszubereitung läuft."* (I. 77)

Die Nützlichkeit von Dusche und WC ist ein weiterer Aspekt, der beim Volk der motorisierten Nomaden zu unterschiedlichen Standpunkten führen kann.

Die große Mehrzeit der Wohnmobilisten hält die Sanitärausstattung für notwendig. So kommt die CC-Bank Studie (2001, S. 31) hinsichtlich der Notwendigkeit eines Waschraums im Wohnmobil zu dem Ergebnis, dass sich 66 % dafür aussprechen. Je älter die Befragten waren, um so mehr mochten nicht auf diese Einrichtung verzichten:

Zur Nützlichkeit von Dusche und WC

Junge Singles 27 % Befürworter, 30- bis 40-Jährige 53 %, 58- bis 65-Jährige 76 %.

Wer keine Dusche im Motorcaravan schätzt, hat seine Gründe dafür: *„Die Dusche im Wohnmobil nutzen wir im alleräußersten Notfall. Im Prinzip ist die fast nicht nutzbar. In dem kleinen Käfig hat man das Gefühl, man haut die Wände weg."* (I. 49) Immerhin besitzt dieses Rentnerpaar einen geräumigen neuen Hymer S 660 und findet dennoch die Dusche zu eng. Duschgegner ist ebenfalls ein Rentnerpaar mit integriertem Hymer: *„Die Dusche is nur schön zum nasse Sachen abhängen. Für eine Familie is zu wenig Wasservorrat, um sie zu benutzen. Und die Frau is nur am trocken reiben und putzen."* (I. 10) Und man könnte mit der Aussage der jüngeren Schweizerin die Argumentation bereichern: *„Das WC und das Waschbecken in Kunststoff, die ziehen den Dreck geradezu an."* (I. 22)

Manche wollen keine Dusche im Wohnmobil

Genug zur Schelte der Sanitäreinrichtung, die den meisten Motorcaravanern gleichwohl unersetzlich ist. Ein Ausstattungsmerkmal, das von den Wohnmobilisten für selbstverständlich gehalten wird, ist die Küche. Auch die CC-Bank Studie (2002, S. 30) signalisiert, dass 85 % eine Küche im Reisemobil wünschen.

Küche ist wichtig im Wohnmobil

Bleibt noch ein sehr häufig beklagter Nachteil von Reisemobilen, über den gesprochen werden muss: Die zwar herzkranke, aber resolute Rentnerin möchte damit der Herstellerbranche den Marsch blasen: *„Wir ham so 'n Kofferdach, weil zu wenig Stauraum da is. Nur ein Bettkasten. Das is 'ne Fehlkonstruktion. Die sollten mal Hausfrauen dazu bitten, wenn sie so 'n Ding konstruieren."* (I. 53) Ihre negative Erfahrung bezog die Rentnerin auf einen älteren Dethleffs Alkoven, den sie schnell wieder abgestoßen haben.

Häufig zu wenig Stauraum

Die Klage über zu wenig Stauraum ist also weit verbreitet. Man mag gar nicht alle Kritiker zitieren, deshalb nur eine kleine Auswahl ohne weitere Kommentierung: *„Man is so beengt mit Stauraum. Man kann halt nur das Dach besser nutzen für die Stühle und den Tisch. Man sollte den Stauraum sinnvoller machen."* (I.41); *„Stauraum hat man im Karmann zu wenig. Und im Alter ist die Dachbox als Stauraum unbequem."* (I. 38); im amerikanischen Dickschiff [Triple] *„haben wir sechs Schlafplätze und reichlich Schränke, aber wenig Stauraum und zu kleine Klappen. Die Europäer haben mehr Stauraum."* (I. 26).

Wenn sogar fehlender Stauraum im großen Amerikaner beklagt wird, wie soll eine Familie, die seit zehn Jahren im Westfalia Campingbus reist, mit dem Stauangebot klar kommen? *„Der alte T 2 war geschickt und gut. Mit der Liegefläche hinten konnte man gut an die Schränke rankommen. Im T 4 ist das nicht mehr so gut. Da is viel toter Raum. Den*

haben wir mittlerweile selbst gefüllt. Die Gasanlage haben wir selbst nach
hinten verlegt und dadurch den Stauraum vergrößert.“ (I. 20)

Viel Hoffnung
auf mehr
Stauraum bei
„doppeltem
Boden“

Viel Hoffnung wird auf die Generation der neuen Wohnmobile mit
doppeltem Boden gelegt: „Die Zukunft ist der doppelte Boden“, so ein
erfahrener Kollege. Das trotz Unfall nach wie vor begeisterte Wohn-
mobilehepaar schwärmt denn auch: *„Im neuen Concorde haben wir den*
großen Kofferraum hinten und endlich den doppelten Boden“, den sie
auch von innen mit selbst gefertigtem Klappenzugang versehen haben.
„Dann brauchen wir die Lebensmittel nicht im Regen von draußen hin-
ten holen.“ (I. 16)

Zwei besondere Wünsche seien noch zum Ende dieses Teilkapitels
über zweckmäßige Raumgestaltung von Reisemobilen angemerkt.

Warum gibt
es kein Wohn-
mobil für
Alleinreisende?

Zum einen stellt sich die Frage, warum es kein Wohnmobil für eine
Person gibt? Die Begründerin des Wohnmobil Singleclubs hat hierzu eigene Anregungen: Weniger Bettraum, konkret nur ein Bett, was zwei Drittel
Bettfläche sparen würde. Dafür ein großer Kleiderschrank. Auch eine
kleine Waschmaschine wäre gut, weil Alleinreisende oft sehr lange unterwegs sind und unabhängig von Campingplätzen sein wollen. Ein weiterer
Pluspunkt wäre ein Gefrierfach, denn viele Singles bekochen sich selbst
und könnten dann portionsweise die übrig bleibenden Reste ihrer Koch-
kunst einfrieren. *„Hat etwa ein Reisemobilhersteller Appetit bekommen,*
sich an den Bau eines solchen Gefährtes heranzuwagen?“ fragt sie (I.43).

Hintere Sitze
mit wenig Fahr-
komfort

Ein anderer Vorschlag befasst sich mit der Qualität des Sitzens
während der Fahrt. Ob in Dinettestellung, als Seitsitze oder Hecksitzgruppe, die dort zugelassenen Plätze haben Nachteile: Der Blick in
Fahrtrichtung ist beim Quer- oder Rückwärtssitzen nicht möglich, die
Sitzposition ist häufig unbequem beengt und im Falle eines Unfalls noch
gefährlicher. Könnte man nicht eine zweite Sitzreihe konstruieren, die
man während der Fahrt hinter die beiden Vordersitze schieben und fest
arretieren kann? Dies wäre besonders für Kinder auf längeren Strecke
eine Alternative mit besserem Sichtradius und möglicherweise größerer
Sitzsicherheit.

Der Vorschlag stützt sich auf die Erfahrungen einer Lehrerfamilie
auf Skandinavientour. Sie beklagen nämlich, dass *„die Sichtverhält-*
nisse der hinten Sitzenden eingeengt“ sind, *„die haben nicht viel wäh-*
rend der Fahrt. Die Sitzauflagen rutschen und hängen runter. Ein rein-
fahrbarer Mittelsitz wäre gut.“ (I. 76)

Mängel an Technik und Service

Es kann nicht anders sein, als dass vielen Motorcaravanern technische Mängel oder unzureichender Service derart aufstoßen, dass sie in

den Interviews angesprochen werden. Denn wie sagt ein Reisemobilist *„Es gibt kein hundertprozentiges Wohnmobil"* (I. 54). Wohl wahr, so weit werden ihm viele folgen, doch der Nachsatz *„alle kochen nur mit Wasser – die Kisten werden so zusammengedonnert"* wird manchem als Schelte doch zu weit gehen.

Wie dem auch im Einzelfall sei, die tatsächlich konkret geäußerte Kritik betrifft ganz unterschiedliche Mängel und Probleme. Man könnte einen langen Katalog aufstellen. Da dies nicht die Absicht dieses Buches ist, werden nur einzelne Beispiele herausgegriffen, um „den Ernst der Lage" zu dokumentieren.

Verbreitete Kritik an technischen Mängeln

Eine erste Fallgruppe, die Mängel an Heizungen, der Elektrik und dem Ver- und Entsorgungssystem betrifft, hat also mit dem energetischen Haushalt des Reisemobils zu tun:

Mängel am Energiehaushalt des Fahrzeugs

So wird kritisiert, dass im integrierten Hymer Baujahr 1994 die Fußheizung vorn nicht gut sei (I. 51); dass eine Heizung im Doppelboden zwar besser sei, vor allem im Winterurlaub, dass die Warmluftverteilung per Gebläse aber zu viel Strom verbrauche (I. 5); oder: die Heizung im Laika Ecovip R 7 *„unter dem Schank is nicht gut, die wär besser unterm Bett, dann ist es immer warm von unten"* (I. 13).

... vor allem unzureichende Heizung

Im Bürstner i 574, Baujahr 1997 sei keine serienmäßige Klimaanlage vorgesehen (I. 30); oder: *„Wir haben zusätzlich eine Klimaanlage eingebaut. Die auf dem Dach taugte nicht... Wir gleichen mit Heizung und Klimaanlage die unzureichende Isolierung aus* [des Dethleffs I 642, Baujahr 92]. *Der Temperaturwechsel tags zu nachts wird innen zu schroff. Morgens um vier Uhr ist es kalt wie im Zelt."* (I. 19) Oder: *„Das Al-Ko-Fahrgestell ist so tief gelegt, das wollen wir nicht mehr unbedingt haben, weil es schnell aufsetzt und die Kälte schneller rankommt."* (I. 52).

Zur Elektrik heißt es beispielsweise, dass im Dethleffs H 642, Baujahr 93 *„die Stromversorgung primitiv"* sei (I. 4) oder im Eura 550, Baujahr 92 *„auch die Elektrik zusammengeschustert"* sei.

... und öfter Elektrik

Ganz so vernichtend ist die Mängelfeststellung an Details nicht: *„Die Leuchten* [im Karmann Colorado] *sind optisch schön, aber unpraktisch. Es sind auch zu wenig Steckdosen, zum Beispiel, wenn wir den Fernseher oder die Klemmlampe auf dem Alkoven haben. Auch die Leuchte über der Hecksitzgruppe und in den Ecken is zu warm im Nacken. Hinten im Bett lesen geht nicht."* (I. 55)

Ein anderer Kollege findet die *„Vierzig-Watt-Lampe im neuen Concorde Blödsinn, denn man will doch mit Strom autark sein"*. Deshalb wurde *„die Leistung auf zwanzig Watt heruntergesetzt"* (I. 16). Einem anderen Camper ist das Kühlschrankgebläse im älteren Hobby zu laut (I. 28).

Beim Thema Wasserent- und -versorgung gibt es zu bemängeln: *„Ver- und Entsorgung sind schwer erreichbar"* [im Dethleffs I 642] (I. 4). oder *„die Plastikschläuche werden undicht"* (I. 5). Im alten Eura Alkoven, Baujahr 91 gibt es keine Anzeige für den Frischwasserstand, sodass es passieren kann, dass das Wasser im Fahrzeug drinnen überlaufen kann, wenn der Tank vollgelaufen ist (I. 41). Eine allein reisende Frau findet es hässlich, wenn man bei Reisemobilen den Entsorgungsstutzen sieht. Das erzeuge bei anderen ein unwohles Gefühl (I. 43).

Das Innenmobiliar in Größe, Praktikabilität oder Anordnung kann auch zum Stein des Anstoßes werden. Im neuen Hymer B 544 muss man, um die Duschkabine zu erhalten, den Waschtisch wegdrehen. Dadurch sei dieser zu klein dimensioniert. Bei den älteren Modellen sei er, weil abklappbar, größer gewesen. *„Warum wird Bewährtes abgeschafft? Das ist Arbeit nach dem Pfennigsprinzip, um einzusparen."* (I. 7)

Der Besitzer eines VW California exklusiv bemängelt, dass die Spülabdeckung schlecht und zu klein sei. Beim Abwasch spritze es überall herum. Außerdem sollten Herd und Waschbecken sowie der Spiegel in der Tür tiefer liegen, weil seine Frau klein sei. Das Waschbecken könnte kleiner sein, damit man sich besser bewegen könne. Auf alle diese Punkte sei der Hersteller nicht eingegangen. Übrigens knalle einem auch die geöffnete Schranktür, weil nicht arretierbar, entgegen und die Besteckschublade lasse sich nicht weit genug herausziehen (I. 8).

Hier hat man nun die vielen kleinen Wehwehchen, die einem als Wohnmobilfahrer auf die Nerven gehen können. Doch dieses Paar ist ansonsten mit ihrem California zufrieden. *„Besonders der Motor ist wahnsinnig gut, schafft 150 bis 165 Stundenkilometer bei wenig Verbrauch."*

Zurück zum Mobiliar mit einem anderen Fall. Im Karmann Colorado *„sind die wichtigsten Sachen drin. Aber die Arbeitsplatte in der Küche ist zu klein. Die Wagenhersteller fahren und wohnen wohl nie selbst im Mobil."* (I. 55)

Im selben Interview geht es auch um einen häufiger auftretenden Missstand: die klapprige und nicht dicht oder nur laut schließende Fliegengittertür. Wenigstens haben die meisten deutschen Fabrikate einen solchen Insektenschutz, während die Italiener zwar *„die günstigsten, aber nicht die besten Mobile haben. Das ist oft Billigaufbau und die Fliegengitter fehlen oft."* (I. 33)

Geklagt wird auch ab und zu über die oft defekte, hakende oder überhaupt nicht funktionierende Ausfahrtreppe, so von der Familie im CI Riviera (I. 37). Ärgerlich kann es auch sein, wenn das Reisemobil auf schiefem Grund zum Ausnivellieren keine ausfahrbaren Hubstützen hat, meint der Besitzer eines alten Hymer 670 DA (I. 54).

Und dies zum Schluss der Kritisiererei: Ärgerlich können Fahrrad-träger am Heck sein. Hängt der Träger zu tief, ist das Kfz-Schild nicht mehr gut zu lesen, hängen die Fahrräder aber zu hoch, ragen sie ins Heckfenster rein, so dass es sich nicht mehr öffnen lässt (I. 41).

Wenn ein Wohnmobil Mängel aufweist, ist es sehr wichtig, einen guten Kundenservice zu haben, der das Fahrzeug wieder auf Vorder-mann bringt. Auch hierüber könnte aus vielen Interviews berichtet wer-den. Ein solches Unterfangen wäre zu langatmig. Deshalb soll stellver-tretend für andere Fabrikate und deren Serviceeinrichtungen ein Bei-spiel herausgegriffen werden, dass eine besonders unglückselige und sicher nicht zu verallgemeinernde Verkettung von Mängelhäufung und schlechter Serviceleistung zeigt. Es trifft zufällig und nicht vom Autor beabsichtigt den größten deutschen Reisemobilhersteller, über den ein anderer als die gleich mit ihrem Fall zur Sprache kommenden Hymer-fahrer sagt: *„Gerade bei Hymer, da liest man auch viel in 'ner promobil. Hymer wird noch am meisten verkauft, das is das Kuriose. Das wundert einen dann doch, wenn das die Nummer eins is in Deutschland."* (I. 52). Es wundert den Kollegen, weil häufiger von „Macken" an diesen Fahr-zeugen die Rede ist.

Klagen über unzureichenden Kundenservice

Zufällig das Paradebeispiel aus den Interviews: Die Geschichte der „Hymer-geschädigten"

Nun also in einem etwas längeren Auszug die Story der beiden Hymerbesitzer. Die beiden Paare haben 1996 je einen Hymer S 660 gekauft und sich danach *„als Hymergeschädigte"* kennen gelernt:

„Also, es sind erhebliche Mängel, es sind immer wieder Mängel nach dreieinhalb Jahren noch. Bislang ham sie das immer auf Kulanz noch gemacht (I. 50)...Jeder hat andere Macken... Die Fahrzeuge sind einfach nich fertig geworden. Die ham sich die Zeit nich genommen, die Schrauben richtig reinzudrehen. Schrauben waren zu kurz, da is man mit der Bank zusammengebrochen. Da wo die Frau jetzt sitzt, hingeses-sen, da saß sie mit dem Hintern richtig im Kasten...

Da hing vorne so 'n Bündel Kabel rum, im Auto gingen die Lampen nich. Und das Gebläse ging nich. Da war 'n ganzes Bündel Kabel gar nich angeschlossen. Da hat 'n Autoelektriker 'n halben Tag gebraucht, bloß zu suchen, wo er die Kabel unterbringt... Also, wenn die 'ne End-kontrolle gehabt hätten, dann könnte so wat nich passieren. Der Kühl-schrank funktionierte nich.

Das war die erste Serie, nein, der zweite Schub. Aber der Sprinter und das ganze Fahrzeug war neu. Und da waren sehr viele Bestellun-gen da... Und da ham die dann wahrscheinlich schnell, schnell dat zusammengehauen auf der grünen Wiese so ungefähr..." (I. 49)

„... Wir versuchten, das gleich beim Werk abzuholen. Von dort aus dann im Umkreis vom Werk so Testfahrten, ob das überhaupt alles o. k.

is. Das war natürlich 'n ganz schöner Reinfall... Wir ham das Fahrzeug in Bad Waldsee in Empfang genommen. Das erste, was mir auffiel, ich guckte mir das Fahrzeug von vorne an, die Nebelscheinwerfer standen voller Wasser. Da fiel dann gleich die Kurbel, ich hab nur einmal angefasst, runter. Der Bartisch klapperte, das konnten Sie nich aushalten, wenn man damit losfuhr. Da musste meine Frau sich umdrehen, den Tisch krampfhaft festhalten, fürchterlich. Ein Scheinwerfer brannte nich. Die Alarmanlage hat auf der ersten Fahrt gestreikt, die Wegfahrsperre hat gestreikt...

Daraufhin sind wir dann zwei Mal noch ins Werk gefahren. Das gleich wieder mit sehr viel Krach, den ich machen musste, das zu beseitigen. Das kann man sich nich vorstellen bei so einem Fahrzeug, bei so einem Wert...

Zu Hause der erste Weg war auch gleich wieder zum Händler auf'm Rückweg... Und das schlimmste Kriterium war eben auch, dass die Lampen nich brannten... (I. 50)...

Dieses Jahr nach langem Hin und Her ham se uns jetzt die Stoßstangen neu lackiert. Die sind aufgeblüht, draußen, der Lack is hochgekommen. Alles Pickel, vorn und hinten die Stoßstange. Die ham Pickel gehabt wie als wenn man die Pocken hat. Hat man die Pickel weggekratzt, war unten drunter die Grundierung. Nach über einem Jahr ham se uns – wir mussten ersten den Kulanzantrag stellen bei Hymer und das musste zurückkommen – die Lackierung bezahlt... (I. 50).

Mit unserem, wir sind gefahren, ging nach fünfhundert Kilometer kein Gang mehr rein. Aber das hätten die Leute, die den Wagen kontrollieren, doch auch merken müssen, dass mit der Schaltung was nicht stimmt... Da mussten die das ganze Getriebe rausnehmen. Hatten die bei Daimler vergessen, die Schwungscheibe festzuschrauben... Endkontrolle muss gemacht werden. Dann merkt man so was alles... (I. 49)

Wie wir unser Wohnmobil beim Händler abgeholt haben, da ham se uns da auch so einiges erklärt und dann sagte uns der Handwerker: ‚Ja wissen Sie, hier hängen noch drei Kabel rum. Da weiß ich nich, wo se hingehören.' Da wussten wir ja schon mal Bescheid, irgendwas mit der Elektrik kann nicht stimmen. Und die Frau machte uns damals Vorwürfe: ‚Wie können Sie in eine andere Werkstatt gehen. Sie hätten zu uns kommen müssen'. Da hab ich gesagt: ‚Entschuldigen Sie mal. warum sollen wir zu Ihnen kommen. Der Handwerker wusste ja schon nich, wo er mit dem Kabel hin sollte. Das wäre doch witzlos.' Und sieben Kabel sind es dann gewesen.

Wir sind ja auch nur im norddeutschen Raum dann rumgekreist aus Angst, es könnte was passieren. Eigentlich hatten wir 'ne Aus-

landsreise vorgehabt. Aber wir ham für uns den Spruch geprägt: Unser Auto is noch nich auslandsfähig…

Nein, auf keinen Fall mehr, niemals mehr Hymer" (I. 49).

Im weiteren Gespräch wurde deutlich, dass den so heftig *„Hymerge-schädigten"* bewusst ist, dass der Hersteller zu dieser Zeit stark mit einer neuen Typenpalette expandierte, dies sicher auf Kosten von Qualität und Sorgfalt in der damaligen Produktion: *„Das packen die irgendwie nich, wollen die größten sein und machen damit nur Mist"* (I. 49). Sie haben auch mitbekommen, dass Käufer von Hymer Reisemobilen in den folgen-den Jahren zufriedener waren. Der Autor des Buches hat sich im Jahr 2000 selbst einen Hymer gekauft und dies trotz der ihm vorher bekann-ten Kritik, die hier – weil in ihrem Umfang einmalig – dargestellt ist.

Reisemobilkauf mit Luxus: Sonderwünsche und Zubehör

Bei manchem Liebhaber von Wohnmobilen macht die Ausstattung nicht bei der normalen Serienfertigung Halt. Ein älteres Ehepaar, das mit geringem Renteneinkommen haushalten muss und sich deswegen nur ein altes Alkovenmobil von Dethleffs mit Peugeotmotor zugelegt hat, hat dennoch das gebrauchte Fahrzeug mit allein einer Zusatzaus-stattung und Zubehör für 20.000 Mark gekauft.

Das musste so sein: *„Ja, warum sind wir jetzt auf so 'n normales Fabrikat gekommen? War auch wieder so 'n Zufallstreffer. Und da ham wir noch 'ne Motorradbrücke drauf gemacht. Da kommt 'n Roller drauf… Wir ham da so'n Bekannten, der solche Fahrzeuge verkauft oder vermietet. Der hatte dann an unserm Fahrzeug allein für 20.000 Mark Zubehör. Luftfederung hinten zusätzlich, Anhängerkupp-lung, Pilotsitze, Winterverkleidung und so weiter und so weiter."* (I. 70)

Und auch der schon aus anderem Zusammenhang bekannte Teiljah-resarbeiter berichtet unter Spaniens winterlicher Sonne: *„Ich bin da voll ausgerüstet. Ich hab Strom genug. Ich hab 220 Volt. Ich hab eigentlich alles so wie zu Hause. Das war das Erste. Dass ich vom Strom unabhän-gig bin über 'n Spannungswandler. Auch mit der Solarenergic. Kein Pro-blem, den ganzen Winter kann ich meine fünf Stunden Fernsehen schau-en. Schalte dreiviertel sieben ein, dann bis zwölf. Vielleicht auch später. Den Rasierapparat laden, Telefon laden, elektrische Zahnbürste oder wenn man mal was bohren muss. Was will ich mehr? Wenn's mal bewölkt ist, reicht's auch mit der aufgestellten Solaranlage. Gut, ich hab zwei große Batterien noch als Speicher, drei sind's insgesamt. Von daher bin ich voll abgesichert… Außerdem gehört da ein Funkgerät rein."* (I. 59)

Auch zu anderen Zwecken ist eine über den Standard reichende Ausstattung ratsam. Im Sanitärbereich gewinnt man größere Unab-

Wohnmobil-reisende häufig mit Wunsch nach viel Zubehör

hänggigkeit, beispielsweise wenn man eine zweite Thetford-Toiletten-kassette mitführt: *„Mit einer Kassette erkauft man sich vier Tage mehr Freiheit."* (I. 66)

Andere schätzen die Orientierungsvorteile, die ein satellitengestütztes Navigationssystem bietet: *„Man ist dann unheimlich flexibel."* (I. 14)

Manchmal besondere Ausstattungs-wünsche wegen sport-licher Aktivität oder Hobby

Besondere Ausstattungswünsche können von den auf Reisen geplanten Aktivitäten oder Hobbys herrühren. So war über das jüngere Schweizer Paar berichtet worden, die sich ihren Carthago Mondial 41 so haben umbauen lassen, dass Doppelboden und Heckgarage für den Transport von drei bis vier Surfbrettern samt Segeln sowie eines Mopeds geeignet sind (I. 22).

Und ebenso war schon das Rentnerpaar vorgestellt worden, dass je nach Ausflugsentfernung einen Pkw (Mercedes A-Klasse), Roller, Räder sowie ein Boot mit sich führt. Ihr Hymer 670 S muss also darauf ausgerichtet sein, *„denn für jede Entfernung haben wir unser Fahrzeug."* (I. 49)

Der Markt an Wohnmobilzubehör und -sonderausstattung boomt entsprechend. Das macht Kapitel 11 deutlich, in dem zu lesen ist, dass die Reisemobilbranche im Jahr 2001 141 Millionen Euro an Zubehör umgesetzt hat. Bei geschätzten 450.000 Fahrzeugen, die in Deutschland zugelassen sind, könnte theoretisch jeder Wohnmobilist 7.660 Euro ausgegeben haben (wobei vom Umsatzvolumen 20 Prozent als Exportanteil abgezogen worden sind). Diese Summe lässt natürlich nicht jedes Jahr auf jedes Reisemobil beziehen, da vor allem bei Neuanschaffungen häufig große Beträge für Sonderausstattung und Zubehör ausgegeben werden.

Jeder Wohn-mobilist hat in 2001 im Durchschnitt 7.660 Euro ausgegeben

Insgesamt ist jedoch das Register an Sonderwünschen umfangreich und kostspielig.

Damit ist ein Aspekt angesprochen, der im nächsten Kapitel ausführlich gewürdigt wird: die enorme Expansion und Wertschöpfung, die die Reisemobilbranche insgesamt zu verzeichnen hat.

Kapitel 11

Die Reisemobilbranche und der Wohnmobil–tourismus als bedeutender Wirtschaftsfaktor: Entwicklung und Wurzeln

Im dritten Kapitel war bereits ausführlich von der wirtschaftlichen Attraktivität des Wohnmobiltourismus gesprochen worden: für die Campingwirtschaft und die freien, zum Teil kommunalen Stellplatzbetreiber sowie über die an den Reisezielen verbleibende Kaufkraft.

Wertschöpfung durch Reisemobiltourismus

Wenn circa 1,1 Millionen Deutsche sich im Urlaub und Freizeit mit dem Wohnmobil bewegen, erzeugt dies einen Ausgabenfluss von über 1 Milliarde Euro im Jahr. Basis dieser geschätzten Summe ist die für 1998 angegebene durchschnittliche Ausgabenhöhe von 2086,76 DM für Haupturlaubsreisen im Jahr (F.U.R. Reiseanalyse 1998). Multipliziert man diesen Durchschnittswert mit der für dasselbe Jahr geschätzten Zahl von Wohnmobilreisen, nämlich 930.000, so kommt man auf ein Ausgabevolumen von 1,9408 Milliarden Mark. Da inzwischen die Reiseausgaben weiter gestiegen sein dürften, ist es für 2002 nicht unbillig anzunehmen, dass deutsche Reisemobilsten über 1 Milliarde Euro an Ausgabenfluss erbringen. Von diesen in Europa gemachten Reisen sollen nach der CC-Bank Studie (2001, S. 38) im Jahr 2000 28 Prozent auf Deutschland entfallen. Damit würden grob gerechnet etwa 280 Millionen Euro in Deutschland verausgabt werden.

Deutsche geben über 1 Milliarde Euro bei Wohnmobilreisen aus

...davon ca. 280 Mio. € in Deutschland

Hinzu kommen die in Deutschland durchgeführten Kurz- und Wochenendreisen. Die Höhe der dabei getätigten Ausgaben lassen sich nur annäherungsweise ermitteln, weil die relevanten Ausgangszahlen für eine solche Berechnung aus unterschiedlichen Quellen und Jahren ihrer Erhebung stammen. Auch ist ihre rechnerische Kombination nur eine Behelfslösung. Immerhin kann eine wahrscheinliche Ausgabentendenz benannt werden.

Die in Abb. 13 (Kap.5) „Kurz- und Wochenendreisen deutscher Wohnmobilisten" genannten Werte sind mit der angenommenen Zahl von 450.000 Wohnmobilen in Beziehung und mit den für eine durchschnittliche Kurzreise von 2,5 Tagen je Wohnmobil geschätzten Ausgaben von 150 Euro (2 Personen zu je 30 € Ausgaben pro Tag x 2,5 Tagen) multipliziert worden. Danach würde sich insgesamt ein Ausgabenvolumen durch Kurz- und Wochenendreisen in Deutschland von ca. 185 Millionen Euro ergeben.

...zusätzlich durch Kurz- und Wochenendreisen in Deutschland ca. 185 Mio. Euro

Deutsche Wohnmobilreisende würden demnach in Deutschland ca. 465 Millionen Euro an Ausgaben tätigen. Hinzu kommen die Ausgaben ausländischer Wohnmobilisten auf ihren Reisen in Deutschland. Hierüber gibt es keine statistischen Angaben. Sicherlich aber liegt danach das Ausgabenvolumen durch den Reisemobiltourismus in Deutschland bei weit über einer halben Milliarde Euro im Jahr.

Das sind zunächst gewaltige abstrakte Zahlen, deren konkrete Bedeutung zum Teil aus den Ausführungen zu den Tagesausgaben von Wohnmobilisten und den Umsätzen von Campingplätzen und anderen Stellplätzen plausibler wird (Kap. 3).

Nach der F.U.R. Reiseanalyse 2002 (VDWH Mitteilung vom 19.01.02) gab es im Jahr 2000 62,2 Millionen Urlaubsreisen. Daran waren Reisemobilisten zu 1,8 % beteiligt. Umso bemerkenswerter, dass dieser kleine Anteil um die halbe Milliarde Euro an getätigten Ausgaben in Deutschland trägt.

Auf welches konkrete Leistungsangebot in Deutschland und Europa der eine Milliarde-Euro-Segen allein der deutschen Motorcaravaner pro Jahr herunterrieselt, kann im Einzelnen nicht nachvollzogen werden. Nur soviel, das belegen die Ausführungen des VDWH (Jahresbericht 2000/2001, S. 26 f.):

In Europa gibt es 5.600 touristisch genutzte Campingplätze für circa 5 Millionen Freizeitfahrzeuge (also vor allem Wohnwagen und Reisemobile). Dazu kommen die freien Stellplätze in Europa, deren Zahl nicht ermittelbar ist. Für Deutschland gilt, dass es eine rasante Entwicklung bei den freien, mehrheitlich kommunalen Stellplätzen gegeben hat, laut VDWH von 70 Plätzen in 1990 auf circa 1.400 Plätze in 2001. Die im Kapitel 3 genannte Zahl von 1.700 Plätzen plus 620 Plätzen auf Bauernhöfen liegt noch etwas höher.

Im „Bordatlas 2002" der Zeitschrift Reisemobil International werden 1.630 Stellplätze angegeben. Und die laufend von Jürgen ZIMMERMANN (Ofen bei Oldenburg i. O.) auf den neuesten Stand gebrachte Stellplatzliste (JüZi-Liste) weist inzwischen über 2.300 Plätze aus, wobei sich darunter auch offiziell nicht anerkannte Plätze befinden sollen.

Außerdem sind für Deutschland circa 2.500 Campingplätze in Betracht zu ziehen, eine Zahl, die auch vom ADAC (briefliche Mitteilung) bestätigt wird.

Über die am jeweiligen Übernachtungsangebot getätigten Ausgaben hinaus profitieren in den Zielgebieten der Einzelhandel, die Gastronomie und andere private Dienstleiter – vom Friseur bis zur Tankstelle – sowie Einrichtungen, die unter Stichworten wie Sehenswürdigkeiten, Kultur- und Freizeitangebote zu fassen sind. Hierzu gehört auch der zunehmende „Event-Tourismus", also etwa der Besuch von großen

Sport- oder Kulturspektakeln – vom Formel 1-Rennen bis zum Open-Air-Konzert –, an dem die Motorcaravaner teilhaben.

Im Zwischenbericht einer von Bund und Ländern beim Deutschen Wirtschaftswissenschaftlichen Institut für Fremdenverkehr (DWIF) in Auftrag gegebene Studie „zur Ausgabenstruktur im übernachtenden Fremdenverkehr in der BRD im Jahr 2000" heißt es:

Ausgabenstruktur im übernachtenden Fremdenverkehr 2000
Von durchschnittlich 76,60 Euro Tagesausgaben pro Person entfallen für

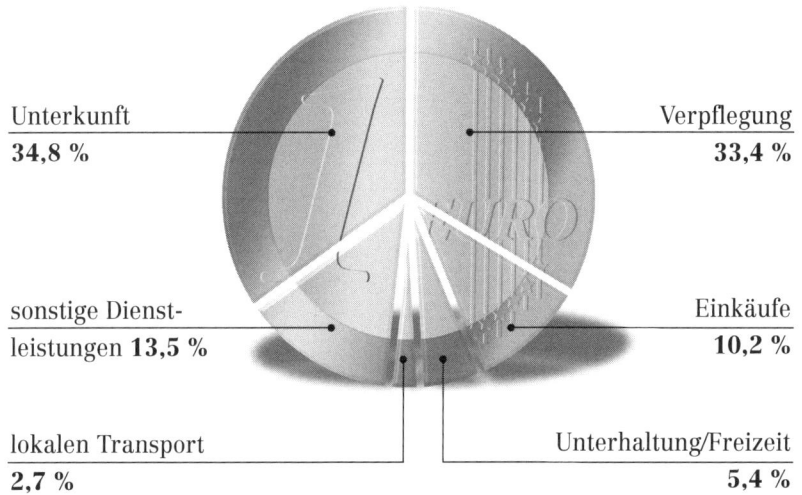

Unterkunft
34,8 %

Verpflegung
33,4 %

sonstige Dienst-
leistungen **13,5 %**

Einkäufe
10,2 %

lokalen Transport
2,7 %

Unterhaltung/Freizeit
5,4 %

*Abb.18
Ausgaben-
struktur im
übernachten-
den Fremden-
verkehr im
Jahr 2000*

*Quelle:
Zwischen-
bericht DWIF-
Studie, 2002*

Diese für alle, nicht nur für Wohnmobilurlauber geltende Erhebung vermittelt zumindest einen Eindruck über die Verteilung der in deutschen Zielregionen getätigten Ausgaben.

Die Zahl der durchschnittlichen Tagesausgaben von 76,60 Euro bezieht sich auf Übernachtung in gewerblichen Betrieben, in Privatquartieren und auf Campingplätzen. Bei letzteren sollen die Tagesausgaben pro Person nur 26,40 Euro ausmachen. Im Kapitel 3 wurde ausführlich dargelegt, dass bei Reisemobilisten die Tagesausgaben höher liegen (Informationen über die DWIF Studie aus Pressemitteilung des Bundesmin. f. Wirtschaft und Technologie v. 04.03.2002).

Wertschöpfung der Caravaningbranche
in Produktion und Verkauf

Die eine Milliarde Euro Reiseausgaben im Jahr, die deutsche Wohnmobilisten im In- und Ausland tätigen, sind nur die eine Seite der Medaille, wenn von der Wertschöpfung durch Reisen, Wohnen und Leben im Motorcaravan gesprochen wird. Die andere Seite enthüllt

*Caravansalons –
vor allem
Caravan Salon
Düsseldorf – als
Schaufenster
des Wohn-
mobilangebotes*

sich, wenn man in die Glitzerwelt der Caravansalons eintaucht, vor allem in den Internationalen Caravan Salon in Düsseldorf.

Freizeitfahr-
zeugindustrie
boomt mit
4,3 Milliarden
Euro

Denn dort zeigt sich die Caravanbranche von ihrer Produktseite und diese erwirtschaftete im Jahr 2001 4,3 Milliarden Euro in der Freizeitfahrzeugindustrie (VDWH Mitteilung vom 21.01.2002).

Der VDWH (Jahresbericht 200/2001, S. 28) beschreibt das Großereignis für das Jahr 2000 so: „Mehr als 160.000 Besucher informierten sich auf dieser weltgrößten Messe für mobile Freizeit bei mehr als 500 Ausstellern aus 21 Nationen." Ein Jahr später, im August/September 2001 konnte der 40. Internationale Caravansalon zwar nur 150.000 Besucher zählen, aber „neben der Nachfrage nach teuren und aufwendig ausgestatteten Reisemobilen hat sich die Nachfrage im unteren und mittleren Segment konsolidiert" (VDWH Pressemitteilung vom 02. 09. 2001).

Die Vielzahl der angebotenen Freizeitfahrzeuge ist imposant, man kann ob der unterschiedlichen Varianten in Fahrzeugbasis, Aufbau, Innengrundriss und Zusatzausstattung leicht den Überblick verlieren. Deshalb ist es nützlich, eine Ordnung in diese Angebotvielfalt zu bringen. Am besten gelingt dies mit Hilfe der klaren „Typologie der Freizeitfahrzeuge", die man bei A. HIERHAMMER (1997, S. 37 ff.) findet.

Exkurs (VIII):

Typologie von Freizeitfahrzeugen und
Klärung der Begriffe Reisemobil und/oder Wohnmobil

Das Schema zeigt die Spannbreite der Fahrzeugkategorien, die man unter dem Oberbegriff „Freizeitfahrzeuge" zusammenfassen kann. Die Fahrzeugbereiche, die unter dem Sammelbegriff „Motorcaravan" laufen, sind somit nur ein Teil der gesamten Palette.

A. HIERHAMMER (1997, S. 38 ff.) definiert die einzelnen Fahrzeugtypen wie folgt:

Abb. 19
Typologie
von Freizeit-
fahrzeugen

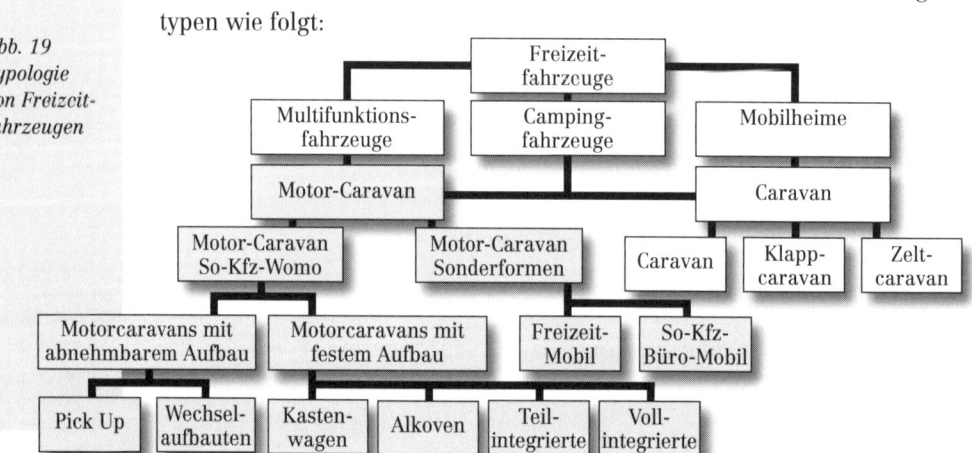

„Im Vergleich zum Caravan ist beim Motorcaravan (Moca) eine Vielzahl von Bezeichnungen im Sprachgebrauch vorhanden. Wohnmobil, Reisemobil, Motorhome, Campingmobil, Campingbus, Campmobil werden oftmals als umgangssprachliche Synonyme verwendet...

Durch den eigenen Antrieb unterscheiden sich somit Motorcaravans von Caravans. Kriterium für die Zulassung als Motorcaravan (So-Kfz-WoMo) ist die Mindestausstattung des Wohnteils. Sie muss eine Sitzgelegenheit mit Tisch, Schlafplätzen (wobei auch Sitzgelegenheiten, die zu Schlafplätzen umgewandelt werden können, ausreichend sind), Küche bzw. Kocheinrichtung, Schrank bzw. Stauraum umfassen. Diese Einrichtungen müssen fest eingebaut sein. Der Wohnteil muss den überwiegenden Teil des Fahrzeuges einnehmen und er muss den Eindruck eines für Wohnzwecke geeigneten und bestimmten Raumes hervorrufen. Eine volle Stehhöhe ist nicht erforderlich. Die Motorcaravans lassen sich unterteilen in klassische Mocas, die nach den Zulassungsbestimmungen als „Sonstiges-Kraftfahrzeug-Wohnmobil" ausgewiesen sind und Sonderformen, welche die Eigenschaften von Mocas besitzen, aber nicht als So-Kfz-Womo zugelassen werden. Dabei handelt es sich um die bei Thrun so genannten Freizeit- und So-Kfz-Büro-Mobile...

Pick Up und Wechselaufbauten gehören zu den *abnehmbaren Aufbauten*, sodass die Fahrzeuge auch zu anderen Transportzwecken genutzt werden können.

Pick Up sind Aufsatzkabinen für Pritschenfahrzeuge, wobei die Kabine auch getrennt vom Basisfahrzeug bewohnt werden kann. Die Pritsche ist ohne Aufbau zu Transportzwecken nutzbar.

Wechselaufbauten bilden eine Einheit mit dem Basisfahrzeug und werden wie Mocas genutzt. Das Fahrzeug kann durch die Montage eines anderen Aufbaus jedoch zu anderen Zwecken verwendet werden.

Motorcaravans mit festem Aufbau lassen sich unterteilen in Kastenwagen, Alkovenfahrzeuge, Teilintegrierte, Vollintegrierte. Sie können nach dem Kriterium Karosserieform nochmals unterschieden werden in Ausbau- und Aufbaufahrzeuge.

Kastenwagen sind sogenannte Ausbaufahrzeuge. Es handelt sich um Transporter und Kleinbusse, die unter Beibehaltung der Serienkarosserie mit Fenstern, Hub- oder Hochdächern und einer Campinginneneinrichtung (Schlaf-, Kochgelegenheit, Heizung, Kühlschrank) zu Motorcaravans umgebaut werden. Diese Fahrzeuge werden häufig im Alltag als sog. Erstfahrzeuge genutzt und eignen sich besonders für Kurzurlaube und Wochenendreisen. Oftmals werden sie von Privatpersonen in Eigenregie selbst ausgebaut. Für sie wird vielfach die Bezeichnung Campingbus verwendet.

EXKURS 8

Bei den anderen Mocas, den Aufbaufahrzeugen, beschränken sich die Hersteller nicht nur auf die Gestaltung der Innenausstattung, sondern übernehmen auch die Fertigung des Aufbaus, der auf das Chassis eines Basisfahrzeugherstellers oder sonstigen Zulieferers montiert wird.

Alkovenfahrzeuge besitzen einen kastenförmigen Aufbau auf einem Fahrgestell mit Führerhaus. Der Aufbau mit Schlafkabine ragt dabei über das Führerhaus. Die Rückwand der Fahrerkabine ist ausgeschnitten, um den Zugang zum Wohnraum zu erleichtern und Platz zu gewinnen.

Teilintegrierte stellen einen relativ neuen Motorcaravantyp dar, der erst in den letzten Jahren an Bedeutung gewann. Die Form des Aufbaus entspricht der eines Alkovenfahrzeugs, allerdings entfällt die Schlafkabine über dem Führerhaus. Die serienmäßigen Fahrerhaustüren und die Frontscheibe bleiben erhalten. Durch die fließenden Übergänge zwischen Führerhaus und Aufbau wirken diese Fahrzeuge kompakter und aerodynamischer als Alkovenfahrzeuge.

Vollintegrierte Motorcaravans haben einen komplett eigenständigen Aufbau, der auf ein sog. Windlauffahrgestell oder ein spezielles Lkw-Chassis montiert ist. Bei diesem Typ ist auch die Frontpartie neu gestaltet und es entfallen die Original-Fahrerhaustüren."

Neben dieser klassischen Ordnung unterschiedlicher Typen von Motorcaravans verläuft eine Diskussionslinie, die um die beiden Begriffe „Reisemobil" und „Wohnmobil" kreist. Bei A. HIERHAMMER (1997, S. 453) wird der Unterschied beider Begriffe strikt durch die Nutzungsfunktion begründet.

„Als Reisemobile werden in diesem Zusammenhang Fahrzeuge definiert, deren Verwendungszweck als Schwerpunkt das Reisen beinhaltet. Sie sind zusätzlich mit Schlafmöglichkeiten ausgerüstet/ausrüstbar und durch einen multifunktionellen Einsatz (Alltag, Reise, Urlaub) gekennzeichnet. Für diesen Zweck können bestimmte Ausstattungsteile ergänzt und/oder herausgenommen werden."

Werden solche Reisemobile von der Automobilindustrie hergestellt, handelt es sich um Fahrzeuge wie den VW-Multivan, VW-California, den Ford Euroline, Ford Nugget oder andere kommen sie aus der Fertigung der Campingindustrie, sind es Kastenwagenausbauten, beispielsweise von Carthago, Karmann oder Westfalia.

„Wohnmobile weisen grundsätzlich andere Nutzungsformen auf, bei ihnen steht primär der Aspekt des Wohnens im Vordergrund. Diese Fahrzeuge sind vornehmlich für den Urlaub konzipiert, werden als Zweitfahrzeuge verwendet und sind grundsätzlich mit Nasszelle und Sanitärraum ausgestattet. Bei dieser Betrachtung steht der Begriff Wohnmobil synonym für Alkoven-, halbintegrierte und vollintegrierte Motorcaravans."

EXKURS 8

Ein ganz anderer Motivationshintergrund besteht, wenn ein Interessenverein des Motorcaravanings wie die Reisemobil Union (RU) dafür plädiert, auf den Begriff Wohnmobil zu verzichten und nur noch vom Reisemobil zu sprechen. Es geht darum hervorzuheben, dass es sich um eine ganz besonders mobile Reiseform handelt, also kein stationäres Campen, wozu man einen Campingplatz benötigt. Man wohnt also nicht wie im Wohnwagen, sondern bleibt mobil im Reisemobil.

Die inzwischen bekannte Diskussion um Campingplatz contra frei Stehen lässt grüßen (Kapitel 3).

Die vom Autor dieser Zeilen vertretene Meinung ist die, dass es beim Motorcaravaning sowohl um das Wohnen als auch das Reisen mit einem Fahrzeug geht. Danach wäre es nicht angemessen, einseitig den Begriff Reisemobil zu verwenden. Der Motorcaravan ist sowohl ein Wohn- wie ein Reisemobil. Deshalb werden im Buch die Begriffe abwechselnd benutzt.

EXKURS 8

Zurück zu den Umsätzen der Caravaningbranche, die allerdings nicht nur unterschiedliche Reisemobilvarianten als Produkt umfassen, sondern auch den Wohnwagenbereich:

Der Gesamtumsatz von 4,3 Milliarden Euro in 2001, übrigens mit einer Steigerung von 8,9 % von 2000 auf 2001, setzt sich aus den folgenden Sektoren zusammen:

Gesamtumsatz teilt sich in folgende Segmente

Umsätze der Caravaning-Branche in 2001

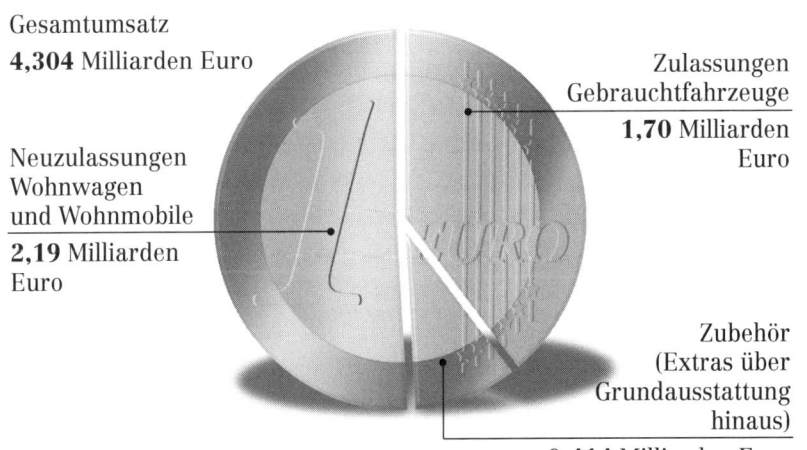

Gesamtumsatz
4,304 Milliarden Euro

Neuzulassungen
Wohnwagen
und Wohnmobile
2,19 Milliarden
Euro

Zulassungen
Gebrauchtfahrzeuge
1,70 Milliarden
Euro

Zubehör
(Extras über
Grundausstattung
hinaus)
0,414 Milliarden Euro

*Abb. 20
Umsätze der
Caravaning-
Branche
in 2001*

*Quelle: VDWH
Mitteilung v.
21.02.2002*

Will man den Gesamtumsatz der Branche auf Wohnwagen und Reisemobile herunterbrechen, stößt man auf Schwierigkeiten, weil hierzu seitens des Herstellerverbandes keine genauen Zahlen verfügbar sind oder verfügbar gemacht werden. Auch hierzu aber eine Annäherungsrechnung:

Laut VDWH (Zahlen und Kommentare 2001, S. 16, 36) lag im Jahr 2000 in Deutschland der Bruttoproduktionswert von Caravans bei 1,443 Milliarden DM, der von Reisemobilen bei 1,7 Milliarden DM (hier sind auch alle außerhalb Deutschlands angebotenen Freizeitfahrzeuge hiesiger Produktion enthalten). Danach würde auf den Wohnmobilbereich in Deutschland in genauer Relation ein Umsatzwert von 54,1 % entfallen. Der tatsächliche Anteil dürfte wegen der im gehobenen Reisemobilsektor überdurchschnittlich teuren Zubehörausstattung eher höher liegen. Nimmt man aber bescheiden einen Anteil von 55 % an, so würde bei dem im Jahr 2001 genannten Gesamtumsatz von 4,3 Milliarden Euro der Reisemobilsektor auf einen Wert von 2,365 Milliarden Euro kommen.

Vom Gesamtumsatz können 55% auf Reisemobile entfallen: 2,365 Milliarden Euro in 2001

Die gesamte Wertschöpfung aus den in Deutschland zugelassenen Reisemobilen (2,365 Milliarden Euro) und den durch deutsche Reisemobilisten erbrachten Ausgaben (mindestens 1 Milliarde Euro) könnte somit derzeit bei circa 3,3 bis 3,4 Milliarden Euro liegen. Diese Zahl spiegelt die wirtschaftliche Bedeutung des Wohnmobiltourismus wider, soweit er von Deutschland (hier gefertigte Fahrzeuge und touristische Ausgaben deutscher Wohnmobilisten) ausgeht. Eine beachtliche volkswirtschaftliche Leistung, die von Politik und Wirtschaftsverbänden sicher bisher nicht angemessen gewürdigt wird.

Wertschöpfung durch deutsche Reisemobile (Tourismus eingeschlossen): 3,3 bis 3,4 Milliarden Euro

Hinter der bestaunten volkswirtschaftlichen Zahl stehen Bestand, Zulassungen und Exportanteile von Reisemobilen, deren Kommentierung weitere interessante Einsichten liefert.

Reisemobile: Exportanteil und Beliebtheit des Wohnmobilreisens in europäischen Ländern

Zunächst ist erwähnenswert, dass Deutschland ein maßgeblicher Exporteur von Reisemobilen ist. Von den 25.600 im Jahr 2000 produzierten Reisemobilen sind 9.200 Einheiten, also über 35 %, ausgeführt worden. Der Export hatte von 1999 bis 2001 die folgende Steigerung:

Deutschland größter Reisemobilexporteur in Europa

Export von Reisemobilen aus Deutschland

Abb. 21
Export von Reisemobilen aus Deutschland

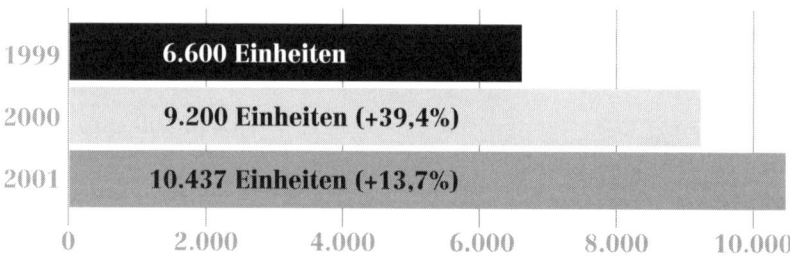

(VDWH Jahresbericht 2000/2001, S. 15 u. VDWH Mitteilung vom 21.03.02)

Deutsche Reisemobile sind also ein Exportschlager, machen sie doch beispielsweise in 2001 bei insgesamt 56.551 neu zugelassenen Fahrzeugen in Europa mit 10.437 Einheiten einen Anteil von 18,5 % aus.

Damit ist insgesamt die europäische Dimension des Wohnmobiltourismus angesprochen. Die folgende Tabelle gibt Auskunft über die Bedeutung, die das Wohnmobilreisen in Deutschland und anderen europäischen Länder besitzt.

Bestand Wohnmobile und Wohnmobilzulassungen in Europa

	Bestand	Zulassungen			
	31.12.98	1991	1996	1998	2000
Deutschland	443.000	21.700	12.600	13.800	18.350
Frankreich	185.000	6.200	6.600	8.300	12.300
Italien	119.000	9.700	5.100	7.700	8.850
Großbritannien	75.000	3.500	3.500	4.500	4.800
Schweiz	20.000	1.100	780	760	930
Belgien	16.000	550	1.100	1.120	1.400
Schweden	15.000	780	170	700	1.050
Österreich	15.000	1.260	800	560	650
Niederlande	10.000	450	250	400	750

Quelle: VDWH Zahlen und Kommentare 1998/99, S. 43 u. 46
und VDWH Zahlen und Kommentare 2001, S. 42

Abb. 22
Bestand Wohnmobile 31.12.1998 und Wohnmobilzulassungen in Europa (wichtigste Länder zu ausgewählten Jahren)

Wie in einer Bundesligatabelle zeigt sich, dass Deutschland weit vor Frankreich, Italien und Großbritannien den Bestand an Wohnmobilen anführt. Allerdings fällt auch auf, dass Deutschland den Zulassungsboom, der in 1991 gipfelte, nie mehr erreichen konnte, sich aber in den letzten sechs Jahren in einer leichten Aufwärtsentwicklung befindet.

Deutschland mit größtem Wohnmobilbestand in Europa vor Frankreich und Italien

Den erfolgreichsten Zuwachs legt Frankreich vor, das die jährliche Zulassungszahl von 1991 bis 2000 fast verdoppelt hat. Demgegenüber hat Italien in den Zulassungen nachgelassen.

Die Tabelle belegt schließlich eine starke Kluft zwischen der Spitzengruppe und den dann folgenden europäischen Ländern ab der Schweiz. Das betrifft die Fahrzeugbestände wie die Zulassungen. Die Niederlande, eine ansonsten traditionsreiche Campernation, liegt ganz am Ende der Statistik.

Will man Beliebtheit oder Begeisterung für das Wohnmobilreisen in Europa nachvollziehen, so ist es aufschlussreich, die Zulassungszahlen zur jeweiligen Bevölkerungszahl in Beziehung zu setzen. Denn auch ein

Land mit kleinen Bestands- und Zulassungszahlen kann viele Reisemobilfreunde unter sich haben. Die nächste Tabelle belegt dies:

Motorcaravandichte (Motorcaravans je 1.000 Einwohner)

	1998	1999	2000
Deutschland	0,17	0,19	0,22
Frankreich	0,14	0,18	0,21
Finnland	0,13	0,15	0,19
Italien	0,13	0,15	0,15
Belgien	0,11	0,13	0,14
Schweiz	0,10	0,11	0,13
Schweden	0,08	0,10	0,12
Norwegen	0,08	0,10	0,10
Großbritannien	0,08	0,08	0,08
Österreich	0,07	0,07	0,08
Niederlande	0,03	0,03	0,05
Dänemark	0,05	0,05	0,05
Portugal	0,03	,04	0,04
Spanien	0,01	0,02	0,02

Quelle: VDWH: Zahlen und Kommentare 2001, S.44

Beliebtheit
des Wohn-
mobilreisens
... Deutschland
Europameister,
Frankreich
Vizemeister

Bei der Motorcaravandichte, also der Zahl der Motorcaravans je 1.000 Einwohner zeigt sich, dass zwar auch hier Deutschland Europameister ist und Frankreich wiederum Vizemeister, dass sich dann aber Finnland als besonders wohnmobilbegeistertes Völkchen vor Italien schiebt.

Es folgt eine Mittelgruppe von Belgien angeführt, dann die Schweiz, Schweden und Norwegen. Briten und Österreicher sind noch mäßig für das Wohnmobilreisen zu erwärmen. Die Niederlande, Dänemark und vor allem die Mittelmeerländer Portugal und Spanien zeigen wenige dem Reisemobilismus aufgeschlossene Vertreter.

Hingegen
Wohnwagen-
reisen am
beliebtesten in
Niederlande
und Dänemark

Ein weiterer Vergleich ist hochinteressant: Wenn man die Dichte der zugelassenen Wohnwagen betrachtet, springen die Niederlande und Dänemark auf die ersten beiden Plätze der Beliebtheit dieser Campingform (Niederlande 1,49 pro 1.000 Einwohner, Dänemark 1,10). Die Ehre dieser beiden als Campervölkchen bekannten Länder ist also gerettet über den Caravan und nicht das Reisemobil, In der Beliebtheit des Wohnwagentourismus folgen dann Norwegen (0,80/1.000 E) und

304

Schweden (0,46/1.000 E). Die Briten ziehen ebenfalls gern im Wohnwagen umher (0,36/1.000 E) und dann folgt erst Reisemobileuropameister Deutschland (0,32/1.000 E). Franzosen erwärmen sich weit weniger für den Wohnwagen (0,22/1.000 E) und in Italien scheint Wohnwagenreisen geradezu verpönt zu sein, es belegt mit 0,05 Caravans auf 1.000 Einwohner den letzten Platz.

Ein etwas anders beleuchtetes Verhältnis ist ebenfalls aufschlussreich: In den Niederlanden ist der Urlaub mit dem Wohnwagen fast dreißigmal beliebter als mit dem Reisemobil, in Dänemark über zwanzigmal. Umgekehrt ist der Wohnmobiltourismus in Italien dreimal so beliebt wie das Wohnwagenfahren.

In Deutschland überwiegt das Caravanreisen etwas den Reisemobilismus, in Finnland und Frankreich ist das Verhältnis ausgeglichen.

Man sollte noch einmal nach Deutschland zurückkehren, um sich näher mit der Bestandsentwicklung und Marktdynamik der Wohnmobilbranche auseinander zu setzen.

Bestandsentwicklung von Reisemobilen in Deutschland

Der Gesamtbestand an Reisemobilen in Deutschland wird vom VDWH zum 01.01.2001 mit 348.801 Fahrzeugen angegeben, zum 01.02.2002 sollen es über 350.000 gewesen sein (VDWH Zahlen und Kommentare 2001, S. 37).

Für 2001 „schätzt der VDWH nach internen Hochrechnungen den tatsächlichen Bestand von Motorcaravans auf 445.000 Fahrzeuge". Die Differenz zwischen 350.000 und 445.000 erklärt sich so: Die untere Zahl betrifft die Motorcaravans, die nach den Zulassungsbestimmungen als „Sonstiges-Kraftfahrzeug-Wohnmobil" (So-Kfz-Womo) ausgewisen sind. Addiert man die Zahl der Sonderformen, die Eigenschaften von Motorcaravans besitzen, aber nicht als So-Kfz-Womo zugelassen sind, erreicht man die Zahl 445.000. Es handelt sich bei letzteren um sogenannte „Freizeit- und Sonder-Kraftfahrzeug-Büromobile".

Bestand an Wohnmobilen in Deutschland

Die Bestandsentwicklung der letzten Jahre ist ebenso eine Erfolgsgeschichte wie es frühere Phasen der Marktentwicklung gewesen sind. Die folgende Grafik gibt die Entwicklung des Motorcaravanings seit 1973 wieder (Abb.24).

Die Bestandszahlen lassen sich interpretieren, da vor allem auf die vorzügliche Untersuchung von A. HIERHAMMER (1997) zurückgegriffen werden kann.

Eindrucksvolle Bestandsentwicklung in Deutschland

Bis 1970 bestand der Wohnmobilmarkt noch zu neunzig Prozent aus aus- bzw. umgebauten serienmäßigen Kastenwagen. Dabei war der Hersteller Westfalia dominierend. Mit dem 1971 produzierten „Hymer-

Wohnmobilmarkt um 1970

mobil" auf Daimler Benz Fahrgestell und dem 1973 auf den Markt gekommenen ersten vollintegrierten Reisemobil (Hymermobil 620) änderte sich dies. Die Ölkrise von 1973 verzögerte den jetzt rapide einsetzenden Aufschwung nur vorübergehend (siehe Zulassungsentwicklung 1973 bis 2000, Abb.24).

*Abb. 24
Bestand Wohn-
mobile in
Deutschland
1973-2001*

Bestand Wohnmobile in Deutschland 1973-2001

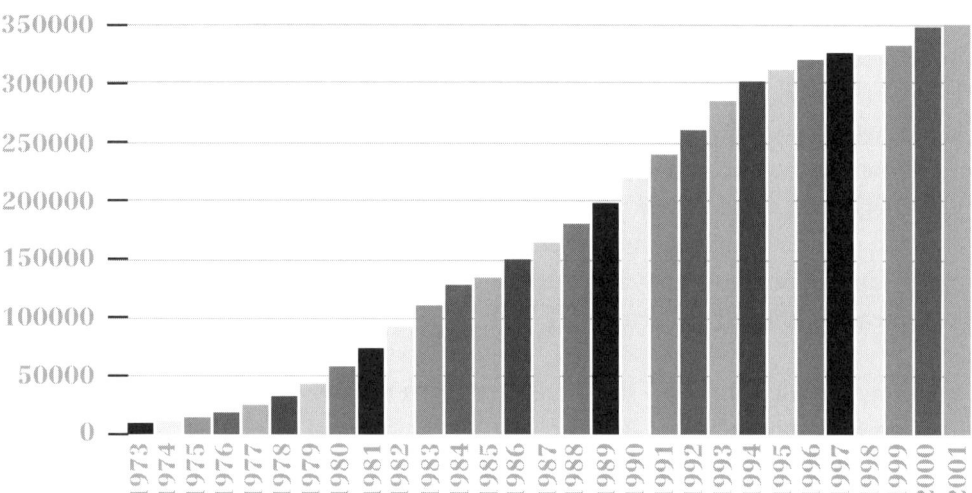

Quelle: M. Kindermann 2000; VDWH Zahlen und Kommentare 2001; VDWH Mitteilung 12.04.02

Boomphase
bis 1983

Es folgte jetzt bis 1983 eine ununterbrochene Boomphase der Marktentwicklung mit einem Anstieg der Neuzulassungen bereits 1975 um + 27 %, mit einem Hinaufklettern der Zuwächse auf + 52,6 % an Neuzulassungen in 1976 und nochmals 45,5 % in 1977, eine Zahl, die erst 1980 fast noch einmal mit + 45,4 % erreicht wurde, um dann bis auf – 2,2 % in 1982 und – 13,9 % 1984 abzusinken. 1985 ging es mit + 4,9 % Zulassungen wieder aufwärts. (A. HIERHAMMER 1997, S. 279).

Die Marktexpansion schlägt sich in den hohen positiven Veränderungen des Bestands an Motorcaravans nieder (siehe Abb.24). So war der Bestand von 1973 noch unter 10.000 Einheiten (genau 9.613 am 01.07.73) auf über 143.000 in 1985 (genau 143.054 am 01.07.85) angewachsen. Diese Zahl berücksichtigt nicht die große Anzahl an Aus- und Umbauten schon anders zugelassener Fahrzeuge.

Gründe für
die rasante
Entwicklung
der Wohnmobil-
branche

Worin liegen die Gründe dieser rasanten Entwicklung? Neben dem bereits etablierten Markt der aus- und umgebauten Kastenwagen orientierten sich die Hersteller weg von großen amerikanischen Motorcaravans hin zu „Wohnmobilen mit europäischem Zuschnitt" (A. HIERHAMMER, S. 280). Solche „Kompaktmobile" trafen in Fahreigenschaften, Abmessungen und Spritverbrauch den Geschmack des Publikums.

Vor allem wurden vorrangig Fahrzeuge mit Dieselmotoren hergestellt. So gab es Ende 1982 erstmals den Fiat Ducato, später als Turbodiesel, der seine Stellung als Marktführer von Basisfahrzeugen bis heute behalten kann (Marktanteil 2000: : 71 % vor Mercedes Benz mit 12,6 %, VW 7,1 %, Peugeot 2,5 %, Ford 2,4 %, Iveco 2,1 %) (VDWH, Zahlen und Kommentare 2001, S. 35).

Die Verlangsamung der Bestandszahlen ab 1983 und der schon ein Jahr zuvor beginnende Einbruch der Neuzulassungen hängt mit der schlechten konjunkturellen Situation ab 1981 zusammen. Die ab 1985 deutlich werdende volkswirtschaftliche Erholung hatte einen erneuten Boom der Branche zur Folge, der bis in den Anfang der neunziger Jahre reichen sollte.

Verlangsamte Entwicklung ab 1983

Neuer Boom ab 1986

In den ganzen achtziger Jahren entfaltete sich jetzt der Wohnmobilmarkt in zwei Strängen. Auf der einen Seite gelang Westfalia 1979 mit dem VW Joker geradezu ein Geniestreich. Bis 1987 wurden 70.000 Fahrzeuge dieses Typs verkauft. Auf der anderen Seite vergrößerte sich die Zahl der Hersteller von auf Basisfahrzeugen aufgebauten Wohnmobilen mit einer sich immer weiter ausbreitenden Produktpalette.

Zwei Entwicklungsstränge:

... Kastenwagen

... und größere Wohnmobile auf Basisfahrzeugen

Um nur einen Hersteller herauszugreifen – die ausführliche Expansionsgeschichte sollte man bei HIERHAMMER nachlesen: Hymer stieg 1980 in die Oberklasse ein (S-Klasse) und baute gleichzeitig ein kleines wendiges Reisemobil auf Opel-Bedford-Basis, ab 1982 auf Ford Transit, den Camper.

Ende 1979 waren bis auf Knauss, Bürstner und Hobby fast alle namhaften Caravanhersteller in den boomenden Motorcaravanmarkt eingestiegen. Allerdings teilten sich zu dieser Zeit Westfalia, Weinsberg und Hymer 85 % des Marktes und weitere 50 Konkurrenten mussten um den restlichen Kuchen von 15 % rangeln. Zum Jahreswechsel 1984/1985 gelingt dann Hobby mit einer fulminanten Neuerung, dem ersten Teilintegrierten, erfolgreich der Sprung in den Wohnmobilmarkt. Bürstner baute ab 1986 auch Wohnmoblle und als letzter folgte Knauss 1988 mit dem Traveller.

Konkurse, Aufkäufe und Konzentration der Reisemobilbranche ergeben heute ein anderes Bild der Marktanteile einzelner Hersteller. So bildeten sich in den neunziger Jahren zwei mächtige börsennotierte Unternehmensgruppen heraus:

Heute veränderter Wohnmobilmarkt: Aufkäufe, Konzentration und Konkurse

... vor allem zwei mächtige Unternehmensgruppen

Die Hymer AG (CMC) vereinigt die Firmen Hymer, Eriba, Dethleffs, TEC und LMC (A. HIERHAMMER, S. 496) und jetzt auch Niesmann + Bischoff, Bürstner und Laika unter einem Dach. Sie hat neben ihrer Caravanproduktion den größten Marktanteil bei den Wohnmobilen.

Die zweitstärkste Gruppe ist die Knaus-Tabbert-Group, in der Knaus, Tabbert, Wilk, FFB, Weinsberg, Eifelland und Vimara zusammengeschlossen sind.

(„Das Kraftfahrzeugbundesamt registriert Motorcaravans bei der Neuzulassung nur nach den Basisfahrzeugherstellern. Eine Erfassung der Hersteller der Auf- und Ausbauten erfolgt nicht. Dadurch können für die Marktanteile der Motorcaravanhersteller keine gesicherten Aussagen gemacht werden." A. HIERHAMMER, S. 318 f.)

Um zur Geschichte der Marktentwicklung zurückzukommen:

Ab 1985 Infra-
struktur für
Wohnmobil-
tourismus ent-
wickelt

Ab 1985 entwickelt sich das Segment Wohnmobile zu einer immer eigenständigeren Urlaubsform. Größere Mobilität und Flexibilität des Reisens mit dem Wohnmobil wurden zunehmend als besondere Merkmale erkannt und mit dem Aufbau von Stellplatzangeboten auch außerhalb von Campingplätzen unterstützt.

Ab 1989 höhere
Umsätze in
Reisemobil- als
Wohnwagen-
herstellung

Dies führte dazu, dass erstmals 1989 dann bis heute der Umsatzanteil der Reisemobile in der Gesamtbranche höher lag als der Anteil der Wohnwagen. Der jährliche Zuwachs im Fahrzeugbestand erreichte aber nicht mehr das Rekordniveau der Boomphase von 1975 bis 1982, pendelte jedoch bis 1992 über oder unter der + 10 %-Marke. Erst mit der ungünstigen Wirtschaftsentwicklung ab zweiter Jahreshälfte 1992 schrumpfte auch das Wachstum des Wohnmobilmarktes.

Boomphase bis
1992 – Gründe

Die Neuzulassungen waren in den Jahren 1989 (+ 40,7 %) und 1991 (+ 28,0 %) besonders heftig. Wenn in dieser Zeit die Stückzahlen des Bestandzuwachses sogar noch über denen der Neuzulassungen lagen, dokumentiert auch dies die gestiegene Beliebtheit des Wohnmobiltourismus. Vor allem Kombis, Kleinbusse und Lieferwagen wurden nachträglich umgerüstet, tauchen aber wegen ihrer ursprünglichen Zulassung nicht unter So-Kfz-Womo auf.

Vor allem sich
differenzierende
Kundenbedürf-
nisse

Ein weiterer Gunstfaktor für den Höhenflug des Reisemobilmarktes dieser Jahre ist die stark steigende gewerbliche Vermietung von Wohnmobilen. So sollen 1988 40,7 % der zugelassenen Neufahrzeuge in die Vermietung gegangen sein (A. HIERHAMMER, S. 318).

Ein weiterer Grund für den Anstieg des Wohnmobilmarktes lag auch in den sich immer weiter differenzierenden Bedürfnissen der Kundschaft. Neben dem sich festigenden klassischen Reisemobilsegment entwickelte sich ein Bedarf nach kleinen, kompakten und wendigen Motorcaravans. HIERHAMMER (S. 327) beschreibt diesen Fahrzeugtyp so:

„Die Konzeption war dabei so ausgelegt, dass ein Vielzweckfahrzeug für die Freizeit zur Verfügung stand, aber auch ein sinnvoller Ersatz als Pkw für den Alltagseinsatz gewährleistet war. Hier begann sich immer mehr der seit den 80er Jahren bestehende und spätestens mit den 90er Jahren endgültig zum Durchbruch kommende Trend zu Freizeitfahrzeugen, die zwischen dem klassischen Pkw und dem klassischen Motorcaravan angesiedelt waren, anzubahnen. Vans, Großraumlimousinen, Multifunktionsmobile, Vielzweckmobile, Wohnautos, Reisemobile, Kompaktmobile, Freizeitmobile waren in der Folgezeit die Begriffe für eine Vielzahl neuer Fahrzeuge."

Ab 1992 sprechen die Hersteller von einem großen Einbruch, der sich ein Jahr später auch im mehr als halbierten Bestandszuwachs äußert. Bis einschließlich 1998 folgen harte Jahre bis hin zum stagnierenden Bestand.

Einbruch und Stagnation des Wohnmobilmarktes zwischen 1992 bis 1998 – Gründe

Rückläufig war, neben der allgemein schlechteren Wirtschaftslage in Deutschland, vor allem das Exportgeschäft. Die Exporte in die skandinavischen Länder, aber auch nach Frankreich und Italien ließen nach, während durch sich für Deutschland verschlechternde Währungsparitäten Importe, vor allem aus Italien, den heimischen Herstellern zusetzten. 1993 war die Situation so drastisch, dass die Zulassungen um mehr als zwanzig Prozent zurückgingen und die Produktion um 42 % gedrosselt werden musste.

Der Bereich Motorcaravanvermietung war ins Stocken geraten, auch weil immer mehr und billigere Gebrauchtfahrzeuge auf den Markt kamen und damit wiederum eine zusätzliche Konkurrenz dem Neuwagengeschäft erwachsen war.

Da durch das bisherige rapide Wachstum des Wohnmobilmarktes dieser im allgemeinen Bewusstsein zunehmend als Teil des überbordenden Massentourismus gesehen wurde, erhielt die neu entstandene Reiseform immer stärker ein Negativimage.

Tatsächliche Probleme und deren Überschätzung verstärkten das negative Bild. Die Infrastruktur des Wohnmobiltourismus war nicht mit der Marktexplosion mitgewachsen: Zu wenige Stellplätze, nicht auf die neue Kundschaft vorbereitete Campingplatzbetreiber, fehlende oder unzureichende Ver- und Entsorgungsmöglichkeiten in Deutschland und Europa führten dazu, dass viele Wohnmobilisten oft ungeregelt und frei in der Landschaft campierten und damit den Stempel Umweltsünder erhielten. Dieses Negativimage bremste auch den Absatz der Fahrzeuge.

Wohnmobilreisen zunehmend als Massentourismus empfunden – mit negativen Folgen

Die geschilderten Negativfaktoren wirkten sich zumindest bis 1996 (– 4,8 % Neuzulassungen gegenüber 1995) aus. 1997 stiegen die Zulassungszahlen um 1 %, 1998 um 8,7 %, 1999 um 13,2 %. Die Talsohle war durchschritten (VDWH, Zahlen und Kommentare 2000, S. 31). Die Zulassungszuwächse wirkten sich zeitlich verzögert im Bestandswachstum aus. War dieses bis 1998 noch stagnierend (genau: 01.01.98: – 0,3 %), ging es danach bergauf: zum 01.01.99 mit + 2,3 %, zum

Wachstum auf leichterem Niveau nach 1998

01.01.2000 mit + 0,7 %, zum 01.01.2001 mit + 4,0 % und zum 01.01.2002 mit + 4,0 % (VDWH, Zahlen und Kommentare 2001 und VDWH-Mitteilung 12.04.02).

Es ist bereits darauf verwiesen worden, dass sich ab 1999 der europäische Reisemobilmarkt erfreulich entwickelt hat und damit den deutschen Herstellern wachsende Exportanteile vor allem nach Schweden, Frankreich, in die Schweiz, nach Finnland, Österreich und sogar nach Italien bescherte (VDWH Jahresbericht 2000/2001, S. 15).

Trend zu immer komfortableren Fahrzeugen

Hinzu kommt, dass sich offenbar ein stärkerer Trend zu komfortabler ausgestatteten Wohnmobilen verfestigt, der das Neuwagengeschäft belebt. Heckgarage und Doppelboden sind nur zwei Schlagworte, die die Beliebtheit einer neueren und moderneren Generation von Reisemobilen andeutet.

Nachholbedarf in Ostdeutschland kommt langsam in Gang

Außerdem wird zumindest die Hoffnung genährt, dass jetzt auch in den neuen Bundesländern eine Kundenschicht herangewachsen ist, die sich das teure Hobby eines Wohnmobils leisten kann. Unter der Überschrift „Ostdeutschland startet durch" wird vom VDWH (Mitteilung vom 19.11.2001) über steigende Neuzulassungen berichtet: im ersten Halbjahr 2001 in Brandenburg + 22,5 %, in Mecklenburg-Vorpommern + 18,2 % und in Sachsen + 16,7 %. Doch Vorsicht: Betrachtet man den Bestandssockel, auf dem der Zuwachs fußt, ist dieser noch ernüchternd niedrig. In den neuen Bundesländern gibt es zum 01.01.2001 erst 14.559 zugelassene Motorcaravans, das sind knapp 4,2 % der in Deutschland als reine Wohnmobile zugelassenen 350.000 Stück. Ostdeutschland kann noch lange durchstarten, um mit den alten Bundesländern gleichzuziehen.

Umfang und Intensität des Gebrauchtwagenmarktes – schwer einschätzbar

Bei den Gesamtumsätzen ist bereits der hohe Wertanteil gebrauchter Fahrzeuge angemerkt worden. Es ist schwer herauszufiltern, wie es sich mit der Marktdynamik bei gebrauchten Wohnmobilen verhält. Denn bekannt sind nur die beim Kraftfahrt-Bundesamt erfassten Besitzumschreibungen, die einen Hinweis auf die Marktaktivität und -intensität des Gebrauchtwagensektors zulassen. In den Jahren 2000 und 2001 wurden mit 55.677 beziehungsweise 55.696 fast gleich viel zugelassene So-Kfz-Womos umgeschlagen (briefliche Mitteilung VDWH mit Statistik Da/sm/VI/730 vom 07.03.02). Bei einem Gesamtbestand an Zulassungen von ca. 350.000 Stück würde das bedeuten, dass jährlich

Jährlich wechselt etwa ein Sechstel der Fahrzeuge den Besitzer

etwa ein Sechstel der Fahrzeuge den Besitzer wechselt. Das spräche für eine hohe Dynamik des Gebrauchtwohnmobilsektors: in sechs Jahren wäre der Bestand an Reisemobilen einmal umgeschlagen.

Etwas kurios, weil nicht einfach begründbar ist das Kaufverhalten bei gebrauchten Reisemobilen, wenn man es auf einzelne Bundesländer bezieht. Wenn man noch nachvollziehen kann, dass der Gebrauchtfahrzeugmarkt in den neuen Bundesländern generell wächst (von 2000 auf 2001 in Brandenburg um 12,4 %, Sachsen um 10 %, Mecklenburg-Vorpommern um 9 %, Thüringen um 3,2 % und Sachsen-Anhalt um 2,0 %), so ist erstaunlich, dass im gleichen Zeitraum im Saarland 12 % und in Hamburg 7,1 % mehr, aber in Baden-Württemberg 4,8 % weniger Reisemobile den Besitzer wechseln.

Die Betrachtung der Entwicklung der Reisemobilbranche und des dahinter stehenden Wohnmobiltourismus soll hier zum Abschluss kommen. Doch eine wiederum vorgelagerte Frage steht noch zur Beantwortung an: Wo liegen die ersten Wurzeln des Reisemobiltourismus und wie hängt dieser mit den Anfängen der Campingbewegung in Deutschland zusammen? Hierzu ein weiterer Exkurs, der sich wiederum auf die Ausführungen bei A. HIERHAMMER (1997), aber auch die Arbeit von K. SCHÖNACHER (1998) stützen kann.

Exkurs (IX):

Wie alles begann – Campingbewegung und Wohnmobilreisen

Dass die Weiten Amerikas besonders zum Campen einladen, ist einzusehen. Deshalb liegt hier das Ursprungsland des Camping. In Europa gründeten die Engländer 1909 den „Royal Caravan and Camping Club", damals eher eine Angelegenheit für vornehmere Herrschaften, die mit Pferdegespannen durchs Land zogen. In Deutschland kam der erste Impuls von Kanuvereinigungen, die Träger der Zeltbewegung waren: das Boot als „Hauptsport", Zelten als „Nebensport".

Mit dem ersten großen Zeltlager für Kanuten im Jahr 1924 begann „die volkstümliche Zeltlagerbewegung". Nicht ohne Grund lagen die ersten Campingplätze meistens am Wasser. 1934/35 gab es die ersten Wohnwagen, ebenso Zeltanhänger. Ab 1938 entwickelte sich neben dem einfachen, eher sportlichen Zelten das anspruchsvollere Campen mit Wohnwagen und/oder Auto. Erste Hersteller produzierten Wohnwagen in Serie.

Als 1948 wieder mit dem Camping begonnen wurde, der „Deutsche Camping Club" (DCC) entstand damals, wurde auch der Caravanbau fortgesetzt. Mit der Ausbreitung des Autos als gängigem Verkehrsmittel erfasste der Campingtourismus breite Schichten: Massenmotorisierung und Camping Hand in Hand. Aus Kanuzeltplätzen wurden mehr und mehr Campingplätze, der Bedarf an Campingausrüstung wuchs. 1958 feierte die eingerichtete Campingausstellung in Essen 100.000 Besucher und1960 gab es in Deutschland über 1.000 Campingplätze. Der Normal-bürger als Käferbesitzer konnte dorthin seinen Caravan schleppen.

Mitte der 60er Jahre wurden Camping und Caravaning zur Massen-bewegung, was Probleme mit sich brachte. Rechtliche Bestimmungen für den Bau von Campingplätzen verschärften sich, die Campingplatz-ordnung wurde zum Alltag. Bis zum Jahr 1973/74 dauerte die dynami-sche Nachkriegsphase der Camping- und Caravaningbewegung.

Inzwischen begann sich auch der Wohnmobiltourismus zu etablie-ren. Auch er hat weiter zurückreichende Vorläufer. So soll bereits 1902 von London aus Dr. E. E. Lehwass, ein Deutscher britischer Staatsbür-gerschaft, in einem selbst gebauten, motorbetriebenen Wohnmobil zu einer Weltreise aufgebrochen sein, die ihn wenigstens bis St. Petersburg brachte. Der eigentliche Beginn des Wohnmobilreisens liegt aber in den Anfängen der fünfziger Jahre. Es war der legendäre VW Transporter, der 1951 erstmals mit einer „Camping Box" ausstaffiert und 1952 mit Doppelliege und Dachklappe versehen zum Pionier des Reisemobiltou-rismus wurde. In der industriellen Fertigung bei Westfalia wurde der Transporter schließlich 1960 zum festausgebauten Kleinwohnmobil. Bis 1970 wurden bereits 100.000 Stück gefertigt, der größere Teil aller-dings zum Export in die USA.

Die Vereinigten Staaten waren die Vorreiter in Sachen großer Wohnmobile, denn Reisen „at my own pace" [Reisen nach meinem Tempo] oder ausschließliches Wohnen und Leben in Campingfahrzeu-gen war dort schon en vogue.

In Deutschland gab es mit dem MIKAFA, einem motorisierten Wohnwagen auf unterschiedlichen Fahrgestellen, zwar auch schon 1955 ein größeres Modell gleichsam als Oberklasse. Aber es blieb eher eine Rarität. Der VW zumindest war nur am Wochenende ein Reisemo-bil, die übrige Zeit diente er als Nutzfahrzeug. Den Luxus, ein Auto nur als Wohnmobil zu gebrauchen, kannte man damals noch kaum.

Wenn der Reisemobilmarkt bis 1970 zu neunzig Prozent aus aus- oder umgebauten serienmäßigen Kastenwagen, vor allem aus dem Haus Westfalia, stammte, zeigt dies, dass der Wohnmobiltourismus zunächst ein Mitläufer der allgemeinen Campingbewegung war.

Die wirtschaftliche Rezession 1973/74 (unter anderem infolge der Ölkrise) verzögerte den Siegeszug des Wohnmobils als eigenständige Urlaubsform. Danach gab es kein Halten mehr!

Kapitel 12

Die Wohnmobilreisenden:
soziale Unterschiede und Lebensstilprägungen

Recht individuell sind die Wohnmobilisten in ihren Neigungen und Verhaltensweisen, wenn es um Freiheit und Urlaub mit ihrem Fahrzeug geht. Das sollte die Untersuchung herausarbeiten:

Sie haben unterschiedliche Zugangswege zum Wohnmobilreisen, verstehen unter „frei und unabhängig sein" verschiedenartige Aspekte des Schlüsselwortes Freiheit und unterscheiden sich im Stellplatzverhalten. Auch in den späteren Kapiteln wurden unterschiedliche Einstellungen und Verhaltensmuster deutlich. Gleichermaßen wurden Gemeinsamkeiten erkennbar; so, wenn sich das Völkchen der Reisemobilfahrer in der geteilten Wertschätzung von Freiheit und Unabhängigkeit verbunden weiß.

Zum Schluss bleibt eine Fragestellung zu beantworten: Welche Gemeinsamkeiten und Unterschiede lassen sich erkennen, wenn man die Wohnmobilisten gezielt nach sozialen Merkmalen ordnet und in Verbindung damit Lebensstilvarianten erschließen will? Oder anders gefragt: Spielen soziale Unterschiede nach Alter, Beruf, Familienstand oder Einkommen weiterhin eine prägende Rolle oder sind sie heute von nur untergeordneter Bedeutung, wenn es um die persönliche Verwirklichung bestimmter Lebensmuster in Freizeit und Urlaub geht?

**Begrifflicher Rahmen zur Klassifizierung
der Wohnmobilreisenden**

In einer Zusammenschau aller Interviews wurden deshalb unterschiedliche Merkmale der befragten Motorcaravaner kombiniert:

- Soziodemographische Merkmale: Haushaltsnettoeinkommen, Alter und Familienstand, Berufstätigkeit oder Rentnerstatus
- Reisemobilspezifische Merkmale: Camperkarriere, Stellplatzverhalten, Fahrzeugart, Reisedauer und Reiseart
- Unterschiedliche Ausprägungen der Lebensgestaltung und -einstellung. Im Zentrum stehen die beiden Begriffe „konventionell" und „unkonventionell".

Diese beiden Begriffe sind neutral beschreibend und sollen keine Wertung signalisieren. Es sind also nicht Unterschiede der Art gemeint, dass die der einen oder anderen Gruppe zugeordneten Interviewfälle in ihrer Lebensweise als den anderen über- oder unterlegen anzusehen beziehungsweise mehr oder weniger zu bevorzugen seien. Jeder möge nach seiner Fasson leben.

1. Eine konventionelle Lebenshaltung wird stärker durch den Hang nach materiellen Werten und dem (erfolgreichen) Erreichen fester (Berufs) Ziele in geordneter Biographie geprägt. Auffällig, vor allem bei fortschreitendem Alter, sind Anpassungsbereitschaft in unterschiedlichen gesellschaftlichen Situationen, weil man nicht gerne auffallen oder anecken möchte. Gegenüber Neuem und Fremdem ist man eher skeptisch. Das Spektrum der gewollten und praktizierten Lebensführung ist unter dem Etikett „konventionell" durchaus breit. Es fängt an bei Menschen über vierzig mit höherer Bildung, erfolgreichem Berufsleben und kulturellen Interessen, die sich auf Reisen bilden wollen und dem Kanon klassischer Sehenswürdigkeiten zuwenden.

   Es gehören aber auch Menschen mittleren Bildungsniveaus dazu, die sich gern allgemein geteilten Maßstäben unterordnen (Konformität zeigen) und entsprechend eher erprobte und bekannte sowie Vertrauen und Sicherheit vermittelnde Reiseziele aufsuchen, ohne dabei ein Bildungsinteresse zu vernachlässigen.

   Am Ende der Skala konventioneller Lebensführung stehen mehrheitlich ältere Menschen mit einfacher Schulbildung. Ihnen sind Geborgenheit und Gemütlichkeit – am besten unter gleich Gesinnten – am wichtigsten. Sie gehen Konflikten am liebsten aus dem Weg, suchen vorzugsweise schon Bekanntes und meiden zu Fremdes. Die Geselligkeit ist ihnen am wichtigsten.

1a. Der Übergang von dieser Gruppe zum „Trivialschema" ist fließend. Vertreter dieser Gruppierung sind spießiger, kleinbürgerlicher. Harmonie und Gemütlichkeit sowie Hang zu Kitsch und engstirniger Meinung sind ihnen näher als die Lust, Neues zu erproben. Entsprechend zeigen sie nur wenig Reiselust.

   Die Skizzierung dieser Lebenshaltung ist nicht diskriminierend gemeint. Sie ist gleichwohl nach den Ergebnissen der anerkannten Studie von SCHULZE (2000, S. 150 ff.) in der bundesrepublikanischen Gesellschaft vorhanden.

2. Gegenüber der konventionellen Lebensweise lassen sich deutlich Menschen unkonventioneller Orientierung unterscheiden.
   Zum einen zielt eine solche Lebenshaltung auf den Anspruch der Selbstverwirklichung, auf eine bewusste Lebensphilosophie abseits ausgetretener Pfade, um persönliche Entwicklungsperspektiven zu finden, also Formen eigener Entfaltung über rein materielle Bedürfnisbefriedigung hinaus. Häufiger gehören hierzu Menschen

gehobener Bildungsschichten mit kulturellen Interessen. Antikonventionell ist dabei, dass sie in Freizeit und auf Reisen Nischen touristisch noch unverdorbener Regionen bevorzugen, aber auch klassische Bildungsziele.

Wenn schon in dieser Gruppe der Anteil jüngerer Menschen überwiegt, so erst recht bei derjenigen, für die Action, Spaß und Unterhaltung, also jegliche Freizeitaktivitäten wichtiger sind als ein Aufgehen in beruflicher und familiärer Atmosphäre. Deshalb ist auch ihr Reiseverhalten höchst mobil und auf der Suche nach Situationen, wo „etwas los ist".

Nicht immer sind Menschen strikt in nur ein Lebensstilmuster einzuordnen. Anhänger des Spaßerlebens – als Extrembeispiel Ballermann-Tourismus – wollen zwar einerseits wenigstens zeitweise aus einer bürgerlich gefestigten Rolle ausbrechen und etwas Besonderes leben, verhalten sich dabei aber nicht selten „trivial", also anspruchsloser Reizüberflutung hingegeben.

2a. Von den Angehörigen des Selbstverwirklichungsmilieus reicht eine Spur in die Gruppe, die als „Aussteiger/(Über)Lebenskünstler" bezeichnet wird. Sei es freiwillig oder aus sozialem oder wirtschaftlichem Zwang, diese Menschen haben an einem Punkt ihres Lebens oder als Zwischenschritt zum Erwachsenenleben beschlossen, einen ganz eigenen einfachen und gleichzeitig materiell sehr bescheidenen Lebensweg auszuprobieren. So unkonventionell bis exzentrisch sie sich einerseits geben, so können sie sich aber auch in ihrer eigenen Szene abkapseln, nicht mehr offen für andere Lebensmuster sein. Dritten kommen sie daher bisweilen wunderlich bis enggeistig vor, womit sich wiederum ein Hang zum Trivialen andeutet.

Aufgabe dieses abschließenden Kapitels ist es nun, Erkenntnisse aus der Klassifizierung der befragten Wohnmobilisten nach soziodemographischen und reisemobilspezifischen Merkmalen sowie Lebensstilmustern zu gewinnen. Dazu wurde ein Schema entwickelt, das horizontal nach den soeben beschriebenen Einstellungs- und Verhaltensmustern und vertikal nach Klassen des Haushaltsnettoeinkommens geordnet ist (Abb. 26 auf der inneren Umschlagklappe am Schluss des Buchs). In diese Koordinaten wurden die Interviewfälle mit weiteren spezifischen Merkmalen in Buchstabenkürzel gekleidet, eingefügt.

Die Interpretation des Schemas soll dadurch erleichtert werden, dass in Form einer Kurztabelle besondere Auffälligkeiten einzelner Fallgruppen zusammengefasst werden:

Abb. 25
Zuordnung von
Merkmalen
nach Lebens-
stiltypologie

Zuordnung von Merkmalen nach Lebensstiltypologie

Haushalts-nettoeinkom. in DM	Fälle	Camp.karriere	Alter			Familienstand			Arbeit		Stellplatzverhalten			Fahrzeugart			Reisedauer	
			jung	mittel	älter / alt	(Ehe)Paar	Familie	Single	berufstätig	Rente, arbeits-los, Ausbild., Teilarbeit	C.pl	frei	überwint.	Wohnmobil	Bus u.a.	Selbstausbau	lang	kurz/Wochenende
bis 2000	**10**																	
konventionell	2				++	++				++				+			++	++
unkonventionell	4		o	o				+		+	+					(+)	++	(+)
Aussteiger	4			+		o		o		++	++	++		+			++	
2-3000	**13**																	
konventionell	4				++	++				++	(+)		(+)	o		o	++	(+)
unkonventionell	8	+			+	+				++				+			++	(+)
Aussteiger	1																	
3-4000	**17**																	
trivial	1																	
konventionell	7	+	+				+		+								+	(+)
unkonventionell	9	+		+	(+)	+			+			(+)		o		o	++	(+)
4-5000	**10**																	
konventionell	9					+	(+)		o	o							++	(+)
unkonvent.	1													++				
über 5000	**26**																	
konventionell	11				+	+			o	o				++			++	+
unkonventionell	15	(+)	+			o	o		+					+			++	(+)

Symbolbedeutungen: **++** = *Merkmal in allen Fällen;* **+** = *Merkmal in über der Hälfte der Fälle;*
(+) = *Merkmal mit beachtlichem Anteil unterhalb der Hälfte;*
o = *Merkmal zwischen mehreren Fallgruppen ausgewogen vertreten*

Ergebnisse der Lebensstiltypologisierung

Folgende Ergebnisse lassen sich beschreiben:

1. Im Schema der Lebensstiltypologie von Wohnmobilreisenden sind alle 77 Interviews am für sie zutreffenden Punkt verortet. Das heißt aber nicht, dass ein jedes Interviewbeispiel nicht auch einzelne Merkmale haben kann, die von der Einordnung her in eine andere Stilgruppe passen würden. Es musste aber eine Zuordnung gefunden werden, in der die gesamte Merkmalkonstellation am besten aufgehoben ist.

Eine Interpretation auf der Grundlage von 77 Interviews würde als massenstatistische Befragung zu klein für repräsentative Ergebnisse sein. Im Gegensatz zu solchen – hier nicht gewollten – Befragungen, die nur an der Oberfläche individueller Einstellungs- und

Verhaltensmuster schürfen können, ist bei den hier vorliegenden qualitativen Interviews, also bei ausführlichen und offenen Intensivgesprächen, jeder Einzelfall eine Fundgrube: Er vermittelt differenzierte und glaubwürdige Einsichten in tiefere Strukturen der befragten Persönlichkeit. Dadurch gewinnt eine zusammenfassend vergleichende Typologie eine bemerkenswerte Aussagekraft.

2. Die Gruppierung nach der Bandbreite des Haushaltsnettoeinkommens erweist sich als aufschlussreich, weil dadurch tatsächlich Reisemobilisten mit je ähnlichen soziodemographischen Merkmalen und Lebensstilprägungen unterscheidbar werden. Es zeigt sich, dass bis heute eine gegebene materielle Basis mit ausschlaggebend für Einstellungen zum und Verhalten beim Wohnmobilreisen sowie für die Wahl des Fahrzeugs ist. Beliebige individualistische Neigungen und Wünsche bei Freizeit und Reisen stoßen auf materielle Schranken.

3. Während alle zur Eingliederung herangezogenen Merkmale für die Interpretation sinnvoll erscheinen, bringen die Aussagen zu Reisezielen (nach Ländern) keinen Erkenntnisgewinn, weil sie in ganz beliebigen Kombinationen durch alle Fallgruppen verteilt sind.

4. Im konkreten Durchgang durch die einzelnen Einkommensgruppen zeigen sich die folgenden Ergebnisse:

a) **Über 5000 DM**:

Reisemobilisten mit über 5000 DM Haushaltsnettoeinkommen stellen die stärkste Gruppe dar. Sie machen fast ein Drittel der befragten Motorcaravaner aus. Aussteiger/(Über)Lebenskünstler sind in dieser Gruppe ebenso nicht vertreten wie dem Trivialtypus zuzurechnende Menschen. Also geht es in dieser Oberliga wohlhabender Wohnmobilisten nur um konventionelle und unkonventionelle Stilmuster, erstere mit etwas geringerem Anteil.

Beim **konventionellen** Typ sind die Berufstätigen und nicht mehr im Arbeitsleben stehenden Wohnmobilisten fast gleich verteilt, wobei die Mehrzahl von allen älter ist und es sich ausschließlich um Ehepaare handelt. Dies zusammengenommen lässt darauf schließen, dass sich diese Personen ein komfortables Wohnmobilleben leisten können, weil sie entweder über gute Renten/Pensionen und/oder Zusatzeinkünfte verfügen oder aber in ihrer meist fortgeschrittenen Berufsentwicklung eine solide finanzielle Grundlage vorliegt.

Sie führen insgesamt ein gutes, vom Status her anerkanntes bürgerliches Leben, sind mal mehr an Geselligkeit, mal mehr an Ruhe oder Naturnähe interessiert, meistens nicht einseitig auf Campingplätze festgelegt und fühlen sich neben selbstverständlich längeren Reisen auch zu Kurzreisen hingezogen. Sie fahren ausschließlich fabrikmäßig gefertigte Reisemobile, allerdings zum Teil auch gebrauchte.

Die Wohnmobilisten **unkonventioneller** Orientierung sind mehrheitlich sowohl berufstätig als auch Vertreter der mittleren bis zum Teil auch jüngeren Altersgruppe. Insofern ist es nachvollziehbar, dass etwa die Hälfte als Familie lebt. Wenngleich die größere Zahl ein Reisemobil fährt, gibt es unter ihnen auch einige, die einen Selbstausbau bevorzugen.

Die unkonventionellen Wohnmobilisten der höchsten Einkommensschicht gehen alle auf lange Urlaubfahrt, einige nutzen ihr Fahrzeug aber auch zu Kurz- und Wochenendreisen.

Der Freizeitstil dieser Gruppe ist reichlich individualistisch: eine nicht geringe Anzahl als alternativ orientierte, zum Teil einfach gestaltetem Urlaub zugetane Menschen; ferner Wohnmobilisten, die ihre Reiseaktivitäten mit Hobby, Sport oder Beruf verbinden. Vertreten sind aber auch Ruhe suchende und nur abschalten wollende Menschen oder bewusst Land und Leute erleben wollende Motorcaravaner. Ein Hang zu Geselligkeit und Unterhaltung ist weniger ausgeprägt.

b) Die Einkommensgruppe zwischen **4000 bis 5000 Mark** ist weniger stark ausgebildet. Ganz auffällig ist aber, dass bis auf einen Fall alle dem **konventionellen** Typ zuzuordnen sind und ein großer Teil von ihnen eine zünftige Camperkarriere aufzuweisen hat. Zusammen mit der Tatsache, dass es sich mehrheitlich um ältere Menschen handelt, sind eben viele im erfolgreich gefestigten Teil ihres Berufslebens oder im als wohlverdient empfundenen Rentenalter. Beide Situationen bescheren diesen Wohnmobilisten eine gesicherte, wenn auch nicht üppige materielle Basis über berufliche Einkünfte oder eine in langen Jahren der Erwerbsarbeit erworbene stattliche Rente, in beiden Gruppen manchmal durch zusätzliche (Miet)Einkünfte aufgebessert.

Diese, mit zwischen 4000 bis 5000 Mark Einkommen liegenden, einem konventionellen Lebensstil zuneigenden Wohnmobilisten stellen die einzige Gruppe dar, die nur vom Hersteller kommende Fahrzeuge nutzt.

Wiederum unternehmen alle längere Reisen, wenige auch Kurzreisen. Was ihren Freizeitstil angeht, sind viele Vertreter dieser Gruppe der Geselligkeit und dem Familienleben zugetan, selten mit einem Hang zu trivialem Geschmack. Unter ihnen sind aber auch Einzelne, die aus nachzuholendem Bildungs- und Kulturbedürfnis reisen oder um viel zu sehen in kurzer Zeit weite Strecken zurücklegen.

Der einzige, dem **unkonventionellen** Stilmuster zuzurechnende Wohnmobilist liebt im Urlaub Einfachheit und Improvisation im campingmäßig umgerüsteten Werkstattwagen.

c) Die Gruppe mit Nettoeinkommen zwischen **3000 bis 4000 Mark** ist am zweitstärksten vertreten. Konventioneller und unkonventioneller Typus sind mit kleinem Übergewicht bei letzterem fast gleich stark. Es ist eine Einkommensgruppe, in der überwiegend Berufstätige vertreten sind. Verknüpft mit der Tatsache, dass sich viele von ihnen im jüngeren und mittleren Alter befinden, aber viele bereits eine Camperkarriere aufzuweisen haben, wird deutlich, dass es sich häufiger um Menschen handelt, die sich jetzt – schon – den Wunsch erfüllen konnten, mit einem Wohnmobil Freizeit und Urlaub zu gestalten, und dies, weil sparsam gewirtschaftet das Nettoeinkommen dafür ausreicht.

Geht man beiden Fallgruppen getrennt nach, so ist beim **konventionellen** Typ der Anteil von Familien jüngeren bis mittleren Alters hoch wie in keiner anderen Gruppe. Sie fahren bis auf einen Fall gebrauchte Wohnmobile, was aus ihrer finanziellen Situation heraus verständlich ist. Der preiswerte Einstieg ins Wohnmobilreisen ermöglicht finanziell tragbare Urlaube mit den Kindern, meistens als längere Reisen zur Haupturlaubszeit, aber auch als Kurzreisen.

Beim **unkonventionellen** Typ dieser Einkommensklasse ist das durchschnittliche Alter höher. Es handelt sich überwiegend um Ehepaare und eine Singlefrau. Bevorzugt frei stehen zu wollen, behagt vielen von ihnen. Darüber hinaus ist sie diejenige Gruppe, in der es fast so viele Bullyfahrer gibt wie Nutzer fabrikgebauter Wohnmobile, wobei insgesamt gebrauchte Fahrzeuge überwiegen.

Ihr Reisestil ist teils mehr vom Wunsch nach einfachem Leben und entdeckungsfreudigem Herumvagabundieren geprägt, teils aber auch auf Abenteuer und nur so „querbeet fahren" orientiert. Einem Teil von ihnen sind gute Beziehungen unter sich und zu anderen wichtig.

Hinzu kommt bei dieser Einkommensgruppe ein Fall, bei dem ein älteres Ehepaar aus einfacher Arbeitersituation dem trivialen Lebensstilmuster zuzuordnen ist.

d) In der Nettoeinkommensklasse zwischen **2000 bis 3000 Mark** sind es bis auf einen Fall ausschließlich Rentner, meist Ehepaare, aber auch zwei Singles. Viele in dieser Rentnertruppe haben das Wohnmobilreisen derart zum Hobby erkoren, dass sie ihre finanziellen Möglichkeiten ganz stark darauf konzentrieren und entsprechend lange Zeit pro Jahr ein preiswertes Leben auf Rädern verbringen. In einem Fall hat ein Rentnerpaar alles auf die Karte Wohnmobil gesetzt und deshalb sein Haus verkauft. In einem anderen Fall wurde offensichtlich alles verfügbare Geld für den Besitz eines großen, neuen integrierten Reisemobils samt enormem Zubehör ausgegeben. Der konventionelle Typ ist bei dieser unteren Einkommensgruppe nur halb so stark wie der unkonventionelle Typus. Von den **konventionellen** Wohnmobilisten überwintert die Hälfte. Ebenso bevorzugt die Hälfte von ihnen Campingplätze und wiederum eine Hälfte fährt selbst ausgebaute Kastenwagen. Lange Reisen sind selbstverständlich, die Hälfte macht auch Kurzreisen. Gemütlichkeit und Geselligkeit stehen im Vordergrund.

Die größere Teilgruppe der **unkonventionellen** Wohnmobilisten bevorzugt bis auf einen Bullyfahrer Wohnmobile, vor allem Alkovenfahrzeuge und ältere Modelle. Viele verfügen über eine lange Camperkarriere. Das Hauptmotiv zum Reisen ist, abgesehen vom mehrheitlich geteilten einfach leben zu wollen, vielfältig: spontanes Entdecken, vor allem Rückzug zur Natur und manchmal zur Ruhe oder zu Sonne und Süden; aber auch in zwei Fällen trotz oder wegen Krankheit oder Unfall im Wohnmobil leben zu wollen.

e) In der Nettoeinkommensklasse **unter 2000 Mark** handelt es sich verständlicherweise um Wohnmobilreisende, die aus einer äußerst bescheidenen materiellen Lebenslage ihre Möglichkeit zum Camperleben gestalten. Hierbei ist zu unterscheiden zwischen denen, die sich trotz finanzieller Knappheit das Reisen mit dem Motorcaravan leisten, und denjenigen, bei denen das Wohnmobil selbst zum Mittelpunkt der gesamten Lebensgestaltung geworden ist.

Diese Gruppe der **Aussteiger/(Über)Lebenskünstler** – zum Teil regelrechte „Originale" – ist im untersten Einkommenssegment deshalb so stark vertreten, weil es tatsächlich Menschen gibt, die das Reisemobil als Mittel sehen, um besonders sparsam zu leben. Alle diese Wohnmobilisten sind Überwinterer. Damit sind sie Langzeitreisende und Freisteher, die im Süden ohne Heizkosten durch die kalte Jahreszeit kommen. Bis auf einen Fall ersetzt das Reisemobil die Wohnung, die für entbehrlich gehalten wird. Verständlicherweise nutzen diese Personen, Ehepaare und Singlemänner mit oder ohne Sommerarbeit zu Hause, ältere gebrauchte Wohnmobile oder einen ausgebauten alten Kastenwagen.

Daneben findet sich eine ebenso große Gruppe **unkonventionellen Typs**. Die Hälfte von ihnen sind junge Menschen in oder direkt nach der Ausbildung. Bis auf ein Rentnerpaar geht es um Singles. Alle reisen in gebrauchten Fahrzeugen, zum Teil im Selbstausbau, und versuchen möglichst viel frei zu stehen.

Vom Lebensstilansatz her liegt die Betonung bei zwei Fällen auf Spaß und Erleben, bei den beiden anderen auf Lust am entdeckenden Reisen beziehungsweise an Ruhe und Selbsterfahrung.

Die Minderzahl der **konventionell** orientierten Wohnmobilisten besteht aus zwei älteren Rentnerpaaren mit integrierten Reisemobilen. Sei es im gewohnten Jahresrhythmus mit Überwintern oder im Wechsel mit der Pflege des Schrebergartens zu Hause, billig soll das Reisen sein. Ein Hang ins Triviale deutet sich an, ebenso übrigens bei dem Spaßvogel, der von seiner Lebensweise her beim unkonventionellen Typ eingeordnet ist.

Die beschriebene Lebensstiltypologie bringt die folgende Erkenntnis:

Die Aufgliederung der befragten Wohnmobilreisenden spiegelt eine durchaus auffällige Beziehung zwischen materieller Lage, Lebensstilprägung und weiteren sozialen Merkmalen:

die Häufung von Aussteigern/(Über)Lebenskünstlern im untersten Einkommensbereich; die „Rentnertruppe" im Bereich von 2000 bis 3000 Mark Nettoeinkommen; die eher ausgeglichene Verteilung zwischen konventionell und unkonventionell im Bereich von 3000 bis 4000 Mark , wobei in diesem Segment insgesamt Berufstätige überwiegen (im konventionellen Typ eher jüngere Familien, im unkonventionellen Typ berufstätige Paare, die ohne Kinder reisen); die Konzentration der Berufstätigen und Rentner des oberen Segments zwischen 4000 und 5000 Mark im konventionellen Lebensstiltypus und schließlich in der stärksten Gruppe der Personen mit über 5000 Mark Nettoeinkommen eine gemischte Lage: im konventionellen Lebensstilmuster stärker ältere Ehepaare sowohl berufstätig als auch Rentner, im unkonventionellen Typ mehrheitlich berufstätige Paare, aber auch Familien der jüngeren Generation.

Umgekehrt kann es interessant sein, sich das Kriterienraster von der Aufgliederung her vertikal nach konventionell und unkonventionell anzusehen:

Der konventionelle ist insgesamt etwas geringer vertreten als der unkonventionelle Lebensstiltypus. Dies im Blick habend und den Typus des Aussteigers/(Über)Lebenskünstlers hinzunehmend bedeutet: Einstellungen und Verhalten beim Wohnmobilreisen tendieren stärker dazu, „frei und unabhängig zu sein" als eine Befreiung von gewohnten (zu konservativen) Maßstäben des Alltags zu Hause zu verstehen. Durch neue, ungewohnte Erfahrungen und einfache Freizeit- und Urlaubsgestaltung möchte man einen persönlichen Gewinn – zum Teil als Selbstverwirklichung beabsichtigt – finden. Wohnmobilreisen ist also häufig ein Aufbruch – manchmal, öfters oder dauerhaft – ,um in eigener Bestimmung zufrieden und keinesfalls langweilig und eintönig zu leben sowie mobil zu sein!

Hier ist das Buch zu Ende!

Wer dennoch auf einer Zugabe besteht, mag sich den folgenden Exkurs zu diesem Kapitel zu Gemüte führen.

Exkurs (X):

Lebensstilmuster zwischen Individualisierung und Bestimmung durch soziale Strukturen

Die Kategorisierung nach „trivial", „konventionell" und „unkonventionell" lehnt sich an einen wissenschaftlichen Diskurs an, der um die Begriffe „Individualisierung" (nach U. BECK, 1986, 1996) und „Erlebnisgesellschaft" (G. SCHULZE 1992, 2000) kreist.

Die „Individualisierungsthese" steht für die Annahme, „wir lebten in einer Gesellschaft von Individuen, die aus den Zwängen und kulturellen Verbindlichkeiten der Industriegesellschaft befreit sind und deren zentrales Problem nicht mehr die Emanzipation von Bevormundung und Not, sondern der Umgang mit der gegebenen Optionsvielfalt, dem Zwang und der Möglichkeit, ,ein eigenes Leben zu führen' (Beck 1996, S. 41) ist" (A. SCHERR, 1998, S. 158). Die Menschen stehen zunehmend vor der Herausforderung, aus industriegesellschaftlichen Lebensformen herausgelöst, eigene biographische Zukunftswege zu finden und umzusetzen.

Dies ist so, weil die selbstverständliche Fraglosigkeit stabiler sozialer Milieus und Werthaltungen, die den Menschen der Industriemoderne Verankerung und Sicherheit, aber auch Einengung und Zwang gegeben hat, immer weiter aufbricht. Nach C.OFFE sei „Arbeit immer weniger relevant für die Selbstbeschreibung und Fremdwahrnehmung, für die auf Freiheit und Freizeit ausgerichteten Interessen, für politische Einstellungen, für soziale Werte oder für Entscheidungen, die den Lebensstil und die Lebensgestaltung betreffen". Der schrumpfende Anteil der Arbeitszeit an der Lebenszeit führe dazu, die „Arbeit zu einer Angelegenheit neben anderen zu machen" (OFFE, zitiert bei A. PONGS 1999, S.202).

Insofern spielt „der Lebensstil eine zunehmend wichtigere Rolle", meint R. INGLEHART und das bedeutet für ihn: „Die Menschen werden sich in wachsendem Maße bewusst, dass ein langes, erfülltes Leben mehr davon abhängig ist, wie man lebt und weniger davon, wie viel man verdient. Umwelt-, Freizeit- und Gesundheitsthemen verdrängen Überlebenskampf und protestantische Ethik" (A.PONGS 2000, S. 142).

Will man diesen Überlegungen folgen, gilt es dennoch, sich nicht zu euphorisch von der Vorstellung völlig individualistischer Lebensgestaltungsmöglichkeiten – „anything goes" – forttragen zu lassen. Nicht nur der aktuelle Themenschwerpunkt des Bundestagswahlkampfes 2002 – Arbeitsplätze und wirtschaftlicher Aufschwung – signalisiert, dass immer noch materielle Existenzfragen und soziale Ungleichheit die freie Entfaltung von Lebenschancen bremsen. Wissenschaftler selbst stellen die Individualisierungsthese in Frage: Längst (noch) nicht alle Menschen haben an existenzsichernder Arbeit und wachsendem Wohlstand teil; Ab- und Umbau des Sozialstaates haben zu einer Zunahme „hergestellter Unsicherheit" (A, GIDDENS 1997, S.22) geführt. Deshalb kann man davon ausgehen, dass „Ausmaß und Form der Freisetzung von Einzelnen aus gesellschaftlichen Vorgaben und Zwängen sich zwischen den sozialen Schichten und Milieus erheblich unterscheiden, dass Individualisierungsprozesse sich also nicht jenseits der Strukturen sozialer Ungleichheit, sondern innerhalb dieser Strukturen vollziehen" (A. SCHERR 1998, S.159).

Und sogar U. BECK (1996, S.41), der in den achtziger Jahren als prominentester Vertreter der Individualisierungsthese bekannt geworden war, sagt inzwischen: „Das eigene Leben in die Hand zu nehmen, stellt sich zunehmend als riskanter Zwang dar."

Für die eigene Arbeit und den Versuch einer Zusammenfassung in Form einer Lebensstiltypologie der Wohnmobilreisenden war es wichtig, diese zwei Seiten der Medaille im Kopf zu haben: Individualisierung als Steigerung der persönlichen Entfaltungschancen (Optionssteigerung) einerseits und als aufgezwungene persönliche Lebensbewältigung unter Bedingungen von Benachteiligung bis hin zu Ausgrenzung andrerseits. Insofern ist im Schema der Lebensstiltypologie nicht nur der Weg in die Individualisierung – von „konventionell" zu „unkonventionell" – Darstellungskriterium, sondern auch die materielle Basis der Menschen (ausgedrückt im Haushaltsnettoeinkommen) sowie andere soziale Merkmale.

Greift man aber die positive Seite der Individualisierungsdebatte noch einmal auf, so denke man an „die durch Emanzipation und Optionierung entstandene Freiheit", weshalb nach P. GROSS (zitiert nach A. PONGS 1999, S. 110 f.) „der Lebensstil vielfältig wie die Phantasie, Kreativität und Eigenleistung der Menschen sei... Vieles, was gestern

EXKURS 10

noch unmöglich gewesen sei, wird von heute auf morgen möglich gemacht".

Hier lässt sich die Brücke zu G. SCHULZE schlagen, der 1992 mit seinem Buch „Die Erlebnisgesellschaft" (inzwischen 8. Auflage in 2000) versucht hat, das Spektrum der Lebensentwürfe in der postmodernen Zeit zu beschreiben. Die inhaltliche Füllung der im eigenen Schema verwendeten Begriffe „trivial", „konventionell" und „unkonventionell" lehnt sich auch an seine Gedanken an.

Sein Konzept der Erlebnisgesellschaft geht von der Annahme aus, dass die Mehrzahl der Menschen in Deutschland über mehr Mittel als zur Existenzsicherung nötig verfügen. In einer solchen Überflussgesellschaft steht demnach nicht mehr das materielle Überleben, sondern das Streben, Schönes und Interessantes zu erleben, im Vordergrund: der Alltag vieler Menschen ist von der Verwirklichung eines Erlebnisdrangs getragen. SCHULZE spricht von der „Ästhetisierung des Alltagslebens" und der Herausbildung eines Erlebnismarktes.

Die Erfüllung eines „schönen Lebens" treibt die Menschen aber nicht in eine unüberschaubare Vereinzelung (Individualisierung). Vielmehr lassen sich die Menschen nach unterschiedlichen sozialen Milieus einordnen, die sich jeweils durch ähnlichen Stil, Alter und Bildung auszeichnen:

1. Das Niveaumilieu
   Dem Niveaumilieu gehören vorzugsweise Personen über vierzig mit höherem Bildungsstand und erfolgreichem Berufsverlauf an. Sie konzentrieren sich auf das Streben nach Rang und der Teilhabe an Hochkultur.

2. Das Integrationsmilieu
   Ihm gehören vorzugsweise Personen über vierzig mit mittlerer Bildung an. Es zeichnet sich vor allem durch ein Streben nach Konformität, also Anpassungsbereitschaft an gegebene Verhältnisse aus. Vertreter dieses Milieus übernehmen sowohl Stilelemente von Hoch- als auch Trivialkultur.

3. Das Harmoniemilieu
   Beim Harmoniemilieu, dem ebenfalls Personen über vierzig, aber mit niedrigem Bildungsstand, zuzuordnen sind, ist das Streben nach Geborgenheit und die Scheu vor Konflikten hervorstechend. Ihr kultureller Alltag ist trivial geprägt.

4. Das Selbstverwirklichungsmilieu
   In diesem Milieu finden eher Menschen unter vierzig mit höherem Bildungsgrad zusammen. Das Streben nach Selbstverwirklichung eint sie. Teilhabe an Hochkultur wie an spannendem, mobilem und flexiblem Aktiv-sein ist angesagt.

5. Das Unterhaltungsmilieu

Es ist vor allem von jüngeren Personen mit eher niedrigerer Bildung besetzt. Diese Menschen sind vor allem auf der Suche nach ständig aktions- und spannungsgeladenen Situationen.

G. SCHULZE (2000, S.90) hat in seiner großangelegten Untersuchung im Gebiet der Stadt Nürnberg 1014 Befragungsfälle als Grundlage der Ergebnisfindung genutzt. Aus diesen Einzelergebnissen stammen die folgenden Einzelaussagen.

So kann mit der konkreten Nennung von Vorlieben kultureller Erfahrung anschaulich gemacht werden, was mit der Unterscheidung nach diesen fünf sozialen Milieus gemeint sein soll:

– Im Niveaumilieu (Hochkulturschema) bevorzugt man klassische Musik, liest viel, bildet sich fort, hat ein größeres Interesse an Dokumentarsendungen im Fernsehen und besucht häufiger Ausstellungen und Theater.

– Im Integrationsmilieu (Hochkulturschema und Trivialschema) mischen sich kulturelle Neigungen, die im Niveaumilieu gelten, mit solchen, die sich im Trivialschema hervorheben: so zum Beispiel die Vorliebe für Volkstheater, Heimatfilme, Fernsehshows, leichte Unterhaltungsmusik (Schlager, Volkslieder, Blasmusik), als Leselektüre Wochenmagazine, Anzeigen, Heimatromane oder Romane von Konsalik, Simmel und anderen.

– Im Harmoniemilieu (Trivialschema) sind die soeben unter dem Trivialschema beschriebenen Neigungen Hauptausdruck des kulturellen Erlebens.

– Im Selbstverwirklichungsmilieu (Hochkultur und Spannungs schema) mischen sich die bereits skizzierten Vorlieben an hochkulturellem Engagement mit Elementen des Spannungsschemas. Bei diesem geht es beispielsweise um Vorlieben für Pop, Rock und Soulmusik, den Besuch von Festen jeder Art, häufige Kino-, Konzert- oder Discobesuche oder sich mit anderen in der Stadt treffen.

– Im Unterhaltungsmilieu kommen alle zuletzt genannten Aktivitäten in Reinkultur zum Tragen.

Alle diese kulturellen Einstellungs und Verhaltensmuster in ihrer unterschiedlich intensiven Bevorzugung sind Ausdruck und Mittel der Erlebniserfüllung, nach der die Menschen der modernen Freizeitgesellschaft streben.

Vergleicht man SCHULZEs Konzept nach den sozialen Milieus mit der in der Lebensstiltypologie von Wohnmobilreisenden gewählten

Unterscheidung nach „konventionell" und „unkonventionell", wird deutlich, dass Vertreter des Integrationsmilieus zum Typus „konventionell" passen, Vertreter des Harmoniemilieus ebenfalls, aber teilweise mit Berührung zum „Trivialen" hin.

Umgekehrt sind Vertreter des Selbstverwirklichungsmilieus als „unkonventionell" zu bezeichnen. In diese Richtung tendieren auch einzelne dem Niveaumilieu zugehörende Fälle. Mehrheitlich sind sie aber als „konventionell" einzuordnen. Schließlich sind die jüngeren Menschen des Unterhaltungsmilieus stärker „unkonventionell" geprägt, haben aber auch Bezüge zum Typus „konventionell", manchmal bis hin zu trivialem Verhalten.

Die ersten drei Milieus – ältere Personenkreise – sind noch stärker im Sinne der Industriegesellschaft nach Stand und Klasse (von oben nach unten) gegliedert, die letzteren beiden mit jüngeren Personenkreisen sind im Zuge fortschreitender Erlebnisorientierung schon individualisierter und machen nicht strikt an Grenzen materieller Größenordnung und sozialer Schichtung Halt.

Insgesamt aber, das soll sowohl der Exkurs als auch die Lebensstiltypologie belegen, geht die Vereinzelung der Menschen – und damit auch der Wohnmobilisten – nicht beliebig weit. Nach wie vor existieren soziale Großgruppen trotz aller individualistischen Neigungen.

Anhang ────────────────────────────

Methodische Hinweise zum Untersuchungskonzept

Die vorliegende Untersuchung stützt sich vorrangig auf den Ansatz qualitativer Sozialforschung, ohne ergänzend auf quantifizierende Erhebungen zu verzichten.

„Wissenschaftliche Forschung im allgemeinen...sozialwissenschaftliche im besonderen soll dann ‚qualitativ' vorgehen, wenn die Gegenstände und Themen, nach allgemeinem Wissensstand, nach Kenntnis des Forschers oder auch nur nach seiner Meinung, komplex, differenziert, wenig überschaubar, widersprüchlich sind oder wenn zu vermuten steht, dass sie nur als ‚einfach' erscheinen, aber – vielleicht – Unbekanntes verbergen" (G. KLEINING, 1991, S.16). Genau eine solche Situation stellt sich, will man die Motive und Verhaltensweisen der Wohnmobilreisenden ergründen.

Ein wichtiges Anliegen der qualitativen Sozialforschung ist die Offenheit des Forschers gegenüber den Untersuchungspersonen und den Untersuchungssituationen. Interviews sind deshalb als sozialer Kommunikationsprozess anzusehen, eine Form der Kommunikation nach den Regeln der Alltagssprache. Deshalb sind vorgefertigte Frage-Antwort-Muster, also standardisierte und quantifizierende Befragungen, wenig geeignet als Kommunikationsmittel.

In dieser Untersuchung werden leitfadengestützte Interviews angewendet (siehe das Muster eines Interviewleitfadens). Es geht also um freie und offene Gesprächsführung, in der die befragte Person von sich aus Inhalte, Schwerpunkte und Intensität gewollter Meinungsäußerung ausspricht. Dennoch ist das Gespräch thematisch nicht völlig freischwebend. Im Interesse des gestellten Forschungsthemas werden wesentliche Aspekte des Untersuchungsgegenstandes als Frageimpulse in das Gespräch eingebracht. Geschickterweise geschieht dies so, dass nach der Eingangsfrage der/die Interviewpartner(in) von sich aus den weiteren Gesprächsverlauf gestaltet. Dort, wo ein Gespräch ins Stocken gerät, kann es mit den weiteren Leitfragen wieder in Gang gebracht werden. Zum Ende des Interviews hin stellt der Forscher fest, welche Leitfragen im offenen Gesprächsfluss bereits thematisiert worden sind und welche er durch Nachfragen noch ansprechen muss. Somit ist – trotz der Offenheit des Interviewverlaufs – eine Vergleichbarkeit der Aussagen in allen Interviews leichter möglich.

Im konkreten Untersuchungsfall sind 77 Interviews durchgeführt worden. Die Gespräche sind im Einverständnis mit den Interviewpartnern auf Band aufgezeichnet worden.

Die Auswertung der Interviews anhand der Bandmitschnitte geschah in zwei Stufen: Zuerst wurde von jedem Interview ein ausführliches Gesprächsprotokoll – wenn auch nicht mit wörtlicher Wiedergabe des gesamten Sprechtextes – angefertigt. In einem zweiten Schritt wurde nach wesentlichen Schlagworten, zum Teil auf die Leitfragen bezogen, eine systematisch geordnete Verdichtung der Ergebnisse bei der Auswertung angestrebt. Schlagworte waren beispielsweise „Ausstattung" (der Fahrzeuge), „Biographie", „Beziehung", „frei sein/unabhängig sein", „Geschichten", „Kosten", „Menschen und Einheimische", „Negative Aspekte", „Reiseziele/routen", „Stellplatzart/-verhalten", „Verhaltenstyp" und andere. Aus den Gesprächsprotokollen und den sachlich geordneten Auswertungen sind wesentliche Teile des Manuskripts entstanden. Dabei musste unzählige Male auf den gesprochenen Originaltext zurückgegriffen werden.

Zusätzlich ist die Methode der „Teilnehmenden Beobachtung" angewandt worden. Sie bedeutet, dass der Forscher unmittelbar am sozialen Geschehen der Wohnmobilreisenden und ihres Umfeldes (einschließlich des durch Fahrzeug und Stellplatz geprägten Milieus) teilnimmt und Beobachtungen darüber nach Beendigung des Interviews für sich festhält (siehe das Musterblatt „Teilnehmende Beobachtung).

Im „Postskriptum" konnten Eindrücke aus dem Interview notiert werden, die über den Mitschnitt auf dem Band hinausgehen. Die über die teilnehmende Beobachtung gewonnenen Erkenntnisse sind ebenfalls in die Ergebnisdarstellung eingeflossen.

Drittens schließlich sind auch einige wichtige sozialstatistische Daten über die interviewten Wohnmobilreisenden in anonymisierter Form zur Ergebnisgewinnung herangezogen worden (siehe „Standardisierter Befragungsbogen").

Den befragten Personen wurde zugesagt, dass die Befragungsergebnisse nur anonymisiert verwendet werden. Dies gilt mit Ausnahme der Fälle, in denen die Befragten von sich aus schriftlich erklärten, dass auch Bildmaterial von ihnen im Buch wiedergegeben werden darf.

Verwiesen wird auf die hier dokumentierte „Einverständniserklärung", in der jede/r interviewte Partner/Partnerin schriftlich zusicherte, dass der Gesprächsinhalt der Befragung zur Ergebnisdarstellung verwendet werden darf (siehe „Einverständniserklärung").

Außer den Methoden, die zum Repertoire der qualitativen Sozialforschung (Leitfadeninterviews und Teilnehmende Beobachtung) sowie der quantitativen Sozialforschung (Standardisierter Befragungsbogen) gehören, wurde selbstverständlich auch vorhandene allgemeine und wissenschaftliche Literatur und statistisches Material in die Untersuchung einbezogen.

01	Interview Nr.	02	Datum	03	Ort/Stellplatz

INTERVIEWLEITFADEN

1. Sie reisen mit dem Wohnmobil. Erzählen Sie mir darüber.

2. Wann fingen Sie an, mit dem Wohnmobil zu reisen?

3. Was ist Ihnen besonders wichtig am Wohnmobilreisen?

4. Wohnmobilreisen muß man sich leisten können – oder?

5. Leben und Reisen in einem Fahrzeug auf vier Rädern – was ist gut daran, was ließe sich verbessern?

6. Erzählen Sie mir Ihre interessanteste oder wichtigste „Geschichte", die Sie beim Wohnmobilreisen erlebt haben!

7. Nachfragen bzw. „Was wollen Sie noch sagen?"

01	Interview Nr.	02	Datum	03	Ort/Stellplatz

TEILNEHMENDE BEOBACHTUNG

0831	Habitus Person(en)

0832	Wohnmobil (Stil/Interieur):

0833	Soziale Beziehungen/-umfeld:

0834	Stellplatzqualität:

POSTSKRIPTUM

09	

01	Interview Nr.	02	Datum	03	Ort/Stellplatz

STANDARDISIERTER BEFRAGUNGSBOGEN

Stellplatztyp	031	032	033	034	035
	Campingplatz	öffentl. Stellplatz	priv. Stellplatz	„wildes Camping"	Zwischenstation

04	Herkunftsort		Postleitzahl

05	Reiseziel/-route

061	062	Fabrikat	063	Baujahr	0641		0642	
Typ des Wohnmobils					Eigentümer		Mieter	

071	Zahl der Reisenden

Familienstand:	0721	verhei-	0722	mit Kind	0723	ohne Kind	0724	Lebens-	0725	
	ledig	ratet		bis 18		o. über 18		gemeinschaft	verwitwet	

Geschlecht:	073	männlich	0734	weiblich

Alter:	0741	0742	0743	0744	0745	0746	0747	
	bis 14	14-17	18-29	30-39	40-49	50-59	über 60	

Schul-bildung:	0751	Volksschule ohne Lehre	0752	Volksschule mit Lehre	0753	Höhere Schule ohne Abitur	0754	Hochschulreife, Studium

Berufskreis:	0761	Inhaber, Geschäftsführer, Selbständige, freie Berufe	0762	Leitende Angestellte, Beamte	0763	sonstige Angestellte und Beamte

0764	Facharbeiter	0765	Sonstige Arbeiter	0766	„freie Arbeit"	0767	Student/Schüler	0768	Rentner, Pensionär

Haushaltsnettoeinkommen (monatl.):	0771	0772	0773	0774	0775	
	bis 2000	2001-3000	3001-4000	4001-5000	über 5000	

EINVERSTÄNDNISERKLÄRUNG

Ich/wir erkläre(n) mich/uns einverstanden damit, daß die Ihnen gegebenen Interviewinformationen für die Ergebnisdarstellung des Forschungsprojektes „Reisen und Leben im Wohnmobil" verwendet werden. Dies soll unter Schutz der Vertraulichkeit, d. h. in anonymisierter Form geschehen.

....
(Ort, Datum)   (Unterschrift)

Ich/wir habe(n) nichts dagegen, wenn Ihnen im Interview berichtete Erfahrungen meines/unseres Reisens im Wohnmobil von Ihnen auch für die Verarbeitung in den Medien, auch unter Einschluß von Fotos, verwendet werden.

....
(Ort, Datum)   (Unterschrift)

Literaturverzeichnis

BAUMANN, Z. (1994): Vom Pilger zum Touristen. In: Argument 205, S. 389-408

BECK, U. (1986): Risikogesellschaft. Auf dem Weg in eine andere Moderne. Frankfurt a. M.

BECK, U. (1996): Das eigene Leben in die Hand nehmen. In: Pädagogik, 24.Jg., H.7-8, S.41-47

BIERBAUM, O.J. (1979): Eine empfindsame Reise im Automobil von Berlin nach Sorrent und zurück an den Rhein – in Briefen an Freunde beschrieben. München

Camping 2001: Basis schaffen für die Zukunft. Veranstaltung IHK-Bildungszentrum Stralsund 09.-11.Nov. 2000

CC-Bank (2001): Grundlagenstudie Caravaning

COLLINS, R. (1993): Emotional Energy as the Common Denominator of Rational Action. In: Rationality and Society 5, p. 203-230

DFV (Hrsg.)(1997): Campingtourismus in Deutschland. Aktualisierung der Grundlagenstudie von 1990 – unter besonderer Berücksichtigung der neuen Bundesländer. Ausgearb. durch das DWIF. Neue Fachreihe DFV, H. 11. Bonn

DUNKELBERG, D. (2000): Der Campingtourismus in Deutschland – Große Entwicklungspotentiale auch für den Wohnmobiltourismus. Vortrag bei DSF-Seminar „Reisemobiltourismus – intelligente Lösungen für einen starken Markt"

FESTINGER, L. (1978) Theorie der kognitiven Dissonanz. Bern

GIDDENS, A. (1997): Jenseits von links und rechts. Frankfurt

HENNIG, Chr. (1999): Reiselust. Touristen, Tourismus und Urlaubskultur. Suhrkamp Tb. 3001

HIERHAMMER, A. (1997): Die Caravan- und Motorcaravan-Branche in Deutschland. Phasen der langfristigen Entwicklung, Situation heute, Tendenzen für die Zukunft. Stuttgart

KAGELMANN, H.J. (1993): Klinische Psychologie und Tourismus. In: Tourismuspsychologie und Tourismussoziologie. Ein Handbuch zur Tourismuswissenschaft, S. 92-99. München

KINDERMANN, M. (2000): Reisemobiltourismus – intelligente Lösungen für eine starke Zielgruppe. Vortrag bei DSF-Seminar „Reisemobiltourismus – intelligente Lösungen für einen starken Markt"

KLEINING, G. (1991): Methodologie und Geschichte qualitativer Sozialforschung. In: Handbuch Qualitative Sozialforschung, S. 11-22

KRAUß H./H.J. KAGELMANN (1993): Selbstaktualisierung. In: Tourismuspsychologie und Tourismussoziologie. Ein Handbuch zur Tourismuswissenschaft, S. 208-211. München

KRIPPENDORF, J. (1984): Die Ferienmenschen. Zürich

KRÜGER, R./M.LODA (1992): Sanfter Tourismus als Entwicklungschance für das Pisaner Hügelland? In:I. Mose (Hrsg.): Sanfter Tourismus konkret. Wahrnehmungsgeogr. Studien z. Regionalentw. H.11, S. 39-70. Oldenburg

KRÜGER, R. (2001): Der wachsende Reisemobiltourismus – Motive und Verhalten der Feizeitnomaden. In: Camping 2001 – Basis schaffen für die Zukunft. S. 11-23. Stralsund

LANG, H. (2001): Kommunale Reisemobilhäfen als unlautere Wettbewerber? In: Camping 2001 – Basis schaffen für die Zukunft. S. 24-28. Stralsund

MARAGKOS, M./B. SCHMIDT (1993): Die Reisen Sigmund Freuds – die Tögel-Studie. In: Tourismuspsychologie und Tourismussoziologie. Ein Handbuch zur Tourismuswissenschaft. S. 591-595. München

MILLER, R. (1993): Zeiterleben. In: Tourismuspsychologie und Tourismussoziologie. Ein Handbuch zur Tourismuswissenschaft. S. 230-236. München

MÜLLENMEISTER, H.M. (1998): Lust auf Reisen. Kritische Anmerkungen zu den Theorien des Tourismus. In: Fernweh – Seelenheil – Erlebnislust. Bensberger Protokoll 92, S. 87-107

NASSEHI, A. (1999): Die funktional differenzierte Gesellschaft. „Das bürgerliche Privileg der Fremdheit". In: A. Pongs: In welcher Gesellschaft leben wir eigentlich? S.169-196. München

PONGS, A. (1999): In welcher Gesellschaft leben wir eigentlich? Bd.1. München

PONGS, A. (2000): In welcher Gesellschaft leben wir eigentlich? Bd.2. München

Promobil/Caravaning (1998): „Freizeit, die ich meine…" Aktuelle Daten und Fakten über Deutschlands Reisemobilisten und Caravaner. motor presse Stuttgart

ROUSSEAU, J.-J. (1792) :
Emile oder über die Erziehung.

SANITER, M. (2002): Lexikon der Partnerschaft
(www.lilith-kartenlegen.de/lexikon)

SCHERR, A. (1998): Individualisierung und
gesellschaftliche Integration. Befindet sich die
Bundesrepublik auf dem Weg in eine andere
desintegrierte Gesellschaft? In: Gegenwarts-
kunde 2/1998, S. 155-168

SCHNEEWIND, K.A./GRAF J.&A.K. GERHARD
(1999): Aspekte der Partnerwahl, Paarbeziehungen: Entwicklung und Intervention. In: von
Rosenstiel, Hockel, Molt: Angewandte Psychologie – 7. Ergänz.lieferung 4/99, V-6.1

SCHÖNACHER, K. (1998): Sozioökonomische
Aspekte des Motorcaravanings aus dem Blick-
winkel der Kommunen. Eine Studie anhand von
Fallbeispielen. Dipl.arbeit FH München

SCHULZ, R. (1998): Allgemeines Wohnmobilhand-
buch. Der Ratgeber rings ums Wohnmobil.
Womo-Reihe Bd.5. Mittelsdorf/Rhön

SCHULZE, G. (1992/2000): Die Erlebnisgesellschaft. Kultursoziologie der Gegenwart.
Frankfurt/New York

SCHWAIGER, H. (1993): Historische Formen
der Reisemobilität und ihre Entwicklung zum
modernen Tourismus. Dissertation Wirtschafts-
univ. Wien

THOMAS, A. (1993): Fremdheitskonzepte in der
Psychologie. In: Tourismuspsychologie und
Tourismussoziologie. Ein Handbuch der Touris-
muswissenschaft. S. 148-154. München

URBAIN, J.-D. (1997) : Auf der Suche nach
dem Homo Viator. In: Voyage – Jahrbuch
für Reise-& Tourismusforschung, Bd.1: Warum
reisen? S.13-32.Köln

VESTER, K.-H. (1999): Tourismustheorie.
Soziologische Wegweiser zum Verständnis touri-
stischer Phänomene. München; Wien: Profil 1999
(Reihe Tourismuswissenschaft. Manuskripte
Bd.6)

VOGEL, H. (1993): Landschaftserleben, Landschaftswahrnehmung, Naturerlebnis, Naturwahrnehmung. In: Tourismuspsychologie und
Tourismussoziologie. Ein Handbuch der
Tourismuswissenschaft. S. 286-293. München

WANG, N. (2000): Tourism and Modernity.
A Sociological Analysis. Oxford

Informationsmaterial, Statistiken, Zeitschriften

ADAC Camping Caravaning Führer 2002:
Deutschland. Nordeuropa
ADAC Camping Caravaning Führer 2002: Südeuropa

ADAC freizeit mobil, Leserbefragung 2/1996

ADAC (1994): Wohnmobil-Tourismus in den neunziger Jahren. Analysen und Vorschläge des ADAC

ADAC/CAM 21:
Freies und gutes Übernachten in Europa
ADAC/CAM 22: Verkehrsbestimmungen für Gespan-
ne und Wohnmobile in Europa
ADAC/CAM 25: Besondere Verkehrsbestimmungen
für Campingfahrzeuge in Deutschland

Bordatlas 2002. Reisemobil International

Bundesminist. f. Wirtsch. u. Technologie v.
04.03.2002: Zwischenbericht des DWIF zu
„Ausgabenstruktur im übernachtenden
Fremdenverkehr in der BRD im Jahr 2000"

DEKRA Consulting Stuttgart: Fahrzeug-Selbst-
kostenberechnung (Musterbeispiel Bürstner
T 625 Harmony v. 04.12.2001)

EMHC (2001): Infobroschüre

euro motorhome: Vierteljahresschrift des EMHC

F.U.R. Reiseanalyse 1998
F.U.R. Reiseanalyse 1999

KAESLER, D. (2002): Individualität ja, aber keine
Singlegesellschaft (dpa pk yyzz)

Promobil: monatliche Reisemobilzeitschrift

Reisemobil International:
monatliche Reisemobilzeitschrift

Reisemobil Union e.V.:
Mitgliedsantrag Einzelmitglied
Reisemobil Union e.V.:
Mitgliedsantrag Clubmitglieder

Szene aktuell: Zeitschrift der Reisemobil Union e.V.

VDWH: Jahresbericht 1998
VDWH: Jahresbericht 1999
VDWH: Jahresbericht 2000/2001

VDWH: Zahlen und Kommentare 1998/99
VDWH: Zahlen und Kommentare 2000
VDWH: Zahlen und Kommentare 2001

VDWH: Mitteilungen vom:
21.01.01; 13.08.01; 02.09.01; 19.11.01;
21.02.02; 21.03.02; 12.04.02

VDWH: Info Nr.2/2002

VDWH: Briefliche Mitteilung vom 22.03.02

VDWH (1997): Bordbuch für Motorcaravaner

ZIMMERMANN, J. (2001):
Jü-Zi-Liste der Stellplätze in Deutschland